JN055479

2025年度版

福井県の理科

過去問

協同教育研究会 編

協同出版

本書には，福井県の教員採用試験の過去問題を収録しています。各問題ごとに，以下のように5段階表記で，難易度，頻出度を示しています。

難 易 度

非常に難しい	☆☆☆☆☆
やや難しい	☆☆☆☆
普通の難易度	☆☆☆
やや易しい	☆☆
非常に易しい	☆

頻 出 度

◎	ほとんど出題されない
◎◎	あまり出題されない
◎◎◎	普通の頻出度
◎◎◎◎	よく出題される
◎◎◎◎◎	非常によく出題される

※本書の過去問題における資料，法令文等の取り扱いについて

本書の過去問題で使用されている資料や法令文の表記や基準は，出題された当時の内容に準拠しているため，解答・解説も当時のものを使用しています。ご了承ください。

はじめに～「過去問」シリーズ利用に際して～

教育を取り巻く環境は変化しつつあり，日本の公教育そのものも，教員免許更新制の廃止やGIGAスクール構想の実現などの改革が進められています。また，現行の学習指導要領では「主体的・対話的で深い学び」を実現するため，指導方法や指導体制の工夫改善により，「個に応じた指導」の充実を図るとともに，コンピュータや情報通信ネットワーク等の情報手段を活用するために必要な環境を整えることが示されています。

一方で，いじめや体罰，不登校，暴力行為など，教育現場の問題もあいかわらず取り沙汰されており，教員に求められるスキルは，今後さらに高いものになっていくことが予想されます。

本書の基本構成としては，出題傾向と対策，過去5年間の出題傾向分析表，過去問題，解答および解説を掲載しています。各自治体や教科によって掲載年数をはじめ，「チェックテスト」や「問題演習」を掲載するなど，内容が異なります。

また原則的には一般受験を対象としております。特別選考等については対応していない場合があります。なお，実際に配布された問題の順番や構成を，編集の都合上，変更している場合があります。あらかじめご了承ください。

最後に，この「過去問」シリーズは，「参考書」シリーズとの併用を前提に編集されております。参考書で要点整理を行い，過去問で実力試しを行う，セットでの活用をおすすめいたします。

みなさまが，この書籍を徹底的に活用し，教員採用試験の合格を勝ち取って，教壇に立っていただければ，それはわたくしたちにとって最上の喜びです。

協同教育研究会

C O N T E N T S

第１部

福井県の
理科
出題傾向分析

福井県の理科　傾向と対策

福井県は，中高共通問題の出題形式，解答方式は記述式で選択問題はほとんどなく，試験時間は90分であった。

2024年度の中高共通問題の出題形式については，例年同様，計8問の出題で，そのうち物理・化学・生物・地学から各1問ずつの4問は共通問題であり，残りの物理・化学・生物・地学各1問ずつの問題の中から2問を選択して，合計6問を解答する形式となっている。学習指導要領の問題は2017年度以降出題されていない。ただし，2022年度は，学習指導要領や同解説の空欄補充といった問題ではないが，学習指導要領のエネルギー領域(物理分野)で扱う単元の中で他教科と関連付けて扱うとよいと考える例を記述式で答える問題が出題された。過去には，実験や観察などでの注意事項をあげる問題，実際の授業を想定した板書の作図例を示してポイントを短い言葉でまとめる問題，第62次福井県学力調査中学校理科に関する問題，平成24年度全国学力・学習状況調査中学校理科についての問題の出題があったため，学習指導要領は必ず確認し，文部科学省の資料にも目を通しておきたい。

共通問題と選択問題については，基本的なレベルの範囲の問題であるが，全体的に出題量も少ないので一問ごとの出題レベルは高い傾向にある。その中でも，選択科目は2科目をその場で選択する形式となっているので，自信をもっている科目を選択することを勧めるが，科目ごとの難易度が年度によって異なるので，試験内容によって選択科目を変更することも考えておく必要がある。受験にあたっての科目の選択も重要な要素であるが，理科教師を目指す身として専門外の科目にも幅広く対応できるようにしておきたい。そうすれば，試験での対応も広がることだろう。

共通問題は高校標準レベルに収まる内容が中心であるので，大学受験標準レベルを想定して学習を進めておけば十分対応できるであろう。共通問題は，2018年度から引き続き，物理，化学，生物，地学のいずれかに，生徒に説明する，授業の準備を想定するといった設問が含まれている。また，2024年度は福井県内の日本ジオパークに指定されている市についての問題が出題され，過去には共通問題で科学的な話題について出題されている。2017年度は，GFP(緑色蛍光タンパク質：2008年下村脩博士ノーベル賞受賞)，iPS細胞(2012年山中伸弥博士ノーベル賞受賞)が出題され，2018年度は「オートファジーの仕組みの解明」(2016年大隅良典博士ノーベル賞受賞)が出題された。学問としての発展がめざましい生物分野に集中しがちだが，直近のものにとらわれず，ノーベル賞を受賞した日本人学者や著名な海外の学者と研究内容，福井県に関連する科学的なトピックの概要は把握しておく必要がある。

選択問題では，現象や法則の説明を求める記述式の問題が出題される。記述に関しては，公開解答から推察すると，シンプルにまとめる解答が求められており，普段の学習から短く効果的に文章で説明できるように知識を整理しておきたい。

共通問題，選択問題とも，基本の公式や法則，現象を確実に理解していれば十分に対応できると考えられる。また，小問でステップを踏んで出題している内容も多いので順番に落ち着いて解答すればよい。取りこぼしをいかになくすかを意識して学習を進めてもらいたい。中学校・高等学校の基礎を徹底的に復習し，応用問題に積極的に取り組むことを勧める。

さらに過去問には必ず当たっておこう。数年分の過去問を実際の受験のつもりで試すことにより，出題傾向を自分で分析し，出題形式に慣れ，自分の苦手な分野を知ることができる。苦手克服の対策により，自信にもつながるであろう。

過去5年間の出題傾向分析

■中高理科

科目	分類	主な出題事項	2020年度	2021年度	2022年度	2023年度	2024年度
物理	身近な物理現象	光	●		●	●	●
		音		●			
		力	●	●	●	●	●
	電流の働き	電流と回路	●	●	●		
		電流と磁界					
	運動の規則性	運動と力	●	●			
		仕事，エネルギー，熱					
	学習指導要領	内容理解，空欄補充，正誤選択			●		
化学	身近な物質	物質の性質					
		物質の状態変化					
		水溶液					
		酸性・アルカリ性の水溶液		●	●		
		気体の性質	●			●	
	化学変化と分子・原子	物質の成り立ち	●		●		●
		化学変化と物質の質量		●		●	●
	物質と化学変化の利用	酸化・還元	●			●	
		化学変化とエネルギー					
	学習指導要領	内容理解，空欄補充，正誤選択					
生物	植物のからだのつくりとはたらき	観察実験					
		花や葉のつくりとはたらき		●	●		
		植物の分類					
	動物のからだのつくりとはたらき	刺激と反応					
		食物の消化					
		血液の循環	●				
		呼吸と排出	●			●	
	生物の細胞と生殖	生物のからだと細胞	●				
		生物の殖え方					
		環境・生態系	●				●
	学習指導要領	内容理解，空欄補充，正誤選択					
地学	大地の変化	岩石	●		●		
		地層				●	●
		地震		●	●		
	天気の変化	雲のでき方・湿度		●			
		前線と低気圧	●				
		気象の変化			●	●	

科目	分類	主な出題事項	2020年度	2021年度	2022年度	2023年度	2024年度
地学	地球と宇宙	太陽系			●		
		地球の運動と天体の動き	●			●	
	学習指導要領	内容理解，空欄補充，正誤選択					

■物理

分類	主な出題事項	2020年度	2021年度	2022年度	2023年度	2024年度
力学	力	●	●	●	●	●
	力のモーメント		●			
	運動方程式	●	●		●	●
	剛体の回転運動					
	等加速度運動		●	●	●	
	等速円運動	●	●			
	単振動				●	●
	惑星の運動・万有引力	●			●	
	仕事・衝突	●				
波動	波動の基礎					
	音波		●			
	光波	●		●	●	●
電磁気	電界と電位		●	●		
	コンデンサーの基礎					
	直流回路	●	●			
	コンデンサー回路					
	電流と磁界				●	●
	電磁誘導					
	交流電流		●			
	電磁波					
熱と気体	熱，状態の変化					●
	状態方程式	●				●
	分子運動					
	熱力学第一法則					
原子	光の粒子性					
	物質の二重性					
	放射線	●				
	原子核反応					
その他	実験・観察に対する考察					
学習指導要領	内容理解，空欄補充，正誤選択			●		

■化学

分類	主な出題事項	2020年度	2021年度	2022年度	2023年度	2024年度
物質の構成	混合物と純物質					
	原子の構造と電子配置	●				●
	元素の周期表			●		
	粒子の結びつきと物質の性質	●				●
	原子量，物質量		●			●
	化学変化とその量的関係	●	●			●
物質の変化	熱化学				●	
	酸と塩基	●	●	●		
	酸化と還元	●	●	●		●
	電池				●	
	電気分解	●				●
無機物質	ハロゲン					
	酸素・硫黄とその化合物	●				
	窒素・リンとその化合物					
	炭素・ケイ素とその化合物					
	アルカリ金属とその化合物					
	2族元素とその化合物					
	アルミニウム・亜鉛など					
	遷移元素					
	気体の製法と性質	●				
	陽イオンの沈殿，分離					
有機化合物	脂肪族炭化水素		●			
	アルコール・エーテル・アルデヒド・ケトン		●			
	カルボン酸とエステル					
	芳香族炭化水素		●	●		●
	フェノールとその誘導体	●				
	アニリンとその誘導体			●		
	有機化合物の分離					●
物質の構造	化学結合と結晶					
	物質の三態					
	気体の性質	●				
	溶液，溶解度					
	沸点上昇，凝固点降下，浸透圧			●		
反応速度と化学平衡	反応速度		●			
	気相平衡		●			
	電離平衡	●				●
	溶解度積					
	ルシャトリエの原理		●			

分類	主な出題事項	2020年度	2021年度	2022年度	2023年度	2024年度
天然高分子	糖類					
	アミノ酸・タンパク質					
	脂質					
合成高分子	合成繊維		●		●	
	合成樹脂（プラスチック）					
	ゴム					
生活と物質	食品の化学					
	衣料の化学					
	材料の化学					
生命と物質	生命を維持する反応					
	医薬品					
	肥料					
学習指導要領	内容理解，空欄補充，正誤選択					

■生物

分類	主な出題事項	2020年度	2021年度	2022年度	2023年度	2024年度
細胞・組織	顕微鏡の観察	●				
	細胞の構造					
	浸透圧					
	動物の組織					
	植物の組織					
分裂・生殖	体細胞分裂	●			●	
	減数分裂	●				
	重複受精					
発生	初期発生・卵割					
	胚葉の分化と器官形成		●		●	
	誘導				●	
	植物の組織培養					
感覚・神経・行動	感覚器					●
	神経・興奮の伝導・伝達					●
	神経系					
	動物の行動					
恒常性	体液・血液循環	●				
	酸素解離曲線			●		
	ホルモン		●			●
	血糖量の調節					
	体温調節					●
	腎臓・浸透圧調節					●
	免疫	●		●		

分類	主な出題事項	2020年度	2021年度	2022年度	2023年度	2024年度
恒常性	器官生理					
	自律神経系					
遺伝	メンデル遺伝	●				
	相互作用の遺伝子					
	連鎖					
	伴性遺伝					
	染色体地図					
植物の反応	植物の反応					
	植物ホルモン			●		
	オーキシンによる反応					
	種子の発芽					
	花芽形成			●		
遺伝子	DNAの構造とはたらき		●			
	遺伝情報の発現とタンパク質合成		●			
	遺伝子の発現・調節	●	●			
	遺伝子工学		●			●
酵素・異化	酵素反応					
	好気呼吸	●				
	嫌気呼吸					
	筋収縮					
同化	光合成曲線					
	光合成の反応		●			
	窒素同化					
	C4植物					
個体群・植物群落・生態系	成長曲線・生存曲線・生命表					
	個体群の相互作用					
	植物群落の分布					
	植物群落の遷移					
	物質の循環					
	物質生産					
	湖沼生態系					
	環境・生態系	●	●			●
進化・系統・分類	進化の歴史		●			
	分子系統樹					
	進化論					
	集団遺伝					
	系統・分類		●			
学習指導要領	内容理解，空欄補充，正誤選択					

■地学

分類	主な出題事項	2020年度	2021年度	2022年度	2023年度	2024年度
惑星としての地球	地球の姿	●	●	●		●
	太陽系と惑星	●		●	●	●
大気と海洋	大気の運動			●	●	
	天候	●	●		●	
	海水の運動				●	
地球の内部	地震と地球の内部構造	●	●	●	●	●
	プレートテクトニクス					
	マグマと火成活動		●	●		
	地殻変動と変成岩			●		
地球の歴史	地表の変化と堆積岩					●
	地球の歴史の調べ方	●				●
	日本列島の生い立ち		●			
宇宙の構成	太陽の姿			●		
	恒星の世界		●	●		●
	銀河系宇宙	●			●	●
その他	実習活動の要点					
学習指導要領	内容理解，空欄補充，正誤選択					

第2部

福井県の
教員採用試験
実施問題

2024年度　実施問題

中高共通

> 注　(1)　共通問題【 1 】,【 2 】,【 3 】,【 4 】は，全員が解答すること。
> 注　(2)　選択問題【 5 】,【 6 】,【 7 】,【 8 】は，この中から2題を選択し解答すること。

【共通問題】

【 1 】エネルギー領域に関する次の各問いに答えなさい。

(1)　図1のようになめらかな床と斜面がつながれており，斜面の上端の高さはh，傾斜は45°である。床の一部分に柱を立て，ばね定数kのばねを接続した。ばねの他端に軽い板をつけ，そこに物体を押しあててばねを縮め，解放する実験を行う。1回目は，ばねをd縮めて解放したところ，物体はばねが自然の長さに戻った時に板から離れ，斜面を上りちょうど斜面の上端に達したのち斜面を折り返した。2回目は，物体をばねに押し付けて$2d$縮めてから解放したところ，物体はばねが自然の長さに戻った時に板から離れ，斜面を上り斜面の上端を飛び出した。重力加速度の大きさをgとする。次の各問いに答えなさい。

図1

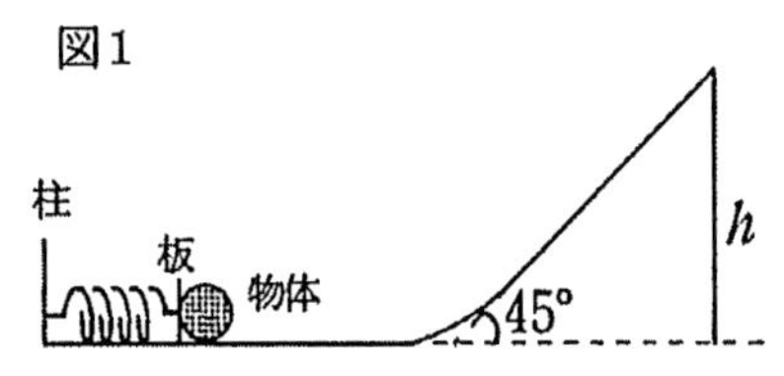

ア　1回目の実験で，ばねをd押し縮めたときの弾性力による位置エネルギーが$\frac{1}{2}kd^2$となることを，仕事の定義を理解している生徒

に対して説明する場面を想定して説明しなさい。

イ　物体の質量をh，k，d，gを用いて表しなさい。

ウ　2回目の実験で，斜面を飛び出した瞬間の物体の運動エネルギーは，斜面を上る直前の何倍か求めなさい。

エ　2回目の実験で，物体が達する最高点の床からの高さを，hを用いて表しなさい。

(2)　入射角45°で入射した光が直方体ガラスを通っていくときの屈折角を測定する実験を次のように行った。まず，図2のように360°測定できる分度器を紙に印刷し，平面を持つ発泡ポリスチレンに貼り付け，その上に直方体ガラスを置く。光の道筋を描くため，図3のようにガラスの真横から水平に見て，ガラス越しに見えるまち針がすべて重なって見えるように，A，B，Cの3本のまち針を刺し，図4のように直線で結んで道筋を描いて角度を分度器で測定する。あとの各問いに答えなさい。

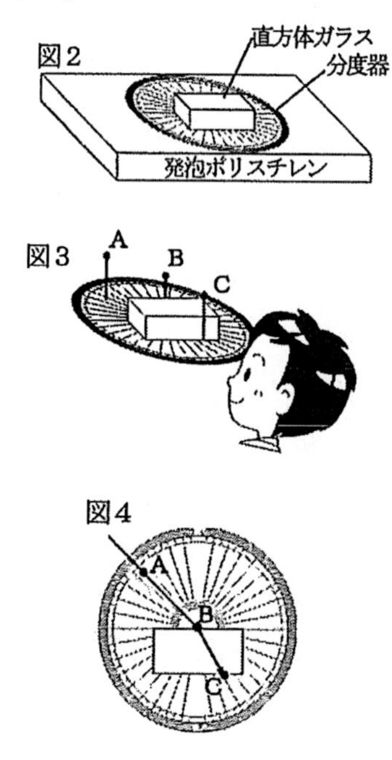

ア　入射角，屈折角を表わす角度として正しい組み合わせを以下のうちから1つ選び番号で答えなさい。

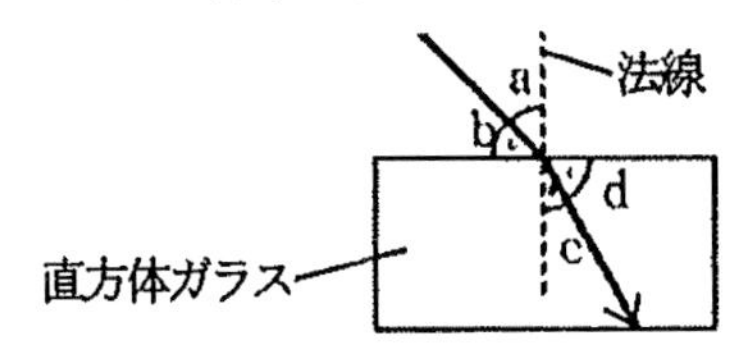

①　入射角…a，屈折角…c
②　入射角…a，屈折角…d
③　入射角…b，屈折角…c
④　入射角…b，屈折角…d

イ　A，B，Cのまち針を刺していくときの正しい順序を答えなさい。
ウ　下線部のようにすることで光の道筋を描くことができる理由を説明しなさい。

(☆☆☆◎◎◎)

【２】粒子領域に関する次の各問いに答えなさい。

(1)　原子の構造について次の文章を読み，以下の各問いに答えなさい。

原子には，原子番号が同じでも[　1　]の数が異なる原子が存在するものがあり，これらを互いに同位体という。同位体の中でも，放射線を放って他の原子に変化するものを特に放射性同位体という。一般的な原子炉で主に燃料として使用されている[　2　]や高速増殖炉「もんじゅ」で燃料として主に使用されているプルトニウムには放射性同位体が存在している。

炭素にも放射性同位体が存在しているが，その存在比は1.00×10^{-12}%に満たない。放射性同位体である炭素は，大気に存在する[　3　]の同位体に宇宙線が照射されることで生成する。

ア　文章中の[　1　]～[　3　]に当てはまる語句を答えなさい。
イ　質量数137のセシウムが元の量から25%に減るのにかかる年数を答えなさい。ただし，質量数137のセシウムの半減期を30年とする。

(2) ある原子Aは，質量数12の炭素の相対質量を12としたときに，相対質量が10，12，13の3つの同位体をもつ。相対質量10の原子の存在比は60％で相対質量12と13の存在比は同じである。この原子の原子量を答えなさい。

(3) 化学反応について述べた次の文のうち，下線部の化合物が還元剤としてはたらいているものをすべて選び番号で答えなさい。

① 金属マグネシウムと二酸化炭素を反応させると，黒色の炭素が生じる。

② 硫酸で酸性にした過酸化水素水にヨウ化カリウム水溶液を少しずつ加えると，溶液が褐色になる。

③ 過酸化水素水に硫化水素水(硫化水素水溶液)を混合すると，水溶液が白濁する。

(4) 物質の分離操作であるろ過を行う際，生徒が図のように行っていた。誤った操作部分を指摘しなさい。また，図のように行ってはいけない理由を答えなさい。

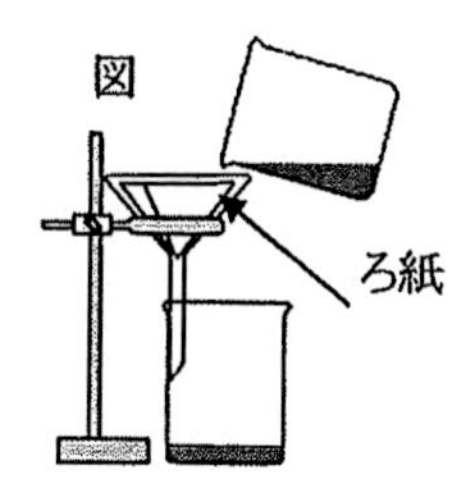

(5) 次の中和滴定の実験を行っている際の会話文を読んで，以下の各問いに答えなさい。

生徒：実験に必要な器具はメスフラスコ，ホールピペット，ビュレット，コニカルビーカーですよね。
先生：そうです。内部が純水で濡れている場合，共洗いをする必要がある器具は[A]と[B]だね。
生徒：今回の実験で，コニカルビーカー以外の器具を加熱乾燥してはいけないのはなぜですか？

先生：それは[　C　]だよ。

ア　会話中の[　A　]と[　B　]に当てはまる語句を答えなさい。ただし，[　A　]と[　B　]の解答順は問わない。

イ　あなたが実際に質問をうけたことを想定して，会話中の[　C　]に当てはまる適切な文章を答えなさい。

ウ　炭酸ナトリウムと炭酸水素ナトリウムの混合溶液200mLから10.0mLをとり，フェノールフタレインを指示薬として1.00mol/Lの塩酸を滴下していったところ，第1中和点(pH＝8.3)までに4.00mLが必要であった。さらにメチルオレンジを指示薬として塩酸を滴下したところ，第1中和点から第2中和点(pH＝3.6)までに6.00mLの塩酸が必要であった。混合水溶液に含まれる炭酸水素ナトリウムの物質量と塩酸滴下時に発生した気体の物質量をそれぞれ，有効数字3桁で求めなさい。

(☆☆☆◎◎◎◎)

【3】生命領域に関する次の各問いに答えなさい。

(1)　生態系についての次の文章を読み，以下の各問いに答えなさい。

ある場所に生育する植物の集団を[　1　]という。[　1　]を構成する植物のうち，頻度や被度が最も大きい植物種を[　2　]という。[　2　]は，一時的には安定しているようにみえるが，長い年月の間には個体数や構成種が変化している。このような変化を遷移という。陸上で始まる遷移には，溶岩流跡地などから始まる一次遷移と山火事跡地などから始まる二次遷移がある。遷移が進行した結果，大きな変化がみられなくなって安定した状態を極相と呼ぶ。

ア　文章中の[　1　]，[　2　]に適する語句をそれぞれ答えなさい。

イ　次のA～Eを遷移の進行順に並べかえなさい。

A　陰樹が中心となった陰樹林が形成される。

B　林床で陰樹の低木が育ち，陰樹と陽樹の混交林が形成される。

C　草原に低木が侵入し，低木林が形成される。

D　先駆植物が裸地に侵入し，草原の形成と土壌の形成が進む。

E　陽樹の若木が生育し，陽樹林が形成される。

ウ　遷移の初期と後期に出現する植物を比較し，初期に出現する植物の特徴を次のうちからすべて選び，番号で答えなさい。

①　耐陰性をもつ

②　重力散布型の種子をつける

③　乾燥に弱い

④　貧栄養への耐性が弱い

⑤　明るいところでの成長がはやい

⑥　成体の寿命が短い

エ　極相の相観を決定する気候的要素を2つ答えなさい。

オ　一次遷移と二次遷移を比べた場合，二次遷移の方が極相林になるまでの年月が短い。その理由を2つ答えなさい。

(2)　次の会話文を読んで，以下の各問いに答えなさい。

ナツキ：今日の体育の授業ではたくさん汗をかいたね。
ジュン：からだから出た水分を補うために，多めに水を飲もう。
先　生：水分をしっかり取ることは大切だね。ただし，<u>水だけでなく，塩分も同時に取り入れたほうが良いよ。そうしないと，せっかく取り入れた水分が，体内から排出されてしまうからね</u>。
ナツキ：生物は，体液の塩分濃度を一定に保とうとするのですね。他に，体内環境を一定に保つはたらきはありますか。
先　生：例えば，[　　]がありますね。

ア　下線部の理由を，関係するホルモンの名称や作用する部位の名称をあげて簡潔に説明しなさい。

イ　[　　]に入る例を1つあげて，その仕組みについて簡潔に説明しなさい。

(☆☆☆◎◎◎)

【4】地球領域に関する次の各問いに答えなさい。

(1)　太陽のエネルギーについての次の文を読み，以下の各問いに答えなさい。

太陽から①1天文単位離れた地球の大気圏上面で，太陽光線に垂直な単位面積あたり単位時間に入射するエネルギー量を②太陽定数という。

ア　文中の下線部①について，1天文単位とはおおよそ何kmであるか，答えなさい。また，天文単位のように，恒星などへの距離を表すのに「パーセク」を使うことがある。1パーセクとはどのように定められているか，「年周視差」という言葉を用いて答えなさい。

イ　文中の下線部②について，太陽定数をI〔kW/m^2〕，地球の半径をR〔m〕，円周率をπとしたとき，次の(ア)，(イ)の値をI，R，πを使って表しなさい。ただし，太陽放射のエネルギーは大気などで反射や吸収をされず，地表にすべて到達するものとする。

(ア)　地球全体が1秒間に受け取る太陽放射の総エネルギー量

(イ)　地球全体が1秒間に受け取る太陽放射の総エネルギー量を，地球の地表1m^{2}あたりに平均したエネルギー量

ウ　太陽光発電パネルを使って発電をし，電熱線を使って水を温めた。条件は次のとおりであるとき，水の温度は何℃になるか，答えなさい。

・発電した時間はちょうど1分間であった。
・加熱前の水の温度は20℃で，質量は1kgであった。
・パネルは地面と平行に設置され，太陽光は真上から降り注いだ。
・パネルの大きさは縦2m横8mで，発電効率は20％であった。
・太陽定数は1.4kW/m^2，水の比熱は4.2J/g・Kとする。
・太陽光は大気などで反射や吸収をされないこととする。
・まわりの空気などへ熱の移動はないものとし，発電され

た電力はすべて電熱線での発熱に使われるものとする。

(2) 次の会話文を読んで，以下の各問いに答えなさい。図は地図アプリで水月湖付近を検索した結果である。

太郎：「三方五湖」のひとつ，「水月湖」が注目されているみたいだね。水月湖には，7万年の年月をかけて積み重なった【年縞】とよばれる縞模様の地層があって，年代測定の世界標準ものさしに採用されたこともあるんだ。

花子：地図アプリで水月湖周辺を見てみよう。どうやら水月湖は①周囲を「梅丈岳」などの山々に囲まれているようだよ。周りには大きな「はす川」が流れ込む「三方湖」があって，三方湖と水月湖は小さく浅い水路で繋がっているみたいだ。このような地形的要因で，湖水がかき乱されることがなく，静かで穏やかな環境となっているんだね。

太郎：ほかに調べてみると，水月湖の水深が深いところは②溶存酸素が乏しく，硫化水素に富む環境となっているみたいだよ。

花子：水月湖には，7万年もの地層がきれいに残るのに必要な環境がそろっていたんだね。

図　(出展：Appleマップ)

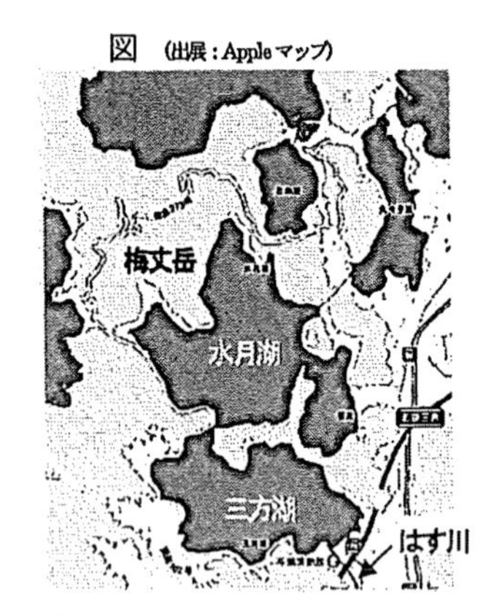

ア　文章中の下線部①について，この地形的要因が静かで穏やかな環境を作り出している理由として考えられることを，2つ答えなさい。

イ　文章中の下線部②について，この環境は年縞の形成にどのように役立ったと考えられるか，答えなさい。

ウ　年縞が形成されている間に起きていないものはどれか，次のうちから1つ選び，番号で答えなさい。

①　有孔虫の仲間であるカヘイ石が海洋で栄えた。

②　最終氷期に伴い，大陸氷床が発達し，海標準が低下した。

③　マンモスが絶滅した。

④　ヨーロッパを中心に広がっていたホモ・ネアンデルターレンシスが絶滅した。

エ　次の福井県内の地域のうち，日本ジオパークに認定されているものはどれか，1つ選び番号で答えなさい。

①　若狭町(年代測定の世界標準ものさしに採用された年縞がある)

②　勝山市(日本国内における有数の恐竜化石産地である)

③　大野市(全国星空継続観測で日本一美しい星空に選ばれている)

④　坂井市(安山岩の柱状節理が続く東尋坊がある)

(☆☆☆☆◎◎◎)

【選択問題】

【5】エネルギー領域に関する次の各問いに答えなさい。

(1) 図1のように，水平に置いた銅板上の点Aの真上で，N極が下になるように棒磁石を立て静止させた状態から，棒磁石を水平に銅板にそって点Bに向かってすばやく動かしたときに銅板に発生する渦電流について次の各問いに答えなさい。

図1

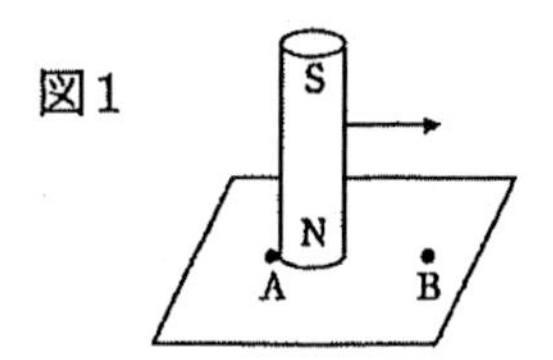

ア 銅板上の点A，点Bのまわりにできる渦電流の向きとして最も適当なものを次のa～dのうちから1つ選び記号で答えなさい。ただし，選択肢の図は，銅板を上から見た図である。

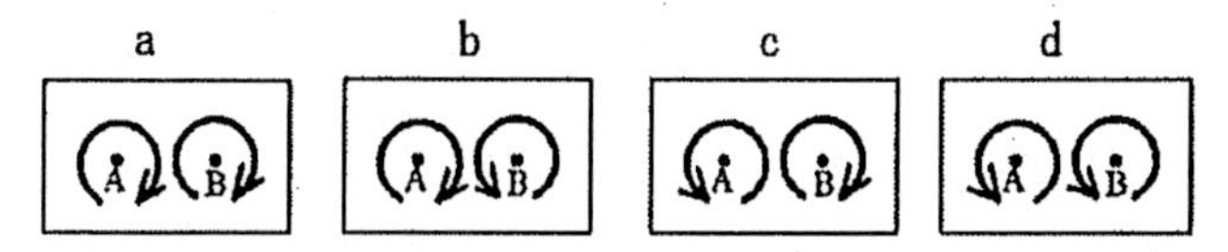

イ この渦電流によって銅板は磁場から力を受ける。その力の向きとして最も適当なものを，図2の①～④のうちから1つ選び番号で答えなさい。ただし，図2は，銅板を上から見た図である。

図2

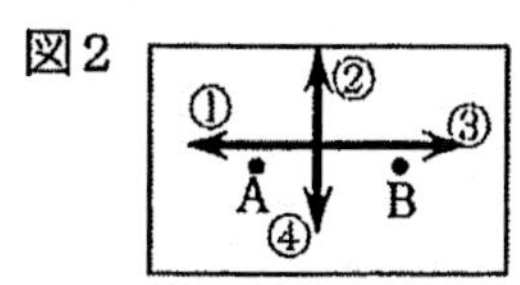

(2) 図3のように，重さWの一様な棒の端Aを，軽い糸で水平な天井から吊り，棒の他端Bを水平方向に力Fで引いたところ，図4のように，棒は水平と30°をなした状態で静止した。あとの各問いに答えなさい。

図3
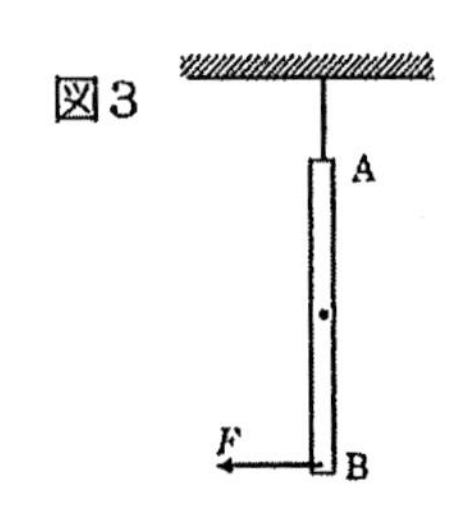

図4
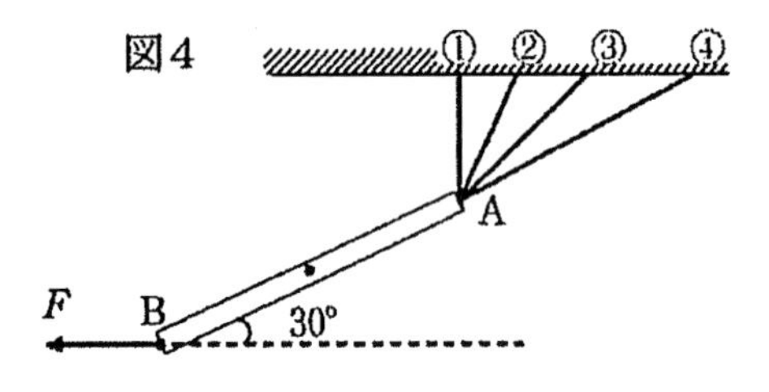

ア　棒の端Aと天井をつなぐ糸の角度を表した図として最も適当なものを，図4の①～④のうちから1つ選び番号で答えなさい。

イ　Fの大きさを，Wを用いて表しなさい。

(3)　気体の状態変化について行った次の実験について，以下の各問いに答えなさい。

図5のように，体積Vの容器aと体積$\frac{1}{2}V$の容器bが，体積の無視できる細管で結ばれており，細管はコックを開くことで，気体を通すことができる。また，容器全体は断熱材で覆われている。単原子分子理想気体を用いて，次の2つの実験を行った。以下，絶対温度を「温度」と表記する。

【実験1】容器aに圧力P，温度Tの気体A，容器bに圧力$3P$，温度$2T$の気体Bを入れ，コックを開く。

【実験2】容器aに圧力P，温度Tの気体Aを入れ，容器bは真空状態にして，コックを開く。

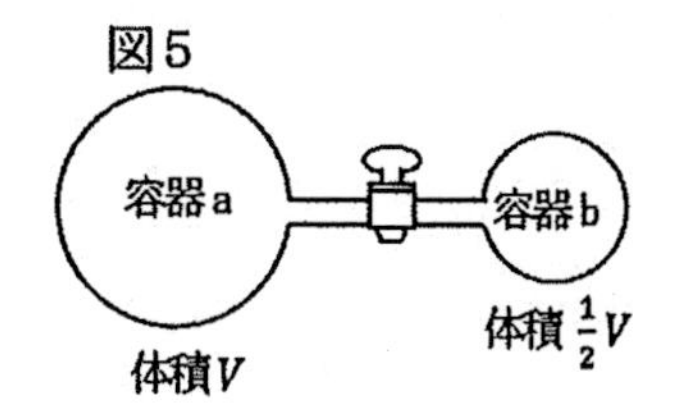

ア 【実験1】で，気体Bの物質量は気体Aの物質量の何倍か求めなさい。

イ 【実験1】で，コックを開く前と開いた後で，気体の内部エネルギーの和は保存される。この理由として最も正しいものを次の中から1つ選び番号で答えなさい。

① 気体Aが気体Bにした仕事は，気体Bが気体Aにした仕事に等しいから。

② 気体Aが気体Bにした仕事は，気体Bが気体Aにした仕事に等しく，容器は断熱されているため外部との熱のやり取りはないから。

③ 気体Aが気体Bにした仕事と，気体Bが気体Aにした仕事の和が0だから。

④ 気体Aが気体Bにした仕事と，気体Bが気体Aにした仕事の和が0で，容器は断熱されているため外部との熱のやり取りはないから。

ウ 【実験1】で，コックを開いて十分時間がたった後の容器内にある気体の圧力，温度をそれぞれ，P，Tを用いて表しなさい。

エ 【実験2】で，コックを開いて十分時間がたった後の容器内にある気体の圧力，温度をそれぞれ，P，Tを用いて表しなさい。

(☆☆☆◎◎◎)

【6】原子量をH＝1.0，C＝12，O＝16，ファラデー定数をF＝9.65×10^{4}C/mol，気体定数をR＝8.3×10^{3}Pa・L/(K・mol)，27℃における水の蒸気圧を4.0×10^{3}Pa，硫化水素の第1段階の電離定数を9.6×10^{-8}mol/L,

硫化水素の第2段階の電離定数を1.4×10^{-14}mol/L，硫化鉄(Ⅱ)の溶解度積を6.0×10^{-18}mol^2/L^2，$\log_{10}6.0 = 0.78$として，粒子領域に関する次の各問いに答えなさい。ただし，数字で解答する場合は有効数字2桁で答えなさい。

(1)　濃度が1.0mol/Lの過酸化水素水溶液500mLに酸化マンガン(Ⅳ)を加え，発生する気体から過酸化水素濃度の減少を測定する実験を行い，表の結果を得た。次の各問いに答えなさい。

表

時間(s)	濃度(mol/L)
0	1.0
100	0.74
200	0.55
300	0.41

ア　反応速度vは，過酸化水素濃度に比例する。この時の反応速度式を答えなさい。ただし，反応速度定数をkとする。

イ　時間0～100sの過酸化水素の分解速度を答えなさい。

ウ　時間100～200sで発生した気体の物質量を答えなさい。ただし，発生した気体の溶液への溶解は無視してよい。

(2)　白金板を電極に用いて，硫酸銅(Ⅱ)水溶液を1930秒間電気分解した。次の各問いに答えなさい。

ア　陽極で発生した酸素を水上置換で捕集したところ27℃，1.04×10^5Paで，498mLの気体が得られた。得られた酸素の質量は何gか答えなさい。ただし，発生した酸素の水への溶解は無視してよい。

イ　電気分解は何Aの電流で行われたか答えなさい。

(3)　硫化水素は水に溶けて，水溶液中では，$H_2S \rightleftarrows H^+ + HS^-$，$HS^- \rightleftarrows H^+ + S^{2-}$のように2段階に電離する。この時，温度を一定に保ってpHを調整すると，電離平衡は移動する。次の各問いに答えなさい。

ア　pHを1.0にしたときの，硫化物イオンのモル濃度を答えなさい。ただし，硫化水素は飽和していて，その濃度は0.10mol/Lである。

イ　Fe^{2+}を含む強酸性水溶液に硫化水素を通じたあと，塩基を加えpHを調整したところ，あるpHで硫化鉄(Ⅱ)の沈殿が生じ始めた。このときのFe^{2+}濃度は6.0×10^{-2}mol/L，硫化水素の濃度は3.0×10^{-2}mol/Lであった。硫化鉄(Ⅱ)の沈殿が生じ始めたときのpHを求めなさい。ただし，硫化水素の電離定数Kaは次のとおりとする。

$Ka=\frac{[H^+]^2[S^{2-}]}{[H_2S]}=1.2\times10^{-21}mol^2/L^2$

(4)　炭素，水素，酸素からなる分子量108の化合物Aがある。5.40mgの化合物Aを，乾燥した酸素を通気させながら完全燃焼させた。そのとき発生した燃焼ガスを，塩化カルシウム管に通した後，ソーダ石灰管に通過させたところ，塩化カルシウム管が3.60mg，ソーダ石灰管が15.4mg増加した。化合物Bは炭素と水素からなる分子量120の芳香族炭化水素である。化合物Bを酸素で酸化すると化合物Cが生成される。化合物Cを希硫酸で分解することにより，化合物Dと化合物Eが工業的に製造されている。化合物Dは芳香族に属している。化合物Eは除光液などに利用されており，実験室では酢酸カルシウムを乾留することで得られる。次の各問いに答えなさい。

ア　化合物Aの分子式を答えなさい。

イ　化合物B～Eの構造式を，例を参考にして答えなさい。

例

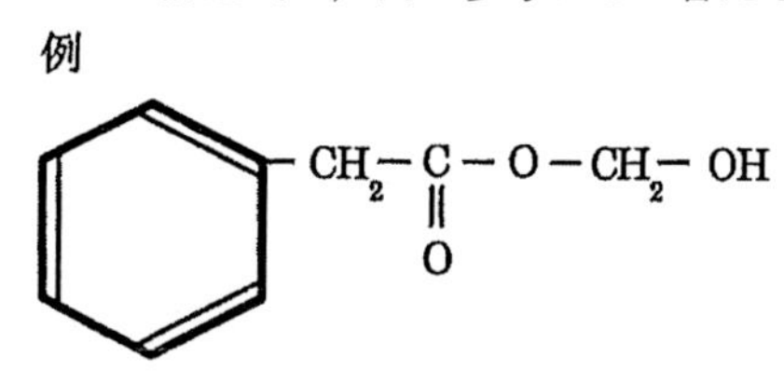

ウ　化合物Dは，$FeCl_3$水溶液を加えると特有の呈色反応を示す。この時，呈色する色として最も適当なものを次の語群の中から1つ選んで答えなさい。

【語群】 黒色　白色　青紫色　黄色　赤褐色　緑白色

(☆☆☆☆◎◎◎◎)

【７】生命領域に関する次の各問いに答えなさい。

(1)　情報の伝達についての次の文章を読み，以下の各問いに答えなさい。

動物は，光や音，においなどの外界の刺激を情報として受け取り，それに応じた反応や行動を起こす。光や音などの刺激は，眼や耳などの[　1　]とよばれる器官で感知される。それぞれの[　1　]で感知できる刺激の種類は決まっていて，それを[　2　]という。[　1　]で生じた興奮は，[　3　]神経によって大脳に伝えられる。大脳では得られた情報の統合や整理，判断の処理が行われ，大脳からの命令は[　4　]神経によって筋肉などの[　5　]と呼ばれる器官に伝えられ，反応や行動が起こる。

ア　文中の[　1　]～[　5　]に適する語句を答えなさい。

イ　神経はある強さ以上の刺激で興奮し，それ以上刺激を強くしても興奮の大きさは変わらない。この法則を何というか答えなさい。

ウ　神経細胞が静止状態から活動電位を1回発生し，再び静止状態にもどるまでの膜電位(膜外に対する膜内の電位)変化を次の図に図示し，細胞内外の電位差がない0mVの高さを示す線を点線で表しなさい。

エ　培養した神経細胞に電極を挿入して膜電位を継続的に記録した。細胞膜の外側でK^{+}の濃度を高めると，静止電位はどうなるか，その理由とともに簡潔に述べなさい。

オ　図1は，ヒトの眼と視神経の関係を表している。視神経のうち両眼の内側の網膜から出たものだけが眼球の後方で交さし，反対側の眼からきた視神経と合流して大脳に達する。図2は正常な視野を表している。図1のAの位置で視神経が切断された場合と，B

の位置で視神経が切断された場合では，左右の眼の見え方はそれぞれどうなると考えられるか。図3の①～⑥からそれぞれ選び，番号で答えなさい。ただし，図3の白は正常な視野，黒は視野が欠損した部位を表す。また，視野とは，眼前の1点を凝視した状態で見えている範囲のことである。

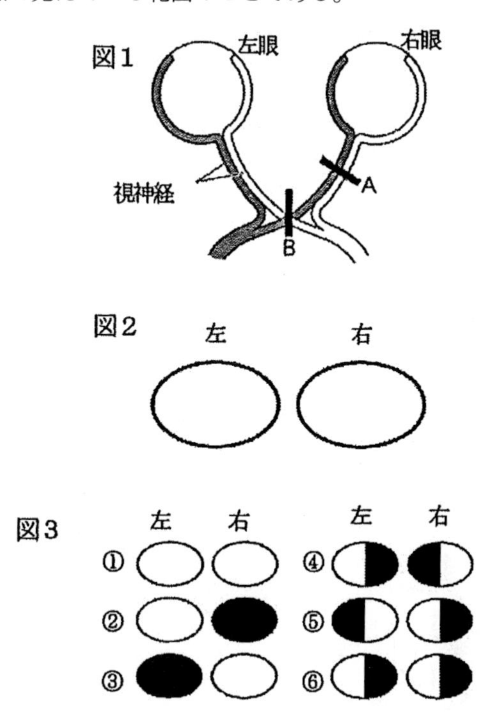

(2) 遺伝情報とDNAについての次の文章を読み，以下の各問いに答えなさい。

ある細菌のDNAの分子量は2.97×10^9で，このDNAから3000個のタンパク質が合成される。ただし，1ヌクレオチド対の平均分子量を660，タンパク質中のアミノ酸1個の平均分子量を110とし，塩基配列のすべてがタンパク質のアミノ酸情報として使われるものとする。

ア　このDNAは何対のヌクレオチドからできているか答えなさい。

イ　このDNAからできる1本のmRNAは，平均何個のヌクレオチドからできているか答えなさい。

ウ　合成されたタンパク質の平均分子量はいくらか答えなさい。

(☆☆☆◎◎◎)

【8】地球領域に関する次の各問いに答えなさい。

(1)　図はある地震の走時曲線である。以下の各問いに答えなさい。

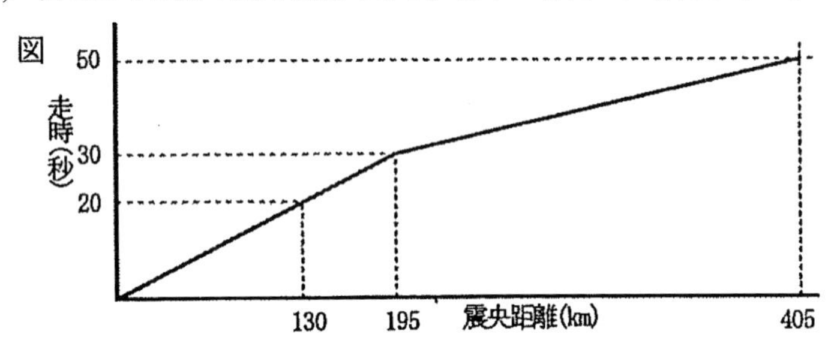

ア　地殻とマントルの境界面の名称を答えなさい。

イ　地殻およびマントルを伝わる地震波の速度をそれぞれ答えなさい。

ウ　地殻の厚さを答えなさい。ただし，$\sqrt{0.235}=0.48$とする。

エ　次の①～⑦は，地震波の伝わり方と地球の層構造について模式的に示したものである。P波とS波の伝わり方を示したものはどれか，最も適切なものを，次のうちからそれぞれ1つ選び，番号で答えなさい。

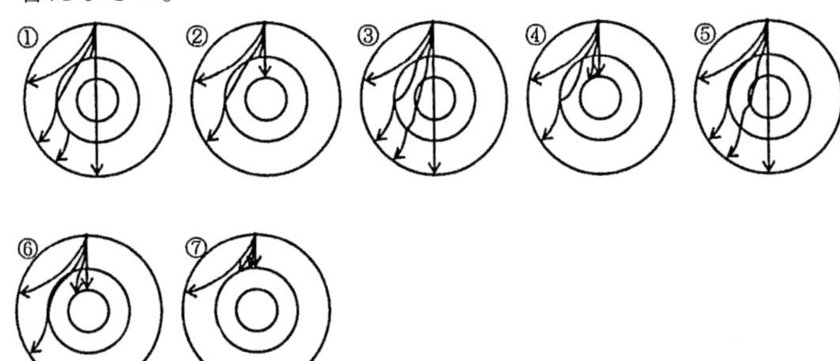

(2) ある地点の地層の断面で，次の事実を確かめた。この事実をもとに，以下の各問いに答えなさい。

・最下部には花崗岩があり，その上に頁岩がある。
・頁岩にはリンボクの化石が含まれている。
・頁岩の最下部は花崗岩により変質し，硬くて緻密な変成岩となっている。
・頁岩の上には不整合面があり，その上には礫岩がある。
・礫岩は層理が複雑に入り乱れ，級化層理や斜交葉理がみられる。
・礫岩には，中生代後期のチャートと石灰岩の礫が含まれている。
・礫岩の上には砂岩が整合で接し，ビカリアが確認できる。
・花崗岩，頁岩，礫岩および砂岩を貫く安山岩の岩脈がある。

ア　最も新しい岩石と最も古い岩石はなにか，答えなさい。

イ　頁岩最下部にみられる変成岩はなにか，答えなさい。

ウ　頁岩の地質時代，砂岩の地質時代，および2つの岩石の年代差について示した組み合わせとして最も適当なものを次のうちから1つ選び，番号で答えなさい。

	頁岩の地質時代	砂岩の地質時代	2つの岩石の年代差
①	古生代前期	新生代第三紀	おおよそ2億年
②	古生代後期	新生代第三紀	おおよそ1億年
③	中生代前期	新生代第四紀	おおよそ1億年
④	古生代前期	新生代第四紀	おおよそ3億年
⑤	古生代後期	新生代第三紀	おおよそ3億年
⑥	中生代前期	新生代第四紀	おおよそ2億年

エ　礫岩の堆積構造から，礫岩が形成された当時がどのような堆積環境であったと考えられるか，答えなさい。

オ　石灰岩はチャートに比べると水深が浅い場所でしか形成されない。その理由を「二酸化炭素」と「水温」の2つの語句を用いて答えなさい。また，チャートを形成する微生物とその成分について，最も適当なものを次のうちから1つ選び，番号で答えなさい。

① 放散虫：SiO_4　　② 有孔虫：$CaCO_3$
③ 円石藻：SiO_2　　④ 珪藻：SiO_2
⑤ フズリナ：$CaCO_3$　　⑥ 海綿：SiO_4

(3) 宇宙の構造についての次の各問いに答えなさい。

ア　ケプラーの第3法則「調和の法則」とはどのようなものか，答えなさい。

イ　遠い銀河の線スペクトルを観測すると本来の波長からずれて観測される。その理由を簡潔に説明しなさい。ただし，波長がどう変化するのかについても言及すること。

(☆☆☆☆◎◎◎)

解答・解説

中高共通

【共通問題】

【1】(1)　ア　弾性力による位置エネルギーは，自然長からd縮めるときに外力がする仕事のことである。その外力は，はじめは0でばねの縮みに比例して大きくなり，d縮んだときにはkdになるのでその平均は$\frac{1}{2}kd$である。よって仕事は$\frac{1}{2}kd^2$である。　イ　$\frac{kd^2}{2gh}$

ウ　$\frac{3}{4}$〔倍〕　エ　$\frac{5}{2}h$　(2)　ア　①　イ　B(A)→A(B)→C

ウ　光は直進性があるが，媒質が違う境界面で屈折するため，境界面にまち針を刺すことで光の道筋を描くことができるため。

〈解説〉(1)　ア　解答参照。　イ　1回目の実験結果について，物体の質量をmとすると，力学的エネルギー保存の法則より，$\frac{1}{2}kd^2=mgh$が成り立つので，$m=\frac{kd^2}{2gh}$となる。　ウ　2回目の実験では，はじめに弾性力による位置エネルギーが$\frac{1}{2}k(2d)^2=2kd^2$だけ蓄えられていたので，斜面を上る直前の物体の運動エネルギーも$2kd^2$である。一方，斜面を飛び出した瞬間の重力による位置エネルギーは，イより$mgh=\frac{1}{2}kd^2$なので，斜面を飛び出した瞬間の物体の運動エネルギーは，$2kd^2-\frac{1}{2}kd^2=\frac{3}{2}kd^2$となる。よって，$\frac{\frac{3}{2}kd^2}{2kd^2}=\frac{3}{4}$〔倍〕となる。　エ　斜面の傾斜が45°なので，斜面を飛び出した瞬間，物体の鉛直方向の速さと水平方向の速さは等しく，運動エネルギーも鉛直方向と水平方向に$\frac{1}{2}$ずつ分配されている。物体が最高点に達するとき，求める高さをHとすると位置エネルギーはmgH，鉛直方向の速さが0で水平方向の速さは斜面を飛び出した瞬間と等しいので運動エネルギーは$\frac{1}{2}\times\frac{3}{2}kd^2$なので，力学的エネルギー保存の法則より，$2kd^2=\frac{1}{2}\times\frac{3}{2}kd^2+mgH$が成り立ち，$H=\frac{5kd^2}{4mg}$となる。イより，$h=\frac{kd^2}{2mg}$なので，$H=\frac{5}{2}h$となる。

(2)　ア　入射角や屈折角は，境界面の法線のなす角から求める。
イ　図4より，光は入射角45°で入射するので，光はA，B，Cの順に進む。まず，光が入射する道筋が決まらないと屈折後の道筋も定まらないので，先にAまたはBを刺し，最後にCを刺す。Bは分度器の中心の位置(境界面)なので，はじめに刺すとよりわかりやすい。　ウ　解答参照。

【2】(1)　ア　1　中性子　　2　ウラン　　3　窒素　　イ　60〔年〕
(2)　11　　(3)　②　　(4)　誤った操作…ガラス棒を用いて，溶液を伝わらせてろう斗に入れていないところ。　　理由…溶液が飛び散る可能性があるから。　　(5)　ア　A　ホールピペット　　B　ビュレット　　イ　ガラスが熱膨張により変形し，体積にくるいが生じるか

ら　　ウ　炭酸水素ナトリウム…4.00×10^{-2}〔mol〕　　気体…6.00×10^{-3}〔mol〕

〈解説〉(1)　ア　1，2　解答参照。　3　大気中の^{14}Nに宇宙線が照射されると，^{14}Cが生成する。　イ　25％を分数で表すと$\frac{1}{4}=\left(\frac{1}{2}\right)^2$なので，半減期を2回経過することがわかる。よって，求める年数は$30\times2=60$〔年〕となる。　(2)　相対質量が12と13の原子の存在比はいずれも20％である。この原子の原子量は，それぞれの同位体の相対質量に存在比をかけて平均値を求めると，$10\times\frac{60}{100}+12\times\frac{20}{100}+13\times\frac{20}{100}=11$となる。　(3)　①　$2Mg+CO_2\rightarrow2MgO+C$の反応により，Cの酸化数が$+4\rightarrow0$と還元されるので，$CO_2$は酸化剤としてはたらく。
②　$H_2O_2+2KI\rightarrow2KOH+I_2$の反応により，Iの酸化数が$-1\rightarrow0$と酸化されるので，KIは還元剤としてはたらく。　③　$H_2O_2+H_2S\rightarrow2H_2O+S$の反応により，Oの酸化数が$-1\rightarrow-2$と還元されるので，H2O2は酸化剤としてはたらく。　(4)　解答参照。　(5)　ア　ホールピペットやビュレットを濡れたまま使用すると，入れた溶液の濃度が薄まるため正しい実験ができない。　イ　体積を正確に測る際に使用するガラス器具は，加熱乾燥してはいけない。　ウ　第1中和点までの反応は$Na_2CO_3+HCl\rightarrow NaHCO_3+NaCl$，第1中和点から第2中和点までの反応は$NaHCO_3+HCl\rightarrow NaCl+H_2O+CO_2$である。混合水溶液10.0mL中の$Na_2CO_3$の物質量を$x$〔mol〕，$NaHCO_3$の物質量を$y$〔mol〕とすると，第1中和点までの反応より，$x=1.00\times\frac{4.00}{1000}=4.00\times10^{-3}$〔mol〕となる。一方，第2中和点までの反応では，第1中和点までの反応により生成した$NaHCO_3$も考慮するので，$x+y=1.00\times\frac{6.00}{1000}=6.00\times10^{-3}$〔mol〕より，$y=2.00\times10^{-3}$〔mol〕となる。したがって，はじめの混合水溶液200mL中の$NaHCO_3$の物質量は，$(2.00\times10^{-3})\times\frac{200}{10.0}=4.00\times10^{-2}$〔mol〕となる。また，発生した気体は$CO_2$であり，第2中和点までの反応で生成したので，その物質量は6.00×10^{-3}〔mol〕である。

【3】(1)　ア　1　植生　　2　優占種　　イ　D→C→E→B→A
ウ　⑤，⑥　　エ　降水量，気温　　オ　・すでに土壌が形成されて

いるから。　・土壌中に植物の種子や地下茎などが残存しているから。
(2)　ア　多量の水を飲むなどして体液の塩分濃度が低下するとバソプレシンの分泌が抑制され，腎臓の集合管からの水分の再吸収量が減少して尿量が増加するから。　イ　例…体温調節　仕組み…寒冷時，交感神経のはたらきによって体表の血管を収縮させて熱の放散を減らし，心臓の拍動促進や副腎髄質からのアドレナリン分泌を促進して発熱量を増やして体温を上昇させる。

〈解説〉(1)　ア　解答参照。　イ　一次遷移の乾性遷移は，裸地→草原→低木林→陽樹林→混交林→陰樹林の順に進む。　ウ　遷移の初期に出現する植物は，貧栄養への耐性が強く，直射日光による高温や乾燥に強く，風に飛ばされやすい種子をつけるので，⑤が該当する。また，遷移の初期に侵入するのは一年生草本などなので，⑥が該当する。　エ　年間降水量が少ない地域には草原，年間降水量が多い地域には森林といったように，同じような降水量や気温であれば，同じような相観をもつ植生が見られる場合が多い。　オ　解答参照。　(2)　体内環境を一定に保つ状態を恒常性(ホメオスタシス)といい，体液の塩分濃度の調節以外にも，血糖値の調節などが挙げられる。

【4】(1)　ア　天文単位…1億5千万〔km〕　1パーセク…年周視差が1″になる距離である。　イ　(ア)　$I\pi R^2$〔kJ〕　(イ)　$\frac{1}{4}I$〔kJ〕
ウ　84〔℃〕　(2)　ア　・周りを梅丈岳などの山々に囲まれ，風の影響を受けにくいため。　・水月湖に直接流入する大きな河川がなく，大量の水が急激に流れ込むことがないため。　イ　生物が生息しにくく，生物が湖底を攪拌することがなかったため。　ウ　①
エ　②

〈解説〉(1)　ア　光が1年間で進む距離を1光年とすると，1〔パーセク〕$=3.08\times10^{13}$〔km〕≒3.26〔光年〕である。　イ　(ア)　地球全体が1秒間に受け取る太陽放射の総エネルギー量は，太陽定数I〔kJ/m^2〕と地球の断面積πR^2〔m^2〕の積で表せる。　(イ)　(ア)の結果を地球の表面積$4\pi R^2$〔m^2〕で割ったものなので，$\frac{I\pi R^2}{4\pi R^2}=\frac{1}{4}I$〔kJ〕となる。

ウ　太陽光パネルが受け取ったエネルギー量は$(1.4\times10^3)\times(2\times8)\times60$〔J〕であり，このうち20％が水1kg(1000g)の温度上昇に使われたことになる。水の温度上昇をΔT〔K〕とすると，$(1.4\times10^3)\times(2\times8)\times60\times0.20=1000\times4.2\times\Delta T$より，$\Delta T=64$〔K〕となる。よって，水の温度は$20+64=84$〔℃〕となる。　(2)　ア，イ　水月湖が年縞の形成に適している理由としては，直接流れ込む河川がない，湖底に生物が生息していない，時間が経過しても埋まらないといった点が挙げられる。溶存酸素が乏しい環境であれば，生物は生息しにくい。　ウ　問題文より，水月湖の年縞は7万年の年月をかけて積み重なったものであるが，カヘイ石が栄えたのは新生代古第三紀(6600万～2300万年前)である。　エ　福井県には，恐竜渓谷ふくい勝山ジオパークがある。

【選択問題】

【５】(1)　ア　b　　イ　③　　(2)　ア　③　　イ　$\frac{\sqrt{3}}{2}W$

(3)　ア　$\frac{3}{4}$〔倍〕　　イ　④　　ウ　圧力…$\frac{5}{3}P$　　絶対温度…$\frac{10}{7}T$

エ　圧力…$\frac{2}{3}P$　　絶対温度…T

〈解説〉(1)　ア　誘導電流は，磁場の変化を妨げるように生じる。点Aでは下向きの磁場が遠ざかるので下向きの磁場が生じるように，時計回りに電流が流れる。点Bでは下向きの磁場が近づくので上向きの磁場が生じるように，反時計回りに電流が流れる。　イ　棒磁石が向かうAからBの方向には，棒磁石とは逆向きの磁場が生じるので，棒磁石は①の向きに斥力を受ける。一方，棒磁石がすでに通り過ぎたところには，棒磁石と同じ向きの磁場が生じるので，棒磁石は①の向きに引力を受ける。つまり，いずれの場合でも棒磁石は①の向きに力を受けるので，銅板はその反作用を受け，棒磁石と逆の③の向きに力を受ける。(2)　ア　鉛直方向には重力，水平方向には力Fがはたらいており，さらに糸の張力を合わせることで棒はつり合っているので，重力，力F，糸の張力の作用線は1点で交わる。この条件を満たすのは，糸の角度が③の場合である。　イ　棒の長さをLとすると，Aのまわりの力のモーメントの和が0なので，$\frac{1}{2}L\times\frac{\sqrt{3}}{2}W-L\times\frac{1}{2}F=0$より，$F=\frac{\sqrt{3}}{2}W$となる。 (3) ア 気体A，気体Bの物質量をそれぞれn_A，n_B，気体定数をRとすると，気体の状態方程式を用いて，$n_A=\frac{PV}{RT}$，$n_B=\frac{3P\times\frac{1}{2}V}{2RT}=\frac{3PV}{4RT}$より，$\frac{n_B}{n_A}=\frac{3}{4}$，つまり気体Bの物質量は気体Aの物質量の$\frac{3}{4}$倍となる。 イ 容器が断熱された状態で気体を混合すると，気体がする仕事は0なので，内部エネルギーの和は保存される。

ウ コックを開く前の内部エネルギーは，$\frac{3}{2}n_ART+\frac{3}{2}n_BR\times2T=\frac{3}{2}PV+\frac{9}{4}PV=\frac{15}{4}PV$である。一方，$n_A+n_B=\frac{7PV}{4RT}$であり，コックを開いた後の絶対温度を$T'$とすると，内部エネルギーは$\frac{3}{2}\times\frac{7PV}{4RT}\times RT'=\frac{21}{8}PV\times\frac{T'}{T}$となる。これらが等しいので，$\frac{15}{4}PV=\frac{21}{8}PV\times\frac{T'}{T}$より，$T'=\frac{10}{7}T$となる。コックを開いた後の圧力を$P'$とすると，$P'\times\frac{3}{2}V=(n_A+n_B)RT'=\frac{7PV}{4RT}\times R\times\frac{10}{7}T$より，$P'=\frac{5}{3}P$となる。 エ 容器bが真空なので，気体が容器bへ広がる際の仕事は0であり，容器は断熱されているので，内部エネルギーの変化は0である。したがって，気体の絶対温度は変化しないのでTである。また，等温変化で体積が$\frac{3}{2}$倍となったので，圧力は体積に反比例し$\frac{2}{3}$倍，つまり$\frac{2}{3}P$である。

【6】(1) ア $v=k[H_2O_2]$ イ 2.6×10^{-3}〔mol/(L・s)〕 ウ 4.8×10^{-2}〔mol〕 (2) ア 0.64〔g〕 イ 4.0〔A〕
(3) ア 1.3×10^{-20}〔mol/L〕 イ pH＝3.2 (4) ア C_7H_8O

イ　B　C　D　E

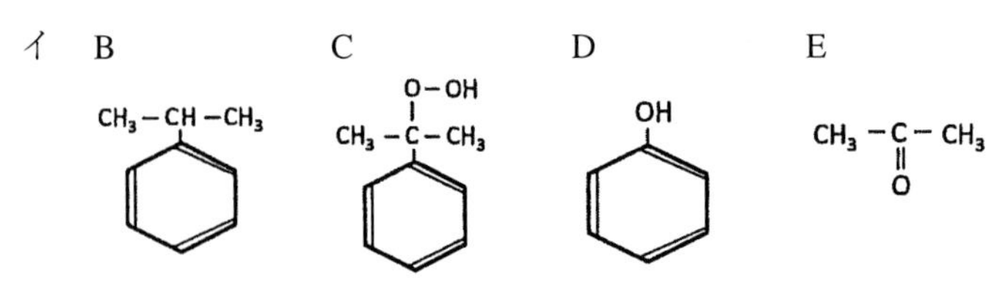

ウ　青紫色

〈解説〉(1)　ア　解答参照。　イ　求める分解速度は，$-\frac{0.74-1.0}{100-0}=2.6\times10^{-3}$〔mol/(L・s)〕となる。　ウ　時間100～200sでの過酸化水素のモル濃度の減少量は0.74－0.55＝0.19〔mol/L〕であり，その物質量は$0.19\times\frac{500}{1000}=9.5\times10^{-2}$〔mol〕である。過酸化水素の分解は$2H_2O_2\rightarrow O_2+2H_2O$と表せるので，発生した酸素の物質量は$(9.5\times10^{-2})\times\frac{1}{2}\fallingdotseq4.8\times10^{-2}$〔mol〕となる。　(2)　ア　捕集した気体のうち酸素(分子量32)の分圧は，$(1.04\times10^{5})-(4.0\times10^{3})=1.00\times10^{5}$〔Pa〕なので，その質量は気体の状態方程式を用いて$\frac{32\times(1.00\times10^{5})\times(498\times10^{-3})}{(8.3\times10^{3})\times300}=0.64$〔g〕となる。　イ　発生した酸素の物質量は$\frac{0.64}{32}=0.020$〔mol〕である。陽極では$2H_2O\rightarrow O_2+4H^{+}+4e^{-}$の反応が起こるので，1molの酸素が発生するとき4molの電子が流れる。よって，流れた電子の物質量は0.020×4＝0.080〔mol〕であり，流れた電流は$\frac{0.080\times(9.65\times10^{4})}{1930}=4.0$〔A〕となる。　(3)　ア　硫化水素の第1，2段階の電離定数をそれぞれK_1，K_2とすると，$K_1=\frac{[H^{+}][HS^{-}]}{[H_2S]}$より，$[HS^{-}]=\frac{K_1[H_2S]}{[H^{+}]}=\frac{(9.6\times10^{-8})\times0.10}{1.0\times10^{-1}}=9.6\times10^{-8}$〔mol/L〕となる。また，$K_2=\frac{[H^{+}][S^{2-}]}{[HS^{-}]}$より，$[S^{2-}]=\frac{K_2[HS^{-}]}{[H^{+}]}=\frac{(1.4\times10^{-14})\times(9.6\times10^{-8})}{1.0\times10^{-1}}\fallingdotseq1.3\times10^{-20}$〔mol/L〕となる。　イ　硫化鉄(Ⅱ)の溶解度積を$K\mathrm{sp}$とすると，$K\mathrm{sp}=[Fe^{2+}][S^{2-}]$より，$[S^{2-}]=\frac{K\mathrm{sp}}{[Fe^{2+}]}=\frac{6.0\times10^{-18}}{6.0\times10^{-2}}=1.0\times10^{-16}$〔mol/L〕

となる。一方，$K_a=\frac{[H^+]^2[S^{2-}]}{[H_2S]}$より，$[H^+]^2=\frac{K_a[H_2S]}{[S^{2-}]}$であり，$[H^+]=\sqrt{\frac{(1.2\times10^{-21})\times(3.0\times10^{-2})}{1.0\times10^{-16}}}=6.0\times10^{-4}$なので，$pH=-\log_{10}[H^+]=-\log_{10}(6.0\times10^{-4})=4-0.78\fallingdotseq3.2$となる。 (4) ア 塩化カルシウム管では水(分子量18)，ソーダ石灰管では二酸化炭素(分子量44)が吸収されるので，化合物Aに含まれる水素原子の質量は$3.60\times\frac{2.0}{18}=0.400$〔mg〕，炭素原子の質量は$15.4\times\frac{12}{44}=4.20$〔mg〕，酸素原子の質量は$5.40-(4.20+0.40)=0.800$〔mg〕である。これらの原子数の比は，C：H：O$=\frac{4.20}{12}:\frac{0.400}{1.0}:\frac{0.800}{16}=7:8:1$なので，組成式は$C_7H_8O$であり，その式量は108で分子量と等しいので，分子式はC_7H_8Oである。
イ 化合物Eは酢酸カルシウムの乾留で得られ，除光液に用いられているので，アセトンである。アセトンの工業的製法は，プロピレンの酸化とクメン法があるが，問題文よりクメン法が用いられていると考えられる。したがって，化合物Bはクメンであり，これを酸化して生成する化合物Cはクメンヒドロペルオキシド，これを希硫酸で分解して得られる化合物Dはフェノールである。 ウ フェノール類に塩化鉄(Ⅲ)水溶液を加えると，青～赤紫色を呈する。

【7】(1) ア 1 受容器(感覚器) 2 適刺激 3 感覚 4 運動 5 効果器(作動体) イ 全か無かの法則
ウ

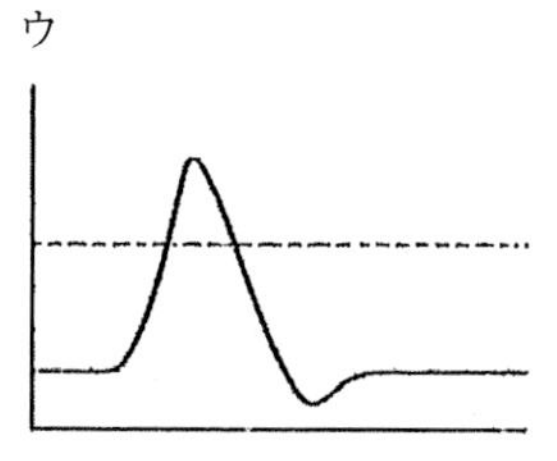

エ 膜外へ流出するK^+が減り，膜内の静止電位は0に近づく。
オ A ② B ⑤ (2) ア 4.50×10^6〔対〕 イ 1.50×10^3

〔個〕　ウ　5.50×10^4

〈解説〉(1)　ア，イ　解答参照。　ウ　静止状態では，神経細胞の細胞膜の外側は正，内側は負に帯電しているので，膜電位は負の値となる。一方，興奮が伝わると膜内外の電位の符号が逆転するので，膜電位は正の値となる。　エ　通常は，細胞膜の内側でK^+が多く，これがカリウムチャネルから細胞外に流出するため，膜内の電位は負の値となっている。　オ　両眼の視神経の内側半分は途中で交叉する(外側半分は交叉しない)。また，左側から入った光は右側の網膜に，右側から入った光は左側の網膜に映るため，反対側の視覚野に刺激が伝えられる。これらを踏まえて検討する。　A　右眼からの視神経が切断されると，右眼の視野がすべて欠損するので，②が該当する。　B　視交叉するところが切断されているので，右眼の右側と左眼の左側から入った光の刺激が視神経を伝わず視野が欠損するので，⑤が該当する。

(2)　ア　細菌のDNAは，環状の二本鎖である。よって，このDNAを構成するヌクレオチド対は$\frac{2.97 \times 10^9}{660} = 4.50 \times 10^6$〔対〕となる。
イ　このDNAから3000個のタンパク質が合成されるので，mRNAも3000本と考える。また，mRNAはDNAを構成するヌクレオチド対の片方を鋳型として合成されるので，mRNAの合成に関わるヌクレオチドは4.50×106〔個〕である。よって，1本のmRNAを構成するヌクレオチドの平均は，$\frac{4.50 \times 10^6}{3000} = 1.50 \times 10^3$〔個〕となる。　ウ　3個のヌクレオチドの塩基が1個のアミノ酸を指定するので，1個のタンパク質を構成するアミノ酸の数の平均は$\frac{1.50 \times 10^3}{3}$〔個〕であり，平均分子量は$\frac{1.50 \times 10^3}{3} \times 110 = 5.50 \times 10^4$となる。

【8】(1)　ア　モホロビチッチ不連続面(モホ面)　イ　地殻…6.5〔km/s〕　マントル…10.5〔km/s〕　ウ　46.8〔km〕　エ　P波…③　S波…⑦　(2)　ア　最も新しい岩石…安山岩　最も古い岩石…頁岩　イ　ホルンフェルス　ウ　⑤　エ　密度の大きい

流れ(混濁流や乱泥流)が生じ，多量の土砂が海底を大きく侵食しながら一気に堆積した。　オ　深海では二酸化炭素濃度が高く，水温も低いため，炭酸カルシウムの溶解が進み，炭酸カルシウムが溶けて堆積しないため。　記号…④　(3)　ア　惑星と太陽の平均距離の3乗は，惑星の公転周期の2乗に比例する。　イ　遠い銀河は地球から遠ざかっているため，ドップラー効果により波長が長くなる。

〈解説〉(1)　ア　解答参照。　イ　図より，走時曲線が折れ曲がる震央距離195kmまでが地殻を伝わる地震波を示すので，その速度は$\frac{195-130}{30-20}=6.5$〔km/s〕となる。また，震央距離195～405kmの部分がマントルを伝わる地震波を示すので，その速度は$\frac{405-195}{50-30}=10.5$〔km/s〕となる。　ウ　地殻を伝わる地震波の速度をV_1〔km/s〕，マントルを伝わる地震波の速度をV_2〔km〕，地殻の厚さをd〔km〕，走時曲線が折れ曲がる地点の震央距離をL〔km〕とすると，$d=\frac{L}{2}\sqrt{\frac{V_2-V_1}{V_2+V_1}}$

$=\frac{195}{2}\sqrt{\frac{10.5-6.5}{10.5+6.5}}\fallingdotseq\frac{195}{2}\sqrt{0.235}=\frac{195}{2}\times0.48=46.8$〔km〕となる。

エ　P波について，固体である地殻とマントル，および液体である外核のどちらも伝わるが，マントルと外核の境界では速度が遅くなり内側に屈折する。これによりP波の影ができるので，③が該当する。S波について，液体である外核を伝わらないので，⑦が該当する。

(2)　ア　頁岩の最下部は花崗岩により変質しているので(頁岩)→(花崗岩)の順，頁岩の上には不整合面がありその上に礫岩があるので(頁岩)→(礫岩)の順，礫岩の上には砂岩が整合で接しており示準化石から(礫岩)→(砂岩)の順となる。一方，安山岩の岩脈は，花崗岩・頁岩・礫岩・砂岩を貫くので安山岩が最も新しい。よって，最も古いのは頁岩である。　イ　頁岩は泥岩の一種なので，花崗岩による接触変成作用を受けると，ホルンフェルスとなる。　ウ　頁岩にはリンボクの化石が含まれているので，地質時代は古生代石炭紀(3億5900万～2億9900万年前)，つまり古生代後期である。砂岩にはビカリアの化石が含まれているので，新生代新第三紀(2300万～260万年前)である。よって，これらの年代差は，およそ3億年である。　エ　礫岩には，混濁流による堆積物であるタービダイトの特徴が見られる。　オ　チャートはSiO_2を主成分とし，珪質の骨格や殻をもつ放散虫・珪藻・海綿などから形成される。　(3)　ア　解答参照。　イ　遠い銀河からの電磁波は，宇宙空間の膨張により波長が引き伸ばされるため，波長が本来の波長より長く観測される。これを赤方偏移という。

2023年度　実施問題

中高共通

注　(1)　共通問題【１】,【２】,【３】,【４】は，全員が解答すること。
注　(2)　選択問題【５】,【６】,【７】,【８】は，この中から2題を選択し解答すること。

【共通問題】

【１】次の各問いに答えなさい。

(1)　次の量の空欄に当てはまる数値を書きなさい。

・72km/h＝[　ア　]m/s　　・3.6×10^3J＝[　イ　]Wh

・$1m^3=1\times10^{[\ ウ\ ]}cm^3$

(2)　図1のように，光学台と凸レンズ，光源，スクリーンを用いて装置を組み立てたところ，スクリーンには上下が逆になった光源の像が映った。

図1

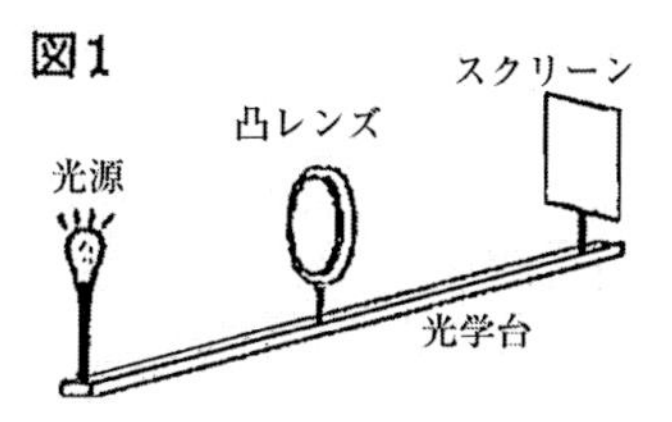

ア　スクリーンを取り外し，凸レンズを通して光源を見たところ，上下が逆になった光源の像を見ることができた。この像は「実像」および「虚像」のどちらであるか書きなさい。

イ　光源から出た光の道筋の一部を図2のように描いた。図2中の①，②の光は凸レンズを通過した後どのように進むか，ほかの光のように直線矢印で作図しなさい。光の屈折はレンズ表面で起こるが，作図の際はレンズ中央で曲がって進んでいるように作図してよいとする。

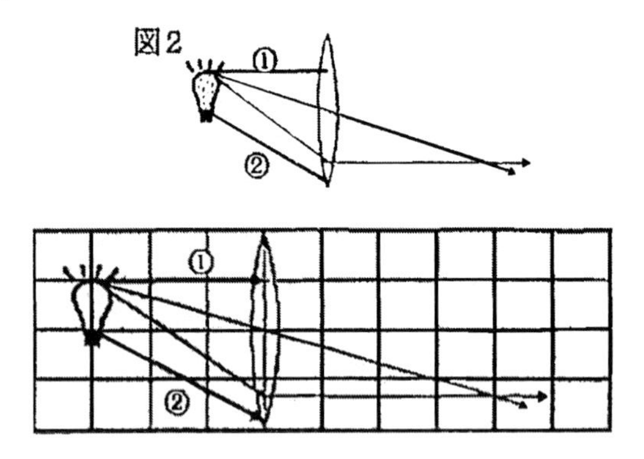

ウ　再びスクリーンを取り付け，凸レンズの下半分の面を半円形の黒い紙で覆って実験した場合，スクリーンに映る像はどのように変化するか。理由もあわせて説明しなさい。

(3)　超音波を放出し，その超音波が対象物で反射して戻ってくるまでの時間から対象物との距離を測定できる「距離センサー」を使って実験を行った。図3のように，硬い板で斜面を作り，その上で力学台車を運動させた。力学台車を斜面下方から上方に向かって手で押し，初速度を与えた。その運動の様子を斜面下方から距離センサーを使って毎秒50回で力学台車との距離を測定し，距離－時刻のグラフに記録したところ図4のグラフになった。

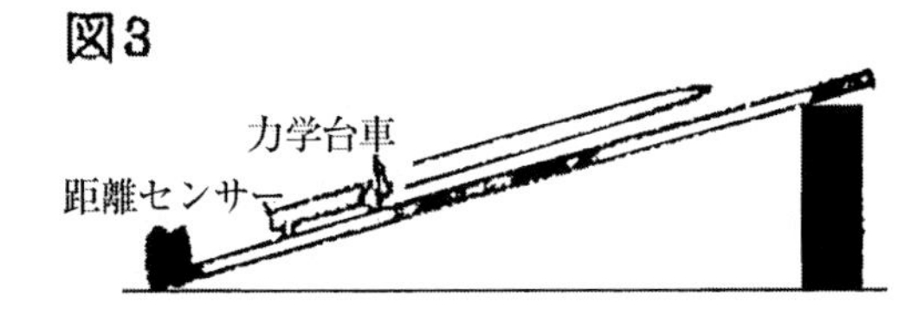

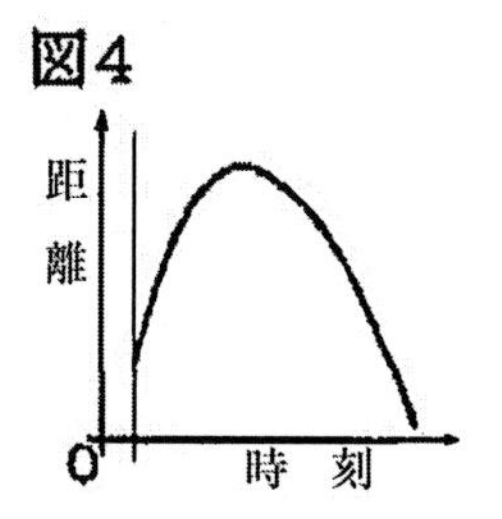

ア　従来，力学台車の運動を記録するには「記録タイマー」および「記録テープ」を使った手法がとられていた。その手法ではできなかったが，距離センサーを使うことで測定できるようになる運動はどのような運動か説明しなさい。

イ　同じ運動を，図5のように距離センサーを斜面上方から下方に向けて測定した場合に記録される距離－時刻のグラフの概形を書きなさい。

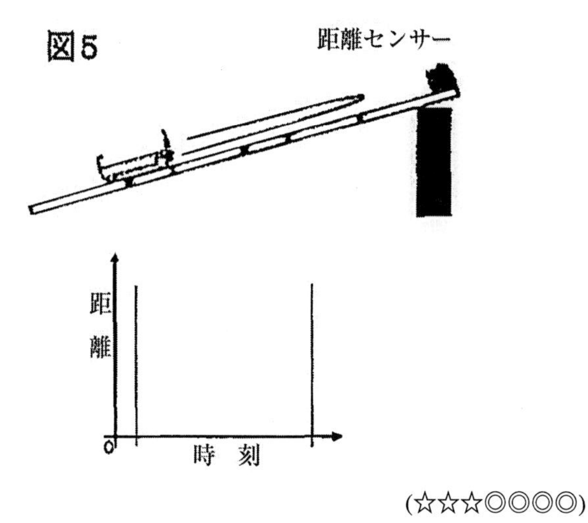

(☆☆☆◎◎◎◎)

【2】次の各問いに答えなさい。ただし，原子量はH＝1.0，C＝12，O＝16，Ca＝40とする。

(1)　混合物を分離する方法として最も適当なものを，次のうちから1

つ選び，番号で答えなさい。

① ヨウ素と砂が混ざった混合物から，抽出を利用してヨウ素を取り出す。

② 海水から，再結晶を利用して水を取り出す。

③ 硝酸カリウムに少量の塩化ナトリウムが混ざった混合物から，ろ過を利用して塩化ナトリウムを取り出す。

④ 液体空気から，分留を利用して窒素を取り出す。

(2) 次の分子またはイオンに含まれる電子の数が最も多いものを次のうちから1つ選び，番号で答えなさい。またその電子数を答えなさい。

① Na^{+}　② H_2O　③ OH^{-}　④ CH_4　⑤ O_2

(3) 石灰石の主成分は炭酸カルシウムである。石灰石に塩酸を加えると気体Aが発生する。図のような装置を用いて，気体Aを集める実験を行った。

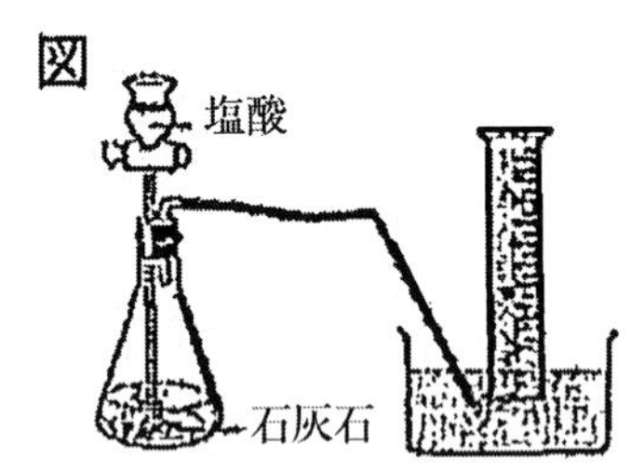

ア　炭酸カルシウムと塩酸の反応を化学反応式で書きなさい。

イ　図のような，気体の捕集法の名称を書きなさい。また，この気体Aは別の捕集法でも集めることができる。その捕集法の名称を書き，その方法で集めることができる理由を15字以内で説明しなさい。

ウ　石灰石2.8gに十分な量の塩酸を加えたところ，炭酸カルシウムはすべて反応し，気体Aは標準状態で560mL発生した。この石灰石に含まれていた炭酸カルシウムは何％か，整数で答えなさい。ただし，塩酸と反応するのは炭酸カルシウムのみとする。

(4) 次の酸と塩基の中から，ア　1価の強酸　と　イ　2価の弱塩基にあてはまるものをそれぞれすべて選び，番号で答えなさい。

① 塩酸　② 水酸化ナトリウム　③ アンモニア
④ 硫酸　⑤ 酢酸　⑥ 硝酸
⑦ 硫化水素　⑧ 水酸化バリウム　⑨ 水酸化銅(Ⅱ)

(5) 次の文は酸化還元滴定の実験をするために，実験の進め方や準備内容について確認しているA先生とB先生の会話である。会話を読み，以下の各問いに答えなさい。

A先生　まずは，実験前に酸化と還元について復習したほうがいいですよね。

B先生　そうですね。生徒たちは，「酸化とは電子を[1]反応である」ということがわかっていない場合がありますよね。

A先生　実験で使用する物質の酸化数の変化とあわせて確認しましょう。

B先生　今回使用する過マンガン酸カリウムとシュウ酸ですが，シュウ酸水溶液を標準溶液として使いますので，<u>0.10mol/Lのものを1.0L</u>作っておきますね。

A先生　それから，この実験は酸性条件で行いますので，[2]も準備しておきましょう。

ア [1]に当てはまる語句を「受け取る」または「失う」から1つ選んで答えなさい。

イ 下線部のシュウ酸水溶液を作るために必要なシュウ酸二水和物は何gか。小数第1位まで答えなさい。

ウ [2]に当てはまる物質として最も適当なものを塩酸，硫酸，硝酸の中から1つ選んで答え，その理由も答えなさい。

エ A先生とB先生は，0.10mol/Lのシュウ酸水溶液10mLをコニカルビーカーに入れ，濃度未知の過マンガン酸カリウム水溶液をビュレットから滴下し，濃度を調べる予備実験を行った。10.0mL滴下したところでコニカルビーカー内の水溶液が無色からうすい赤色に変わった。その理由を説明しなさい。また，モル濃度を有効数字2桁で求めた場合，4.0×10^{-2}mol/Lになる滴下量の範囲を小数第1位までの値で答えなさい。なお，過マンガン酸イオンとシュウ酸それぞれの反応は次の通りである。

$$MnO_4^- + 8H^+ + 5e^- \rightarrow Mn^{2+} + 4H_2O$$

$$(COOH)_2 \rightarrow 2CO_2 + 2H^+ + 2e^-$$

(☆☆☆◎◎◎)

【3】次の各問いに答えなさい。

(1) 次の文章を読み，各問いに答えなさい。

腎臓は，尿を生成し老廃物を排出するとともに体液の量やイオンの濃度を調節している。腎臓では，まず，毛細血管が密集した[1]で血液がろ過され，原尿として[2]へこし出される。[1]と[2]は合わせて[3]と呼ばれる。その後，原尿は，[4]，さらにそれに続く集合管へと流れる。この過程で原尿は，必要な成分が再吸収されるとともに，老廃物が濃縮されて尿がつくられる。

[3]と[4]は合わせて[5]と呼ばれる。表は，健康なヒトの血しょう，原尿，尿における各種成分の質量パーセント濃度(%)を示したものである。また，腎臓でまったく再吸収も分泌もされない物質であるイヌリンを用いて濃縮率を調べたところ120であった。

表

成分	血しょう(%)	原尿(%)	尿(%)
A	0.03	0.03	2
B	7.2	0	0
C	0.3	0.3	0.34
D	0.001	0.001	0.075
E	0.1	0.1	0

ア　文章中の[1]～[5]に当てはまる語句を答えなさい。

イ　表の成分Eとして最も適当なものを，次のうちから1つ選び，番号で答えなさい。

①　尿素　　②　タンパク質　　③　グルコース

④　クレアチニン

ウ　表の成分A～Eのうち，濃縮率が最も高い成分の記号と，その濃縮率を答えなさい。

エ　表の成分A～Eのうち，再吸収される割合が水の再吸収される割合に最も近いものの記号を答えなさい。

オ　1日の尿量が1.5Lであったとき，1日に何Lの血しょうがろ過されたと考えられるか，イヌリンの濃縮率をもとに計算しなさい。また，成分Cの1日の再吸収量は何gか，小数第1位を四捨五入して整数で答えなさい。ただし，原尿と尿の密度はどちらも1g/mLとする。

(2)　図は，A，B　2種類の緑色植物を使用し，当てる光の強さのみを変えて二酸化炭素吸収速度を調べた結果を表している。以下の各問いに答えなさい。

図

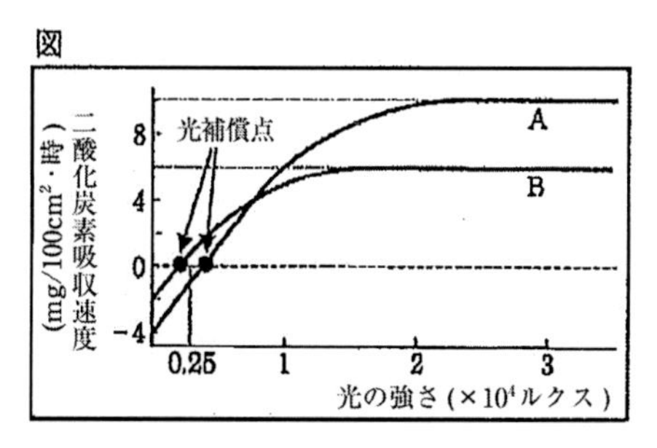

ア　図中の光補償点において，二酸化炭素吸収速度が0になるのはなぜか，説明しなさい。

イ　図のAの呼吸速度を答えなさい。

ウ　両植物の光補償点のあいだである0.25×10^4ルクスのときには，Bは生育することができるが，Aは生育することができない。その理由を説明しなさい。

エ　図で光の強さが2.5×10^4ルクスのとき，AはBの何倍の光合成速度を示すか，小数第2位までの数値で答えなさい。

(☆☆◎◎◎◎)

【4】次の各問いに答えなさい。

(1)　次の各問いに答えなさい。

ア　次のa～eは，以下の①～④のどの部分に分布するか。a～eそれそれぞれについて番号で答えなさい。

a　プレアデス星団(散開星団)　　b　大マゼラン雲
c　ハレー彗星　　d　M13(球状星団)
e　リュウグウ

①　太陽系内
②　太陽系の外で銀河系の円盤部
③　太陽系の外で銀河系のハロー
④　銀河系の外側

イ　図1はある地点の岩盤を採掘したボーリングの模式的な柱状図を横向きにしたものである。図1のAのような堆積構造を何というか答えなさい。また，堆積当時の上下の配置について，この堆積構造からわかることを説明しなさい。

図1

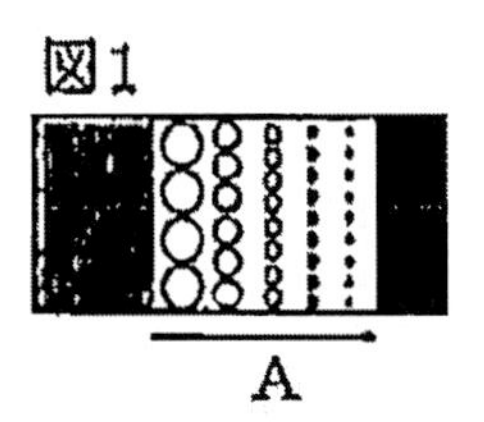

ウ　次の文章中の[　　]に当てはまる人物名を答えなさい。また，[　　]の方法を利用し，地球の周囲の長さは何kmか求めなさい。

はじめて地球の周囲の長さを求めたのは，紀元前3世紀にエジプトのアレクサンドリアの図書館長を務めた[　　]である。アレクサンドリアの南方に位置するシエネでは，夏至の日の正午に太陽が真上に来る。これを知った[　　]は，同日同時刻にアレクサンドリアで太陽の高度を測定し，82.8°であることがわかった。地球が完全な球であると考えていた[　　]は，シエネがアレクサンドリアの真南にあるものとして，この2地点間の距離900kmを弧の長さとし，地球の周囲の長さを計算した。

エ　最古の陸上植物の化石とされる植物の名称と，その化石が発見された地層の地質時代名(紀)を答えなさい。

オ　2021年9月29日17時37分に，日本海中部で震源の深さ400kmの深発地震があった。この地震では，震央に近い日本海側よりも震央から離れた太平洋側で震度が大きくなった。このように震度が大きくなる地域を何というか答えなさい。また，震央から離れた太平洋側で震度が大きくなる理由を説明しなさい。

(2) 次の文章を読み，各問いに答えなさい。

太陽放射のうち，[1]線の波長域のものがエネルギーの大半を占める。①地球大気上端の太陽光線に垂直な1m²の面が，1秒間に受ける太陽放射エネルギーを太陽定数という。地球全体としてのエネルギー収支はつり合っているが，緯度別では図2に示すように，つり合っていない。このようなエネルギー収支の緯度による違いが維持されているのは，②大気や海洋の循環が異なる緯度の間でエネルギーを輸送しているからである。大気の循環の様子は，低緯度域と中緯度域で異なる。③赤道～緯度30°付近までの低緯度域の循環は，ハドレー循環と呼ばれる鉛直方向の循環である。緯度30°付近～60°付近における中緯度域の循環は，[2]風の蛇行として観測される。

図2 太陽放射と地球放射のエネルギー量(北半球)

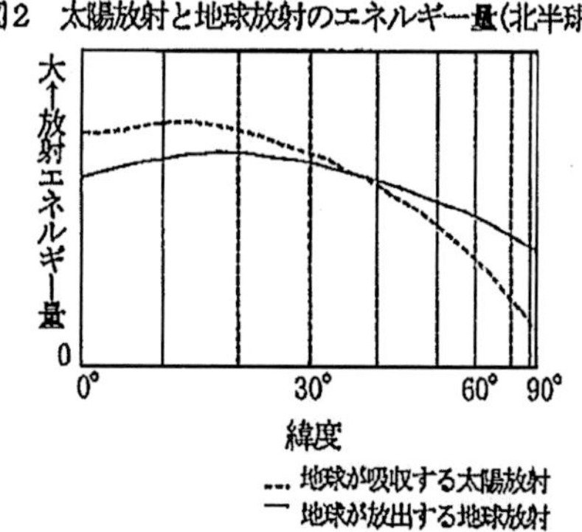

ア 文章中の[1]，[2]にあてはまる語句をそれぞれ答えなさい。

イ 文中の下線部①をもとに，地球表面が1秒間に受ける太陽放射エネルギーを地球全体で平均すると，地表1m²あたり何W/m²になるかを有効数字2桁で答えなさい。ただし，大気による反射・吸収は無視できるとし，太陽定数を$1.37 \times 10^3 W/m^2$とする。

ウ　文中の下線部②に関連して，低緯度域から高緯度域へのエネルギーの輸送量が最も大きい緯度は，およそ何度になるか，図2から判断して，数値で答えなさい。

エ　文中の下線部③に関連して，北半球における緯度別の潜熱によるエネルギー輸送量を調べると，北半球では全体としては，エネルギー輸送は北向きであるが，低緯度域の5°付近～25°付近では南向きに輸送されている。この理由を簡潔に答えなさい。

(☆☆☆◎◎◎◎)

【選択問題】

【5】次の各問いに答えなさい。

(1)　超音波を放出し，その超音波が対象物で反射して戻ってくるまでの時間から対象物との距離を測定できる「距離センサー」を使って実験を行った。図1のように，硬い板で斜面を作り，その上で力学台車を運動させた。力学台車には，斜面下方から上方に向かって手で押し初速度を与えた。その運動の様子を斜面下方から距離センサーを使って毎秒50回で力学台車との距離を測定し，図2のように，距離－時刻のグラフに記録した。ただし，t_1は手を離して計測を開始した時刻，t_2は最高点に達した時刻，t_3は距離センサーに力学台車が接する直前で計測をやめた時刻である。

図1

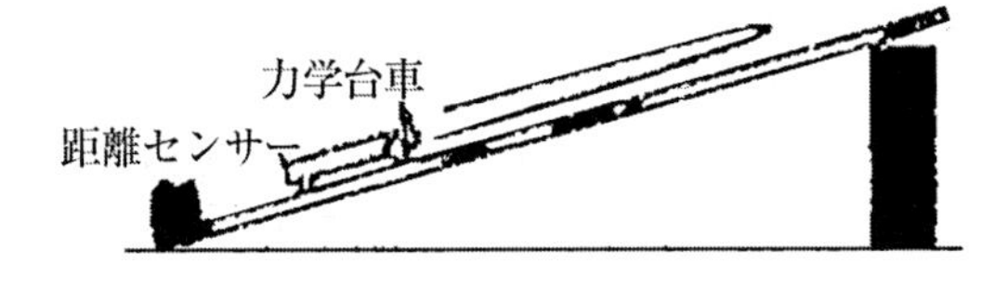

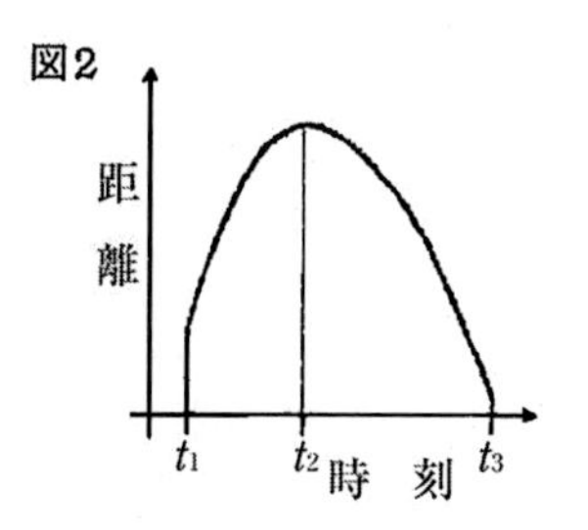

ア　時刻t_2の前後での実験結果を比較し，加速度に関して考察できることを文章で答えなさい。

イ　図2のグラフから速度－時刻のグラフを作成したときのグラフの概形を書きなさい。

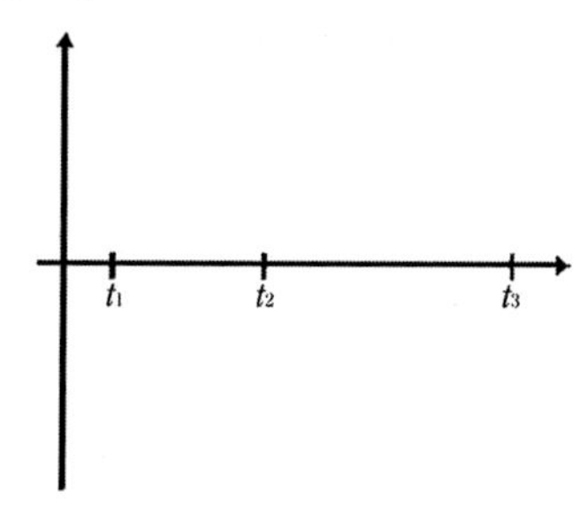

ウ　時刻t_2の前後での実験結果の違いには，どのような量が影響していると考えられるか，理由も含めて文章で答えなさい。

(2)　次の仕事を求めなさい。

ア　質量mの物体が，地表面から高さhの地点から地表面まで落下した。この時の重力が物体にした仕事を答えなさい。重力加速度の大きさをgとする。

イ　ばね定数kのばねが，自然の長さからd伸びた状態で静止している。この状態からばねをさらにd伸ばしたときの弾性力がした仕事を答えなさい。

ウ　時刻tでの位置xが，$x=A\cos\frac{2\pi}{T}t$で表される単振動をしている質量mの物体がある。$t=0\sim\frac{1}{4}T$の間に，この物体にはたらく復元力がした仕事を答えなさい。

エ　地球の半径をR，質量をMとする。質量mの物体が地球の表面から高さRの点から地球の表面まで落下したとき，地球の万有引力が物体にした仕事を答えなさい。万有引力定数をGとする。

オ　電気量がqの正の点電荷を，大きさEの一様な電場内で，電位差Vの地点間を高電位側から低電位側に移動させたとき，静電気力が点電荷にした仕事を答えなさい。

カ　電気量がそれぞれq_1，q_2の正電荷2個が，距離r離れて固定されている。この固定を解いて，正電荷同士の距離を$3r$までゆっくり広げたとき，外力がした仕事を答えなさい。クーロンの法則の比例定数をkとする。

(☆☆☆☆◎◎◎◎)

【6】次の各問いに答えなさい。原子量はH＝1.0，C＝12，O＝16，S＝32とする。

(1)　図1と図2は，イオン結晶の構造を表した模式図である。以下の各問いに答えなさい。

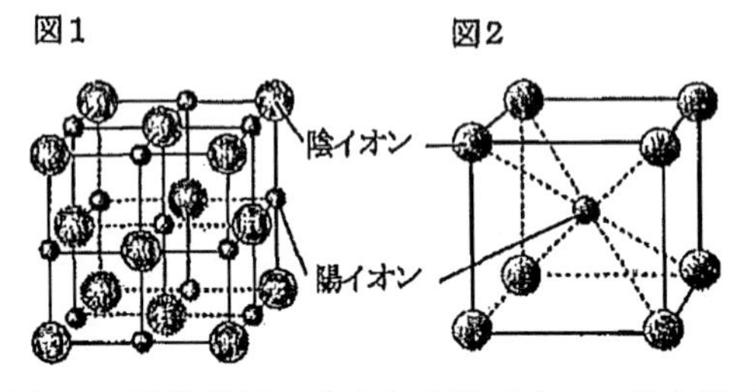

ア　図1と図2で，単位格子に含まれる陽イオンの数と陰イオンの数をそれぞれ答えなさい。

イ　陽イオンの半径をr^+，陰イオンの半径をr^-とし，図1と図2それぞれの単位格子の一辺の長さを，r^+とr^-を用いて表しなさい。

(2)　メタン，二酸化炭素，水蒸気の生成熱はそれぞれ，75kJ/mol，394kJ/mol，242kJ/molである。メタンが完全燃焼したときの熱化学方程式を書きなさい。ただし，水の蒸発熱を44kJ/molとし，燃焼で生じた水はすべて液体とする。

(3) 鉛蓄電池を放電させたときの正極での反応をe^-を含むイオン反応式で書きなさい。

(4) 以下の文章を読んで，あとの各問いに答えなさい。なお，構造式は次の例を参考にすること。

構造式の例

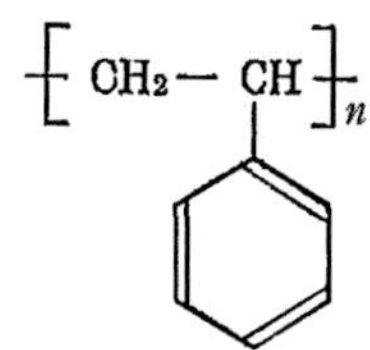

白川英樹博士は，「導電性高分子の発見と発展」という研究で2000年にノーベル化学賞を受賞した。高分子化合物は電気を通さないとされてきたこれまでの常識を覆し，電気を通す高分子化合物を発見したのである。その高分子化合物はポリアセチレンであり，ポリアセチレンにある物質を添加し，電子の配列に変化をもたせることで電気を通すようになる。

ア 下線部について，高分子化合物の特徴でないものを次のうちから1つ選び，番号で答えなさい。

① 明確な融点がない　② 天然には存在しない
③ 水に溶けにくいものが多い　④ 分子量が1万以上である

イ ポリアセチレンは，アセチレンが多数結合してできる。ポリアセチレンの構造式を書きなさい。

ウ アセチレンからポリアセチレンができるときと異なる結合によってできる高分子化合物を次のうちから1つ選び，番号で答えなさい。また，その高分子化合物の構造式を書きなさい。

① ポリエチレンテレフタラート　② ポリアクリロニトリル
③ ポリ塩化ビニル　④ ポリエチレン

エ 赤熱した鉄を触媒として，アセチレン3分子が重合してできる有機化合物に濃硫酸を作用させると，物質Aができる。物質Aの名称を答えなさい。また，アセチレン78gがすべて物質Aになったとすると，物質Aは何g得られるか，有効数字2桁で答えなさい。

(☆☆☆☆◎◎◎)

【7】次の各問いに答えなさい。

(1)　ある動物の胚組織から細胞を取り出してペトリ皿で培養した。実験中，どの細胞も同じ細胞周期で増殖を続け，同調しないものとする。

実験1

同じ数の細胞を入れたペトリ皿を複数用意して同時に培養をはじめた。一定時間経過した後(実験開始時とする)，およびその72時間後にペトリ皿を1枚ずつ取り出し，細胞集団をばらばらにして全細胞数を計測した。その結果を表に示した。また，実験中のある時期の細胞をペトリ皿に付着させたまま固定液で処理して核染色を施し，光学顕微鏡を使って500個の細胞を観察したところ，そのうち20個が分裂期の細胞であった。

表

実験開始からの時間　(時間)	0	72
細胞数　($\times 10^5$個)	1.3	10.4

実験2

実験1と同じ細胞について，個々の細胞のDNA量を調べ，細胞当たりのDNA量と細胞数の関係をグラフに表したところ，図の実線のようになった。また，図で，実線とグラフの横軸に囲まれる領域を，横軸に沿ってA，B，Cの3つの部分に区切ったところ，その面積比はおよそ9：5：4であった。

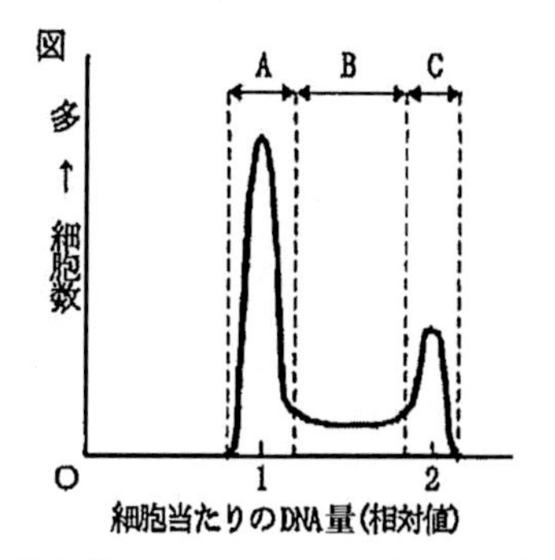

ア　この細胞の細胞周期は何時間か。整数で書きなさい。また，細胞周期の中で分裂期は何時間であると考えられるか。整数で書きなさい。

イ　図において，分裂期，G_1期，S期，G_2期にある細胞は，A，B，Cのどの範囲に主に含まれるか。分裂期，G_1期，S期，G_2期に対する答えをそれぞれA，B，Cの記号で答えなさい。

ウ　G_1期は何時間か答えなさい。

エ　この細胞の細胞周期の各時期の長さについて，実験1と実験2の結果から推測されることとして最も適当なものを次のうちから1つ選び，番号で答えなさい。

①　S期はG_1期より長い。　②　G_1期はG_2期より長い。
③　分裂期はG_2期より長い。　④　G_2期はG_1期より長い。
⑤　分裂期はG_1期より長い。

(2)　次の文章を読み，各問いに答えなさい。

カエルの背腹軸の決定には，卵の[　1　]に局在するタンパク質が重要な役割を果たす。受精した後，このタンパク質は，精子の進入位置と[　2　]に移動し，[　3　]ができる。[　3　]は，将来，誘導作用をもつ原口背唇と呼ばれる部分になる。ディシェベルドタンパク質のはたらきによって，背側ではβカテニンと呼ばれる物質の濃度が上昇する。βカテニンは，[　1　]に存在する他の調節タンパク質とともに予定内胚葉に存在する遺伝子の転写を促進し，[　4　]が発現する。濃度勾配のつくられた[　4　]が[　5　]へはたらきかけることで，背腹軸に沿った帯域に中胚葉が誘導される。このような現象を[　6　]という。

ア　文章中の[　1　]~[　6　]に当てはまる語句を，次のうちから1つずつ選び，番号で答えなさい。

①　脊索　②　ノーダルタンパク質　③　コーディン
④　母性因子　⑤　動物極側　⑥　植物極側
⑦　灰色三日月環　⑧　神経誘導　⑨　中胚葉誘導
⑩　同じ側　⑪　反対側　⑫　表皮
⑬　神経管

イ　幼生の体軸形成において[　3　]のできる側は，からだのどの方向になるか。最も適当なものを次のうちから選び，番号で答えなさい。

①　前側(頭側)　②　後側(尾側)　③　背側　④　腹側

(☆☆☆◎◎◎)

【8】次の各問いに答えなさい。

(1)　次の各問いに答えなさい。

ア　スカンジナビア地域は最終氷期の厚い氷が融けたため，現在まで土地の隆起が続いており，その隆起量は最高300mが確認されている。当時の氷床の厚さは少なくとも何mあったと考えられるか答えなさい。ただし，氷の密度0.9g/cm^3，マントルの密度を3.3g/cm^{3}とする。

イ　地球上の降雨は，暖かい雨と冷たい雨の2種類に大別される。このうち，暖かい雨は，大きい雲粒が気流の中で上下動しながら周囲の小さい雲粒を取り込み，雨滴として成長して落下し，地表に達する。半径50μmの球形の雨粒が半径5μmの球形の雲粒のみにより形成されるとすると，いくつの雲粒が必要となるか答えなさい。

ウ　ある恒星を観測すると，年周視差が0.050″，視半径が0.010″であることがわかった。この恒星の半径は何kmか。有効数字2桁で答えなさい。なお，1天文単位は1.5億kmとする。

エ　惑星が太陽と地球に対して同じ位置関係になる周期を会合周期という。金星の公転周期をP年としたとき，地球と金星の会合周期を，Pを用いて表しなさい。ただし，地球も金星も公転軌道の形は円であるとする。

(2)　次の文章を読んで，各問いに答えなさい。

①水は相変化を伴って大気と海洋の間を循環している。大気と海洋は，熱エネルギーや物質の移動を通して相互に影響を及ぼしあっている。大気と海洋の相互作用の一例として，赤道太平洋における②エルニーニョ現象がある。また，海水温の変動とともに熱帯太平洋地域の気圧の東西差も数年周期で変動しており，この現象を[　　]という。

ア　文章中の[　　]にあてはまる語句を答えなさい。

イ　文中の下線部①について，図は地球上の水の循環を簡略化して示している。ある領域の水の存在量をその領域を通過する水の量で割った値は，その領域の水が入れかわるのに要する時間であるとみなせる。このように考えると，大気中の水は何日で入れかわることになるか。図中の数値を用いて計算し，有効数字2桁で答えなさい。

図

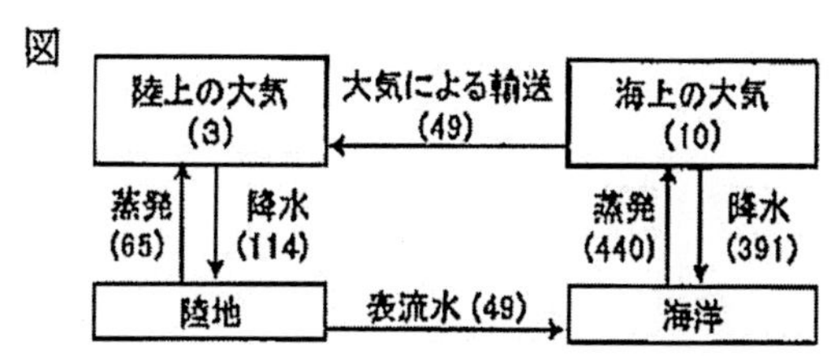

□は貯蔵場所を示し，カッコ内の数字は水の存在量(単位10^{15}kg)を示す。→は輸送を示し，カッコ内の数字は年間の水の輸送量(単位10^{13}kg/年)を示す。

ウ　文中の下線部②について，エルニーニョ現象が発生する仕組みを，次の2つの語句を用いて80字程度で説明しなさい。

［　貿易風，表層の温かい水　］

(☆☆☆☆◎◎◎◎)

解答・解説

中高共通

【共通問題】

【1】(1)　ア　20　　イ　1.0　　ウ　6　　(2)　ア　実像

イ

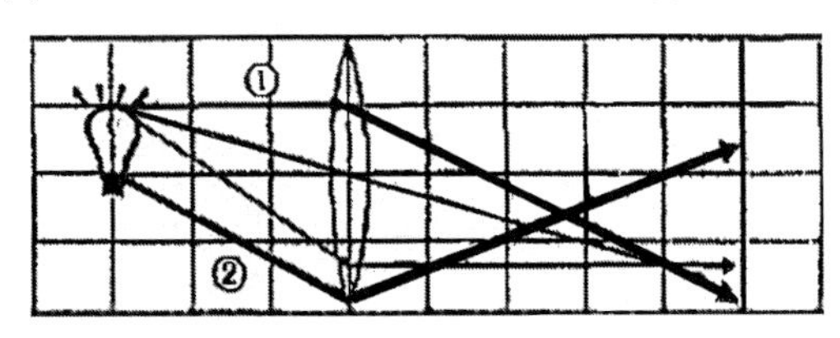

ウ　光源から出た光は再びスクリーン上で集まるので像全体は見えるが，レンズが遮られたことによって集まる光が半分になり，暗くなる。

(3)　ア　正方向だけでなく，負の方向に向かう運動も記録できる。(往復する運動を計測できる)

イ

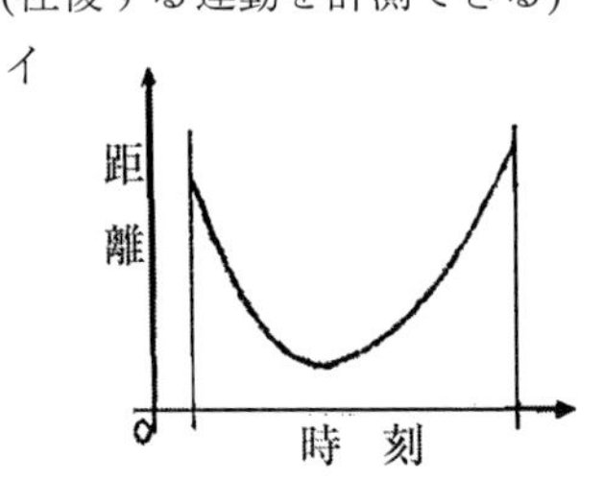

〈解説〉(1)　ア　72km/hとは，1h(3600s)当たり72km(72000m)進むという意味なので，これを単位換算すると，72000÷3600＝20〔m/s〕

イ　1〔J〕＝1〔W〕×1〔s〕なので，秒を時間に換算すると，

1〔J〕=1〔W〕×$\frac{1}{3600}$〔h〕=$\frac{1}{3600}$〔Wh〕 よって，3.6×10^3〔J〕=$3.6\times10^3\times\frac{1}{3600}$=1.0〔Wh〕 ウ 1〔m〕=$1\times10^2$〔cm〕なので，1〔$m^3$〕=$(1\times10^2$〔cm〕$)^3$=$1\times10^6$〔$cm^3$〕 (2) ア 凸レンズで上下が逆の像が観察できたので，これは倒立実像と考えられる。
イ ① 光源(電球)の上端から出ている光は，凸レンズを通った後は1点(倒立実像の下端)で交わっているので，この点に向かって進む。
② 光源(電球)の下端から出た光なので，凸レンズを通った後は，倒立実像の上端に達すると考えられる。 ウ この倒立実像の大きさや形は変わらない。 (3) ア 解答参照。 イ 距離センサーと力学台車の距離は，図4のグラフの逆になる。

【2】(1) ④ (2) 電子の数が多いもの…⑤ 電子数…16
(3) ア $CaCO_3+2HCl\rightarrow CaCl_2+CO_2+H_2O$ イ 捕集法…水上置換法 別の捕集法…下方置換法 理由…空気よりも密度が大きいから。(14字) ウ 89〔%〕 (4) ア ①，⑥ イ ⑨
(5) ア 失う イ 12.6〔g〕 ウ 物質…硫酸 理由…硫酸は，酸化剤にも還元剤にもならないから。 エ 理由…シュウ酸がなくなったので，過マンガン酸カリウムが反応せず，赤紫色が消えなくなるから。 滴下量の範囲…9.9〔mL〕～10.1〔mL〕
〈解説〉(1) ① 固体の混合物から，昇華しやすいヨウ素を取り出すので，昇華法が適当である。 ② 海水から水を取り出す場合，沸点の差を利用する蒸留が適当である。 ③ 硝酸カリウムと塩化ナトリウムの溶解度の差を利用する再結晶が適当である。 (2) その他の電子の数は10個である。 (3) ア 解答参照。 イ アの反応式より，気体Aは二酸化炭素であり，これは水に溶けにくく空気より重いので，水上置換法や下方置換法で集めることができる。 ウ 炭酸カルシウム1mol(100g)から，二酸化炭素は1mol(22.4L)発生するので，二酸化炭素が560mL(0.560L)発生するときの炭酸カルシウムをx〔g〕とすると，x：0.560=100：22.4より，x=2.5〔g〕である。よって，$\frac{2.5}{2.8}\times100$=

89.2…≒89〔%〕　(4)　①と⑥は1価の強酸，⑤は1価の弱酸，④は2価の強酸，⑦は2価の弱酸，②は1価の強塩基，③は1価の弱塩基，⑧は2価の強塩基，⑨は2価の弱塩基である。　(5)　ア　酸化は電子を失う反応，還元は電子を受け取る反応である。　イ　0.10mol/Lのシュウ酸水溶液1.0Lには，シュウ酸が0.10×1.0＝0.10〔mol〕含まれる。シュウ酸二水和物1molは126gより，必要なシュウ酸二水和物は，126×0.10＝12.6〔g〕　ウ　過マンガン酸カリウムによる酸化還元滴定は，酸性条件下で行うので，目的とする酸化還元反応に影響しない希硫酸を用いる。　エ　過マンガン酸イオンは赤紫色であるが，シュウ酸と反応すると消費されて無色になる。シュウ酸がなくなった直後に過マンガン酸カリウムを加えると，赤紫色が消えずに残るため終点に達したことがわかる。過マンガン酸カリウムとシュウ酸の半反応式より，過マンガン酸カリウム2molとシュウ酸5molで滴定が終了するので，過マンガン酸カリウム水溶液のモル濃度をx〔mol/L〕とすると，$x\times\frac{10.0}{1000}$：$0.10\times\frac{10}{1000}$＝2：5となるので，$x=4.0\times10^{-2}$〔mol/L〕である。このモル濃度を有効数字2桁で求めると，3.95×10^{-2}～4.04×10^{-2}〔mol/L〕となり，3.95×10^{-2}〔mol/L〕の場合の滴下量をx_1〔mL〕とすると，$(4.0\times10^{-2})\times10=(3.95\times10^{-2})\times x_1$より，$x_1\fallingdotseq10.1$〔mL〕，$4.04\times10^{-2}$〔mol/L〕の場合の滴下量を$x_2$〔mL〕とすると，$(4.0\times10^{-2})\times10=(4.04\times10^{-2})\times x_2$より，$x_2\fallingdotseq9.9$〔mL〕となる。

【3】(1)　ア　1　糸球体　2　ボーマンのう　3　腎小体　4　細尿管　5　ネフロン　イ　③　ウ　記号…D　濃縮率…75
エ　C　オ　ろ過…180〔L〕　再吸収量…535〔g〕　(2)　ア　光合成速度と呼吸速度が等しいから。　イ　4〔mg/100cm²・時〕
ウ　Bは光合成量が呼吸量を上回るが，Aは下回るから。　エ　1.75〔倍〕

〈解説〉(1)　解答参照。　イ　健康なヒトの場合，血しょう中のグルコース濃度は0.1%程度であり，その全量が原尿へろ過されるが，全量が再吸収されるために，尿中には含まれない。　ウ　(濃縮率)＝

$\dfrac{(\text{尿中の濃度})}{(\text{血しょう中の濃度})}$より，最も高いのはDであり，$\dfrac{0.076}{0.001}=76$である。
エ　再吸収される成分，および尿中の成分の大部分は水なので，水と同様の割合で再吸収される成分は，血しょう・原尿・尿中の濃度がほとんど変化しないと考えられるので，Cが該当する。　オ　イヌリンの量は，血しょう・原尿・尿中で同じと考えられる。イヌリンの尿中の濃度は血しょう中の濃度の120倍なので，尿の量は血しょうの量の120分の1であり，これが1.5Lなので，血しょうの量は，1.5×120＝180〔L〕となる。また，1日にろ過される血しょうの量は，180×1000〔ml〕×1〔g/ml〕＝180000〔g〕なので，これに含まれる成分Cの量は，$180000\times\dfrac{0.3}{100}=540$〔g〕である。1日につくられる尿の量は，1.5×1000〔ml〕×1〔g/ml〕＝1500〔g〕なので，原尿に含まれる成分Cの量は，$1500\times\dfrac{0.34}{100}=5.1$〔g〕となる。よって，求める再吸収量は，540－5.1＝534.9≒535〔g〕　(2)　ア　光合成では二酸化炭素が吸収され，呼吸では二酸化炭素が放出されるが，これらの速度が等しければ，二酸化炭素の吸収速度は0とみなせる。　イ　光の強さが0〔ルクス〕のとき，呼吸だけが行われており，そのときの速度が呼吸速度と考える。　ウ　光の強さが0.25×10^4〔ルクス〕のとき，曲線Aにおける二酸化炭素の吸収速度は負の値になっている。　エ　光合成速度は，光合成による二酸化炭素吸収速度と呼吸による二酸化炭素放出速度(吸収速度の絶対値)の和と考える。Aについて，光合成による二酸化炭素吸収速度は10〔$mg/100cm^2$・時〕，二酸化炭素放出速度は4〔$mg/100cm^2$・時〕なので，光合成速度は10＋4＝14〔$mg/100cm^2$・時〕，Bについて，光合成による二酸化炭素吸収速度は6〔$mg/100cm^2$・時〕，二酸化炭素放出速度は2〔$mg/100cm^2$・時〕なので，光合成速度は6＋2＝8〔$mg/100cm^2$・時〕　よって，14÷8＝1.75〔倍〕

【4】(1)　ア　a　②　b　④　c　①　d　③　e　①　イ　堆積構造…級化層理　　説明…地層の上下は粒の大きい左側が下，粒の小さい右側が上となる。　ウ　人物名…エラトステネス　　長さ

…45000〔km〕　エ　名称…クックソニア　地質時代名…シルル紀　オ　地域…異常震域　理由…周囲に比べて冷たくかたい海洋プレート内を，地震波があまり減衰することなく伝わるため。

(2)　ア　1　可視光　2　偏西　イ　3.4×10^2〔W/m²〕　ウ　37〔度〕　エ　熱帯収束帯に向けて吹く貿易風によって，水蒸気が北から南に輸送されるため。

〈解説〉(1)　ア　a　散開星団は，銀河系内の円盤部に分布している。　b　大マゼラン雲は，小マゼラン雲とともに銀河系の隣にある不規則銀河である。　c　ハレー彗星は，太陽系内を約75年周期で巡ってくる短周期彗星である。　d　球状星団は，銀河系のハローに分布する天体である。　e　リュウグウは，地球と火星の間を公転している小惑星である。　イ　粒径の異なる砕屑物が堆積しているので，級化層理である。粒径が大きい粒子から先に堆積するため，粒径が大きい層が下層になる。　ウ～オ　解答参照。　(2)　ア　解答参照。　イ　地球の半径をr〔km〕とすると，地球の断面積で太陽定数分のエネルギーを受け取り，これを地球全体(球の表面積)に振り分けるので，$\frac{1.37 \times 10^3}{4\pi r^2} \times \pi r^2 \fallingdotseq 3.4 \times 10^2$〔W/m²〕　ウ　太陽放射と地球放射のエネルギー量がつり合うところが，熱輸送の最も大きい地域になる。
エ　解答参照。

【選択問題】

【5】(1)　ア　加速度の大きさは，斜面を上るときと，斜面を下るときでは，上るときの方が大きい。

イ

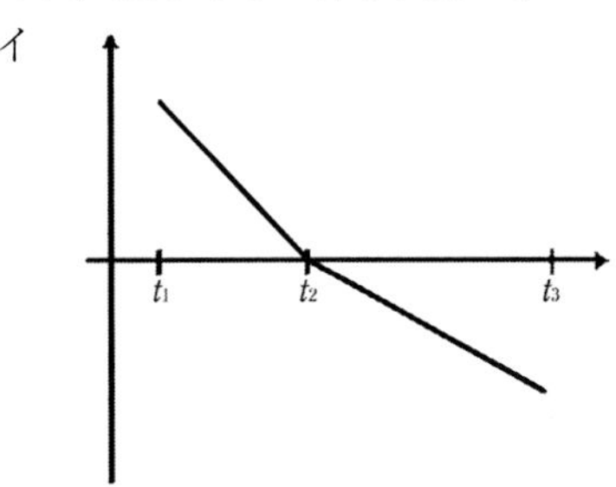

ウ　力学台車にはたらく摩擦力が影響している。運動方程式から加速度は，上り…$a_1 = -g\sin\theta - \mu g\cos\theta$　下り…$a_2 = g\sin\theta - \mu g\cos\theta$　となり，a_1の大きさはa_2より大きいことがわかるため。　(2)　ア　mgh
イ　$-\frac{3}{2}kd^2$　ウ　$\frac{1}{2}m\left(\frac{2\pi A}{T}\right)^2$　エ　$\frac{GMm}{2R}$　オ　qV
カ　$-\frac{2kq_1q_2}{3r}$

〈解説〉(1)　ア　図2のグラフを見るとt_1～t_2間の距離の変化の割合はt_2～t_3間より大きいため，加速度の大きさは斜面を上がるときの方が大きいことが分かる。　イ　図2より，$t=t_2$で速度は0であり，この時刻を境に速度は正から負になる。斜面を上り下りする運動は等加速度運動なので，速度は一定の割合で変化する。　ウ　斜面を上る際は重力の斜面方向の成分と動摩擦力が斜面を下る向きにはたらくが，斜面を下る際は重力の斜面方向の成分は斜面を下る方向，動摩擦力は斜面を上る方向にはたらく。　(2)　ア　質量mの物体が，重力mgで鉛直下向きにhだけ引かれるので，求める仕事は，mgh　イ　弾性力がした仕事の分だけ弾性エネルギーが変化する。ばねを伸ばす仕事は弾性力に逆らうことに注意すると，$-\left\{\frac{1}{2}k(2d)^2 - \frac{1}{2}kd^2\right\} = -\frac{3}{2}kd^2$　ウ　$t=0$～$\frac{1}{4}T$の間に，物体は最大振幅Aから変位0の位置へ移動する。求める仕事は，角振動数をωとすると，最大振幅Aにおけるエネルギーより，$\frac{1}{2}m\omega^2A^2 = \frac{1}{2}m\left(\frac{2\pi A}{T}\right)^2$　エ　無限遠を基準として，万有引力による位置エネルギーの差を考えると，$-\frac{GMm}{2R} - \left(-\frac{GMm}{R}\right) = \frac{GMm}{2R}$
オ　電位差は1Cの電荷が静電気力から受ける仕事量に等しいので，求める仕事はqV　カ　q_1を基準としたq_2の位置エネルギーの差が，求める仕事と考えられるので，$\frac{kq_1q_2}{3r} - \frac{kq_1q_2}{r} = -\frac{2kq_1q_2}{3r}$

【6】(1)　ア　図1　陽イオン…4　陰イオン…4　図2　陽イオン…1　陰イオン…1　イ　図1　$2(r^+ + r^-)$　図2　$\frac{2\sqrt{3}(r^+ + r^-)}{3}$
(2)　CH_4(気)＋$2O_2$(気)＝CO_2(気)＋$2H_2O$(液)＋891kJ

(3)　$PbO_2+SO_4^{2-}+4H^++2e^-\rightarrow PbSO_4+2H_2O$　　(4)　ア　②

イ　$\left[CH-CH\right]_n$　　ウ　番号…①

構造式…　$\left[-\overset{O}{\overset{\|}{C}}-C_6H_4-\overset{O}{\overset{\|}{C}}-O-CH_2-CH_2-O- \right]_n$

エ　名称…ベンゼンスルホン酸　　質量…1.6×10^2〔g〕

〈解説〉(1)　ア　図1の塩化ナトリウム型の結晶では，陽イオンは単位格子の辺の中間に12個，中心に1個あるので，合計すると$12\times\frac{1}{4}+1=4$〔個〕である。陰イオンは単位格子の頂点に8個，面上に6個あるので，合計すると$8\times\frac{1}{8}+6\times\frac{1}{2}=4$〔個〕である。図2の塩化セシウム型の結晶では，陽イオンは単位格子の中心にある1個，陰イオンは単位格子の頂点に8個なので$8\times\frac{1}{8}=1$〔個〕である。　イ　図1の単位格子を中心の陽イオンを両断するように切断すると，1個の陽イオンに2個の陰イオンが接しているので，一辺の長さをaとしたとき，$a=r^-+2r^++r^-=2(r^++r^-)$となる。図2の単位格子では，体対角線上に陽イオンと陰イオンが接しているので，一辺の長さをbとすると，面の対角線の長さは$\sqrt{2}b$なので$(r^-+2r^++r^-)^2=b^2+(\sqrt{2}b)^2$より，$b=\frac{2\sqrt{3}(r^++r^-)}{3}$

(2)　各反応の熱化学方程式は，C(黒鉛)$+2H_2$(気)$=CH_4$(気)$+75$kJ　…①，C(黒鉛)$+O_2$(気)$=CO_2$(気)$+394$kJ　…②，H_2(気)$+\frac{1}{2}O_2$(気)$=H_2O$(液)$+(242+44)$kJ　…③である。②＋③×2－①より，CH_4(気)$+2O_2$(気)$=CO_2$(気)$+2H_2O$(液)$+891$kJ　(3)　正極では酸化鉛(Ⅳ)が還元され硫酸鉛が生じる。　(4)　ア　デンプン，セルロース，タンパク質，天然ゴムなどは天然高分子化合物である。　イ　アセチレンを付加重合させたものである。　ウ　ポリエチレンテレフタラートでは，炭素間の結合ではなく，エステル結合－COO－が形成される。　エ　$3CH\equiv CH\rightarrow C_6H_6$の反応によりベンゼンが生じ，これに濃硫酸を作用させると，$C_6H_6+H_2SO_4\rightarrow C_6H_5SO_3H+H_2O$の反応によりベンゼンスルホン酸が生成する。つまり，アセチレン(分子量26)3molあたりベンゼンスルホン酸(分子量158)1molが生成するので，求めるベンゼンスルホン酸をx〔g〕

とすると，78：x=(26×3)：158より，x≒1.6×10^2〔g〕

【7】(1)　ア　細胞周期…24〔時間〕　分裂期…1〔時間〕　イ　分裂期…C　G_1期…A　S期…B　G_2期…C　ウ　12〔時間〕　エ　②　(2)　ア　1　⑥　2　⑪　3　⑦　4　②　5　⑤　6　⑨　イ　③

〈解説〉(1)　ア　表より，培養後の細胞数は培養開始時と比べて，10.4÷1.3=8〔倍〕になっており，$8=2^3$より，72時間で3回細胞分裂が起きたと考えられる。よって，1回の細胞分裂に要する時間は72÷3=24〔時間〕となる。また，全細胞に占める分裂期の細胞数の割合は，細胞周期に占める分裂期の時間の割合と等しいと考え，分裂期の時間をx〔時間〕とおくと，500：20=24：xより，x≒1〔時間〕　イ　DNA合成準備期(G_1期)のDNA量を1とすると，DNAが複製されるDNA合成期(S期)が終了して2となり，複製が終わった後の分裂準備期(G_2期)と分裂期(M期)の終了までは，2のままである。　ウ　実験2の結果より，(G_1期の時間)：(S期の時間)：(G_2期と分裂期の時間)=9：5：4と考えられる。アより，細胞周期は24時間なので，G_1期に要する時間をy〔時間〕とおくと，y：24=9：(9+5+4)より，y=12〔時間〕　エ　実験2の結果より，各期の時間の長さは，(G_1期)>(S期)>(G_2期と分裂期の合計)と考えられる。　(2)　ア　解答参照。　イ　カエルの背腹軸は，精子の侵入位置によって決まる。原口背唇部は精子の侵入位置の反対側にでき，将来の背側となる。

【8】(1)　ア　1100〔m〕　イ　1000〔個〕　ウ　3.0×10^7〔km〕　エ　$\dfrac{P}{1-P}$〔年〕　(2)　ア　南方振動　イ　9.4〔日〕　ウ　貿易風が弱まって，表層の温かい水が東から西に吹き寄せられず，東部にとどまり，深層からの冷水の湧昇も弱まり，いつもより赤道太平洋東部の海面水温が高くなる。(76字)

〈解説〉(1)　ア　土地が隆起した分だけマントルが侵入しており，そのマントルの重さの分だけ当時は氷が積もっていたことになる。したがって，求める氷の厚さをx〔m〕とすると，$300\times3.3=x\times0.9$より，$x=1100$〔m〕　イ　雨粒の体積分だけ雲粒の数が必要になるので，$\left(\frac{4}{3}\pi\times50^3\right)\div\left(\frac{4}{3}\pi\times5^3\right)=1000$〔個〕　ウ　地球と太陽間の距離を底辺とする三角形を考えると，頂点にある恒星の角度が年周視差0.050″になる。逆に，恒星の視半径が0.01″となる三角形の底辺の長さを恒星の半径x〔km〕とすると，$0.05:(1.5\times10^8)=0.01:x$が成り立ち，$x=3.0\times10^7$〔km〕　エ　内惑星の公転周期を$P$〔年〕，地球の公転周期を$E$〔年〕，会合周期を$S$〔年〕とすると，$\frac{1}{P}-\frac{1}{E}=\frac{1}{S}$が成り立つ。$E=1$〔年〕より，$S=\frac{P}{1-P}$〔年〕　(2)　ア　太平洋東部と西部の気圧の高低が数年ごとに対応しながら変動する現象を南方振動という。エルニーニョ現象と南方振動は同一の現象の大気側，海洋側の側面であると考えられている。　イ　(大気中の水の存在量)＝3＋10＝13〔10^{15}kg〕であり，(大気中を通過する水の量)＝(蒸発量65＋440)＝(降水量114＋391)＝505〔10^{15}kg/年〕なので，求める日数は，$\frac{13}{503}\times365\fallingdotseq9.4$〔日〕　ウ　解答参照。

2022年度　実施問題

中高共通

注 (1) 共通問題【 1 】,【 2 】,【 3 】,【 4 】は，全員が解答すること。
注 (2) 選択問題【 5 】,【 6 】,【 7 】,【 8 】は，この中から2題を選択し解答すること。

【共通問題】

【 1 】次の各問いに答えなさい。

(1) 図1のように，平面鏡から1m離れて立ったとき，鏡に映った自分の像を見ることができた。見えた虚像がある位置はどこか説明しなさい。

(2) 図2のような，10cm×10cm×25cmの直方体を密度が$1.0g/cm^3$の水に浮かべたところ，図3のように，長い辺が15cm水中に沈み，底面が水平になった状態で静止した。直方体の密度は何g/cm^3か求めなさい。

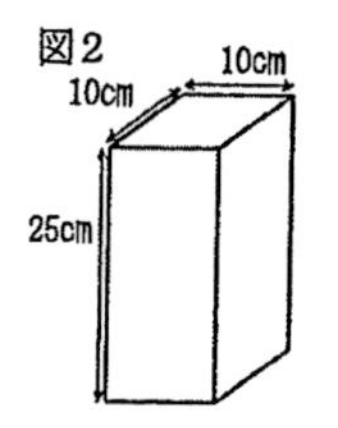

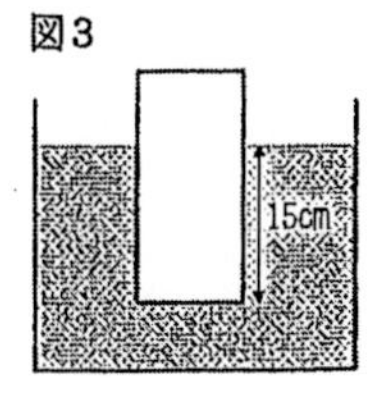

(3)　100V－40Wの電球の電流電圧特性曲線を図4に示す。以下の各問いに答えなさい。

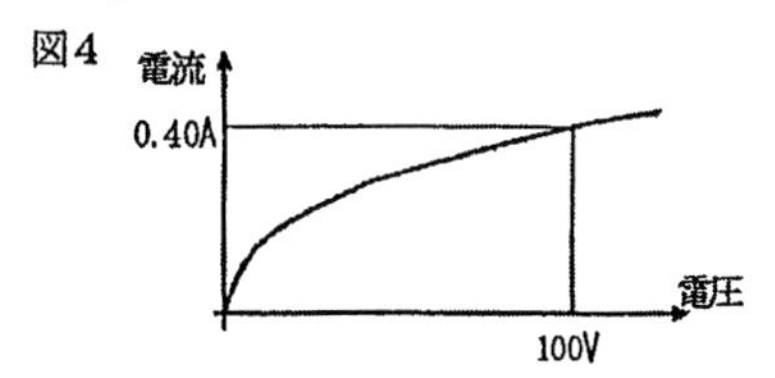

図4

ア　100Vの電圧をかけたときの抵抗は何Ωか求めなさい。

イ　50Vの電圧をかけたときに電球に流れる電流の値として，最も近い値を次の中から選び，番号で答えなさい。

①　0.80A　　②　0.60A　　③　0.50A　　④　0.30A

⑤　0.20A　　⑥　0.10A

(4)　乾電池の数やつなぎ方を変えたときの電流の大きさの違いを比較するために，図5のようなプロペラを付けたモーターの風力で走る車のおもちゃに，図6～図8のように乾電池を載せて実験を行う。図6の乾電池1個をモーターに接続した車，図7の乾電池2個を直列に接続したときの車，図8の乾電池2個を並列に接続したときの車で，それぞれ同じ距離を進むのにかかる時間を測定し，かかる時間が短いほどモーターに流れた電流が大きいとする。

しかし，この実験方法では電流の大きさを正しく比較することができない。図6～図8をどのように修正するとよいかを説明しなさい。ただし，乾電池は毎回同じ種類の新品を使うこととする。

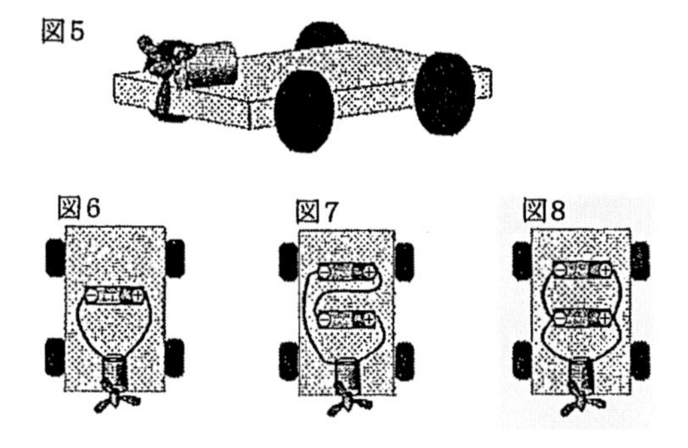
図5　図6　図7　図8

(5) エネルギー領域(物理分野)で扱う単元の中で，他教科の内容と関連付けて扱うとよいと考えられる例を1つ説明しなさい。その際，「エネルギー領域の単元」「他教科の内容(教科名と内容)」をそれぞれ明記して，どのように関連付けて扱うかを説明しなさい。

(☆☆◎◎◎◎)

【2】次の各問いに答えなさい。原子量はH＝1.0，C＝12，O＝16，Mg＝24，Cl＝35.5とする。

(1) 次の各問いに答えなさい。

ア 周期表や原子の電子配置について述べた次の文①～④から，正しいものをすべて選び，番号で答えなさい。

① 現在の周期表は1～18族に分けられ，第1～7周期まであり，118番元素まで名前が付けられている。

② 3族～11族の元素を遷移元素といい，これらは同族だけでなく隣り合う元素ともよく似た性質を示すことが多い。

③ 遷移元素は原子番号が増えるにつれて最外殻電子の数が増えるため，単体の融点は1，2族の金属単体より高い。

④ 貴ガス(希ガス)元素の価電子の数は8だが，Heのみ価電子が2である。

イ Li，F，Ne，Naについて，イオン化エネルギーが大きい順に化学式を並べなさい。

(2) 高校の化学基礎の授業において，化学反応の量的関係について調べるため次の実験を行った。以下の各問いに答えなさい。

【実験】二また試験管に，96mgのマグネシウムリボンと，2.0mol/Lの塩酸を5.0mL入れて反応させた。発生した気体をすべて水上置換にてメスシリンダーに捕集し，その体積を測定した。実験時の気温は20℃，気圧は1.0×10^5Paであった。

ア この実験で発生する気体の化学式を書きなさい。また，発生する気体の物質量を求めなさい。

イ この実験のための予備実験で，密封せずに何年も保管されていた，やや白っぽくなった部分を含むマグネシウムを使ったところ，気体の発生量が予想よりも少なかった。このとき，気体が発生する反応とともに起こっている，もう一つの反応の化学反応式を書きなさい。

ウ　実験方法の説明の際に，生徒から「以前やった気体の性質を調べる実験で，最初の方に出てくる気体は試験管内にあった空気だから捨てるように指示されたことがあります。今回は捨てなくてもよいのですか。」と質問があった。この質問に対する答えを70字以内で書きなさい。

エ　実験をする前に，使用するマグネシウムと塩酸の量から，発生する気体の体積を計算により予想させたところ，一部の班では90mLより少し多めに発生すると予想し，その他の班では90mLと予想していた。実験の結果，どの班も95～96mL発生していた。90mLと予想していた班の計算過程を確認したところ，ある共通点があった。その共通点を書きなさい。

(3)　酸・塩基について，次の各問いに答えなさい。

ア　0.10mol/Lの酢酸水溶液のpHを求めなさい。なお，このときの電離度は0.010とする。

イ　0.10mol/Lの酢酸水溶液10mLに含まれる酢酸の質量を，有効数字2桁で答えなさい。

ウ　0.10mol/Lの酢酸水溶液10mLを0.20mol/Lの水酸化ナトリウム水溶液で中和すると，中和点までに必要な水酸化ナトリウム水溶液の量は何mLか，有効数字2桁で答えなさい。

エ　ウのような弱酸と強塩基による中和滴定では，中和点を判断するための指示薬としてフェノールフタレイン(変色域8.0～9.8)を用いることができるが，メチルオレンジ(変色域3.0～4.4)は用いることができない。弱酸を強塩基で滴定するとき，メチルオレンジを指示薬として用い変色したときを滴定の終点とすると，どのような不都合があるかを80字以内で説明しなさい。

(☆☆◎◎◎◎)

【3】次の各問いに答えなさい。

(1) 免疫に関する細胞や器官に関する次の各問いに答えなさい。

ア 次の①～⑦の細胞のうち，リンパ球であるものをすべて選び，番号で答えなさい。

① マクロファージ　② B細胞　③ 樹状細胞
④ ヘルパーT細胞　⑤ キラーT細胞　⑥ 好中球
⑦ NK細胞

イ 次の(あ)～(う)の免疫に関係する器官の働きを，以下のa～eから選び，記号で答えなさい。

(あ) 胸腺　(い) 骨髄　(う) ひ臓

a 血液中の病原体を排除する。
b T細胞が分化する。
c リンパ液中の病原体を排除する。
d 腸管から侵入した病原体に対する免疫反応を行う。
e 白血球がつくられB細胞が分化する。

(2) 病原菌に一度感染すると，B細胞やT細胞の一部が特定の細胞として体内に残される。次の図は，抗原を注射したあと，抗体の産生量がどのように変化しているのかを調べたものである。以下の各問いに答えなさい。

図

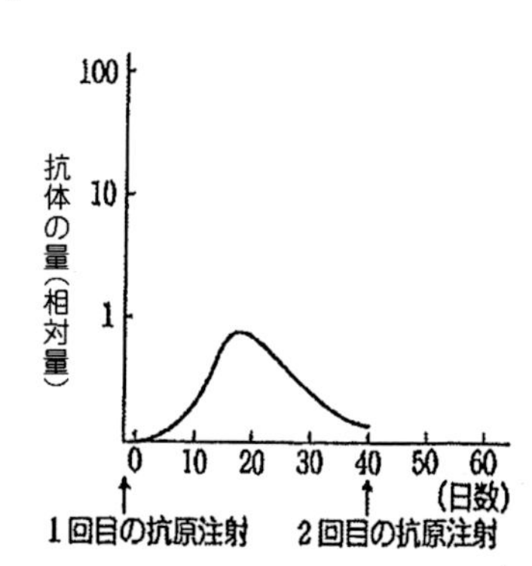

ア 文中の下線部の細胞を何というか答えなさい。また，この細胞を利用する感染症の予防法を何というか答えなさい。

イ　毒ヘビに噛まれた場合，ウマなどの動物に産生させた抗体を利用する治療法を何というか答えなさい。

ウ　2回目の抗原注射のあとの抗体の量(相対量)の変化の概形を上のグラフに続けて描きなさい。

(3)　ABO式血液型に関する次の会話文を読んで以下の各問いに答えなさい。

太郎：A型の血液型の人は几帳面って本当なの？

花子：そうとは限らないわ。なぜなら，血液型は，血球の凝集反応，つまり抗原抗体反応で識別するんだもの。

太郎：もちろん知ってるよ。前に実験で確かめたことがあるよ。赤血球に存在する抗原である(　a　)と血清中に存在する抗体である(　b　)は，血液型ごとに存在する組み合わせが異なる。(　a　)にはAとBの2種類があり，(　c　)型にはA・B両方が存在し，(　d　)型にはまったく存在しないんだよね。

花子：(　b　)にはαとβの2種類があり，A型では(　e　)が存在し，B型では(　f　)が存在するんだよね。

ア　文中の(　a　)～(　f　)に当てはまる適切な語句を答えなさい。

イ　ヒトのABO式血液型を調べるために，A型の血清とB型の血清を用意して，A，B，AB，O型の血液と混合させた。表は，その結果(＋は凝集した，－は凝集しない)を示したものである。表中の①～④の血液型を答えなさい。

表

	①型	②型	③型	④型
A型の血清	－	－	＋	＋
B型の血清	－	＋	－	＋

(☆☆◎◎)

【4】次の各問いに答えなさい。

(1)　次のア～コの文章の下線部には誤りのあるものが5つある。それらの記号を挙げ，下線部の誤りを訂正しなさい。なお，下線部以外の記述は正しいものとする。

ア　地球の重力は，地球の引力(万有引力)と遠心力の合力である。地球の形を地球楕円体と仮定して表面における重力の理論値を標準重力という。

イ　地殻とマントルの境界面をモホ面といい，一般にこの境界面の深さは標高が高いところほど浅いことが明らかになっている。

ウ　デリンジャー現象は強い電磁波によっておこる通信障害である。

エ　貫入してきたマグマによって，その周囲の岩石を構成する鉱物の種類や組織などが変わり，別の岩石になる作用を広域変成作用という。

オ　ダイヤモンドは主に地球内部のマントルで生成され，マグマの上昇によって地表付近に運ばれる。500℃以下の領域への移動が高速であるとき，地表付近の温度・圧力において石墨より熱力学的に安定であるダイヤモンドが石墨にならずに存在できると考えられる。

カ　地球楕円体では，緯度差1°に相当する子午線弧の長さは，赤道付近よりも極付近の方が短い。

キ　ペルー沿岸の広い海域で，海水温が平年より高くなる現象をエルニーニョ現象という。

ク　ある地層の砂岩層中にカヘイ石(ヌンムリテス)の化石が含まれていた。この砂岩層が堆積した時代は白亜紀である。

ケ　北赤道海流が流れる向きは，海洋上を吹く貿易風の影響を受けている。また，南半球の亜熱帯にみられる3つの還流は，上空から見てすべて反時計回りである。

コ　太陽の中心部では4個の水素原子が1個のヘリウム原子核に変わる核融合反応が起こり，この時失われた質量がエネルギーとなって放出される。

(2)　2015年に国連で採択された「持続可能な開発目標」では，2030年までに達成を目指す17分野が示されている。このうち理科分野に関係の深いものとして，目標12(つくる責任　つかう責任)，目標13(気候変動に具体的な対策を)等が挙げられる。次の各問いに答えなさい。

ア　温室効果ガスとして不適切なものを，次の①～④から1つ選び，番号で答えなさい。

①　メタン　　②　水蒸気　　③　窒素　　④　フロン

イ　成層圏で生成されるオゾンの化学式を書きなさい。

ウ　地球の温暖化が進むと，地球を覆う雪氷面積が減少する。このことにより，温暖化はさらに進むと考えられる。そのように考えられる理由を説明しなさい。

エ　フロンガスによりオゾン層が破壊されるしくみについて，簡単に説明しなさい。

(☆☆☆◎◎◎)

【選択問題】

【5】次の各問いに答えなさい。

(1)　図1のように，質量mの物体Aが質量Mの物体Bの上に載っている状態で，物体Bがなめらかな水平面上に置かれている。AとBの間には摩擦力がはたらく。物体Bに糸を付け，大きさFの力で右方向に引いたところ，AとBは一体となって右方向に進んだ。重力加速度の大きさをgとして，以下の各問いに答えなさい。

図1

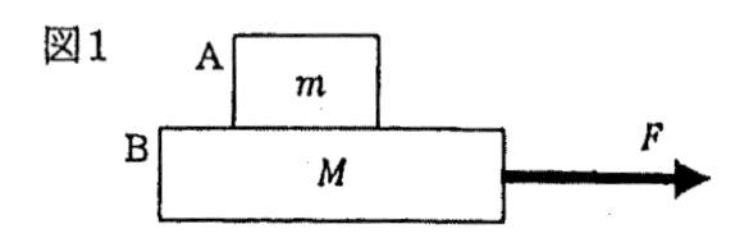

ア　AとBの接点では，静止摩擦力がBからAに，また，AからBにはたらいている。この2つの静止摩擦力の向きを，それぞれ「右」または「左」で答え，そのようになる理由を運動の法則をふまえて説明しなさい。

イ　右方向に引く力を少しずつ大きくしていくと，$2F$になった瞬間にAはB上で滑った。AとBの間の静止摩擦係数を求めなさい。

(2)　図2のように，真空中にx軸があり，$(-a,\ 0)$を点A，$(a, 0)$を点Bとする。また，点電荷Q_1は質量M，電気量$+Q$の正電荷であり，点電荷Q_2は質量m，電気量$+q$の正電荷である。はじめ，点Aに点電荷Q_1が固定してある。真空のクーロンの法則の比例定数をkとして次の各問いに答えなさい。

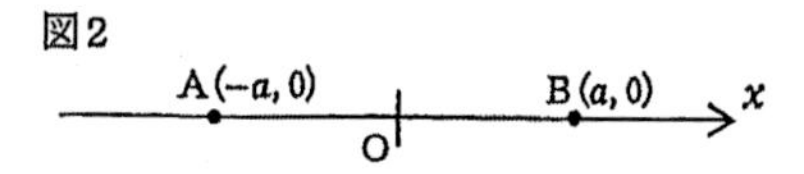

ア　点Bにおける電場の強さを求めなさい。

イ　無限遠を基準として，原点の電位を求めなさい。また，「電位」の定義を書きなさい。

ウ　点電荷Q_2を点Bに固定した後，2つの点電荷Q_1，Q_2の固定を同時に外したところ，両者は逆向きに進み，無限遠まで進んでいった。無限遠に到達したときの点電荷Q_1，Q_2がもつ運動エネルギーをそれぞれ求めなさい。また，導出過程も示しなさい。

(☆☆☆◎◎◎◎)

【6】次の各問いに答えなさい。原子量はH＝1.0，C＝12，O＝16，気体定数は8.3×10^3Pa・L/(mol・K)とする。

(1)　室温で液体である物質Xの分子量を測定するために，図1，2に示す器具や装置を用いて，以下の操作1～5からなる実験を行った。あとの各問いに答えなさい。

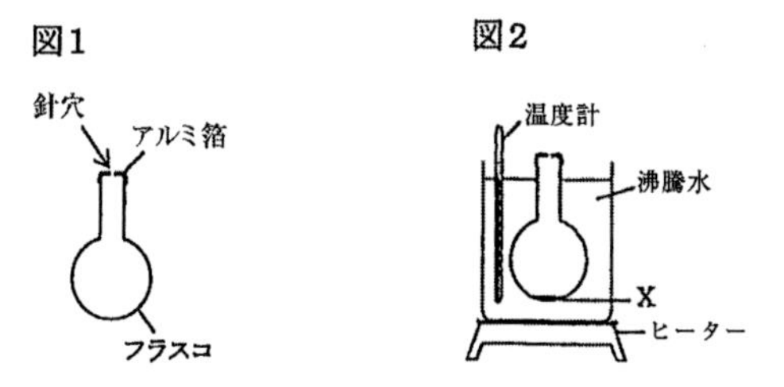

操作1　図1の，針穴をあけたアルミ箔でふたをしたフラスコの質量は318.4gであった。

操作2　図1のフラスコに物質Xを3.0g入れて，図2のようにフラスコを沸騰水中にできるだけ深く浸した。

操作3　Xがすべて気体になったことを確かめた。このとき温度計は100℃を示し，大気圧は1.0×10^5Paであった。

操作4　フラスコを取り出して放冷後，外側の水をふき取り質量を測定すると319.9gであった。

操作5　Xを回収した後，フラスコに水を満たして，その水の体積を測定すると0.54Lであった。

ア　物質Xの分子量を有効数字2桁で求めなさい。

イ　この方法で酢酸の分子量を測定することはできない。その理由を答えなさい。

ウ　ベンゼン50gに酢酸1.2gを溶かした溶液の凝固点を測定すると，4.45℃であった。ベンゼンの凝固点は5.50℃，モル凝固点降下は5.12K・kg/molとする。このときの酢酸のみかけの分子量を小数第1位を四捨五入して整数で求めなさい。また，ベンゼン中で酢酸分子がどのような状態になっているか，分子どうしの結合の様子がわかるように構造式を書いて説明しなさい。

(2)　次の図は，サルファ剤の一つであるスルファニルアミド(*p*－アミノベンゼンスルホンアミド)の合成反応の経路を表したものである。以下の各問いに答えなさい。

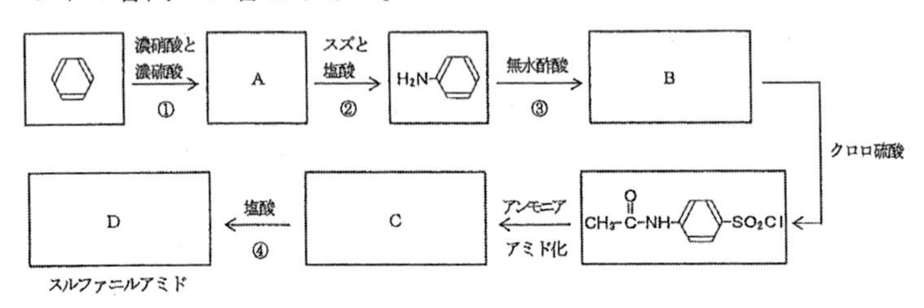

ア　A～Dの構造式を書きなさい。

イ　①～④に適する語句を次の語群から選んで書きなさい。

【語群】　酸化　還元　中和　付加　ニトロ化　アセチル化
　　　　　ハロゲン化　加水分解

(☆☆☆☆◎◎◎)

【7】次の各問いに答えなさい。

(1) 次の文章を読み，あとの各問いに答えなさい。

肺胞で血液中に取り込まれた酸素は，赤血球のヘモグロビンと結合して酸素ヘモグロビンとなり，循環系を介して各組織に運ばれ，組織中に放出される。

図の2本のグラフは，二酸化炭素濃度(相対値)が40，または，60での酸素解離曲線を示している。ただし，肺胞での酸素濃度は100，二酸化炭素濃度は40，組織での酸素濃度は30，二酸化炭素濃度は60とする。この条件下で，ある人の血液中のヘモグロビン濃度は0.1g/mL，心拍数は80回/分，1回心拍出量(1回の心拍で心臓から大動脈に押し出される血液の量)は80mLであった。

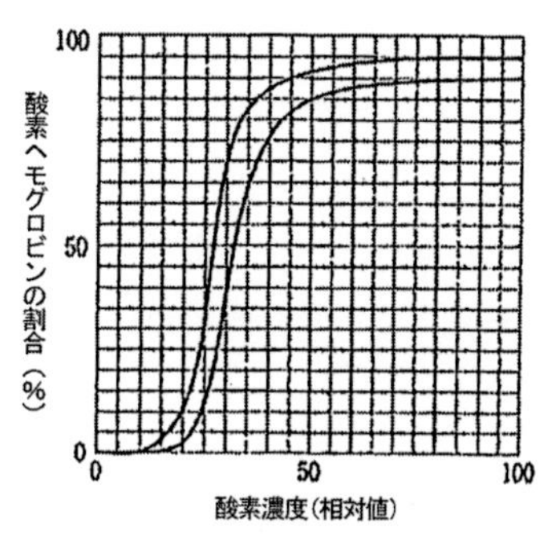

ア 肺胞および組織における酸素ヘモグロビンの割合はそれぞれ何%か。次の①～⑤から正しいものを選び，番号で答えなさい。

① 10% ② 40% ③ 70% ④ 90% ⑤ 95%

イ 肺胞における酸素ヘモグロビンの何%が，組織において酸素を解離するか。小数第1位を四捨五入して整数で答えなさい。

ウ ヘモグロビン1gに酸素1.3mLが結合できるとすると，組織で1分間に放出される酸素は何mLか。小数第1位を四捨五入して整数で答えなさい。

(2) 植物の日長の変化に対する反応を見るために，オナモミを用いて次のような実験を行った。四角で囲んだ ▒▒ の部分は短日処理をし，その他は長日条件とする。図中の○は葉を示し，各葉の側芽が花芽に分化するものとする。以下の各問いに答えなさい。

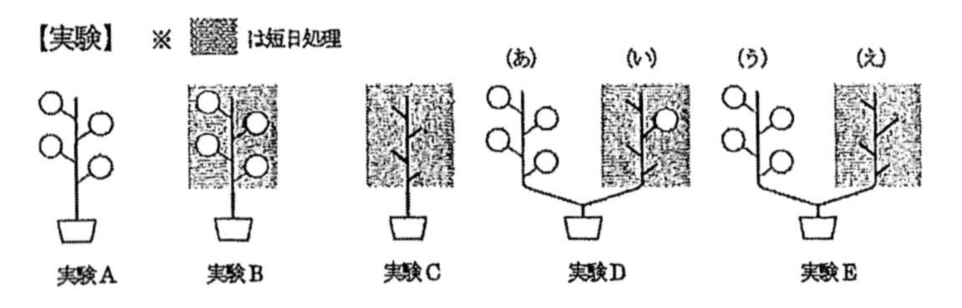

表【結果】

枝	①	②	③	④
(あ)	○	○	×	×
(い)	○	×	○	×

○…花芽が形成された
×…花芽が形成されなかった

ア　実験Bでは花芽が形成されたが，実験Aと実験Cでは形成されなかった。この結果からオナモミの花芽形成のしくみについて考察した次の文章の，(　a　)～(　f　)に適する語句を答えなさい。

　実験(　a　)と実験(　b　)の結果から，オナモミは(　c　)植物であることがわかる。また，実験(　d　)と実験(　e　)の結果から，(　c　)条件を受容するのは，(　f　)であることがわかる。

イ　実験Dと実験Eの枝(あ)～(え)のなかで，花芽を形成するものをすべて答えなさい。

ウ　実験Dの矢印の位置で環状除皮を行うと，枝(あ)と(い)の花芽の形成はどのようになるか。表の①～④から最も適するものを選び，番号で答えなさい。

エ　葉でつくられたフロリゲンは，茎のどこを通って移動するか答えなさい。

(☆☆☆◎◎)

【8】次の各問いに答えなさい。

(1)　次の表は，震源の浅い地震における，地点A，B，D，EのP波の揺れが始まった時刻と震央距離を表したものである。

地点	震央距離〔km〕	P波の揺れが始まった時刻
A	12	14時12分26秒
B	24	14時12分28秒
D	173	14時12分51秒
E	214	14時12分56秒

ア　震央距離が地点Bと地点Dの間である地点Cでは，走時曲線が折れ曲がる。地点Cの震央距離とP波の揺れが始まった時刻を求めなさい。ただし，震央距離は整数で書きなさい。

イ　地殻内でのP波の速さを6.0km/s，モホ面直下でのP波の速さを12km/sとして，モホ面までの深さを，小数第1位を四捨五入して整数で求めなさい。ただし，$\sqrt{3}$ =1.7とする。

(2)　次の文章を読んで，各問いに答えなさい。

恒星の明るさは等級によって表され，5等級小さくなると明るさは100倍になる。このことから1等級小さくなると明るさは[　　]倍になる。地球から観測した恒星の明るさを等級で表したものを見かけの等級というが，恒星までの距離はさまざまで，距離が大きいほど暗く見えるため，恒星の明るさを比較するときは，絶対等級を用いる。

ア　文章中の空欄[　　]に適当な数値を答えなさい。

イ　表面温度が10000Kの恒星の放射エネルギーが最大となる波長は何mか，ウィーンの変位則を使って求めなさい。

ウ　表面温度が8000Kの恒星が単位時間に放射する全エネルギー量は，表面温度4000Kの恒星の何倍か，シュテファン・ボルツマンの法則を使って求めなさい。ただし，2つの恒星の半径は等しいとする。

エ　見かけの等級が－0.6等，絶対等級が2.0等の恒星までの距離は何パーセクか求めなさい。必要ならば，$\log_{10}2=0.30$，$\log_{10}3=0.48$を用いなさい。

(3)　A～Dの4種順の岩石を観察した時のそれぞれの特徴を次に示す。以下の各問いに答えなさい。

A：斑晶の中にかんらん石などが含まれている火成岩である。SiO_2重量%は48.24%である。

B：等粒状組織を持ち，主要造岩鉱物として石英などが含まれる火成岩である。SiO_2重量%は70.18%である。

C：緻密で硬い岩石であり，放散虫などが含まれる堆積岩である。SiO_2重量%は93.54%である。

D：$\frac{1}{2}$mm～2mmの大きさの鉱物粒子が集まっている堆積岩である。

ア　A～Dの岩石名を答えなさい。

イ　AとBに共通して含まれる鉱物を1つ答えなさい。また，その鉱物についてAとBの化学組成の違いを説明しなさい。

ウ　Cに最も多く含まれる鉱物を答えなさい。

エ　Dの岩石は構成する粒子が固まり，岩石になったと考えられる。この過程を何というか，答えなさい。

(☆☆☆☆◎◎◎)

解答・解説

中高共通

【共通問題】

【1】(1)　平面鏡の位置から，1m後方に離れた位置(人から平面鏡の方向に2m離れた位置)　(2)　0.60〔g/cm^3〕　(3)　ア　250〔Ω〕　イ　④　(4)　乾電池1個の車(図6)にも乾電池1個をモーターに接続せずに追加した状態で実験を行うように修正する。　(5)　エネルギー領域の単元…気体の状態変化　他教科の内容…社会科の気候

関連付け…断熱膨張により雲が発生し，雨や雪を降らせる気象となる。断熱膨張が起こるには空気の塊が上昇する必要があり，それが起こり

やすい地理的条件として地形と関連させて学習する。　(その他…気柱の共鳴と音階や等比数列，エネルギーの求め方と微分積分など)

〈解説〉(1)　鏡に映った虚像は，鏡をはさんで線対称の位置に物体があるように見える。よって，自分から平面鏡までの距離と平面鏡と自分の像までの距離は等しく1mである。　(2)　直方体の体積をV＝10〔cm〕×10〔cm〕×25〔cm〕(＝2500〔cm^3〕)，求める直方体の密度をρ〔g/cm^3〕とおく。直方体が沈んでいる深さに着目すると，直方体が押し退けた水の重さは$1.0 \cdot \frac{15}{25}V = 0.60V$〔N〕であり，アルキメデスの原理よりこれが直方体にはたらく浮力の大きさに一致する。直方体の重さはρV〔N〕なので，直方体にはたらく力のつり合いより，$\rho V = 0.60V$　∴　$\rho = 0.60$〔g/cm^3〕　(3)　ア　図4に示された値を用いてオームの法則より，求める抵抗の値は$\frac{100}{0.40} = 250$〔Ω〕となる。
イ　図4の曲線は放物線に近い概形である。したがって，横軸の値(電圧)を100Vの半分の50Vにしたとき，縦軸の値(電流)はもとの値(0.40V)より小さいが，もとの値の半分(0.20A)よりも明らかに大きい。よって，選択肢より最も近い値は0.30Aと考えられる。　(4)　実験では，比較する条件以外を同一に設定すべきである。この実験では車にのせる電池の数，すなわち質量を同じにしておかなければ，車が走る時間に影響を与えてしまい，モーターに流れる電流の大きさを正しく比較できない。　(5)　指導において他教科との関連付けや連携を図ることは学習指導要領にも明記されている。理科においては，事象を数式で表す数学や地域の環境条件等を扱う社会科の地理分野等との関連が考えられる。

【2】(1)　ア　①，②　　イ　Ne＞F＞Li＞Na　　(2)　ア　化学式…H_2　物質量…4.0×10^{-3}〔mol〕　　イ　$MgO + 2HCl \rightarrow MgCl_2 + H_2O$
ウ　この実験で最初に出てくる空気は発生した気体に押し出されたものであり，その分も発生した気体の体積に含まれるため，捨ててはい

けない。(64字)　　エ　室温が20℃であることを考慮せず，0℃・1×10^5Paでのモル体積である22.4L/molを用いていた。　(3)　ア　3　イ　6.0×10^{-2}〔g〕　　ウ　5.0〔mL〕　　エ　メチルオレンジを指示薬に用いると，水酸化ナトリウム水溶液を少量加えただけで変色域のpHに達するため，実際の中和点よりかなり手前で滴定を終えることになる。(76字)

〈解説〉(1)　ア　③　遷移元素の最外殻電子数は1個または2個である。④　貴ガス(希ガス)の価電子数は0個である。　イ　イオン化エネルギーは，同一周期の元素ではアルカリ金属が最も小さく，貴ガスが最も大きい。また，アルカリ金属では，原子番号が大きいほど小さくなる。(2)　ア　マグネシウムと塩化水素の反応は，$Mg+2HCl\rightarrow MgCl_2+H_2$と表せるので，発生する気体は水素である。また，この実験で用いたマグネシウムの物質量は$\frac{96\times10^{-3}}{24}=4.0\times10^{-3}$〔mol〕，塩化水素の物質量は$2.0\times\frac{5.0}{1000}=1.0\times10^{-2}$〔mol〕となる。よって，マグネシウムは完全に反応するので，発生する水素の物質量はマグネシウムと等しく4.0×10^{-3}〔mol〕となる。　イ　マグネシウムを密閉していなかったため，空気中の酸素により酸化され，酸化マグネシウムに変化していたことになる。　ウ　定性的な実験を行う場合は，最初の気体は捨てて純粋に発生した気体だけを回収しなければならない。しかし，本実験ではメスシリンダーに収集された気体の体積がそのまま発生した気体の体積になるため，元々あった試験管内の空気を捨てる必要はない。エ　標準状態(0〔℃〕・1×10^5〔Pa〕)では，1molの気体の体積は22.4Lなので，発生する水素の体積は$4.0\times10^{-3}\times22.4\times10^3=89.6$〔mL〕となる。しかし，本実験は室温20℃で行われ，ボイル・シャルルの法則より一定量の気体の体積は絶対温度に比例するので，$89.6\times\frac{293}{273}\fallingdotseq96.2$〔mL〕とすべきである。　(3)　ア　$[H^+]=0.10\times0.010=1.0\times10^{-3}$〔mol/L〕より，$pH=-\log_{10}(1.0\times10^{-3})=3$となる。　イ　酢酸$CH_3COOH$の分子量は60より，求める質量は$60\times0.10\times\frac{10}{1000}=6.0\times10^{-}$

^{2}〔g〕となる。　ウ　1価の酸と塩基の中和反応なので，水酸化ナトリウムの体積をx〔mL〕とすると，$1\times0.10\times\frac{10}{1000}=1\times0.20\times\frac{x}{1000}$が成り立ち，$x=5.0$〔mL〕となる。　エ　メチルオレンジの変色域はpH3.0～4.4なので，酸性領域が終点となってしまう。しかし，弱酸の酢酸水溶液と強塩基の水酸化ナトリウム水溶液の滴定なので，実際の当量点は塩基性領域となるはずである。

【3】(1)　ア　②，④，⑤，⑦　　イ　(あ)　b　　(い)　e　　(う)　a

(2)　ア　細胞…記憶細胞　　予防法…予防接種　　イ　血清療法

ウ　作図…

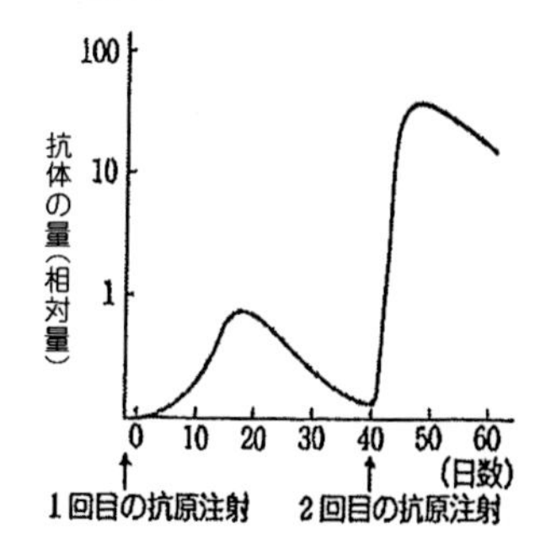

(3)　ア　a　凝集原　　b　凝集素　　c　AB　　d　O　　e　β

f　α　　イ　①　O　　②　A　　③　B　　④　AB

〈解説〉(1)　ア　白血球の主なはたらきは免疫反応である。白血球には，好中球，マクロファージ，樹状細胞，リンパ球などの種類がある。さらに，リンパ球はT細胞やB細胞などいくつかの種類に分かれる。　イ　(あ)　T細胞の名は胸腺(Thymus)に由来する。　(い)　B細胞は骨髄の造血管細胞からつくられ，骨髄で分化・成熟する。B細胞の名は骨髄(Bone marrow)に由来する。　(う)　ひ臓は血液中の病原体の排除，古い赤血球の破壊などを行っている。　(2)　ア　記憶細胞は，一度侵入した抗原を記憶しており(免疫記憶)，同じ抗原に出会うと直ちに増殖して抗体を大量に生産する。予防接種は弱毒，または無毒化された抗原を接種することで記憶細胞を生成し免疫を獲得する予防法である。　イ　あらかじめ動物につくられせた抗体を含む血清を用いることから，血清療法という。　ウ　設問では二次応答が起こり，記憶細胞が感染したことのある病原体に対する抗体を急速に大量に算出する。　(3)　ヒトの凝集原Aと凝集素α，凝集原Bと凝集素βが揃うと血液は凝集する。①はどちらの血清にも反応していないのでO型。②はB型の血清，すなわち凝集素αとのみ反応しているのでA型。③はA型の血清とのみ反応しているのでB型。④はどちらの血清とも反応しているのでAB型である。

【4】(1)　・記号…イ　　訂正…深い　　・記号…エ　　訂正…接触　・記号…オ　　訂正…不安定　　・記号…カ　　訂正…長い　　・記号…ク　　訂正…古第三　　(2)　ア　③　　イ　O_3　　ウ　反射率が大きい氷がなくなると，日射により海洋に多くのエネルギーが吸収されるから。　　エ　紫外線によって分解されたフロンの塩素原子が，オゾン分子を連鎖的に破壊する。

〈解説〉(1)　イ　モホ面(モホロビチッチ不連続面)までの深さは，標高が高いところほど深い。標高が高いところでは地殻の質量が大きく，地殻がマントル内に深く入り込んだところで，地殻が受ける浮力と重力がつり合うためである。　エ　広域変成作用は，岩石が高い圧力を受けた場合に変成する作用である。　オ　ダイヤモンドは高温・高圧下で形成されるため，地表付近の温度・圧力において石墨よりも熱力学的に不安定である。　カ　地球の形は自転により遠心力がはたらくため，赤道方向にやや膨らんだ楕円の形をしている。緯度1°あたりの子午線の長さを比べると，赤道付近では短くなり，極付近では長くなる。　ク　カヘイ石(ヌンムリテス)は，新生代古第三紀の示準化石である。　(2)　ア　地球放射の大部分を占める赤外線を吸収する気体が温室効果ガスであり，その他には，二酸化炭素，一酸化二窒素，六フッ化硫黄などがある。　イ　オゾンO_3は酸素O_2の同素体であり，酸素分子に紫外線が作用することで生成する。　ウ　太陽放射の反射率(アルベド)が大きい雪や氷が融けると，海面や地表面が露出する。その結果，太陽放射の反射率が低下し，より海面や地表面を温めることになり，温暖化が強まると考えられる。　エ　フロンガスから遊離された塩素原子はメタンや水素と化学反応しCl_2として大気に放出される。紫外線で光解離した塩素原子が連鎖的な触媒反応を起こし，その結果$2O_3$＋光→$3O_2$のオゾンの分解が起こる。

【選択問題】

【5】(1)　ア　Aにはたらく力の向き…右　　Bにはたらく力の向き…左
説明…Aの加速度方向は明らかに右向き。運動の法則より，加速度方向に合力が生じているはずなので，Aにはたらいている水平方向の力は摩擦力しかないため，Aにはたらく摩擦力は右向き。作用反作用の法則より，Bにはたらく摩擦力は左向き。　イ　$\frac{2F}{(M+m)g}$

(2)　ア　$\frac{kQ}{4a^2}$　　イ　原点の電位…$\frac{kQ}{a}$　　「電位」の定義…ある点の電位とは，基準の点からある点まで，試験電荷をゆっくりと運ぶとき，静電気力に逆らって外力がした仕事のこと。　　ウ　Q_2を無限遠からBに運んでくるのに必要な仕事は$\frac{kQq}{2a}$なので，この分が両者の運動エネルギーとなる。2つの点電荷は，同じ大きさで逆向きに力をおよぼしあうため，運動量の和を保存して運動する。固定を外した瞬間の運動量の和が0であるため，速さの比は質量の逆比となる。運動エネルギーは質量に比例し，速さの2乗に比例するため，運動エネルギーの比は，$Q_1：Q_2＝m：M$となる。

Q_1の運動エネルギー…$\frac{m}{(M+m)}\frac{kQq}{2a}$

Q_2の運動エネルギー…$\frac{M}{(M+m)}\frac{kQq}{2a}$

〈解説〉(1)　ア　解答参照。　イ　AとBの接点で生じる垂直抗力の大き

さはmgであり，求める静止摩擦係数をμとすると，AとBの接点で生じる静止摩擦力は最大摩擦力になっており，その大きさはμmgである。滑り出す直前までAとBは共通の加速度で運動しているので，その大きさをaとすると，運動方程式は$\begin{cases} 物体A \quad ma = \mu mg \\ 物体B \quad Ma = 2F - \mu mg \end{cases}$　2式より$a = \dfrac{2F}{m+M}$，これを物体Aの運動方程式に代入して，$\mu = \dfrac{a}{g} = \dfrac{2F}{(M+m)g}$となる。　(2)　ア　点Bにおいて，電気量＋1〔C〕の試験電荷が点電荷Q_1から受ける静電気力を考えればよいので，点Bにおける点電荷Q_1による電場の強さは，$k\dfrac{|+Q|\cdot|+1|}{(2a)^2} = \dfrac{kQ}{4a^2}$となる。
イ　原点において，電気量＋1〔C〕の試験電荷の位置エネルギーを考えればよいので，原点における点電荷Q_1による電位は$k\dfrac{(+Q)\cdot(+1)}{a} = \dfrac{kQ}{a}$となる。　ウ　運動エネルギーは，質量に比例し，速さの2乗に比例する。また，速さは質量の逆比なので，Q_1とQ_2の運動エネルギーの比は，$Q_1 : Q_2 = M\cdot\left(\dfrac{1}{M}\right)^2 : m\cdot\left(\dfrac{1}{m}\right)^2 = \dfrac{1}{M} : \dfrac{1}{m} = m : M$となる。

【6】(1)　ア　86　　イ　酢酸の沸点が100℃より高く，すべて気体にならないから。　　ウ　分子量…117　　説明…水素結合により2分子が会合している。

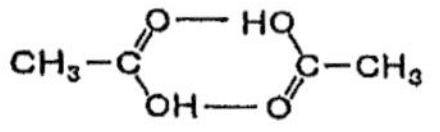

(2)　ア　A　　　　B

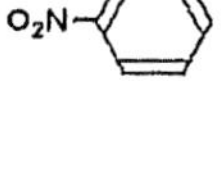

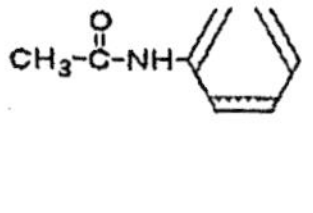

C　　　　　　　　　　D

$CH_3-\overset{O}{\overset{\|}{C}}-NH-C_6H_4-SO_2NH_2$　　　$H_2N-C_6H_4-SO_2NH_2$

イ　①　ニトロ化　　②　還元　　③　アセチル化　　④　加水分解

〈解説〉(1)　ア　圧力P，体積V，物質量n，気体定数R，絶対温度T，質量w，分子量Mとすると，気体の状態方程式$PV=nRT=\frac{w}{M}RT$より，$M=\frac{wRT}{PV}$となる。発生した気体の質量は319.9－318.4＝1.5〔g〕より，$M=\frac{(1.5)\times(8.3\times10^3)\times(373)}{(1.0\times10^5)\times(0.54)}\fallingdotseq86$となる。　イ　酢酸の沸点は118℃である。　ウ　凝固点降下度より，分子量をMとすると，$(5.50-4.45)=5.12\times\frac{1.2}{M}\times\frac{1000}{50}$より，$M\fallingdotseq117$となる。また，酢酸はベンゼン中では電離せず，水素結合により二量体を形成する。　(2)　A　ベンゼンに濃硫酸と濃硝酸の混合溶液(混酸)を反応させると，ニトロ化によりニトロベンゼンが生成する。　B　Aを還元するとアニリンが生成し，アニリンに無水酢酸を作用させるとアセチル化によりアセトアニリドが生成する。　C　クロロ硫酸(HS_3OCl)によりBのパラ位で置換反応が起こり，p－アセトアミドベンゼンクロロスルホン酸が生じる。これにアンモニアを加えアミド化するとp－アセトアミドベンゼンクロロスルホン酸アミドが生成する。　D　Cを塩酸で加水分解すると，p－アミノベンゼンスルホン酸アミド塩酸塩が生成する。これがサルファ剤(p－アミノベンゼンスルホン酸アミド)となる。

【7】(1)　ア　肺胞…⑤　　組織…②　　イ　58〔%〕　　ウ　458〔mL〕　　(2)　ア　a　A　　b　B　　c　短日　　d　B　　e　C　　f　葉　　イ　(あ)，(い)　　ウ　③　　エ　師管

〈解説〉(1)　ア　上側のS字曲線が二酸化炭素濃度(相対値)40のときのグラフ，下側のS字曲線が二酸化炭素濃度(相対値)60のときのグラフである。よって，肺胞は上側のグラフの酸素濃度(相対値)100のとき，組織は下側のグラフの酸素濃度(相対値)30のときを見ればよい。　イ　酸

素へモグロビンの割合は95%から40%になるので，$\frac{55}{95}\times100=57.89\cdots$〔%〕となる。　ウ　1回の心拍で送られる血液中のヘモグロビン量は，0.1〔g/mL〕×80〔mL〕＝8〔g〕，1分間に80回心拍するので，1分間に送られるヘモグロビン量は，8×80＝640〔g〕となる。よって，ヘモグロビンに結合している酸素は640×1.3＝832〔mL〕，このうち放出されるのは95－40＝55〔%〕なので，求めるヘモグロビン量は832×0.55＝457.6≒458〔mL〕となる。　(2)　ア　a～c　実験AとBより，暗期を長くしたBだけが花芽を形成したことから，オナモミは短日植物であるとわかる。　d～f　実験AとBより，暗期を長くしても葉のないCでは花芽が形成されなかったことから，短日条件を受容するのは葉とわかる。　イ　短日条件にさらされた葉がない(う)と(え)では，花芽は形成されない。また，(い)で生産された花芽形成ホルモンは師管を通じて(あ)に届くので，(あ)でも花芽が形成される。　ウ　環状除皮を行うと師管が取り除かれるので，花芽形成ホルモンが(い)から(あ)に移動できなくなる。よって，(あ)では花芽が形成されなくなる。
エ　花芽形成を促す植物ホルモンをフロリゲンという。

【8】(1)　ア　震央距離…132〔km〕　　時刻…14時12分46秒
イ　39〔km〕　　(2)　ア　$10^{0.4}$　　イ　2.9×10^{-7}〔m〕　　ウ　16〔倍〕　　エ　3〔パーセク〕　　(3)　ア　A　玄武岩　　B　花こう岩　　C　チャート　　D　砂岩　　イ　鉱物…斜長石　　説明…Aはカルシウムを多く含み，Bはナトリウムを多く含む。　　ウ　石英
エ　続成作用

〈解説〉(1)　ア　地点AとBのデータより，P波は震央距離12kmを2秒間で進むので，地震発生時刻は14時12分24秒となる。したがって，各地点の走時〔s〕は，Aは2s，Bは4s，Dは27s，Eは32sとなる。走時曲線の方程式は，震央距離をx〔km〕，走時をy〔s〕とすると，折れ曲がり点より近くでは$y=\frac{1}{6}x$，折れ曲がり点よりも遠くでは$y-27=\frac{5}{41}(x-173)$

となる。両者の交点を求めると，$(x, y)=(132, 22)$となる。よって，地点Cの震央距離は132km，地点CでP波の揺れが始まった時刻は地震発生の22秒後となる。　イ　地殻内でのP波の速さをV_1〔km/s〕，モホ面直下(マントル)でのP波の速さをV_2〔km/s〕，地殻の厚さをd〔km〕，走時曲線が折れ曲がる点の震央距離をL〔km〕とすると，$d=\frac{L}{2}\sqrt{\frac{V_2-V_1}{V_2+V_1}}=\frac{132}{2}\times\sqrt{\frac{12-6.0}{12+6.0}}=66\times\frac{1}{\sqrt{3}}=66\times\frac{1}{1.7}\fallingdotseq 39$〔km〕となる。公式解答は37kmとなっているが，上記の式より正しい解答は39kmであると思われる。　(2)　ア　5乗すると$100=10^2$となるので，$(10^2)^{\frac{1}{5}}=10^{0.4}\fallingdotseq 2.5$〔倍〕である。本問では概数を問われていないので，指数の形で答えることに注意すること。　イ　ウィーンの変位則より，恒星の表面温度T〔K〕と放射エネルギーの最大波長λ_m〔m〕の間には，$\lambda_m T=2.9\times10^{-3}$の関係があるので，$\lambda_m=\frac{2.9\times10^{-3}}{10000}=2.9\times10^{-7}$〔m〕となる。　ウ　シュテファン・ボルツマンの法則より，表面温度T〔K〕の恒星が，単位時間・単位面積あたりに放射する光のエネルギーE〔J/(m^2・s)〕は，シュテファン・ボルツマン定数$\sigma=5.67\times10^{-8}$〔W/(m^2・K^2)〕を用いて$E=\sigma T^4$と表せる。題意より，2つの恒星の半径(表面積)は等しいので，Eが何倍になるかを考えればよい。したがって，表面温度が2倍であれば，Eは$2^4=16$〔倍〕となる。　エ　恒星の絶対等級をM，見かけの等級をm，恒星までの距離をd〔パーセク〕，光度をL，見かけの明るさをlとすると，$\frac{L}{l}=10^{\frac{2}{5}(m-M)}$が成り立つ。また，見かけの明るさは距離の2乗に反比例する関係より，$\frac{L}{l}=\left(\frac{d}{10}\right)^2=\frac{d^2}{10^2}$を用いると，$\frac{d^2}{10^2}=10^{\frac{2}{5}(m-M)}$より，$d=10^{\frac{1}{5}(m-M+1)}=10^{\frac{1}{5}(-0.6-2.0+5)}=10^{0.48}$，$\log_{10}3=0.48$なので，3〔パーセク〕となる。　(3)　ア　A　斑晶があることから斑状組織をもつ火山岩であり，かんらん石が含まれSiO_2含有率が低いことから，苦鉄質岩である玄武岩が該当する。
B　等粒状組織を有しているので深成岩であり，石英が含まれSiO_2含有率が高いことから，ケイ長質岩である花こう岩が該当する。

C　SiO_2が主成分であり，放散虫の殻が含まれ，緻密で硬い堆積岩であることから，チャートが該当する。　D　粒径が$\frac{1}{16}$～2mmの砕屑物である砂が固結してできる堆積岩石なので，砂岩が該当する。
イ　苦鉄質岩とケイ長質岩に共通して含まれる鉱物は，斜長石である。なお，苦鉄質岩の斜長石はCa，ケイ長質岩の斜長石はNaに富む。
ウ　チャートの主成分はSiO_2であり，鉱物としては石英が該当する。
エ　堆積物が圧縮・脱水し固結して堆積岩になる作用を，続成作用という。

2021年度　実施問題

中高共通

注　(1)　共通問題【１】,【２】,【３】,【４】は，全員が解答すること。

注　(2)　選択問題【５】,【６】,【７】,【８】は，この中から2題を選択し解答すること。

【共通問題】

【１】次の各問いに答えなさい。

(1)　A君が保健室で身長を測定したところ，173.8cmであった。このA君が，床に置いた高さ15cmの踏み台の上に裸足で立っているとき，床からA君の頭の上までの高さは何cmか。有効数字に注意して答えなさい。

(2)　静止していた力学台車が等加速度直線運動を始め，この運動を記録タイマーで記録した。記録された打点は初めの方は重なっていて区別がつかないので，打点がはっきり区別できるところを基準点として，基準点からの経過時間と距離を次の表にまとめた。

基準点からの経過時間〔s〕	0	0.10	0.20	0.30
基準点からの距離〔cm〕	0	1.6	4.8	9.6

ア　基準点から0.20秒後までの平均の速さは何m/sか求めなさい。

イ　この運動の基準点からの時間と速さの関係を表すグラフを次のグラフにかきなさい。

速さ〔m/s〕
0.5
0.4
0.3
0.2
0.1
0　0.1　0.2　0.3
時間〔s〕

ウ　この等加速度直線運動の加速度の大きさは何m/s²か求めなさい。

(3)　交流で発電された電気は送電線を通って各家庭に運ばれる。長距離を送電するのに直流ではなく交流で送電する利点を1つ説明しなさい。

(4)　授業で，次の図のようなモノコードの弦をはじいたときに出る音の高さについて調べる実験を行う。授業者であるあなたは，「今日は，モノコードの弦をはじいたときに出る音の高さは，どんな物理量に関係しているかを調べる実験を行います。音の高さはモノコードの何に関係すると思いますか？」という発問をした。

　このときに予想される生徒の答えとして，「弦を張る強さに関係している」「はじく弦の長さに関係している」などがある。この2つ以外に予想される生徒の答えを1つ答えなさい。また，その内容が音の高さに関係しているかを確かめるための実験方法を，具体的に書きなさい。

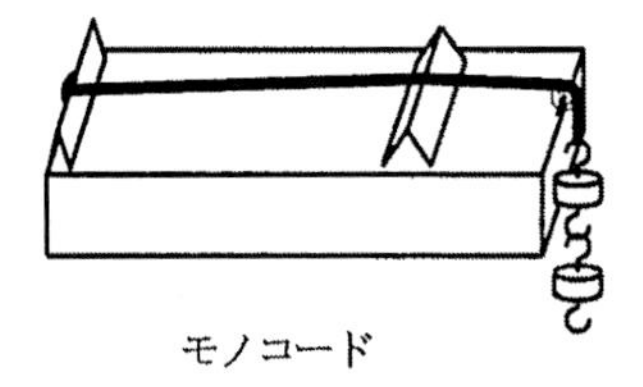

モノコード

(☆☆☆◎◎◎)

【2】次の各問いに答えなさい。原子量は　H＝1.0，C＝12，O＝16　とする。

(1)　元素記号は，アルファベット1文字または2文字で表されている。このことについて，次の問いに答えなさい。

ア　元素記号の最初の1文字目が炭素と同じ元素を，第1～4周期の典型元素から2つ選び，元素名を書きなさい。

イ　ある元素の元素記号を2文字で表す場合，2文字目は小文字を用いる。その理由を生徒に説明する場面を想定し，もし2文字目も大文字を用いた場合にどのような不都合が生じるかをふまえて，具体的な元素を例に挙げて説明しなさい。

(2)　酸・塩基について，次の問いに答えなさい。

ア　酸・塩基の強弱や電離度について，次の①～④から誤りを含むものを1つ選び，番号で答えなさい。

①　酸や塩基などの電解質が水溶液中で電離している割合を電離度といい，塩酸のような強酸の電離度はほぼ1である。

②　同じ物質であっても，温度や濃度によって電離度は変化する。

③　2価，3価の酸の場合，一般に第1段階の電離の電離度が最も大きく，第2段階，第3段階の電離の電離度は小さくなる。

④　電離度が0.01の酢酸水溶液100mLは，この酢酸と同じ濃度の水酸化ナトリウム水溶液1mLで，すべて中和できる。

イ　5.00×10^{-2}mol/Lのシュウ酸水溶液を200mL作りたい。シュウ酸二水和物($H_2C_2O_4 \cdot 2H_2O$)の結晶が何g必要か。有効数字3桁で求めなさい。

ウ　5.00×10^{-2}mol/Lのシュウ酸水溶夜10.0mLに，濃度未知の水酸化ナトリウム水溶夜をビュレットから滴下していった。滴下前と滴定の終点におけるビュレットの目盛りは，次の図に示す通りであった。滴下した水酸化ナトリウム水溶夜は何mLか。また，この水酸化ナトリウム水溶液の濃度は何mol/Lか。それぞれ有効数字3桁で求めなさい。

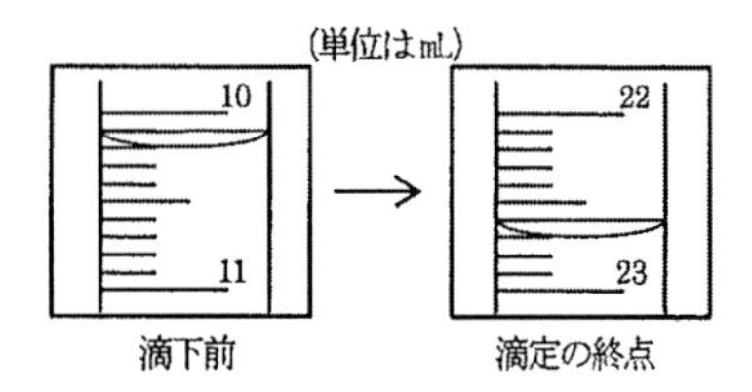

(3)　蒸留の際に用いるリービッヒ冷却器は，冷却水を次の図のように下から入れて上から出す。この方向を逆にしてはいけないのはなぜか。最も適当な理由を下の①～④から1つ選び，番号で答えなさい。

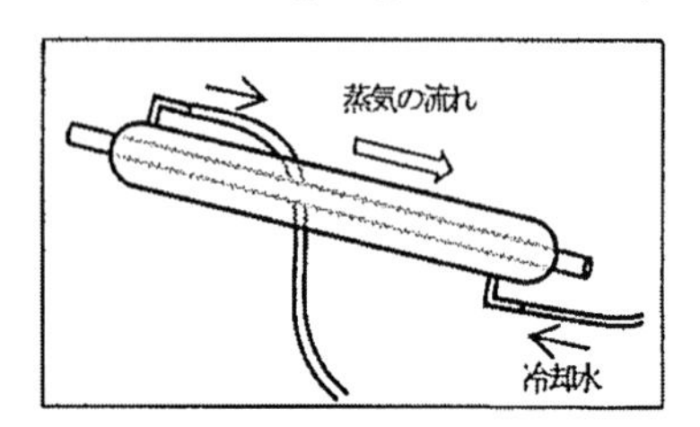

①　逆にすると冷却器内部に水がたまりにくく，冷却効率が悪いから。

②　逆にすると冷却器内部にたまった水が出ていきにくく，冷却効率が悪いから。

③　逆にすると冷却器内部にたまった水の下の方の温度が高くなり，冷却効率が悪いから。

④　逆にすると冷却器内部の圧力が高くなり，器具が破裂する等の恐れがあるから。

(4)　次のア～ウは，観察・実験を安全に行うための注意点である。それぞれ，どのような実験のときのものか。あとの①～④の実験から最も適当なものを1つずつ選び，番号で答えなさい。また，選んだ実験で扱う物質のうち，ア，イの下線部に該当するアのイオン名およびイの物質名を書きなさい。

ア　重金属イオンを含む廃液は，有毒なので決して流しに捨てず，廃液用の容器に回収する。

イ　引火しやすい物質は，火のないところで扱う。また，薬品を取り出した後は，必ず栓をする。

ウ　刺激性の蒸気が出る場合はドラフト内で実験を行い，蒸気を吸い込まないようにする。

①　分液ろうとにヨウ素溶液とヘキサンを入れ，よく振り混ぜてから静置し，抽出によりヨウ素をヘキサンに溶かし出す。

②　少量の硫酸銅(Ⅱ)を含む硝酸カリウムを温水に溶かしてから冷却し，再結晶によりこれらの塩を分離する。

③　炭酸カルシウムにうすい塩酸を注ぎ，発生する気体を石灰水に通して，白く濁るかを確認する。

④　濃アンモニア水の入った容器の口に，濃塩酸をつけたガラス棒を近づけ，白煙が生じるのを確認する。

(5)　分子式$C_4H_{10}O$で表されるアルコールの構造異性体について，第一級アルコール，第二級アルコール，第三級アルコールがそれぞれ何種類あるか書きなさい。ただし，光学異性体は区別しなくてよい。

(☆☆☆◎◎◎)

【3】次の各問いに答えなさい。

(1)　植物は自ら有機物をつくることができるため，[　1　]生物と呼ばれ，一方，動物は他の生物の有機物に依存することから[　2　]生物と呼ばれる。また，生態系での役割では，動物は[　3　]，植物は[　4　]とされる。植物のはたらきについて，アジサイを用いて，光合成によってデンプンが作られることを以下の方法で確かめた。

手順1：葉の一部分をアルミ箔で遮光し，直射日光下に半日間放置する。

手順2：この葉を湯せんで温めたエタノールの中に入れて脱色する。

手順3：水洗後，薄めたヨウ素溶液に浸す。

手順4：遮光部位と光が当たっていた部位とのヨウ素デンプン反応の違いを調べる。

結果：強いヨウ素デンプン反応は光が当たっていた部位に見られたが，遮光した部位には見られなかった

ア　文中の[　1　]～[　4　]に適する語句をそれぞれ答えなさい。

イ　手順2で，脱色を行う理由を答えなさい。

ウ　遮光部位に強いヨウ素デンプン反応が見られなかった理由として関係のある事柄を次の①～④から全て選び，番号で答えなさい。

①　転流　　②　呼吸　　③　デンプンの糊化　　④　被食

(2)　ヒトをはじめとする生物は体内環境を一定に保つはたらきがあり，各種のホルモンはそれに関与している。次の問いに答えなさい。

ア　副腎からのホルモンであるアドレナリンのはたらきについて，教科書には「血糖値を上げる(グリコーゲンの分解)」と記載がある。アドレナリンのはたらきを確かめるために，ある生徒は，グリコーゲンを入れた試験管にアドレナリンを加え，グリコーゲンの減少を確かめる実験を行ったが，グリコーゲンは減少しなかった。この実験でグリコーゲンが減少しなかった理由を簡潔に答えなさい。

イ　すい臓から分泌され，血糖値の調節に関与する2種類のホルモンX，Yについて，食事を行う時刻を0として，その前後の血糖値とこれらのホルモン濃度を測定する実験を行い，それぞれの濃度を相対値で示して，次のグラフを得た。ホルモンXとホルモンYの名称をそれぞれ答えなさい。

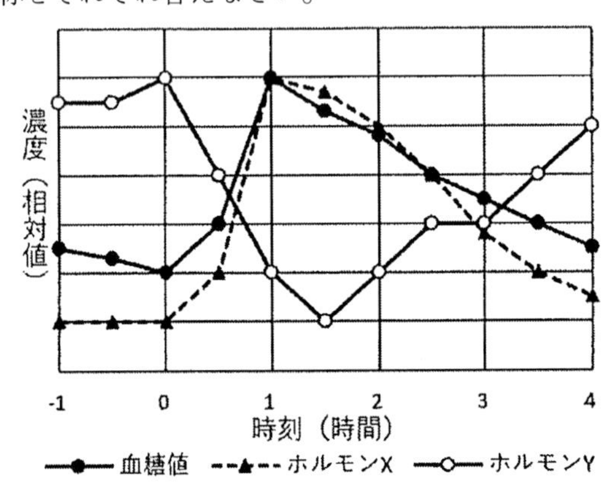

(3)　次のア，イについて，それぞれの①，②の構造の違いを，「①は

～，②は～」のように簡潔に説明しなさい。

ア　①菌類と②細菌類

イ　①細菌類と②ウイルス

(☆☆☆☆◎◎◎)

【4】次の各問いに答えなさい。

(1) 次の文章を読んで，各問いに答えなさい。

ア　銀河系は，約2000億個の恒星からなり，3つの部分から構成される。3つの部分のうち，誕生したばかりの恒星からなる星団が多く存在している部分はどこか答えなさい。また，下線部の星団の名称も答えなさい。

イ　火山の形と噴火の様式は，マグマの性質などによって異なる。盾状火山をつくるマグマの性質を，マグマの温度，粘性，SiO_2の量の3つの観点で答えなさい。

ウ　地層や岩石が，ある面を境に破壊され，その面に沿って両側がずれたものを断層という。断層は，ずれの向きによって，正断層，逆断層，横ずれ断層に分けられる。このうち，主に両側から圧縮する力がはたらいたときに生じる断層について，地盤のずれかたを簡潔に説明しなさい。

エ　地球の大気は，地表から放射された赤外線の一部を吸収し，再放射することによって，地表をエネルギーの多い状態に保ち，温度を上昇させている。このような大気のはたらきを何というか答えなさい。

オ　日本付近では，台風にともなう風は，台風の進行方向に対して右側のほうが左側に比べ風速が大きくなる傾向がある。この理由を簡潔に説明しなさい。

(2) 次の文章を読んで，各問いに答えなさい。

地震によるゆれは地震計で記録することができる。地震計では，南北・東西・上下方向の振動を振り子(不動点)を用いて測定する。地震計の記録のうち，初動(最初に伝わってきた地震波)の記録を読み取ると，震源の方向を推定することができる。また，震源までの距離Dは，大森公式：$D=kT$(kは定数，Tは初期微動継続時間)より求めることができる。

今，ある場所で地震が発生し，地点Aでこの地震を観測したとする。このとき，地震計の初動の記録が，南北方向で「南」，東西方向で「西」，上下方向で「上」であった。この地域は同じ岩石でできており，地震波の速度は一定であるとする。

ア　地震波のうちS波の特徴を，波の進行方向と振動方向に着目して，簡潔に説明しなさい。

イ　P波の速度をV_P〔km/s〕，S波の速度をV_S〔km/s〕とすると，大森公式のkはV_PとV_Sを用いてどのように表されるか答えなさい。

ウ　観測した地震の震源は地点Aからみてどの方角にあるか答えなさい。

エ　地点Aと震央との距離が34kmであった。震源の深さは何kmになるか整数で答えなさい。ただし，大森公式のkの値は8km/s，初期微動継続時間は5秒であった。また，$\sqrt{3}=1.7$とする。

(☆☆☆◎◎◎)

【選択問題】

【５】次の各問いに答えなさい。

(1)　直流電流計，抵抗値が1.5Ωの抵抗，起電力が1.5Vの乾電池を用意し，図1～3に示す回路を作った。なお，直流電流計のレンジはすべて同じであり，導線は理想的で抵抗は0と考えてよい。

直流電流計は，図1では0.50Aを示し，図3では1.2Aを示した。あとのア～ウの量を求めなさい。

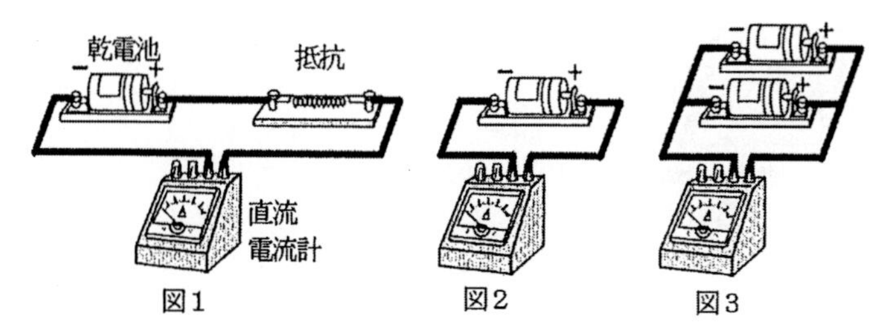

図1　　図2　　図3

ア　図2のときに直流電流計が示す値

イ　直流電流計の内部抵抗の値

ウ　乾電池の内部抵抗の値

(2)　図4のような装置を使って，力学的エネルギーの保存が成り立つことを確かめる生徒実験を授業で行った。

机の上に置いたスタンドのうで(点A)に糸をつけ，糸の他端におもりをつけた。点Aの鉛直下方の点Bにカミソリの刃を固定した。また，点A，点Bの延長線で床面の点を点Cとした。AB＝h〔m〕，AC＝H〔m〕として長さを測定した。

糸を張った状態で糸が水平になるように点Aと同じ高さまでおもりを持ち上げて静かに放すと，おもりは半径ℓ〔m〕の円軌道に沿って運動し，糸が鉛直になり，点Bに固定したカミソリに触れることで糸が切れ，おもりは水平投射されて床上の点Dに落下した。CD間の距離をL[m〕とした。

測定は10回行い，ℓ〔m〕とL〔m〕の測定結果は次の表に示した。重力加速度の大きさをg〔m/s^2〕とし，あとの問いに答えなさい。

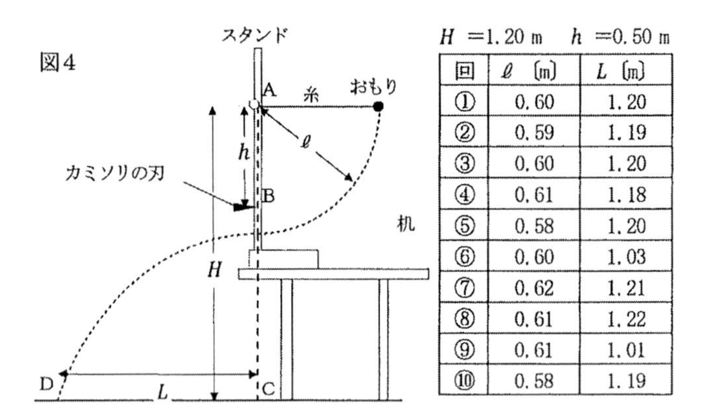

回	ℓ〔m〕	L〔m〕
①	0.60	1.20
②	0.59	1.19
③	0.60	1.20
④	0.61	1.18
⑤	0.58	1.20
⑥	0.60	1.03
⑦	0.62	1.21
⑧	0.61	1.22
⑨	0.61	1.01
⑩	0.58	1.19

ア　力学的エネルギー保存が成り立つときのLを，H，h，ℓ，gの中から必要な文字を用いて表しなさい。

イ　糸がB点でカミソリに触れて切れる際には，カミソリに触れる直前から直後にかけて糸の張力が瞬間的に大きくなり，そのあとに糸が切れると考える。この場合，糸がカミソリに触れた直後の張力は，糸がカミソリに触れる直前の張力に対して何倍になるか。h，ℓを用いて表しなさい。

ウ　この10回の測定結果を適正に処理するように生徒に指導したい。どのように指導するかを説明しなさい。

(☆☆☆◎◎◎)

【6】次の各問いに答えなさい。原子量は　H＝1.0，C＝12，O＝16　とする。

(1)　水素とヨウ素の気体をそれぞれ1molずつ，10Lの密閉容器内において427℃で混合すると，反応してヨウ化水素が生じ，次式に表される平衡状態となった。なお，水素とヨウ素からヨウ化水素が生成する反応は発熱反応であり，気体は理想気体として扱えるとする。

H_2(気体)＋I_2(気体)⇔2HI(気体)

ア　427℃での平衡状態においてヨウ化水素の物質量が1.58molのと

き，水素の物質量は何molか。有効数字2桁で求めなさい。

イ　同じ容器で，527℃で水素とヨウ素の気体を1molずつ混合すると，反応時間とヨウ化水素の生成量の関係を表すグラフは，427℃のときに比べてどのようになるか。最も適当なものを次の①～⑥から1つ選び，選んだ理由を説明しなさい。なお，破線は427℃で混合したときのグラフである。

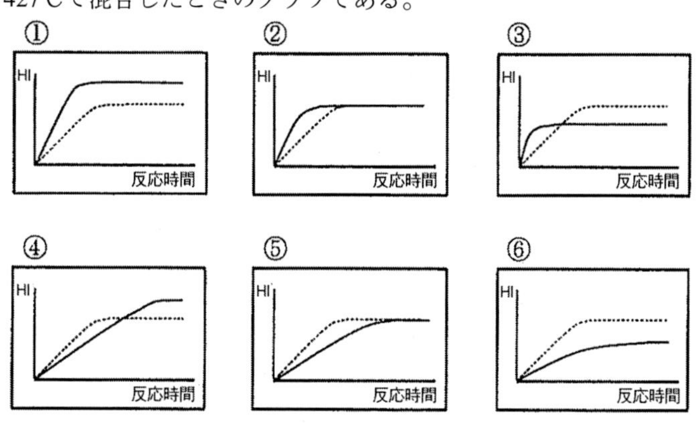

ウ　427℃の平衡状態から温度を上げて，527℃で平衡状態になったとき，ヨウ化水素の分子数は全体の何％か。また，容器内の全圧は427℃のときの何倍か。それぞれ有効数字2桁で求めなさい。ただし，527℃での平衡定数はK＝36とする。

(2)　身の回りで利用されているカルシウムの化合物について述べた次の文中の，下線部①，②をそれぞれ化学式で表しなさい。

グラウンドに白線を引く場合などに使用するラインパウダーは，以前は主に①<u>消石灰</u>が用いられていた。しかし，消石灰は強いアルカリ性を示し，目に入ると失明の危険性もあるため，現在では卵の殻や②<u>石灰石</u>と同じ成分の，より安全性の高いものが用いられている。

(3)　次の図は，アセチレンとその関連物質の反応を示したものである。あとのア～ウの問いに答えなさい。

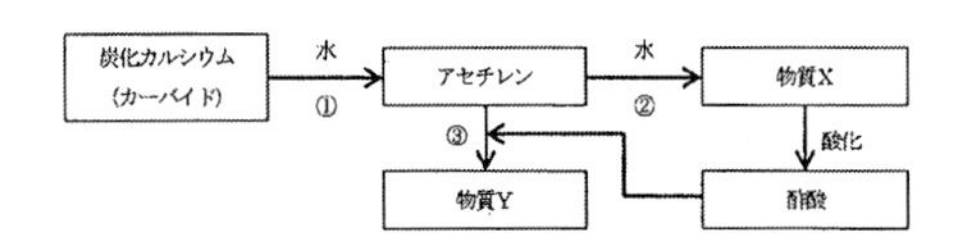

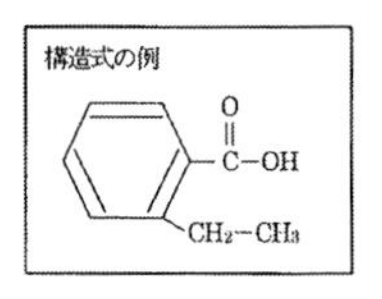

ア　①で示される，炭化カルシウムと水によりアセチレンが発生する反応の化学反応式を書きなさい。

イ　②の反応で生成する物質Xの名称を書きなさい。なお，かつてこの反応で用いられた水銀塩触媒が原因となり公害問題が生じたことで，現在，工業的にはエチレンの酸化によって物質Xがつくられている。

ウ　③の反応で生成する物質Yの構造式を例のように書きなさい。また，物質Yの重合体を加水分解することにより，水溶性のポリビニルアルコール(PVA)が得られる。さらに，PVAをホルムアルデヒドでアセタール化すると，吸湿性を持つ繊維であるビニロンが得られる。10.0gのPVAがもつヒドロキシ基のうち，30.0%がアセタール化された場合，得られるビニロンの質量は何gか。有効数字3桁で求めなさい。

(☆☆☆◎◎◎)

【7】次の各問いに答えなさい。

(1)　DNAを効率よく増幅させる方法について，次の文を読み問いに答えなさい。

[　1　]法は，ある特定のDNA領域を効率よく増幅させる。まず，増幅させたいDNAの領域の端と相補的な配列を持つ短い1本鎖DNAである[　2　]，必要な酵素，4種類のヌクレオチド，および鋳型となるDNAを混合させる。これを順に，94℃に加熱，55℃に冷却，72℃に加熱することで増幅させたい2本鎖DNAを合成することができる。

ア　文中の[　1　]，[　2　]に適当な語句を次の①～⑥から1つずつ選び，番号で答えなさい。

① プライマー　② プラスミド　③ プリオン
④ GFP　⑤ PCR　⑥ SNP

イ　文中の[　2　]について，増幅させたいDNA領域の一方の塩基配列が，3′－ACACT……CAGGT－5′であり，必要となる2種類の[　2　]は5つの塩基からなるとする。2種類の[　2　]の塩基配列を3′末端から答えなさい。

ウ　94℃と72℃の各温度で起こることを，簡潔に説明しなさい。

エ　この操作では，一般の大腸菌が持つDNA複製に関与する酵素を用いることは困難である。その理由を簡潔に答えなさい。

(2)　ショウジョウバエの初期発生では細胞質分裂は見られず，1個の細胞に多数の核がある多核性胞胚と呼ばれる時期がある。受精後，多核性胞胚の時期まではRNAが合成されないため，この時期までの発生は未受精卵に蓄えられていたmRNAなどに依存している。未受精卵の先端や後端に蓄えられているmRNAの情報は受精後に翻訳され，多核性胞胚期には前後軸に沿ったタンパク質の濃度勾配ができる。これらのタンパク質は遺伝子の発現を調節する調節タンパク質である。さらに遺伝子の発現が連鎖的に起こり，ショウジョウバエのからだの前後に沿った「体節」とよばれる繰り返し構造が形成される。

ア　下線部に関して，このようなタンパク質の例として適するものを次の①～④から1つ選んで番号で答えなさい。また，タンパク質の濃度勾配が見られるしくみを次の⑪～⑭から1つ選んで番号で答えなさい。

① クリスタリン　② ビコイドタンパク質
③ グロブリン　④ フィトクロム
⑪ 拡散　⑫ 細胞間連絡を介した細胞間輸送
⑬ 能動輸送　⑭ 受動輸送

イ　眼の形成を誘導する調節遺伝子として，ハエではeyeless遺伝子，マウスではPax6遺伝子が知られている。マウスのPax6遺伝子をハエの脚部で発現させるとどのような眼がどこに形成されるか。次の①～⑤から正しいものを1つ選びなさい。

① マウスの眼がハエの脚部に形成される

② マウスの眼がハエの頭部に形成される

③ ハエの眼がハエの脚部に形成される

④ ハエの眼がハエの頭部に形成される

⑤ ハエの脚がハエの頭部に形成される

(3) ある緑色植物の光合成によってCO_2が264mg消費された。次の問いに答えなさい。ただし，呼吸は考慮に入れなくてもよい。また，原子量は，H＝1.0，C＝12，O＝16とする。値はすべて整数で答えなさい。

ア 生じたO_2は何mgか求めなさい。

イ 生じたグルコースは何mgか求めなさい。

ウ 生じたグルコースは全てデンプンとなった。生じたデンプンは何mgか求めなさい。ただし，グルコースからデンプンを作る際はグルコシド結合による脱水縮合が行われる。

(☆☆◎◎◎)

【8】次の各問いに答えなさい。

(1) 次の文章を読んで，各問いに答えなさい。

ア 空気塊が上昇するとき，周囲と熱のやりとりをせず，なおかつ雲ができない場合，空気塊の温度は高さ1kmにつき9.8℃の割合で低下する。この温度低下の割合を乾燥断熱減率という。これに対し，雲ができた場合は温度低下の割合は乾燥断熱減率より小さくなる。これを湿潤断熱減率という。湿潤断熱減率が乾燥断熱減率よりも温度低下の割合が小さくなる理由を簡潔に答えなさい。

イ 海抜高度0mにある，気温t〔℃〕の空気塊が2000mの山をこえて風下側の海抜高度0mの地点に達した。このとき，空気塊が上昇するときは高度1500mの地点から山頂まで雲ができ，山頂から空気塊が下降するときは雲が消えた。乾燥断熱減率を0.98℃/100m，湿潤断熱減率を0.50℃/100mとすると，風下側の海抜高度

0mの地点での気温は何℃となるか答えなさい。

(2) 日本は，新生代の新第三紀の初めごろまではアジア大陸の東縁にあった。ところがその後，プレートの拡大によって今から1500万年前には日本海が誕生して日本は島弧となった。このとき，大陸から切り離された日本は回転運動をし，日本海は拡大した。この回転運動は，東北日本と西南日本では違いがみられる。東北日本と西南日本の回転運動の違いを簡潔に答えなさい。

(3) 太陽は膨大なエネルギーを放出している。地球大気の上端で，太陽光線に垂直な単位面積が単位時間に受けるエネルギー量は太陽定数と呼ばれ，その値は約1.37kW/m^{2}である。太陽定数を用いると，太陽が1秒間に放出しているエネルギー量を求めることができる。太陽と地球の距離を1億5000万kmとして，太陽が1秒間に放出しているエネルギー量を有効数字3桁で求めなさい。

(4) 表面温度T〔K〕の物体が，毎秒その表面1m^{2}から放射する光のエネルギーE〔J/m^2・s)〕は，　$E=\delta T^4$　となる。この関係式はシュテファン・ボルツマンの法則という。δは定数であり，5.67×10^{-8} W/(m^2・K^4)である。この法則から，恒星が宇宙空間に毎秒放射する光のエネルギーの総量(恒星の光度)は恒星の表面積とEの積で求めることができる。

今，2つの恒星AとBを調べたところ，絶対等級は0等級で等しく，表面温度は恒星Aが3000K，恒星Bが9000Kであった。恒星Aの半径は恒星Bの半径の何倍か求めなさい。

(5) 地球上を運動する物体で水平方向の成分があると，赤道付近を除き，地球の自転によるコリオリの力(転向力)の影響を受ける。コリオリの力は北半球と南半球ではたらき方が異なる。そのため，同じ現象でも北半球と南半球では見え方が異なる。北半球と南半球で見え方が異なる具体的な例と見え方の違いを1つ答えなさい。

(☆☆☆☆◎◎◎)

解答・解説

中高共通

【共通問題】

【1】(1)　189〔cm〕　　(2)　ア　0.24〔m/s〕

イ

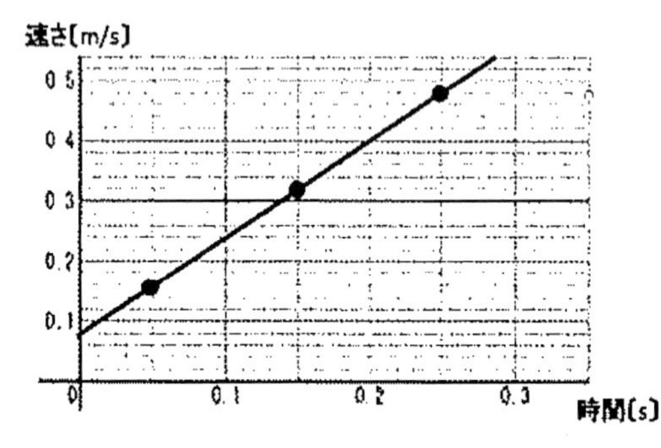

ウ　1.6〔m/s^2〕　　(3)　変圧できるため，送電の際に高電圧低電流で送り，発熱によるエネルギー損失を抑えることができる。　　(4)　予想回答…弦の太さに関係している。　　実験方法…モノコードではじく弦の長さを同じにして，おもりを同じ数つるす。弦の材質が同じもので太さが違うものを10種類程度用意して，それぞれの振動数を測定する。

〈解説〉(1)　求める高さは173.8＋15＝188.8〔cm〕，床に置いた高さが15〔cm〕という整数で表されているので，小数第1位を四捨五入すると，189〔cm〕となる。　(2)　ア　$\frac{4.8〔\mathrm{cm}〕}{0.20〔\mathrm{s}〕}$＝24〔cm/s〕＝0.24〔m/s〕となる。　イ　基準点からの経過時間が0〔s〕から0.10〔s〕までの力学台車の平均の速さは0.16〔m/s〕なので，つまり，この力学台車は等加速度運動をしているので，時々刻々と変化する速度変化を均すと速さが0.16〔m/s〕ということを平均の速さは表している。つまり，0.05〔s〕

のときに0.16〔m/s〕の速さであると考えられる。同様に，各点を計算して直線でつなげばよい。　ウ　イのグラフの傾きが加速度の大きさなので，加速度をa〔m/s^2〕とすると，$a=\frac{0.32-0.16}{0.1}=1.6$〔m/s^2〕となる。　(3)　解答参照。　(4)　弦の音の高さを左右する物理量は，はじく弦を張る強さ，はじく弦の長さ，はじく弦の太さが関係している。また，対照実験を行う際は比較対象以外の条件を揃える必要がある。

【2】(1)　ア　塩素，カルシウム　　イ　・ケイ素Siを「SI」と表わすと，硫黄Sとヨウ素Iの化合物と間違える恐れがあるから。　　・コバルトCoを「CO」と表わすと，一酸化炭素と区別ができなくなるから。
(2)　ア　④　　イ　1.26〔g〕　　ウ　体積…12.5〔mL〕　　濃度…8.00×10^{-2}〔mol/L〕　　(3)　①　　(4)　ア　番号…②　　イオン名…銅(Ⅱ)イオン　　イ　番号…①　　物質名…ヘキサン　　ウ　④
(5)　第一級アルコール…2種類　　第二級アルコール…1種類
第三級アルコール…1種類

〈解説〉(1)　ア　最初の文字がCである，第1～4周期の典型元素は塩素ClとカルシウムCaである。　イ　元素記号の1文字目は大文字，2文字目は小文字で表わし，元素記号が重複しないように決めている。
(2)　ア　酢酸水溶液では，水素イオンと酢酸イオンに電離している割合が電離度であり，その電離は可逆的である。水酸化ナトリウム水溶液と中和反応する場合，水素イオンが水酸化物イオンと結合して水になる。水素イオンが減少するにつれて$CH_3COOH \rightleftarrows CH_3COO^- + H^+$の平衡が右に移動し中和するまで続くので，濃度に電離度を考慮する必要はない。よって，酢酸100mlの中和に必要な同じ濃度の水酸化ナトリウム溶液の量は100mlである。　イ　5.00×10^{-2}〔mol/L〕のシュウ酸水溶液200mLには，シュウ酸が$(5.00\times10^{-2})\times\frac{200}{1000}=1.0\times10^{-2}$〔mol〕含まれる。求めるシュウ酸二水和物(式量126)の質量は，$126\times1.0\times10^{-2}=1.26$〔g〕である。　ウ　体積…ビュレットの目盛りは表面張力で曲がった液面の底の部分で計測する。液面の差を求めると，$22.7-10.2=12.5$〔mL〕である。　濃度…水酸化ナトリウム水溶液の濃度を

x〔mol/L〕とし，中和の計算式$\frac{acv}{1000}=\frac{bcv}{1000}$に代入すると，$2\times5.00\times10^{-2}\times\frac{10.0}{1000}=1\times x\times\frac{12.5}{1000}$より，$x=8.00\times10^{-2}$〔mol/L〕である。
(3)　水を上から下へ流すと，冷却器に水がたまらずそのまま流れてしまうので，冷却器に入っていく蒸気を効率よく冷却できないため，下から上に流すことで冷却器内部に水をためる必要がある。　(4)　ア　硫酸銅(Ⅱ)には，重金属イオンの銅(Ⅱ)イオンが含まれる。　イ　ヘキサンは直鎖状アルカンであり，常温では無臭の液体である。ガソリンに多く含まれ引火しやすい。　ウ　濃アンモニア水からは刺激臭の気体であるアンモニアが発生する。　(5)　第一級アルコールは$CH_3CH_2CH_2CH_2OH$と$(CH_3)_2CHCH_2OH$の2種類である。第二級アルコールは$CH_3CH_2CH(CH_3)OH$の1種類である。第三級アルコールは$(CH_3)_3COH$の1種類である。

【3】(1)　ア　1　独立栄養　　2　従属栄養　　3　消費者　　4　生産者　　イ　ヨウ素デンプン反応の色を見やすくするため。　　ウ　①，②　　(2)　ア　ホルモンは標的細胞に作用するものであり，アドレナリンは直接グリコーゲンを分解しないから。　　イ　ホルモンX…インスリン　　ホルモンY…グルカゴン　　(3)　ア　①は核を持つが，②は核膜で包まれた核を持たない。　　イ　①は細胞膜をもっているが，②は細胞膜をもたない。

〈解説〉(1)　ア　解答参照。　イ　脱色をすることでヨウ素デンプン反応が生じたときの色の変化が観察しやすくなる。　ウ　遮光部分では呼吸のみが行われる。デンプンなどの呼吸基質は転流により他の器官へ移動するか，呼吸により分解されるため，遮光部分においてデンプン濃度は低くなる。デンプンの糊化や被食はこの観察からでは判断できない。　(2)　ア　アドレナリンは肝臓に作用しグリコーゲンの分解を促進させる。　イ　すい臓から分泌されるホルモンは血糖値を上げるはたらきをもつグルカゴンと血糖値を下げるはたらきをもつインスリンである。グラフを見ると血糖値が上昇した時刻1時間において，ホルモンXも同様に上昇している。これは，血糖値を下げるホルモンが分泌されたと考えることができ，このような作用を示すホルモンはインスリンであると推測できる。これとは対照的に減少しているホルモンはグルカゴンである。 (3) ア 菌類は真核生物であり，細菌類は原核生物である。 イ ウイルスには細胞膜がなく，DNAやRNAなどの核酸がタンパク質に包まれ，場合によってはエンベロープに包まれている構造をもつ。

【4】(1) ア 部分の名称…ディスク(円盤部) 星団の名称…散開星団
イ マグマの温度は高く，粘性は小さく，SiO_2の量は少ない。
ウ ・上盤が相対的にずれ上がる。(上盤が重力とは逆の向きに移動する。) ・下盤が相対的にずれ下がる。(下盤が重力の向きに移動する。) エ 温室効果 オ 台風による風の速度に台風の進行速度が上乗せされるため。 (2) ア 波の進行方向と振動方向が垂直な波。(媒質が波の進行方向と垂直に振動する。) イ $\dfrac{V_P \times V_S}{V_P - V_S}$
ウ 北東 エ 20〔km〕

〈解説〉(1) ア 銀河系は約2000億個の恒星や星間ガス・宇宙塵などの星間物質が集まって形成されており，円盤部(ディスク)とバルジ，これらを取り囲んだハローの3つの部分からなる。円盤部は誕生したばかりの恒星からなる星団が存在し，この星団の名を散開星団と呼んでいる。バルジやハローには老いた星が多く，ハローには球状星団が点在している。 イ マグマの温度が高いほど粘性が低く，SiO_2の量も少ない。この性質をもったマグマは楯状火山を形成し，比較的穏やかな噴火になりやすい。一方で，温度が低く粘性が高く，SiO_2の量が多いマグマの場合は激しい噴火になりやすく，成層火山や溶岩ドームを形成する。 ウ 主に両側から圧縮する力がはたらいたときに生じる断層は逆断層である。断層面に沿って上盤側がずり上がるのが特徴であり，重力とは逆向きに上盤が動くから逆断層と覚えると覚えやすい。一方で，上盤が重力と同じ向きに動く断層は正断層であり，こちらは主に張力によって生じる。 エ 主に可視光線からなる太陽放射を受けた地球は，その熱量と等量のエネルギーを地球放射として主に赤外線で放出し，熱平衡を保っている。地球の大気はその地球放射の一部の赤外線を再放射する役割を担っており，これを温室効果という。この温室効果のようなはたらきをする気体のことを温室効果ガスといい，二酸化炭素や水蒸気，メタンや一酸化二窒素などがある。
オ 台風に吹き込む地表付近の風は反時計回りに吹き込んでいる。このため，台風の進行方向に対して右側では進行方向の向きに風が吹き，台風の進む速度が上乗せされるために風が強くなる。 (2) ア 地震波はP波とS波に分けられる。最初に到達するP波は振動する方向が波の進行する方向と平行である(縦波)。一方のS波は波の振動する方向が，波の進行方向と直交している(横波)。このため，P波の方がS波よりも早く伝わることとなる。 イ 初期微動継続時間はP波が到達した時刻とS波が到達した時刻の差である。P波が初期微動を引き起こし，主要動を引き起こすS波が到達するまで主要動が継続することとなる。震源までの距離をDとしたとき，P波が到達するまでの時刻はP波の速度から$\frac{D}{V_P}$となり，S波が到達するまでの時刻は同様に$\frac{D}{V_S}$と分かる。初期微動継続時間TはS波の到達時刻とP波の到達時刻の差なので，$T=\frac{D}{V_S}-\frac{D}{V_P}$となり，これを$D$について整理すると，$D=\frac{V_P \times V_S}{V_P - V_S} \times T$となり，大森公式の$k$をP波の速度とS波の速度で表すことができる。
ウ 観測地点に最初に到達する波はP波であり，これは波の進行方向に振動するため押し波(震源から離れる方向で上方向へ振動)か引き波(震源に向かう方向で下方向へ振動)となる。この押し引きは上下の振動方向から求められ，今回は上方向であるから押し波であるとわかる。南北方向の初動は南向き，東西方向は西向きであるから，南西方向に押す波であったと考えられる。初動が押し波で震源から離れる方向であるから，震源の方向はこの向きと逆向きであるとわかるから，南西の逆の北東が震源であると考えられる。 エ 震源から地点Aまでの距離は大森公式を用いると，kの値と初期微動継続時間が与えられているので求めることができる。震源と地点Aとの距離は$D=kT=8\times5=40$〔km〕となる。震源と震央，そして地点Aを結ぶと，震源から地点Aを結んだ線を斜辺とした直角三角形となる。震源と地点Aとの距離と震央と地点Aとの距離から三平方の定理を用いて，(震源と地点Aとの距離)^2＝(地点Aと震央との距離)^2＋(震源の深さ)^2，よって(震源の深さ)$^2=(40)^2-(34)^2=1600-1156=444$，(震源の深さ)$=\sqrt{444}=\sqrt{2^2\times3\times37}=2\times1.7\times\sqrt{37}$となる。$\sqrt{37}=6.08\cdots$なので，(震源の深さ)$=2\times1.7\times6=20$〔km〕となる。

【選択問題】

【5】(1)　ア　1.0〔A〕　　イ　1.0〔Ω〕　　ウ　0.50〔Ω〕

(2)　ア　$L=2\sqrt{\ell(H-\ell)}$　　イ　$\dfrac{3\ell-h}{3(\ell-h)}$〔倍〕　　ウ　⑥⑨の測定値は他と比べて大きく違い，例えば静かに放せていないなど，他と条件が違うことが考えられるので測定結果から除いて処理する。

〈解説〉(1)　各回路の電位変化の式を立てて考える。直流電流計の内部抵抗をR_A，乾電池の内部抵抗をR_Eとすると，まず図1は，$1.5=0.50R_E+1.5\times0.50+0.50R_A$より，$R_E+R_A=1.5\cdots$①　次に図2は，$R_A I_2+R_E I_2=1.5$より，$I_2(R_A+R_E)=1.5\cdots$②　最後に図3は，並列につながれている電池を1つとみると，起電力は1.5〔V〕で，内部抵抗を含めた回路全体の合成抵抗は，$\dfrac{1}{R}=\dfrac{1}{R_E}+\dfrac{1}{R_E}$より，$R=\dfrac{1}{2}R_E$となる。よって，$\dfrac{1}{2}R_E\times1.2+1.2R_A=1.5$より，$0.6R_E+1.2R_A=1.5\cdots$③　①〜③より，$R_A=1.0$〔Ω〕，$R_E=0.50$〔Ω〕，$I_2=1.0$〔A〕となる。　(2)　ア　まず，糸が切れた直後のおもりの速さをv_0とすると，力学的エネルギー保存則より，$mg\ell=\dfrac{1}{2}mv_0^2$なので，$v_0=\sqrt{2g\ell}$となる。つまり，糸が切れて，地面までは水平方向には等速度で進むので，$L=v_0t$である。ここで，tは糸が切れてから地面につくまでの時間とする。次に，糸が切れてから地面につくまでのおもりの鉛直方向について考える。よって，$H-$

$\ell=\frac{1}{2}gt^2$より，$t=\sqrt{\frac{2(H-\ell)}{g}}$なので，$L$の式に代入すると，$L=v_0t=\sqrt{2g\ell}\times\sqrt{\frac{2(H-\ell)}{g}}=2\sqrt{\ell(\mathrm{H}-\ell)}$となる。　イ　糸が触れる前の張力＝$mg+m\frac{v^2}{r}=mg+m\frac{2g\ell}{\ell}=3mg$である。糸がカミソリに触れると糸の長さ$\ell$は$h$だけ短くなるので，次に糸が触れた後の張力＝$mg+m\frac{2g\ell}{\ell-h}=mg+\frac{2mg\ell}{\ell-h}=\frac{3\ell-h}{\ell-h}mg$である。よって，カミソリに触れる前後の張力の比は＝$\frac{3\ell-h}{\ell-h}\ \frac{mg}{3mg}=\frac{3\ell-h}{3(\ell-h)}$となる。　ウ　測定値に大きな誤差がある場合，その値は実験結果として不適切な場合があるため取り除く必要がある。また，なぜ実験結果に誤差が出たのか考察させることも重要である。

【6】(1)　ア　0.21〔mol〕　　イ　番号…③　　理由…温度が高くなったので，HIの生成速度が速くなり，また，ルシャトリエの原理より，吸熱反応の方向へ平衡が移動するため，平衡状態でのHIの量が減少するから。　　ウ　分子数…75〔%〕　　全圧…1.1〔倍〕
(2)　①　$Ca(OH)_2$　　②　$CaCO_3$　　(3)　ア　$CaC_2+2H_2O \rightarrow C_2H_2+Ca(OH)_2$　　イ　アセトアルデヒド
ウ　構造式…$CH_2=CH-O-C(=O)-CH_3$　　質量…10.4〔g〕

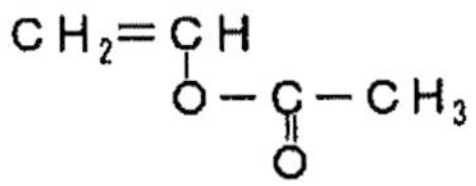

〈解説〉(1)　ア　$H_2+I_2 \rightleftarrows 2HI$において，ヨウ化水素が1.58mol生成しているので，反応した水素と酸素はそれぞれ，$\frac{1.58}{2}=0.79$〔mol〕である。よって，平衡状態での水素の物質量は1－0.79＝0.21〔mol〕である。
イ　ヨウ化水素の生成反応は発熱反応のため，温度を上げると生成量が減少するので，平衡時には427℃の反応のグラフの方が527℃より上になる。また，反応速度は温度を上げると大きくなるので，527℃の

反応の方が427℃より早く平衡に達する。　ウ　この反応の平衡定数は$K=\frac{[HI]^2}{[H_2][I_2]}$である。反応した水素とヨウ素をそれぞれ$x$〔mol〕とすると，$\frac{(2x)^2}{(1-x)(1-x)}=36$より，$\frac{2x}{1-x}=6$から，$x=0.75$〔mol〕である。よって，ヨウ化水素の分子数の割合は，$\frac{0.75\times2}{2}\times100=75$〔%〕である。427℃のときの圧力を1〔Pa〕，527℃のときの圧力をP_2〔Pa〕として$\frac{P_1V_1}{T_1}=\frac{P_2V_2}{T_2}$に代入すると，$\frac{1\times10}{273+427}=\frac{P_2\times10}{273+527}$より，$P_2=1.14$〔Pa〕である。よって，1.1〔倍〕である。　(2)　消石灰は水酸化カルシウム$Ca(OH)_2$，石灰石は炭酸カルシウム$CaCO_3$である。消石灰は強いアルカリ性を示すため，目に入ると失明の恐れがある。石灰石は過熱すると分解して，酸化カルシウムと二酸化炭素が生成する。

(3)　ア　解答参照。　イ　アセチレンと水の反応式は$C_2H_2+H_2O\rightarrow CH_3CHO$であり，アセトアルデヒドが生成する。エチレンの酸化では，$C_2H_4+\frac{1}{2}O_2\rightarrow CH_3CHO$によりアセトアルデヒドが生成する。　ウ　構造式は解答を参照。アセチレンと酢酸では，$CH\equiv CH+CH_3COOH\rightarrow CH_2=CH(OCOCH_3)$により酢酸ビニルが生成する。また，酢酸ビニルの重合体〔$-CH_2=CH(OCOCH_3)-$〕$_n$を加水分解すると，ポリビニルアルコール〔$-CH_2=CH(OH)-$〕$_n$が生成し，ホルムアルデヒドでアセタール化するとビニロン〔$-CH_2-CH(-O-CH_2-$※$)-CH_2-C(-$※$)H-$〕$-$が生成する。ポリビニルアルコールの単位分子量は88，ビニロンは100である。よって，30%がアセタール化されると，単位当たりの平均分子量は$88\times0.70+100\times0.30=91.6$になるので，10.0gのポリビニルアルコールから得られるビニロンは$10.0\times\frac{91.6}{88}=10.4$〔g〕である。

【7】(1)　ア　1　⑤　　2　①　　イ　3′　CAGGT　5′　　3′　AGTGT　5′　　ウ　94℃…塩基同士の結合が切れて，1本鎖DNAとなる。

72℃…酵素がはたらき，DNAが複製される。　エ　大腸菌は94℃で活性のある酵素を持たないから。　(2)　ア　タンパク質…②
しくみ…⑪　イ　③　(3)　ア　192〔mg〕　イ　180〔mg〕
ウ　162〔mg〕

〈解説〉(1)　ア　解答参照。　イ　相補的なもう一方のDNAの塩基配列は，5′－TGTGA……GTCCA－3′となる。この時，必要なプライマーは5′から始まる塩基配列で，5′－TGTGA－3′及び5′－TGGAC－3′の2種類である。　ウ　94℃では，塩基間の水素結合が切断され，72℃では耐熱性DNAポリメラーゼによって，DNAの合成(複製)が行われる。
エ　一般的にPCR法では耐熱性を持つ好熱菌由来のDNAポリメラーゼを利用する。　(2)　ア　ショウジョウバエの多核性胞胚期では胚の先端からビコイドタンパク質が後方に向けて拡散し，濃度勾配が作られる。　イ　このような遺伝子をホメオティック遺伝子という。
(3)　呼吸は考慮しなくてよいので，光合成の式$6CO_2+12H_2O \rightarrow C_6H_{12}O_6+6O_2+6H_2O$の式を用いて計算する。　ア　CO_2が264mgすなわち，264〔mg〕÷44〔g/mol〕＝6〔mmol〕消費されたので，酸素は6〔mmol〕，すなわち，6〔mmol〕×32〔g/mol〕＝192〔mg〕生じた。
イ　グルコースは，6〔mmol〕÷6＝1〔mmol〕，すなわち，1〔mmol〕×180〔g/mol〕＝180〔mg〕生じた。　ウ　脱水縮合によってH_2Oが1〔mmol〕(＝18〔mg〕)が減少するので，180－18＝162〔mg〕のデンプンが生じる。

【8】(1)　ア　水蒸気の凝結に伴って潜熱が放出されるため。
イ　$t+2.4$〔℃〕　(2)　東北日本は反時計回りに，西南日本は時計回りに回転した。　(3)　3.87×10^{23}〔kW〕　(4)　9〔倍〕　(5)　台風による雲の渦が，北半球では反時計回り，南半球では時計回りとなる。

〈解説〉(1)　ア　物質の状態変化の際には熱の出入りが発生し，この時の熱を潜熱という。水蒸気で飽和している気体は潜熱を放出するため，上昇するにつれて気体の温度は下がるが，水蒸気で飽和していない気体と比べると，潜熱の放出により温度低下の割合は小さくなる。

イ　まず山頂に空気塊が到達したときの温度を考える。雲ができるまで空気塊の温度低下の割合は乾燥断熱減率であり，雲ができてからは湿潤断熱減率に従う。雲ができた高度が1500mであるから，この高度までは乾燥断熱減率に従い，それ以降の山頂までは湿潤断熱減率に従う。山頂に空気塊が到達したときの温度を考えると，(山頂の空気塊温度)$=t-(0.98\times15+0.50\times5)=t-17.2$〔℃〕となる。次に風下側で山頂から海抜高度0mまでの気温を考える。風下側では雲ができなかったため，空気塊の温度は乾燥断熱減率に従うから，上昇した空気塊の温度は$0.98\times20=19.6$〔℃〕となり，山頂の空気塊温度と合わせると，求める空気塊の温度は$t-17.2+19.6=t+2.4$〔℃〕となる。　(2)　日本海拡大による日本列島の回転運動は，日本各地の古地磁気を調べることでどのような運動であったのか検討されている。これによれば西南日本と東北日本は別々の回転運動をしていたと考えられ，東北日本が反時計回り，西南日本が時計回りの回転であったと考えられている。(3)　太陽は地球以外の全方向にエネルギーを放射している。つまり，太陽から地球の距離と同じくらい離れた場所で，太陽光線に垂直な単位面積には，太陽定数と同じエネルギーが来ており，太陽を中心とした半径が太陽と地球の距離となる球の全面積が受けているエネルギーが，太陽が放射しているエネルギーである。つまり，太陽放射の総量は太陽定数と，太陽と地球の距離を半径とした球の表面積(半径rの球の表面積は$4\pi r^2$)の積であるとわかる。このことから，求める太陽放射の総量は(太陽定数)×(球の表面積)$=1.37$〔kW/m^2〕$\times(4\times3.14\times(1.5\times10^{11})^2)=3.871\times10^{23}$〔kW〕となる。　(4)　シュテファン・ボルツマンの法則から，恒星が宇宙空間に毎秒放射する光のエネルギーの総量(Lとする)が恒星の表面積とEの積であると分かっている。このことから，$L=4\pi r^2\times E=4\pi r^2\times\delta T^4$となる。今，絶対等級が等しいので光度も等しくなるから，$L=4\pi r^2\times\delta T^4$を用いると，それぞれの半径を$R_A$，$R_B$とすると，恒星Aについて$L=4\pi(R_A)^2\times\delta(3000)^4$，恒星Bについて$L=4\pi(R_B)^2\times\delta(9000)^4$となる。光度が等しいので$4\pi(R_A)^2\times\delta(3000)^4=4\pi(R_B)^2\times\delta(9000)^4$となり，$(R_A)^2=\frac{(9000)^4}{(3000)^4}(R_B)^2$，$R_A=\frac{(9000)^2}{(3000)^2}R_B=\frac{3^2\times(3000)^2}{(3000)^2}R_B=9R_B$であるから，9倍であるとわかる。

(5)　コリオリの力は，北半球では進行方向に向かって右向きの力に，南半球では進行方向に向かって左向きの力となる。台風の風もコリオリの力がはたらくため，北半球では雲の渦が反時計回り，南半球では時計回りとなる。この他の例としては，高気圧並びに低気圧の風の向きがある。北半球では高気圧が時計回りに風が吹き，低気圧は反時計回りであるが，南半球ではその逆となる。どれかの例を用いて説明すればよい。

2020年度　実施問題

中高共通

注　(1)　共通問題【1】,【2】,【3】,【4】は，全員が解答すること。

注　(2)　選択問題【5】,【6】,【7】,【8】は，この中から2題を選択し解答すること。

【共通問題】

【1】次の各問いに答えなさい。

(1)　理想気体の気体定数の値を計算により求め，有効数字2桁で答えなさい。解答には計算過程も示し，単位も答えなさい。

(2)　ラジウムなど放射性元素の原子核から出る放射線であるα線，β線の本体として正しいものを，次の中からそれぞれ選び，番号で答えなさい。

①　水素原子　　②　陽子　　③　中性子
④　電子　　⑤　陽電子　　⑥　重陽子
⑦　ヘリウム原子　　⑧　ヘリウム原子核

(3)　あきら君は，朝8:00に家を出てA駅まで4.5kmの道のりを速さ18km/hの自転車で進んだ。8:15にA駅に着き，10.0kmの距離を速さ60km/hの電車で進み8:25にB駅に着いた。B駅からは0.5kmの道のりを速さ6.0km/hで歩き，8:30に学校に著いた。あきら君が家を出てから学校に着くまでの平均の速さは何km/hか求めなさい。

(4)　天体の密度について月と地球を球体であると近似して考える。天体の地表面での重力加速度は，天体の重心から地表面までの距離の2乗に反比例し，天体の質量に比例する。また，天体の体積は半径の3乗に比例する。月の地表面での重力加速度は地球表面の6分の1であり，月の半径は地球の4分の1である。では，月の平均密度は，地球の平均密度の何倍であるか求めなさい。

(5)　起電力V[V]の直流電源と抵抗の値がそれぞれR_1[Ω]，R_2[Ω]の抵抗1，抵抗2を用いて，図1，図2のような回路を作った。下の文章は，この2つの回路において，2つの抵抗の合成抵抗の値Rについて，途中まで説明したものである。下の文章の空欄[　1　]～[　3　]に当てはまる式を正しく埋めなさい。また，この文章に続いて，図2の回路での合成抵抗の値RとR_1，R_2の間の関係式について説明して答えなさい。

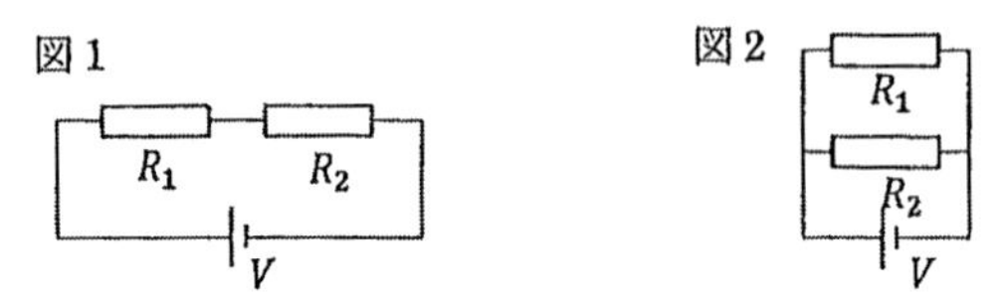

> 図1は直列接続であるため，抵抗1，抵抗2に流れる電流は等しく，右向きにI[A]とすると，抵抗1にかかる電圧は，[　1　]であり，同様に抵抗2にかかる電圧を求めると，回路全体でV=[　2　]という関係が成り立つので，合成抵抗$R=R_1+R_2$である。
>
> 図2は並列接続である。抵抗1，抵抗2に流れる電流をそれぞれ右向きにI_1[A]，I_2[A]とし，電源を流れる電流I[A]をI_1，I_2を用いて表すと，I=[　3　]である。

(☆☆☆◎◎◎)

【2】次の各問いに答えなさい。ただし，原子量は，H＝1.0，O＝16，S＝32とする。

(1)　次の①～⑥の原子やイオンのうち，最外殻電子の数が8個ではないものを2つ選び，番号で答えなさい。

①　$_{10}Ne$　　②　$_{18}Ar$　　③　$_{20}Ca^{2+}$　　④　$_{26}Fe$　　⑤　$_{30}Zn^{2+}$

⑥ $_{36}Kr$

(2) 5つの物質を，構成粒子や結合の種類などの違いにより次の表のように分類した。表のア～オに当てはまる物質を，下の①～⑤からそれぞれ1つずつ選び，番号で答えなさい。

物質例	構成粒子や結合の種類など
ア	無極性分子からなる物質で、分子間にファンデルワールス力がはたらく。
イ	極性分子からなる物質で、分子間に水素結合がはたらく。
ウ	極性分子からなる物質で、分子間に水素結合がはたらかない。
エ	陽イオンと陰イオンがイオン結合によって結合した物質である。
オ	各原子が共有結合のみで結合した物質で、組成式で表す。

① NH_3　② CH_4　③ SiO_2　④ HCl　⑤ NaOH

(3) 酸化と還元について，次の問いに答えなさい。

ア 次の①～⑤の化学変化のうち，酸化還元反応ではないものを1つ選び，番号で答えなさい。

① 紙を燃やすと，二酸化炭素と水が生じる。

② 塩酸に亜鉛粒を入れると，水素が発生する。

③ 酸化マンガン(Ⅳ)に塩酸を加えて加熱すると，塩素が発生する。

④ 二酸化窒素を温水に溶かすと，硝酸が生じる。

⑤ クロム酸カリウムの黄色溶液に希硫酸を加えると，二クロム酸カリウムの赤橙色溶液となる。

イ 濃度未知の過マンガン酸カリウム水溶液を，シュウ酸水溶液を用いて滴定した。1.0×10^{-2}mol/Lのシュウ酸水溶液10mLに1mol/Lの硫酸を5mL加え，過マンガン酸カリウム水溶液を加えていったところ，8.0mLで滴定の終点に達した。過マンガン酸カリウム水溶液のモル濃度を，有効数字2桁で求めなさい。なお，過マンガン酸カリウムおよびシュウ酸は，硫酸酸性条件下で次のようにはたらく。

$MnO_4^- + 5e^- + 8H^+ \rightarrow Mn^{2+} + 4H_2O$

$(COOH)_2 \rightarrow 2CO_2 + 2e^- + 2H^+$

(4) あるクラスを10班に分けて中和滴定の実験をする計画を立てた。このときの準備について，次の問いに答えなさい。

ア　固体の水酸化ナトリウムの性質が主な原因で，正確な濃度の水酸化ナトリウム水溶液を調製するのは困難である。固体の水酸化ナトリウムがもつ性質のうち，空気中の水蒸気を吸収して水溶液になっていく性質を何というか答えなさい。

イ　希硫酸を100mLずつ試薬瓶に入れたものを10班分用意したい。98％の濃硫酸を水で薄めて，1mol/Lの希硫酸を1L作るためには，濃硫酸が何mL必要か。整数で答えなさい。ただし，この濃硫酸の密度を1.84g/cm^{3}とする。

ウ　濃硫酸を水で薄める際は，冷却しながら水に濃硫酸を少しずつ加えるが，濃硫酸に水を加えるのは危険なのでやってはいけない。どのような危険があるのか，「密度」と「熱」の語句を用いて70字程度で説明しなさい。

エ　実験では，1mol/Lの希硫酸をさらに10倍に薄めたものを10mLはかりとってコニカルビーカーに入れ，水酸化ナトリウム水溶液をビュレットから滴下させる。班ごとに実験器具を1セットずつ用意し，3回滴定して平均をとらせるため，0.1mol/Lの水酸化ナトリウム水溶液を，1班あたり150mL配付することにした。これは滴定に必要な量よりも多いが，なぜか。水酸化ナトリウム水溶液を多めに配布する理由を，誤差や，生徒がこぼすおそれがあること以外で，60字程度で説明しなさい。

(5)　次の①～⑤の実験のうち，有毒なガスが発生するためにドラフト内で行うべきものを1つ選び，番号で答えなさい。また，このとき発生する有毒なガスの化学式と，その色を書きなさい。

①　炭酸水素ナトリウムに塩酸を加える。

②　濃硝酸に銅片を入れる。

③　酸化銀を加熱する。

④　希硫酸を電気分解する。

⑤　酸化マンガン(Ⅳ)に過酸化水素水を加える。

(☆☆☆◎◎◎)

【3】次の各問いに答えなさい。

(1) 生体内の化学反応である代謝について，下の問いに答えなさい。

生体内の化学反応を代謝と呼ぶが，代謝には，生体内に存在する有機物などの複雑な物質が，より簡単な物質に分解される[1]と呼ばれる反応がある。菌類や動物などは，体外から有機物を取り入れる必要があり，このような生物は，[2]と呼ばれている。代謝に伴いエネルギーの出入りが起こり，その際には[3]と3つのリン酸からなるATPが関与している。この物質のリン酸同士の結合はエネルギーの授受に関与するため[4]と呼ばれる。

ア 上の文中の空欄[1]～[3]に適する語句を，次の語群より選び番号で答えなさい。

① 燃焼	② 独立栄養生物	③ デオキシリボース
④ 真核生物	⑤ 同化	⑥ リボース
⑦ 消化	⑧ ヌクレオチド	⑨ 原生生物
⑩ ヌクレオシド	⑪ 異化	⑫ 従属栄養生物
⑬ グルコース		

イ 上の文中の空欄[4]に適する結合の名称を答えなさい。

ウ ATPは，リン酸1つとエネルギーを放出して何という物質に変化するか，名称をアルファベット3文字で答えなさい。

エ 代謝の代表的なものに呼吸がある。真核生物が行う呼吸においてグルコースが分解される過程には大きく3段階あり，[A]→クエン酸回路→電子伝達系の順に行われる。[A]の反応系の名称を答えなさい。また，[A]が行われている細胞内の場所を次の中から選び，番号で答えなさい。

① 細胞膜
② 細胞質基質
③ ミトコンドリアのマトリックス
④ ミトコンドリアの内膜(クリステ)
⑤ 葉緑体

オ 電子伝達系では，NADHなどが酸化される過程でATPが作られる。このように電子伝達系を通じて蓄積したエネルギーを利用してATPを合成する反応を何と呼ぶか答えなさい。

(2) 血液は，有形成分の血球と，液体成分の血しょうからなる。ヒトの体では，血球の多くは[　　]にある造血幹細胞で作られる。ヒトの体には，体が損傷を受けて出血しても，傷が小さいと止血するしくみがある。このことは，血液凝固と呼ばれる。またヒトには，リンパ球などによって自己の成分と異物を区別して排除する免疫というしくみも備わっている。

ア　上の文中の空欄[　　]に適する語句を次の中から選び，番号で答えなさい。

①　心臓　　②　骨髄　　③　腎臓　　④　肝臓　　⑤　ひ臓

イ　ヒトの血球を光学顕微鏡で観察する時に，光学顕微鏡の操作として不適切なものを次の中から全て選び，番号で答えなさい。

①　低倍率から観察する

②　焦点深度を深くしたい時は高倍率にする

③　高倍率で観察する時はしぼりを開く

④　顕微鏡像の輪郭を明確にしたい時は，しぼりを開く

ウ　ヒトの血液に含まれるA.赤血球，B.白血球，C.血小板の中で，一般に数が多い順に並べたものを次の中から選び，番号で答えなさい。

①　A→B→C　　②　A→C→B　　③　B→A→C

④　B→C→A　　⑤　C→A→B　　⑥　C→B→A

エ　免疫に関する細胞(ア)樹状細胞，(イ)ヘルパーT細胞，(ウ)B細胞について，次の中から該当するものを選び番号で答えなさい。ただし，同じ番号を複数回用いてもよい。

①　体液性免疫にのみ関係する

②　細胞性免疫にのみ関係する

③　体液性免疫にも細胞性免疫にも関係する

④　体液性免疫にも細胞性免疫にも関係しない

オ　血液を試験管に入れ放置して凝固させる実験の際に，試験管を

5℃に冷やすと血液が凝固しなかった。その理由を説明しなさい。

(3) 河川を調査するときには，COD(化学的酸素要求量)や，BOD(生物学的酸素要求量)，アンモニウムイオン濃度等を測定する。

ア 河川に汚水の混入がある場合，汚水の混入する場所から離れて下流に行くほど，CODやBODの値はどのように変化するか。次の中から選び，番号で答えなさい。

① COD，BODともに高くなる

② CODは高くなり，BODは低くなる

③ CODは低くなり，BODは高くなる

④ COD，BODともに低くなる

イ 河川に汚水の混入がある場合，水による希釈や，微生物による分解により汚濁物質が減少することを何と呼ぶか答えなさい。

(☆☆☆◎◎◎)

【4】次の各問いに答えなさい。

(1) 次の文章を読んで，各問いに答えなさい。

ア 地殻を構成する次の元素のうち，質量比(重量%)の大きな順に並べたときの上位4つを選びなさい。ただし，順番は問わない。

Al，Ca，Fe，K，Mg，Na，O，Si

イ 水に溶解していた物質が沈殿したものや，水が蒸発することによって生じた物質が固結した化学岩のうち，NaClを主成分とする化学岩の名称を答えなさい。

ウ 火成岩の重さを空気中で量った重さは375g，水中で量った重さは250gであった。この火成岩の密度を求めなさい。ただし，水の密度を1.0g/cm^{3}とする。

エ 河川によって運搬される最大の岩片の体積は，流速の6乗に比例する。ある川で，流速が1m/sのとき直径1cmの礫が運ばれたとすると，流速が3m/sのとき運ばれる礫の直径は最大何cmまでか，答えなさい。

オ 古生代は6つの時代に細分され，最初の時代は[1]とよばれる。[　1　]には，それ以前の[　2　]生物群とは大きく異なり，多様な動物が一挙に現れ，かたい骨格をもつものも数多く現れた。なかでもカナダの[　3　]動物群は有名である。

上の文章中の空欄[　1　]～[　3　]に適当な語句を入れなさい。

(2)　次の文章を読んで，各問いに答えなさい。

北太平洋の西部で発生した熱帯低気圧のうち，10分間の平均風速の最大が[　1　]m/s以上になったものを，日本では台風と呼んでいる。メキシコ湾やカリブ海・太平洋北東部の強い熱帯低気圧は[　2　]，アラビア海やベンガル湾のものは[　3　]とよばれているが気象学的には同じ種類の低気圧である。強い熱帯低気圧の発生数は北太平洋西部が最も多い。

ア　上の文章中の空欄[　1　]～[　3　]に適当な数値または語句を入れなさい。

イ　熱帯低気圧の発生について，南太平洋東部では熱帯低気圧がほとんど発生しない。その理由を簡潔に説明しなさい。

ウ　台風は上陸すると勢力が衰える。その主な理由を説明しなさい。

エ　台風の勢力圏内で風を背に受けて立つと，台風の中心は立っている人の前後左右，どの方向にあるか答えなさい。

(☆☆☆◎◎◎)

【選択問題】

【5】次の各問いに答えなさい。

(1)　地球と衛星について，次の各問いに答えなさい。

ア　地球の半径をR，地球の質量をM，万有引力定数をGとする。地球の自転周期と同じ時間(24時間)で地球の周りを公転する衛星を静止衛星といい，この周期をTとする。静止衛星の地球表面からの高さhを，R，M，G，Tで表しなさい。なお，その際の静止衛星の質量をmとして運動方程式を明記して示しなさい。

イ　アで求めたhは，Rの何倍であるか。有効数字2桁で求めなさい。ただし，地球表面すれすれを公転する人工衛星の周期を90分とし，

$\sqrt[3]{4}$ =1.59として計算しなさい。

(2) ばね定数kの軽いばねの一端に質量mのおもりを付け，他端を天井に付けて鉛直につるしたところ，ばねはいくらか伸びて静止した。この状態からおもりを手で支えて，ばねが自然の長さになるまでゆっくりと持ち上げたとき，おもりに手がした仕事を求めなさい。重力加速度の大きさをgとする。

(3) 図1のように，平板ガラス板Aの一端を水平に置かれた平板ガラス板Bの上に置き，Oで接触させた。Aの他端はBとの間にフィルムを挟み，2枚の平行平板ガラス板ABの間にくさび形空気層を作った。ガラス板AとBがなす角度をθ，Oからの距離xの点をPとする。Aの上方から鉛直に波長λの単色光を入射したところ，Aの上方から干渉縞を観察することができ，点Pは明線になっていた。

ア　点Pに明線ができる場合のxの条件を，自然数nを用いて表しなさい。

イ　この干渉は，ガラス板Aの下面で反射した光と，ガラス板Bの上面で反射した光によるものであり，ガラス板Aの上面で反射した光とガラス板Aの下面で反射した光とでは干渉縞を観察することができない。この理由を，40字程度で説明しなさい。

ウ　図2のように，ガラス板AとBのなす角度をθに保ったままでガラス板Aを鉛直に距離dだけ上昇させた。このとき点Pにあった明線は，いくら移動したか求めなさい。

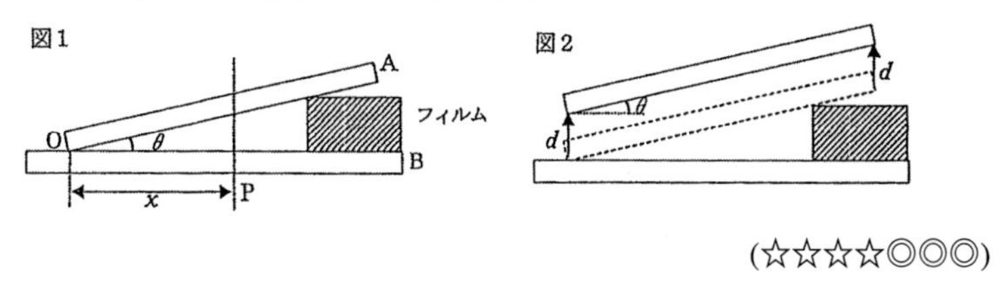

(☆☆☆☆◎◎◎)

【6】次の各問いに答えなさい。

(1) 熱水に少量の塩化鉄(Ⅲ)水溶液を加えると，水酸化鉄(Ⅲ)のコロイド溶液となる。この溶液を図のように，セロハンチューブに入れて水の入ったビーカーに浸した。

下の問いに答えなさい。

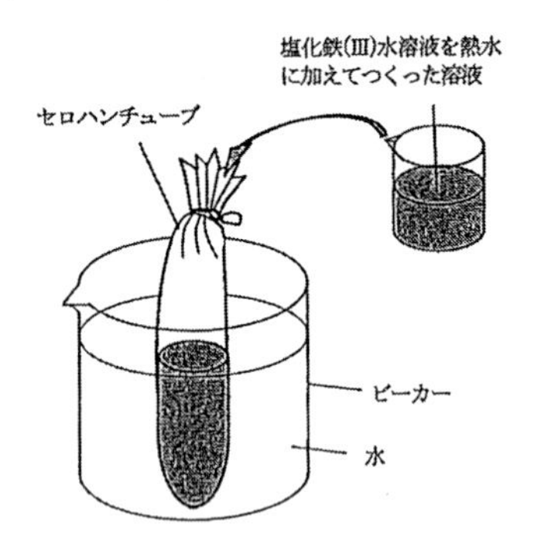

ア　塩化鉄(Ⅲ)と水により水酸化鉄(Ⅲ)のコロイドが生じるときの，化学反応式を書きなさい。

イ　図の操作により，小さな分子やイオンはセロハン膜を通過してビーカーの水に溶け出すが，コロイド粒子はセロハン膜を通過できない。このようにして，コロイド溶液を精製することを何というか，答えなさい。

ウ　図の操作において，水素イオンと塩化物イオンはセロハン膜を通過するが，鉄(Ⅲ)イオンはすべてコロイドになるため，セロハン膜を通過しない。塩化物イオンがセロハン膜を通過したこと，および，鉄(Ⅲ)イオンがセロハン膜を通過していないことをどのように確認するか，次の試薬のいずれかを用いてそれぞれ説明しなさい。

【試薬：硝酸銀水溶液　　希硝酸　　ヘキサシアニド鉄(Ⅱ)酸カリウム水溶液　　ヘキサシアニド鉄(Ⅲ)酸カリウム水溶液】

(2)　二酸化炭素は水に溶解し，炭酸H_2CO_3となって，次の2段階の電離平衡が成立している。ただし，ある温度tにおける式①，②の電離定数をそれぞれKa_1およびKa_2とし，水の電離による水素イオン濃度は無視できるものとする。

$H_2CO_3 \rightleftarrows H^+ + HCO_3^-$…①($Ka_1 = 4.5 \times 10^{-7}$mol/L)

$HCO_3^- \rightleftarrows H^+ + CO_3^{2-}$…②($Ka_2$＝$9.0 \times 10^{-12}$mol/L)

ア　この電離平衡において，水溶液中の炭酸イオンCO_3^{2-}のモル濃度[CO_3^{2-}]を，式①および式②の電離定数Ka_1およびKa_2と，炭酸のモル濃度[H_2CO_3]および水素イオン濃度[H^+]を用いて表しなさい。

イ　温度tにおいて，炭酸H_2CO_3の濃度が2.0×10^{-2}mol/Lの水溶液を調製した。この水溶液のpHを小数第1位まで求めなさい。ただし，Ka_2はKa_1に比べて非常に小さく，式②で表される電離は無視できる。必要ならば，$\log_{10}3$＝0.48を用いなさい。

ウ　温度tにおいて，炭酸H_2CO_3の濃度が2.0×10^{-5}mol/Lの水溶液を調製した。この水溶液の水素イオン濃度を有効数字2桁で求めなさい。

(3)　サリチル酸は，分子中にヒドロキシ基とカルボキシ基をもつ芳香族化合物で，フェノール類とカルボン酸の両方の性質を示す。サリチル酸のエステル化反応について，次の問いに答えなさい。

ア　身の回りで利用されているサリチル酸のエステルの例として，サリチル酸メチルとアセチルサリチル酸がある。サリチル酸メチルは塩化鉄(Ⅲ)水溶液で呈色するが，アセチルサリチル酸は呈色しない。サリチル酸メチルとアセチルサリチル酸の構造式をそれぞれ書き，呈色のしかたに違いが生じる理由を，70字程度で説明しなさい。

イ　アセチルサリチル酸の合成実験を行うため，1gのサリチル酸を入れた試験管に2mLの無水酢酸を加え，よく振り混ぜながら濃硫酸を数滴加えた。試験管を約60℃のお湯につけて10分程度放置し，反応を進行させた。冷却後，溶液を水に流し込んでかき混ぜると，白色の結晶が遊離した。吸引ろ過により得られた結晶に塩化鉄(Ⅲ)水溶液を加えたところ，一部で赤紫色の呈色反応が見られた。呈色が見られた理由を40字程度で説明しなさい。

(☆☆☆☆◎◎◎)

【7】次の各問いに答えなさい。

(1)　次の図は，大腸菌のラクトースオペロンの模式図である。グルコースを含む培地で大腸菌を培養すると分裂し生育する。グルコースは含まず，ラクトースを含む培地で培養すると最初は生育を停止するが，時間がたつとラクトース分解酵素が生成され，ラクトースを分解して生じたグルコースを利用し生育するようになる。

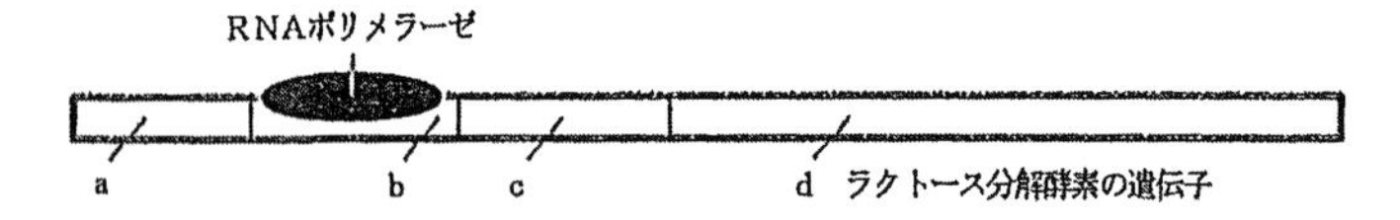

ア　図のb，cの領域名称を答えなさい。

イ　図のa，bのいずれか一方に突然変異が起き，その機能が完全に失われた変異株をそれぞれa変異株，b変異株と呼ぶ。それぞれの株を，グルコースを含まずラクトースを含む培地で育て，ラクトース分解酵素の活性の時間変化を調べた。a変異株，b変異株での状況を示しているグラフはどれか。適当なグラフを①～④からそれぞれ1つずつ選び，番号で答えなさい。ただし，tはラクトースを与えた時間を示す。

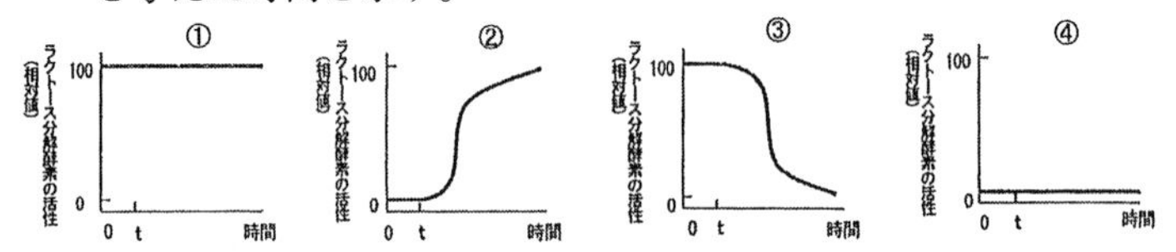

(2)　ハーディ・ワインベルグの法則は，遺伝子頻度が世代をこえて変わらないことを示す法則である。この法則が成り立つ集団には，「自由交配が行われる」，「集団が大きい」，「個体の移出・移入がない」という条件の他に，「表現型の違いによる[　1　]がはたらかない」，「DNAの塩基配列の変化による変異である[　2　]が起こらない」条件が必要である。ハーディ・ワインベルグの法則が成立する，ある動物集団において，この動物の体色を黒くする優性遺伝子Aと，体色を白くする劣性遺伝子aの遺伝子頻度をそれぞれpとq(p＋q＝1)とする。

ア　文章中の空欄[　1　]～[　2　]に適当な語句を入れなさい。

イ　この動物集団では体色が白い集団が全体の16%であった。この集団におけるqの値を答えなさい。

ウ　この動物集団で体色が白い個体をすべて除去した場合，次世代におけるaの遺伝子頻度を小数第3位を四捨五入して答えなさい。

(3)　細胞分裂について，次の問いに答えなさい。

ア　カエルでは，精子をつくる際に，精巣内で減数分裂を行って精子をつくる。精子の核に含まれるDNA量の平均は，減数分裂第一分裂前期の核に含まれるDNA量の何倍であるか，答えなさい。

イ　ヒトが精子を作る際に，減数分裂の結果生じる娘細胞の染色体の組み合わせは，最大何通りあると考えられるか，指数を用いて答えなさい。ただし，ヒトの体細胞の染色体数は$2n=46$であり，減数分裂において相同染色体の乗換えは起こらないものとする。

ウ　ある体細胞分裂組織において，グラフ中の時間0の時に，放射性チミジン溶液を短時間浸してすぐによく洗った。その後，放射性チミジンを含まない培地で培養を続けた。次図は各時間におけるM期(分裂期)の細胞の中の，放射線を出している細胞の割合を示したグラフである。x，yで表される時間は，細胞周期のM期(分裂期)，S期(DNA合成期)，G_1期(DNA合成準備期)，G_2期(分裂準備期)のどれに要する時間と同じであるか，答えなさい。ただし，チミジンはチミンと糖からなる物質であり，S期の細胞に取り込まれ，DNAの材料となる。

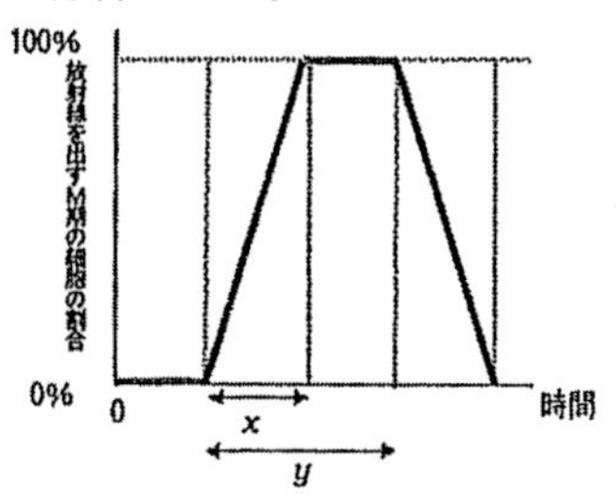

(☆☆☆◎◎◎)

【8】次の各問いに答えなさい。

(1) 現在の地球の平均表面温度は15℃(絶対温度で288K)である。温室効果が起こらないとすると，地球の平均表面温度は現在より何℃低くなるか，答えなさい。ただし，太陽放射を100としたときの大気や地表面による太陽放射の吸収量は，合わせて70とし，大気が吸収する熱はすべて地表面が吸収するものとする。また，太陽放射100は大気上端の単位面積の平面での平均入射量を表し，太陽定数の25%にあたる。なお，単位面積の地表面が放射する地球放射量をE，絶対温度で表した表面温度をTとすると，$E=5.7\times10^{-8}T^4$である。また，太陽定数を1.4kW/m^{2}とする。必要ならば，$\sqrt{43}=6.56$，$\sqrt{6.56}=2.56$を用いなさい。

(2) ある地層Aに含まれる植物について，半減期5,730年の放射性同位体を用いて絶対年代の測定を行ったところ，その放射性同位体の原子数がはじめに含まれていた量の8分の1になっていた。

ア　地層Aは今から何年前に形成されたと考えられるか，答えなさい。

イ　この年代測定には^{14}Cの放射性炭素が使われる理由を2つ挙げなさい。

(3) 銀河のスペクトルを観測すると，近いものを除いて，すべての銀河のスペクトルは波長の[　1　]い方にずれている。これを[　2　]という。[　2　]が光のドップラー効果で生じるとすると，[　2　]は$\frac{\Delta\lambda}{\lambda}$で表すことができる。ただし，光源が静止しているときの波長をλ，λからの波長のずれの大きさを$\Delta\lambda$とする。また，視線方向の速度をv，光速をcとすると，$\frac{\Delta\lambda}{\lambda}=\frac{v}{c}$である。これにより，観測したスペクトル線のずれる割合が分かると，その銀河の視線方向の速度が分かる。

ア　上の文章中の空欄[　1　]~[　2　]に適当な語句を入れなさい。

イ　かに座銀河団の[　2　]は1.6%である。かに座銀河団の後退速度を求めなさい。ただし，光速を3.0×10^5km/sとする。

ウ　かに座銀河団までの距離を求めなさい。なお，ハッブル定数は25km/s/100万光年とする。

(4)　次の文章中の空欄[　1　]〜[　3　]に適当な数字または語句を入れなさい。

ケプラーの第3法則の内容は，「惑星と太陽の平均距離の[　1　]乗は惑星の公転周期の[　2　]乗に比例する。」と表される。ケプラーの第3法則の比例定数Kは，衛星がその周りを公転する天体の質量に比例する。月は半径およそ38万kmの公転軌道上をおよそ27日の周期で公転している。また，土星には人類が打ち上げた探査機がいくつか公転しており，ある探査機の公転周期はおよそ2.7日である。この探査機と月の公転軌道の半径が同じであるとすると，土星の質量は地球の質量の[　3　]倍となる。

(☆☆☆◎◎◎)

解答・解説

中高共通

【共通問題】

【1】(1)　$\dfrac{1.01\times10^5\times2.24\times10^{-2}}{273}=8.31$〔J/mol・k〕　(2)　α線…⑧　β線…④　(3)　30〔km/h〕　(4)　$\dfrac{2}{3}$〔倍〕　(5)　1　R_1I

2　R_1I+R_2I　3　I_1+I_2

合成抵抗の説明…オームの法則より，抵抗1については$V=R_1I_1$，抵抗2については$V=R_2I_2$であるので，

$I_1=\dfrac{V}{R_1}$，$I_2=\dfrac{V}{R_2}$

である。よって，

$I=I_1+I_2=\frac{V}{R_1}+\frac{V}{R_2}=\left(\frac{1}{R_1}+\frac{1}{R_2}\right)V$

と表せる。また，合成抵抗Rと，V，Iの関係はオームの法則より，

$\frac{I}{V}=\frac{1}{R}$

である。よって，合成抵抗と各抵抗の値の関係は，

$\frac{1}{R}=\frac{1}{R_1}+\frac{1}{R_2}$である。

〈解説〉(1)　理想気体の状態方程式は圧力P×体積V＝モル数n×気体定数R×絶対温度Tである。単位の関係は，〔Pa〕×〔m^3〕＝〔mol〕×〔m^3・Pa/K・mol〕×〔K〕である。さらに〔Pa〕＝〔N/m^2〕であるため〔Pa〕×〔m^3〕＝〔N/m^2〕×〔m^3〕＝〔J〕である。1〔mol〕の理想気体では1.013×10^5〔Pa〕，273〔K〕で体積は22.4〔L〕＝2.24×10^{-2}〔m^3〕である。これらからRを求めると$R=\frac{1.013\times10^5\times2.24\times10^{-2}}{273}$＝8.31〔J/K・mol〕となる。　(2)　解答参照。　(3)　以下に簡単な表を示す。

家		A駅		B駅		学校	合計
	4.5km 18km/h		10.0km 60km/h		0.5km 6.0km/h		15.0km
8:00		8:15		8:25		8:30	0.5h

全体の平均は$\frac{15.0}{0.5}=30$〔km/h〕となる。　(4)　重力加速度と地表面までの距離，及び天体の質量の関係は設問に示されているが，あらためて式をまとめてみると重力加速度をa，天体の質量をM，天体の半径をR，天体の平均密度をρ，万有引力定数をGとすると，重力加速度は$a=G\times\frac{M}{R^2}$，天体の体積Vは$V=\frac{4\pi}{3}\times R^3$，質量$M$は$M=\rho V$となる。

地球と月，それぞれの文字にe，mを付けて表すとする。$a_m=G\times\frac{M_m}{R_m^2}=\frac{1}{6}\times a_e=\frac{1}{6}\times G\times\frac{M_e}{R_e^2}$…(i)，$R_m=\frac{1}{4}\times R_e$…(ii)，$M_e=\rho_e\times\frac{4\pi}{3}\times R_e^3$…(iii)，$M_m=\rho_m\times\frac{4\pi}{3}\times R_m^3$に(ii)を代入して$M_m=\rho_m\times\frac{4\pi}{3}\times\left(\frac{R_e}{4}\right)^3$…(iv)

と表せる。$\frac{(iv)}{(iii)}$より$\frac{M_m}{M_e}=\frac{\rho_m}{\rho_e}\times\left(\frac{1}{4}\right)^3$となる。(i)と(ii)より，$\frac{M_m}{M_e}=\frac{1}{6}\times\left(\frac{R_e}{4R_e}\right)^2=\frac{1}{(6\times16)}$となる。これらより$\frac{\rho_m}{\rho_e}=\frac{1}{(6\times16)}\times4^3=\frac{2}{3}$〔倍〕。

(5) 解答参照。

【2】(1) ④，⑤(順不同) (2) ア ② イ ① ウ ④ エ ⑤ オ ③ (3) ア ⑤ イ 5.0×10^{-3}〔mol/L〕
(4) ア 潮解性 イ 54〔mL〕 ウ 濃硫酸に水を加えると，密度の小さい水が濃硫酸の液面上に浮き，このとき多量の溶解熱によって沸騰し，その勢いで濃硫酸が飛び散る可能性がある。(68字) エ ビュレットの共洗いや，ビュレットの先端まで液を下ろしたり，コック付近の気泡を抜いたりするときに破棄される分が必要であるから。(62字) (5) 番号…② 化学式…NO_2 色…赤褐色

〈解説〉(1) ①，②，⑥はいずれも貴ガス(希ガス)であり，最外殻電子数は8個である。また，③はアルゴンと同じ電子配置をもつ。一方，④は2個，⑤は10個の最外殻電子をもつ。 (2) ア…メタンのそれぞれのC-H結合には極性があるが，分子が正四面体形であるため極性が打ち消され，無極性分子となる。 イ，ウ…選択肢の中で水素をもち極性分子からなるのはNH_3とHClである。N-H結合をもつNH_3は水素結合し，HClは水素結合がはたらかない。 エ，オ…$NaOH$とSiO_2は組成式で表す。$NaOH$はイオン結晶，SiO_2は共有結合の結晶である。

(3) ア ①の燃焼は酸素と化合する反応であるため，酸化還元反応である。②の反応はイオン化傾向の大きい金属と酸との反応であり，水素が還元され，亜鉛が酸化される酸化還元反応である。③の反応はマンガンが還元され，塩素が酸化される酸化還元反応である。④の反応は硝酸の工業的製法であるオストワルト法の3段階目の反応である。二酸化窒素中の窒素が酸化されて硝酸になり，還元されて一酸化窒素となる酸化還元反応である。⑤の反応は酸塩基反応であり，二クロム酸イオンを含む水溶液に塩基を加えると，クロム酸イオンに戻る。

イ　過マンガン酸カリウム水溶液の濃度をx〔mol/L〕とおくと，$x \times \frac{8}{1000} \times 5 = 1.0 \times 10^{-2} \times \frac{10}{1000} \times 2$　∴　$x = 5.0 \times 10^{-3}$〔mol/L〕となる。(4)　ア　固体の水酸化ナトリウムは空気中の水蒸気を吸収して水溶液となると，空気中の二酸化炭素と反応し，炭酸ナトリウムを生成する。イ　作成したい希硫酸中に含まれる硫酸の物質量は，1〔mol/L〕×1〔L〕＝1〔mol〕である。濃硫酸中に含まれる硫酸の物質量と希硫酸中に含まれる硫酸の物質量が等しいので，1〔mol〕の硫酸が含まれる濃硫酸の体積を求める。硫酸の分子量は，1×2＋32＋16×4＝98である。必要な濃硫酸の体積をx〔mL〕とすると，x〔mL〕×1.84〔g/cm^3〕$\times \frac{98}{100} \times \frac{1}{98} = 1$〔mol〕　∴　$x = 54.34\cdots \fallingdotseq 54$〔mL〕となる。ウ　解答参照。　エ　解答参照。　(5)　それぞれ，①二酸化炭素，②二酸化窒素，③酸素，④陰極から水素，陽極から酸素，⑤酸素が発生する。

【3】(1)　ア　1　⑪　2　⑫　3　⑩　イ　高エネルギーリン酸結合　ウ　ADP　エ　名称…解糖系　場所…②　オ　酸化的リン酸化　(2)　ア　②　イ　②，④　ウ　②　エ　(ア)　③　(イ)　③　(ウ)　①　オ　低温により酵素反応が抑制されるから(低温により酵素反応が抑制され，フィブリンが生じないから)
(3)　ア　④　イ　自然浄化

〈解説〉(1)　ア　代謝のうち，複雑な物質を単純な物質に分解する過程を異化といい，単純な物質から複雑な物質を合成する過程を同化という。他の動物がつくった有機物に依存して生活する生物を従属栄養生物といい，植物のように，無機物だけを用いて自らが必要とする有機物を合成し，体外から有機物を取り込まずに生活できる生物を独立栄養生物という。ヌクレオシドとは，糖と塩基が結合したものである。ヌクレオシドにリン酸が結合するとヌクレオチドになる。　イ　解答参照。　ウ　ATPの高エネルギーリン酸結合が切れて，ADP (アデノシン二リン酸)になる。　エ　呼吸の過程は，解糖系・クエン酸回路・

電子伝達系に分けられる。解糖系は細胞質基質において行われ，クエン酸回路はミトコンドリアのマトリックス，電子伝達系はミトコンドリアの内膜において行われる。　オ　解答参照。　(2)　ア　全ての血球や血小板は骨髄に存在する造血幹細胞から分化してできる。胎児期の血液は肝臓やひ臓でつくられるが，出生後は骨髄で生成される。イ　②は誤り。焦点深度を深くしたい時は低倍率にする。④も誤り。顕微鏡像の輪郭を明確にしたい時は，しぼりをしめる。　ウ　血液1〔mm^3〕中に赤血球は男性で410～530万〔個〕，女性で380～480万〔個〕，白血球は4000～9000〔個〕，血小板は20万～40万〔個〕存在している。エ　樹状細胞は食細胞の一種で，獲得免疫にかかわるT細胞を活性化する。ヘルパーT細胞は，B細胞の抗体生産やキラーT細胞のはたらきを助ける。B細胞は，抗体産生細胞に分化して抗体をつくり体液性免疫を担当する。　オ　血液中の凝固因子が酵素のはたらきによってフィブリンとなり，血小板や血球を絡めて血液凝固が起こる。　(3)　アCODとBODはそれぞれ数値が高いほど水が汚い。つまり，汚水の混入場所から離れるにつれて，値は低くなる。　イ　河川などに流入した有機物は水中にすむ微生物などのはたらきで無機物に分解され，水は浄化される。これを自然浄化という。浄化能力を越えると生物の異常発生や死滅などが起こる。

【4】(1)　ア　O，Si，Al，Fe　　イ　岩塩　　ウ　3.0〔g/cm^3〕
エ　9〔cm〕　　オ　1　カンブリア紀　　2　エディアカラ　　3　バージェス　　(2)　ア　1　17　　2　ハリケーン　　3　サイクロン
イ　表面海水温が低いから　　ウ　水蒸気が供給されないから
エ　左側

〈解説〉(1)　ア　地殻のほとんどは岩石でできており，岩石を構成する造岩鉱物は，ケイ酸塩と金属元素からなる。そのため，地殻に含まれる上位2つの物質は，O，Siであり，次には，Al，Fe，Ca，と続く。イ　解答参照。　ウ　水中で測った重さは，浮力をうけている。アルキメデスの原理より，岩石が押しのけた水の堆積に働く力がかかっているため，375－250＝125〔g〕分の力が働いている。水の密度が1.0〔g/cm^3〕なので，125÷1.0＝125〔cm^3〕となる。したがって，375÷125＝3.0〔g/cm^3〕。　エ　河川に運搬される岩石の体積が流速の6乗に比例するので，岩石を球と仮定し，礫の半径をr〔cm〕，比例定数をK，流速をv〔m/s〕とおくと，$\frac{4}{3}\pi r^3 = v^6 \times K$…①とおける。ここで，流速1.0〔m/s〕の時，直径1〔cm〕の礫が運ばれるため，①より，$\frac{4}{3}\pi\left(\frac{1}{2}\right)^3 = (1.0)^6 \times K$…②とおける。したがって，$K = \frac{4}{3}\pi\left(\frac{1}{2}\right)^3$…③となる。ここで，流速3.0〔m/s〕の時に運ばれる礫の直径をx〔cm〕とすると，①と③から，$\frac{4}{3}\pi\left(\frac{x}{2}\right)^3 = (3.0)^6 \times \frac{4}{3}\pi\left(\frac{1}{2}\right)^3$とおけ，これを両辺が3乗の形になるように解くと，$\left(\frac{x}{2}\right)^3 = \left(\frac{9}{2}\right)^3$となる。よって，$x = 9$〔cm〕となる。　オ　解答参照。　(2)　ア　解答参照。　イ　南太平洋の赤道付近では，貿易風(東風)が吹くため，海水が西に移動する。これを補うように深海から冷水が沸き上がり，表面の海水温が周囲より低くなることで，海洋付近の大気も冷やされ，上昇気流が生じにくい。このため，南太平洋東部では，熱帯低気圧が発生しにくい。
ウ　台風は潜熱をエネルギー源にしているため，潜熱のもたらす水蒸気の供給が途絶えることで勢力が衰える。　エ　台風の風は，左回りで中心に向かって吹き込むため，風に背を向けると，台風の中心は左側になる。

【選択問題】

【5】(1)　ア　運動方程式…$m(R+h)\left(\frac{2\pi}{T}\right)^2 = G\frac{Mm}{(R+h)^2}$

$h = \sqrt[3]{\frac{GMT^2}{4\pi^2}} - R$　　イ　5.4〔倍〕　　(2)　$\frac{m^2g^2}{2k}$

(3)　ア　$x = \frac{(2n-1)}{4\tan\theta}\lambda$　　イ　ガラス板の厚さは，光の波長に対して長いため，光路差が大きすぎ，波形が崩れてしまうため。(43字)

ウ　$\dfrac{d}{\tan\theta}$

〈解説〉(1)　ア　図を示す。

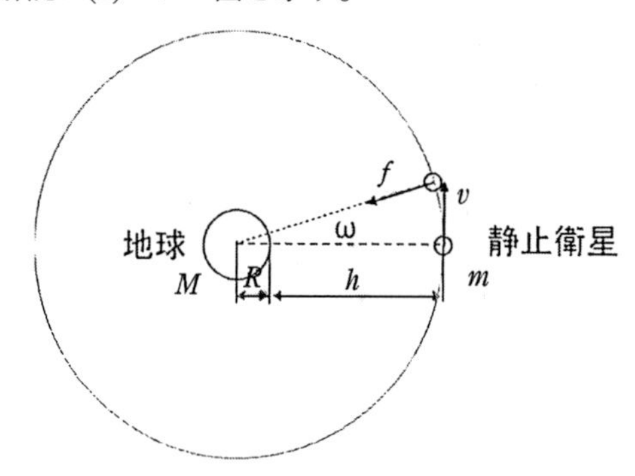

地球の周りを速度vで回る静止衛星は遠心力と同じ大きさの向心力fが働いて円運動を続けている。$f=\dfrac{mv^2}{(R+h)}$であり，その角速度をωとすると$v=(R+h)\omega$であり$f=\dfrac{m(R+h)^2\omega^2}{(R+h)}=m(R+h)\omega^2$となる。この向心力は地球と衛星の万有引力$F$から生まれており$F=G\dfrac{Mm}{(R+h)^2}$である。また衛星の公転周期が$T$であることから，$\omega=\dfrac{2\pi}{T}$であり，$F=f$より，$m(R+h)\left(\dfrac{2\pi}{T}\right)^2=G\dfrac{Mm}{(R+h)^2}$　→　$(R+h)^3=\dfrac{GMT^2}{4\pi^2}$　→　$h=\sqrt[3]{\dfrac{GMT^2}{4\pi^2}}-R$となる。　イ　地球表面すれすれ，すなわち$h=0$の時の周期$T=90$〔分〕$=1.5$〔時間〕であり，アの結果に入れると$R=\sqrt[3]{\dfrac{GM(1.5)^2}{4\pi^2}}$となる。静止衛星となっている時，すなわち$T=24$〔時間〕の時は，

$h=\sqrt[3]{\dfrac{GM(24)^2}{4\pi^2}}-R$となる。$\dfrac{h}{R}=\sqrt[3]{\dfrac{GM(24)^2}{4\pi^2}}\div\sqrt[3]{\dfrac{GM(1.5)^2}{4\pi^2}}-1=$

$$\frac{\sqrt[3]{(24)^2}}{\sqrt[3]{(1.5)^2}}-1=\sqrt[3]{(16)^2}-1=2^2\times\sqrt[3]{4}-1=4\times1.59-1=6.36-1=5.36\fallingdotseq5.4$$

〔倍〕となる。　(2)　図を示す。

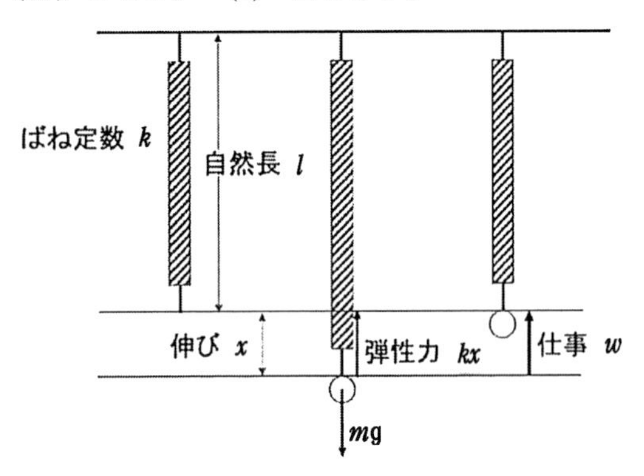

力学的エネルギー保存則から考える。おもりを吊り下げてばねがx伸びて弾性力kxとおもりの重さmgがつり合って静止している時$kx=mg$が成り立つ。この時の力学的エネルギーは，位置エネルギーの高さの基準をばねの下端として，ばねの弾性エネルギー$\frac{kx^2}{2}$であり位置エネルギーは0である。手でおもりを支えて持ち上げばねの自然長まで戻して静止している時の力学的エネルギーは弾性エネルギーが0で位置エネルギーのmgxとなる。$kx=mg\left(x=\frac{mg}{k}\right)$の関係から，$mgx=kx^2$となる。すなわち後者の力学的エネルギーの方が$\frac{kx^2}{2}$大きくなる。この差は手でおもりを持ち上げた仕事$w$によるものである。仕事$w=\frac{kx^2}{2}=\frac{m^2g^2}{2k}$となる。　(3)　点P近傍の拡大図を示す (実際には空気層の厚みwは極めて小さい)。

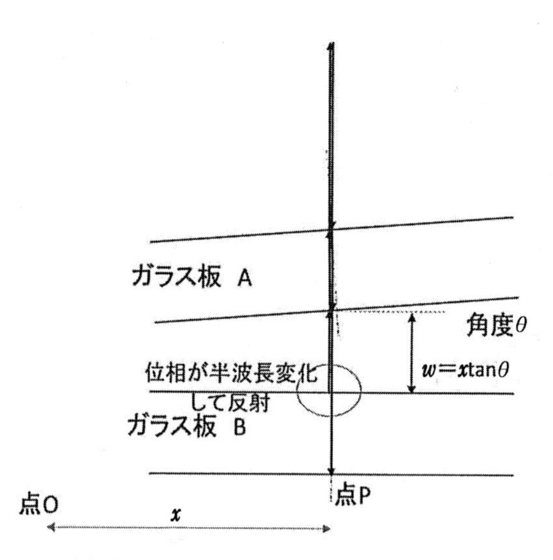

ア　単色光の波長λが鉛直に入射しその光はガラス板Aの上面，下面，ガラス板Bの上面，下面で反射する。ガラス板Aの上面で反射する光と下面で反射する光との干渉についてはイの設問で触れる。ガラス板Aの下面で反射する光とBの上面で反射する光はxの位置によって位相のずれが変化し干渉を生じる。この点Pでの空気層の幅をwとして入射光と反射光の空気層で生じる光路差は$2w$となる。これをxとθで表すと$2w=2x\tan\theta$となる。ここで注意するポイントとして，光が屈折率の小さい媒質から来て大きい媒質で反射する際は波が固定端で反射するのと同じで位相がπ，すなわち半波長変化する。この光路長$2w$によって生じる位相の差に半波長$\frac{\lambda}{2}$を考慮して入射光と反射光の位相差をみる。自然数(正の整数)をnとすると$2w=2x\tan\theta=\left(n-\frac{1}{2}\right)\lambda$となる時両者の光が強め合い明線となりそこから半波長ずれる$2x\tan\theta=(n-1)\lambda$となる時互いに打ち消しあい暗線となる。明線の条件をさらに展開すると，$x=\frac{(2n-1)}{4\tan\theta}\lambda$となる。　イ　単色光と言っても実際には光の束であってそれぞれの光を考えると波長にいくらかバラつきがあ

る。そのバラつきを波長幅と言い，それによって空気層でも距離が長くなるとバラつきをもつ光が互いに邪魔をして位相差はバラバラになり干渉が起こらなくなってしまう。光の波長幅によって干渉縞が見える限界の距離を“可干渉距離”あるいは“コヒーレンス長”と言う。
ウ　ずれた位置を点Oからx'の位置として，光路差は$2(w'+d)=2x'\tan\theta+2d$となる。アの設問で示した明線を示す時の点Pでのnと同じnとして$2x'\tan\theta+2d=\left(n-\frac{1}{2}\right)\lambda$となるところがずれた明線の位置となる。

これからx'を求めると，$x'=\dfrac{\left(n-\frac{1}{2}\right)\lambda}{2\tan\theta}-\dfrac{2d}{2\tan\theta}=x-\dfrac{d}{\tan\theta}$より，$x'-x=-\dfrac{d}{\tan\theta}$となる。点Oに近い方に$\dfrac{d}{\tan\theta}$ずれた位置になる。

【6】(1)　ア　$FeCl_3+3H_2O\rightarrow Fe(OH)_3+3HCl$　　イ　透析　　ウ　塩化物イオン…ビーカーの水を試験管に少量取り，硝酸銀水溶液を加えて白色沈殿が生じることで確認できる。　鉄(Ⅲ)イオン…ビーカーの水を試験管に少量取り，ヘキサシアニド鉄(Ⅱ)酸カリウム水溶液を加えて，濃青色にならないことで確認できる。　　(2)　ア　$[CO_3^{2-}]=[H_2CO_3][H^+]^{-2}K_{a1}K_{a2}$　　イ　4.0　　ウ　2.8×10^{-6}〔mol/L〕

(3)　ア　サリチル酸メチル…

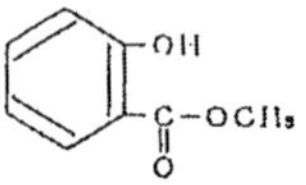

アセチルサリチル酸…

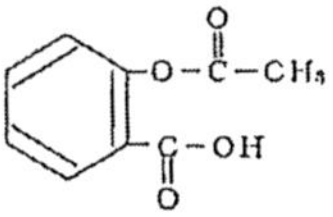

理由…サリチル酸メチルは分子内にフェノール性のヒドロキシ基をもつので呈色するが，アセチルサリチル酸はフェノール性ヒドロキシ基をもたないから呈色しない。(72字)　　イ　合成されたアセチルサリチル酸の結晶に，未反応のサリチル酸が混合していると考えられるから。(44字)

〈解説〉(1)　ア　この反応は中和反応の逆反応である。中和反応は発熱反応であるため，逆反応は吸熱反応である。そのため，水酸化鉄(Ⅲ)のコロイド生成には熱水を用いる。　イ　セロハン膜のように，コロイド粒子は通さず，小さな分子やイオンを通す膜を半透膜という。

ウ　解答参照。　(2)　ア　式①，②より，$Ka_1=\frac{[H^+][HCO_3^-]}{[H_2CO_3]}$，

$Ka_2=\frac{[H^+][CO_3^{2-}]}{[HCO_3^-]}$である。$Ka_1\times Ka_2=\frac{[H^+][HCO_3^-]}{[H_2CO_3]}\times\frac{[H^+][CO_3^{2-}]}{[HCO_3^-]}$

$=\frac{[H^+]^2[CO_3^{2-}]}{[H_2CO_3]}$　∴　$[CO_3^{2-}]=[H_2CO_3][H^+]^{-2}Ka_1Ka_2$となる。

イ　$Ka_1=\frac{[H^+][HCO_3^-]}{[H_2CO_3]}$より，$[H^+]=Ka_1\times[H_2CO_3]\times[HCO_3^-]^{-1}$となる。炭酸の電離によって生じる水素イオンと炭酸水素イオンは同じ量であるため，$[H^+]^2=Ka_1\times[H_2CO_3]=9\times10^{-9}$となり，$[H^+]=3\times10^{-4.5}$〔mol/L〕。よって，$pH=-\log_{10}[H^+]=-0.48+4.5=4.02\fallingdotseq4.0$である。

表. 炭酸の第一段階電離における各成分の濃度の関係

	H_2CO_3	⇄	H^+	＋	HCO_3^-
平衡前	C				
(変化量)	$-C\alpha$		$+C\alpha$		$+C\alpha$
平衡後	$C(1-\alpha)$		$C\alpha$		$C\alpha$

ウ　炭酸の濃度をC〔mol/L〕，1段階目の電離の電離度をαとすると，電離平衡の前後での濃度は上の表の通りである。ここで，$Ka_1=\frac{[H^+][HCO_3^-]}{[H_2CO_3]}=\frac{C\alpha_1\times C\alpha_1}{C(1-\alpha)}$となり，電離度$\alpha$について解くと，$\alpha=0.1391\cdots$となる。表より，$[H^+]=C\alpha=2.0\times10^{-5}\times0.139=2.78\times10^{-6}\fallingdotseq2.8\times10^{-6}$〔mol/L〕である。　(3)　解答参照。

【7】(1)　ア　b　プロモーター　　c　オペレーター　　イ　a変異株…1　b変異株…4　　(2)　ア　1　自然選択(自然淘汰)　　2　突然変異

イ　0.4　　ウ　0.29　　(3)　ア　$\frac{1}{4}$倍　　イ　2^{23}　　ウ　x　M期
y　S期

〈解説〉(1)　ア　RNAポリメラーゼが結合するDNAの領域をプロモーター，リプレッサーが結合するDNAの領域をオペレーターという。
イ　a変異株は調節遺伝子が機能しないため，そもそもリプレッサーが作られず，RNAポリメラーゼはプロモーターに結合できるため，ラクトース分解酵素は全て活性化する。b変異株は，プロモーターが機能しない個体である。調節遺伝子は機能しているため，リプレッサーが合成され，RNAポリメラーゼはプロモーターに結合できない。そのため，ラクトース分解酵素は活性化しない。　(2)　ア　解答参照。
イ　体色が白い個体の遺伝子頻度はq^2で表される。この動物集団での体色が白い集団は全体の16％であるため，$q^2=0.16$で，$q>0$より，$q=0.4$となる。　ウ　劣性ホモ個体が除去された集団の遺伝子型AA，Aaの個体数はそれぞれ，AAがp^2×全体個体数＝$(0.6)^2\times100=36$，Aaが$2pq$×全体個体数＝$2\times0.6\times0.4\times100=48$である。よって，Aの数は，$36+36+48=120$であり，aの数は48である。変化したqの値は，a遺伝子の数÷遺伝子の総数で算出できる。よって，$q=48\div(120+48)=0.285\fallingdotseq0.29$である。　(3)　ア　一次精母細胞1個が減数分裂を行うと，4個の精細胞が作られる。　イ　染色体数が$2n=46$であることから，$n=23$である。よって2^{23}である。　ウ　xは細胞の割合が増加していることから，M期である。yは細胞の数が増殖したあと，一定時間細胞の割合が保たれているため，S期である。

【8】(1)　32〔℃〕　　(2)　ア　17,190〔年前〕　　イ　・放射性同位体の半減期の中でも短く，年代の想定される年数に合っているから。
・放射性炭素は，有機物に含まれるという性質を持っているから。
(3)　ア　1　長　　2　赤方偏移　　イ　4.8×10^3〔km/s〕
ウ　1.9×10^8〔光年〕　　(4)　1　3　　2　2　　3　100

〈解説〉(1)　地球の熱平衡は，地球に入るエネルギーと地球から出るエネルギーが釣り合うことで生じる。温室効果が起こらない場合，地表面が吸収するエネルギーは太陽放射のみになる。このときの地球の平均表面温度をTとおくと，$1.4\times10^3\times0.25\times0.7=5.7\times10^{-8}\times T^4$…①とおける。①を$T^4$について整理し，$\sqrt{43}=6.56$であるため，$T^4=43\times10^8$…②と近似する。これを$T^2$について解くと，$T^2=6.56\times10^8$…③となる。また，$\sqrt{6.56}=2.56$であるため，$T=256$〔K〕となる。実際の地球の平均表面温度は288〔K〕なので，差は288－256＝32〔K〕となる。

(2)　ア　放射性同位体は，一定の速さで他の元素に壊変することで，指数関数的に元の量から減少していく。この性質を利用したものが放射年代測定である。初めに含まれている放射性同位体の量をN，経過した時間をt，半減期をT，t年後の放射性同位体の量をN_tとおくと，$N_t=N\times\left(\frac{1}{2}\right)^{\frac{t}{T}}$…①となる。ここで，$N_t=\frac{1}{8}N$，$T=5730$なので，$\frac{1}{8}N=N\times\left(\frac{1}{2}\right)^{\frac{t}{5730}}$…②とおける。ここで，$\frac{1}{8}=\left(\frac{1}{2}\right)^3$であるため，②は，$\left(\frac{1}{2}\right)^3=\left(\frac{1}{2}\right)^{\frac{t}{5730}}$…③となる。③の指数に着目すると，$\frac{t}{5730}=3$となるため，$t=17,190$である。　イ　放射性同位体はいくつかあるが，半減期は元素によって異なるため，推定するおよその年代にあった放射性同位体を用いて放射年代測定をする必要がある。また，放射性炭素$^{14}_{6}C$は，宇宙からの放射線の影響で成層圏より上空で生成され続けるため，炭素原子に存在する割合は変わらず，CO_2となって生物や海洋に取り込まれ，有機物に含まれるようになる。　(3)　ア　銀河のスペクトルを観測した場合，光が伝播する間に空間が膨張することによって，観測するスペクトルが長波長にずれる(赤方偏移)。　イ　赤方偏移が1.6％であるため，$\Delta\lambda=\frac{1.6}{100}\lambda$とおける。与えられた式より，$\frac{\frac{1.6}{100}\lambda}{\lambda}=\frac{v}{c}$…①とおける。$c=3.0\times10^5$であるため，$v=4.8\times10^3$となる。　ウ　ハッブルの法則は，銀河の後退速度＝ハッブル定数×銀河までの距離である。ハッブル定数は25〔km/s/100万光年〕，イより，後退速度が，

4.8×10^3〔km/s〕であるため，銀河までの距離をdとすると，$d=192$〔$\frac{\text{km/s}}{\text{km/s/100万光年}}$〕となる。したがって，$d=1.9\times10^8$〔光年〕である。

(4)　一般的にケプラーの第3法則は，太陽と惑星の間で扱われることが多い。しかし，等速円運動(やそれに近似できる運動)をしている2物体間にもその法則が適用でき，比例定数Kが中心の物体の質量に比例する。したがって，地球を中心とした場合の比例定数を$K_{地}$，土星を中心とした場合の比例定数を$K_{土}$，公転軌道の半径を$r_{月}$とおくと，$\frac{r_{月}{}^3}{27^2}=K_{地}$…①，$\frac{r_{月}{}^3}{27^2}=K_{土}$…②とおける。①は，$\frac{1}{100}\times\frac{r_{月}{}^3}{27^2}=K_{地}$…③とおけるので，③に②を代入し，$K_{土}$について解くと，$K_{土}=100\times K_{地}$となる。したがって，土星の質量は，地球の質量の100倍であると推定できる。

2019年度　実施問題

中高共通

注　(1)　共通問題【1】,【2】,【3】,【4】は，全員が解答すること。
注　(2)　選択問題【5】,【6】,【7】,【8】は，この中から2題を選択し解答すること。

【共通問題】

【1】次の各問いに答えなさい。

(1)　40m/sの速さで直線運動している列車が，ブレーキをかけて一様に減速し，500m進んだところで停止した。この列車の加速度の大きさを有効数字2桁で求めなさい。また，ブレーキをかけ始めてから停止するまでの時間を有効数字2桁で求めなさい。

(2)　リフトを用いて質量500kgの物体を6.0mの高さまで30sで持ち上げた。このリフトのした仕事と仕事率をそれぞれ有効数字2桁で求めなさい。重力加速度の大きさを9.8m/s^{2}とする。

(3)　抵抗値が3.0Ωの抵抗線の断面に10s間で15Cの電気量の電荷が通過した。抵抗線に流れた電流の大きさを有効数字2桁で求めなさい。また，この抵抗線に大きさ5.0Aの電流を流したとき，1.0sあたりに抵抗線で発生するジュール熱を有効数字2桁で求めなさい。

(4)　面積が4.9×10^{-3}m^{2}で質量が25kgのなめらかに動くピストンで円筒容器に閉じ込めた空気がある。大気圧を1.0×10^5Pa，重力加速度の大きさを9.8m/s^{2}とする。円筒容器を(a)のようにピストンが水平面と垂直になるように置いた場合と(b)のようにピストンが水平面と平行になるように置いた場合の容器内の空気の圧力をそれぞれ有効数字2桁で求めなさい。

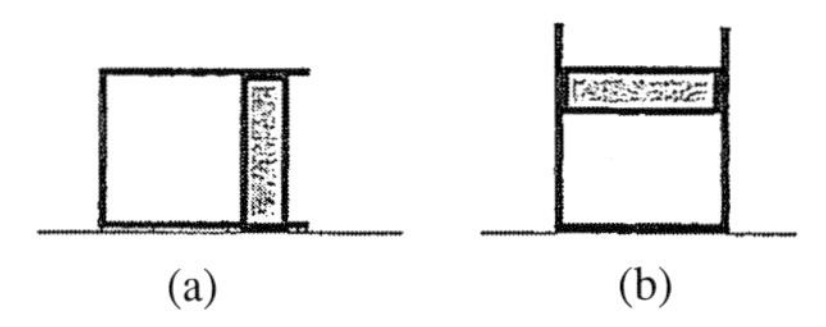

(5)　演示実験において格子定数dの回折格子を用いた光の干渉の実験を行った。格子面に対して垂直に波長λの単色のレーザー光(平行光線)を当てたところ，回折格子から十分に遠方のスクリーン上に明るい点が観測された。(図1)入射光となす角θ(図2)に対して明るい点が現れる条件は

$d\sin\theta = m\lambda$　(m=0，1，2，…)

で与えられ，スクリーンの中心にはm=0の明るい点が観測された。

生徒に「単色光を白色光に変えるとどのように見えますか。」と質問された。

白色光を用いたとき，m=0，m=1付近のそれぞれの見え方をあとの①～④から選び，番号で答えなさい。また，その理由を説明しなさい。

図1

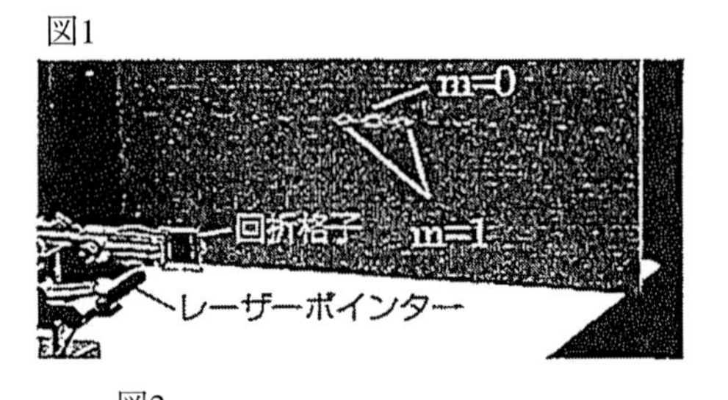

図2

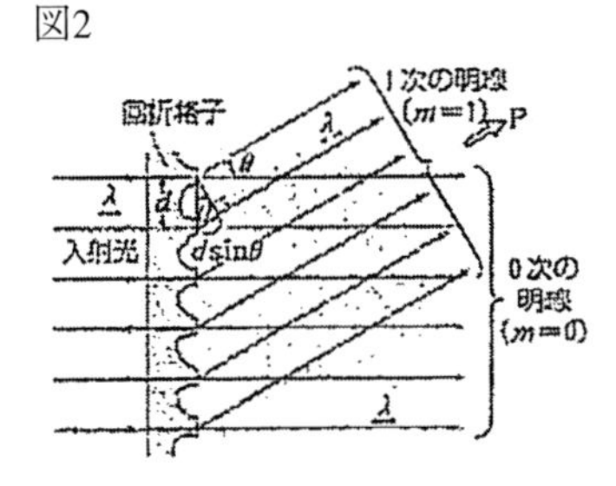

① 白色
② 中心に近い側から赤→黄→青
③ 中心に近い側から青→黄→赤
④ 中心に近い側から黄→赤→青

(☆☆◎◎◎◎)

【2】次の各問いに答えなさい。ただし，原子量は，H＝1.0，C＝12，N＝14，O＝16，Na＝23，S＝32，Se＝79とする。

(1) 次の①～⑤のうち，同素体の関係にある組み合わせであるものをすべて選び，番号で答えなさい。

① 銅・黄銅　② 一酸化炭素・二酸化炭素
③ 酸素・オゾン　④ 鉛・黒鉛
⑤ 黄リン・赤リン

(2) 次の①～⑤の固体のうち，銀白色であるものを1つ選び，番号で答えなさい。

① カルシウム　② ヨウ化銀　③ 硫酸銅(Ⅱ)無水塩
④ 硫化鉛(Ⅱ)　⑤ 酸化マンガン(Ⅳ)

(3) 次の物質群について，それぞれ融点や沸点が高い順に並べた。このような順序になる主な理由を説明しなさい。

ア NaF(993℃)＞NaCl(801℃)＞KCl(776℃)　(化学式の後の(　　)内は沸点)

イ H_2O(100℃)＞H_2Se(－41.3℃)＞H_2S(－60.7℃)　(化学式の後の(　　)内は沸点)

(4) 薬品庫で，一度開封された後に長期間使用していなかったと思われる，濃アンモニア水が入った容器を見つけた。ラベルには質量パーセント濃度28％と記載されていたが，長期間保存していたため，ラベルの通りの濃度とは限らないと考え，中和滴定により濃度を求めることにした。濃アンモニア水を正確に100倍に薄め，器具Aを用いてコニカルビーカーに10mLはかりとった。0.124mol/Lの塩酸で滴定したところ，終点までに11.7mL要した。

ア　質量パーセント濃度28％の濃アンモニア水のモル濃度(mol/L)を，有効数字2桁で求めなさい。ただし，濃アンモニア水の密度を0.91g/cm^{3}とする。

イ　下線部の器具Aとして最も適当なものを次の①～⑤から選び，番号で答えなさい。また，薄める前の濃アンモニア水のモル濃度(mol/L)を，有効数字3桁で求めなさい。

①　ビュレット　　②　メスフラスコ　　③　メスシリンダー
④　駒込ピペット　　⑤　ホールピペット

ウ　濃アンモニア水の容器のラベルには，冷所で保存するように記載されていた。その理由を説明しなさい。

(5)　実験室で実験を行うときはいくつかの注意や工夫が必要である。次の問いに答えなさい。

ア　銅と濃硝酸の反応により発生する気体を，図1のような装置を用いて観察した。発生した気体を図中のAの三角フラスコ内で観察するが，図中のBの部分は何のためにあるか説明しなさい。

図1

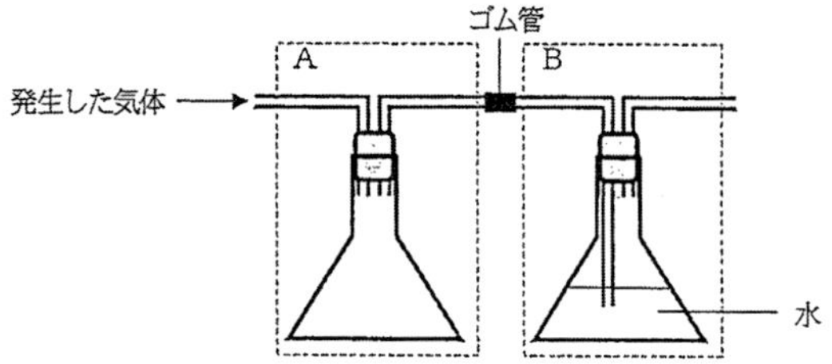

イ　図2のような試験管中で酢酸とエタノールを混合し，濃硫酸を少量加えた。軽く沸騰する程度に水浴で20分間加熱すると，独特の香りがする物質が合成された。このとき，図中のCの部分は何のためにあるか説明しなさい。

図2

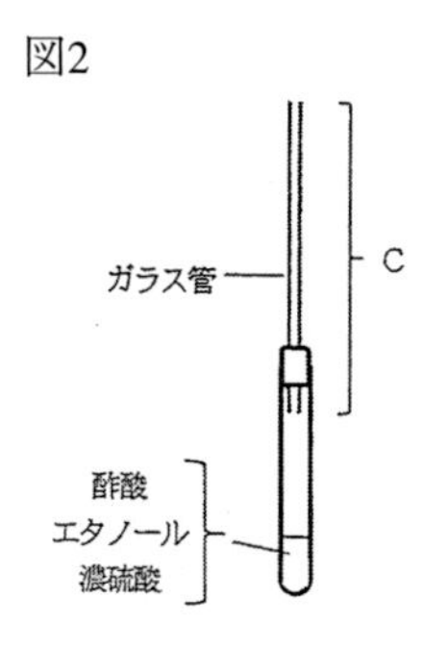

(☆☆☆◎◎◎)

【3】次の各問いに答えなさい。

(1) 生物は様々な分類体系が唱えられている。

ア ウーズはリボソームのRNAの塩基配列をもとに三ドメイン説を提唱した。生物の3つのドメインを書きなさい。

イ 原生生物は五界説によると原生生物界に属する。原生生物界に属さないものを次のa～fから2つ選び記号で答えなさい。

a ケイ藻類　　b アメーバ類

c ラン藻類(シアノバクテリア)　　d 卵菌類

e 接合菌類　　f ミドリムシ類

(2) 細胞はリン脂質でできた細胞膜で囲まれており，細胞膜には，タンパク質でできた輸送タンパク質や受容体が存在している。また，細胞の内部は細胞小器官があり，細胞の形や細胞小器官は，タンパク質でできた繊維状の細胞骨格に支えられている。細胞骨格は，細胞膜や核膜の内側にあり細胞や核の形を保つ(a)や，細胞内の物質輸送の軌道となる(b)，細胞分裂時のくびれこみといった細胞運動で重要なはたらきを果たす(c)などがある。細胞どうしは，細胞間結合によって結びついている。上皮組織では，隣接する細胞の膜どうしがタンパク質によって結合するだけでなく，そのタンパク質と細胞内の細胞骨格が結合している(d)結合がある。(d)結合の一種類としてカドヘリンというタンパク質と(c)により細胞同士がつながっている，(e)結合がある。

ア　文章中の( )に適する語句を書きなさい。

イ　文章中の細胞骨格(b)の直径は，どれくらいの長さか次の中から選び，番号で答えなさい。

① 25μm　② 2.5μm　③ 250nm　④ 25nm

⑤ 2.5nm

ウ　細胞膜のリン脂質の部分を通り抜けできる物質を，次の語群よりすべて選び，番号で答えなさい。

① 酸素　② 水　③ アミノ酸

④ 二酸化炭素　⑤ インスリン　⑥ アドレナリン

⑦ 甲状腺ホルモン

エ　輸送タンパク質であるチャネルとポンプの物質輸送の違いは何か，濃度勾配を踏まえて答えなさい。

(3) 行動範囲の広い動物などの個体群の個体数を調べるためには，標識再捕法が用いられる。

ア　標識再捕法の最初の捕獲と再捕獲では，動物の多くが1日の活動時間や行動範囲が決まっていることを考慮すると，どのようなことに気をつけて行うべきか。「同じ」という言葉を使用して答えなさい。ただし，「同じ」という言葉は，何度使用してもよい。

イ　ある池のフナを65匹捕まえて標識をつけてその場で放流した。3日後に投網を使ってフナを捕獲したところ，標識のついているフナが15匹，標識のついていないフナが105匹存在した。この池のフナの総個体数を推定しなさい。小数が生じる場合は，小数第一位を四捨五入した数字を答えなさい。

(4) バイオテクノロジーの遺伝子組換え技術を用いて，大腸菌にヒトのインスリン遺伝子を組み込みたい。

ア　大腸菌に遺伝子を導入する際には，制限酵素でDNAを切り，ある酵素を用いてDNAをつなぎ合わせる。このDNAをつなぎ合わせる酵素の名前を書きなさい。

イ　ある制限酵素は次に示すような6つの塩基配列を認識してDNA

を切断する。この制限酵素は，全くランダムな塩基配列を持つ 2×10^6 個の塩基からなる2本鎖DNAの約何カ所を切断できると予想されるか書きなさい。小数が生じる場合は，小数第一位を四捨五入した数字を答えなさい。

認識する塩基配列　GGATCC
　　　　　　　　　CCTAGG

ウ　ヒトの細胞からインスリン遺伝子(DNA)を取り出しプラスミドに組み込んだ。このプラスミドを大腸菌に導入してもヒトと同じインスリンは合成されなかった。その理由を書きなさい。

(☆☆☆◎◎◎)

【4】次の各問いに答えなさい。

(1)　次のア～カの下線部には誤りのあるものが4つある。それらの記号を挙げ，下線部の誤りを訂正しなさい。

ア　太陽の自転周期について，赤道部分と高緯度部分を比較すると，高緯度部分は<u>長い</u>。

イ　天王星の表面が青白く見える理由は，大気に含まれる<u>アンモニア</u>によって赤い光が吸収されるためである。

ウ　平常時より貿易風が強くなり，赤道太平洋の東部の海水温が，平常時よりも低くなる現象を<u>エルニーニョ現象</u>という。

エ　恒星のまわりを公転する惑星の表面において，水が液体で存在する領域のことを<u>ハビタブルゾーン</u>という。

オ　温帯低気圧が急激に発達し，低気圧に向かって暖かい南よりの強い風が吹き込むことがある。立春以後，最初に吹くこのような風を<u>からっ風</u>という。

カ　台風のエネルギー源は，上昇気流により水蒸気が凝結するときに<u>吸収</u>される潜熱である。

(2)　次の文章を読んで，各問いに答えなさい。

緊急地震速報とは，S波の到着を事前に知らせるものである。震源に近い地震計でとらえたP波の初動の観測データから，各地のS波の到着時刻や震度を計算し，可能な限り素早く知らせる。

ア　S波の伝わる速さが約3.5km/s，P波の伝わる速さが約7.0km/sとする。震源から70km離れた地点で，緊急地震速報が地震発生後5秒で出されると，S波が到着するまでに何秒の猶予ができるか，答えなさい。

イ　震央付近では，緊急地震速報による被害の軽減には限界がある。この具体例について，簡潔に説明しなさい。

ウ　一般に，P波の速さをV_P，S波の速さをV_S，初期微動継続時間をTとするとき，震源までの距離を表す式を書きなさい。

エ　震源までの距離に関する公式を発見した福井県出身の地震学者の名前を書きなさい。

オ　震源の深い地震の場合，震央から遠い地域が近い地域よりも大きくゆれることがある。このような地域を何というか，答えなさい。

(☆☆☆◎◎◎)

【選択問題】

【5】次の各問いに答えなさい。

(1)　図1のようになめらかな水平面上に，表面が水平で，X点より左側はなめらかで，右側は摩擦がある質量Mの台車を静止させて置いた。台車の左側には質量$4m$の物体Aを置き，その鉛直上方の台車と独立した点Pから長さLの軽い糸で質量mの小球Bをつり下げる。摩擦面とAとの間の動摩擦係数をμ，重力加速度の大きさをgとする。

図1

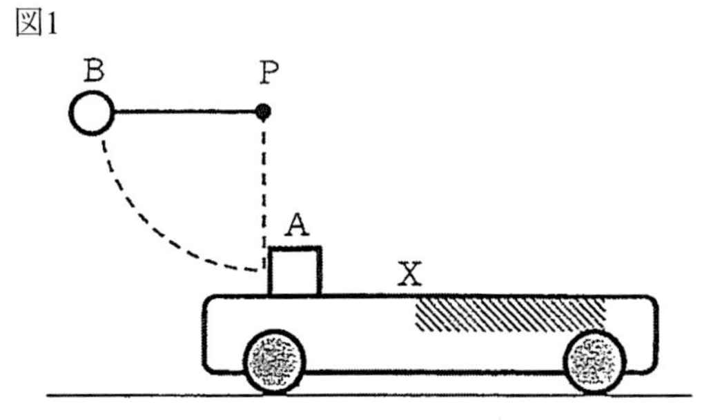

ア　糸が水平になる位置でBを静かに放し，Aと衝突させたとき，Bははね返って糸が鉛直と60°の角度をなす位置まで戻った。衝突直前のBの速さと衝突直後のAの速さをg，Lを用いて表しなさい。

イ　アで求めたAの速さをvとおく。動き出したAはやがて台車に対して静止した。このときの台車の速さをm，M，vを用いて表しなさい。

ウ　摩擦のある面上で，Aが台車に対して滑った距離をμ，g，m，M，vを用いて表しなさい。

(2)　ローレンツ力を利用して，磁束密度を測定することができる。図2のように，z軸正の向きに磁束密度Bの磁界をかけた直方体の金属に強さIの電流をy軸正方向に流すと，自由電子(電気量$-e$ ($e>0$))は，(　①　)向きに速さvで移動し，大きさfのローレンツ力を受ける。ローレンツ力によって自由電子は面(　②　)に集まり，(　③　)の向きに強さEの電界が生じ，電子は電界から力を受ける。電子が受けるローレンツ力と電界から受ける力がつり合うと電子は直進するようになり，帯電は進まなくなる。このとき，面Pと面Qとの間に一定の電位差が生じる。

図2

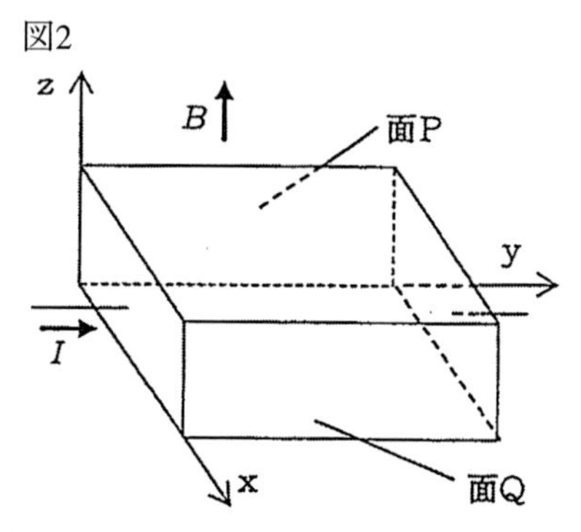

ア　文中の(　①　)～(　③　)にあてはまる語句を書きなさい。

図2において，金属中の単位体積あたりの自由電子の個数をn，金属のx軸方向の長さをa，z軸方向の長さをbとする。

イ　金属を流れる電流の強さIをe，n，v，a，bを用いて表しなさい。

ウ　自由電子にはたらく力のつり合いより，電界の強さEをv，Bを用いて表しなさい。

エ　金属のx軸方向に発生する電位差VをB，e，b，n，Iを用いて表しなさい。

(☆☆☆◎◎◎)

【6】次の各問いに答えなさい。

(1)　Ag^{+}，Pb^{2+}，Fe^{3+}，Zn^{2+}の4種の金属イオンを含む試料水溶液がある。これらのイオンを分離するために，次の操作1～4を行った。図1は，これらの操作をまとめたものである。

操作1　試料水溶液に塩酸を加えてろ過したところ，白色の沈殿Aと，ろ液aが得られた。

操作2　ろ液aに硫化水素を通じてろ過したところ，少量の黒色の沈殿Bと，ろ液bが得られた。

操作3　ろ液bを煮沸して硫化水素を追い出し，希硝酸を加えた。さらにアンモニア水を十分に加えたところ，赤褐色の沈殿Cとろ液cが得られた。

操作4　ろ液cに硫化水素を通じたところ，白色の沈殿Dが得られた。

図1

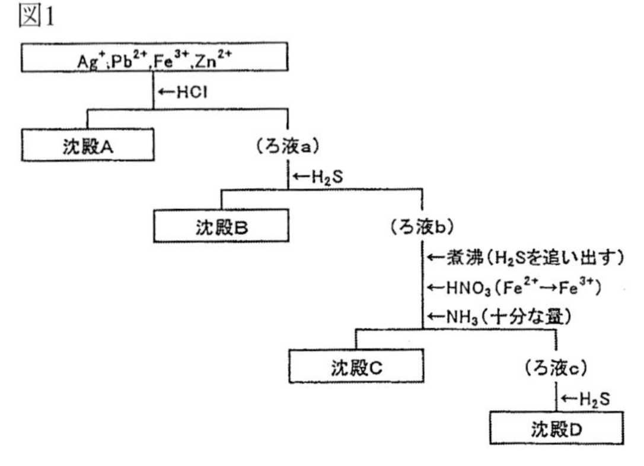

ア　操作1で得られた沈殿Aには2種類の物質が含まれており，このうち一方はアンモニア水を加えると溶解した。このとき生じた錯

イオンの化学式とその名称を書きなさい。

イ　操作2で得られた沈殿Bに希硝酸を加えて加熱すると溶解した。そこへ希硫酸を加えると，白色の沈殿Eが生じた。沈殿Eに酢酸アンモニウム水溶液を加えると溶解し，そこへクロム酸カリウム水溶液を加えると，黄色の沈殿Fが生じた。沈殿Eおよび沈殿Fの化学式を書きなさい。

ウ　操作3で，ろ液を煮沸して硫化水素を追い出すのはなぜか，説明しなさい。

エ　操作3で，希硝酸を加えるのは，試料水溶液中にあった鉄(Ⅲ)イオンが操作2で還元されて鉄(Ⅱ)イオンとなっているものを，酸化させて鉄(Ⅲ)イオンに戻すためである。なぜ鉄(Ⅲ)イオンに戻す必要があるのか，説明しなさい。

オ　沈殿Cおよび沈殿Dの化学式をそれぞれ書きなさい。

(2)　分子式が$C_6H_{12}O_2$で表されるエステルAとBは，ともに不斉炭素原子1個をもつ。Aを加水分解すると化合物CとDが，Bを加水分解すると化合物EとFが得られた。化合物DとFを脱水すると，Dからは2種類の幾何異性体を含む3種類のアルケンが生じ，Fからは2種類のアルケンが生じた。また，化合物C，D，E，Fに，それぞれヨウ素と水酸化ナトリウム水溶液を加えてあたためると，DとFでは黄色い沈殿Gが生じ，化合物C，D，E，Fにそれぞれアンモニア性硝酸銀水溶液を加えると，Eだけに銀の生成が見られた。

ア　下線部の反応について，化合物Dがこの反応をしたときの化学反応式を書きなさい。また，沈殿Gの化学式と名称を書きなさい。

イ　エステルA，Bの構造式を書きなさい。

(☆☆☆☆◎◎◎)

【7】次の各問いに答えなさい。

(1)　以下の特徴を持つ生物を，選択肢の中からすべて選び，記号で答えなさい。

ア　クロロフィルaを持つ真核生物である。

イ　硫化水素を分解して生じる電子を光化学系で利用する。

ウ　化学物質を酸化して，生じるエネルギーを用いて炭酸同化を行う。

A　ネンジュモ　　B　亜硝酸菌　　C　緑色硫黄細菌

D　硫黄細菌　　E　硝酸菌　　F　アオサ

G　ボルボックス　　H　乳酸菌

(2)　ヒトの心臓は4つの部屋に分かれている。また，心臓には動脈や静脈がつながっている。心臓は，洞房結節と呼ばれるペースメーカーによって，自動的に拍動する仕組みになっている。

ア　洞房結節が存在する心臓の部屋の名称を答えなさい。

イ　次の図は，ヒトの心臓の左心室の容積と内圧の関係を示したものである。左心室の状態がa→b→c→dと変化するとき，房室弁(心房と心室の間にある弁)，半月弁(心室と動脈の間にある弁)が開いているのは，下の選択肢のどの間か。最も適当なものをそれぞれ一つ選び，記号で答えなさい。

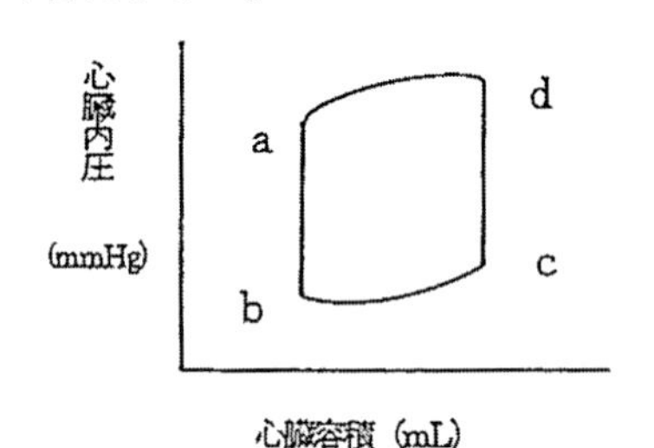

A　a→b　　B　a→c　　C　b→c　　D　b→d

E　c→d　　F　c→a　　G　d→a　　H　d→b

(3)　ハチは，餌場を見つけると巣箱にもどり，他のハチに餌場の位置をダンスで知らせる。餌場が遠い場合は，暗い巣箱の中の垂直な巣板の上で，尻を振りながら，「8の字ダンス」を繰り返す。巣箱Aの南に，エサ台Bを設置した。

ア　太陽が南東の位置にあるとき，エサ台Bから巣箱Aに戻ってきたハチは，垂直な巣板の上でどのような8の字ダンスを踊るか。

図1より一つ選び，記号で答えなさい。図1では尻を振りながら直進する方向を矢印で示し，鉛直線(重力の方向が下)となす角度を示している。

図1

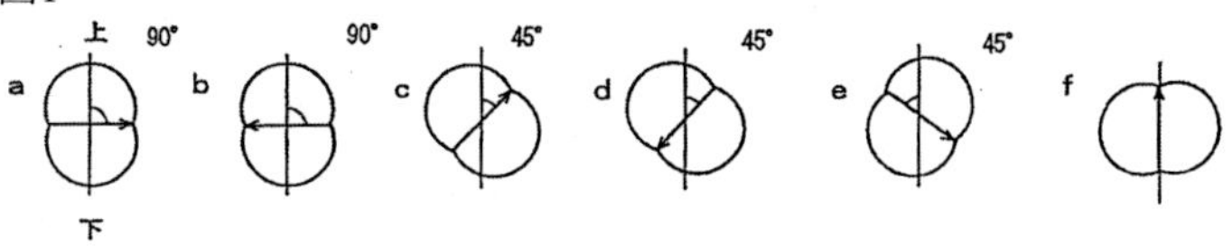

イ　数時間後，エサ台Bから戻って来たハチは，図2のようなダンスを踊っていた。アの太陽が南東の位置にある時から，何時間経過したと考えられるか答えなさい。

図2

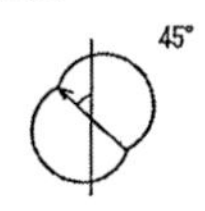

(4)　DNAの複製法を調べるために，大腸菌を^{15}Nを含む培地で育て，DNAのNがすべて^{15}Nに置き換わった大腸菌を得た。その大腸菌を^{14}Nの培地に移して育て，何回か分裂させた。分裂した大腸菌からDNAを抽出し，遠心分離によってその比重を調べた。2本鎖DNAの比重は，^{15}Nのみからなる「重いDNA」，^{15}Nと^{14}Nの「中間の重さのDNA」，^{14}Nのみからなる「軽いDNA」の3つに分けられた。

ア　DNAの半保存的複製を証明した二人の学者の名前を(○○と○○)の書き方で答えなさい。

イ　大腸菌が半保存的複製を行っているとき，^{14}Nの培地に移してからn回分裂した時の「重いDNA」，「中間の重さのDNA」，「軽いDNA」の比率を書きなさい。なお，必要に応じてnを使用して書きなさい。

ウ　DNAの半保存的複製は，複製基点からDNAの二重らせんがほどかれ，それぞれのDNAが鋳型となって始まる。次の図は，真核生物の複製起点を描いた模試図である。ラギング鎖が存在しているのは，図中のa～dのどれか。すべて選び，記号で答えなさい。

なお，DNAのヌクレオチド鎖には方向性があり，一方の端を5′末端，他方の端を3′末端という。

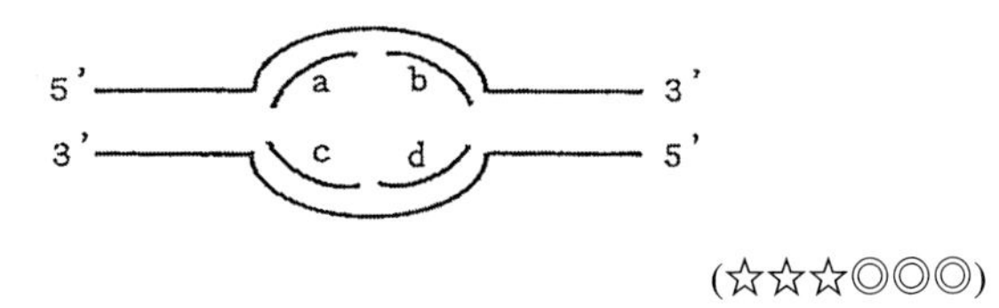

(☆☆☆◎◎◎)

【8】次の各問いに答えなさい。

(1)　主系列星の質量と明るさとの関係を調べると，質量の大きなものほど明るく，明るさは質量のおよそ4乗に比例することが知られている(質量光度関係)。恒星の明るさは，核融合での水素の消費量に比例するので，水素を使い切る時間を考察することで，恒星のおおよその寿命を推定できる。例えば，質量が太陽の5倍の恒星の明るさは，太陽の［ 1 ］倍となる。この恒星の水素の量は太陽に比べ［ 2 ］倍あるが，太陽の［ 3 ］倍の速さで消費するため，水素を使い切る時間は［ 4 ］倍となる。よって，質量が大きい恒星ほど寿命は［ 5 ］。ただし，恒星の誕生時の質量に対する水素の割合とエネルギー源となる水素の割合は太陽と同じとする。

ア　文章中の［ 1 ］～［ 5 ］に適当な数字または語句を書きなさい。

イ　次の条件で太陽の寿命を有効数字2桁で求めなさい。

条件①　太陽の中心部では毎秒6.1×10^{11}kgの水素から3.85Jのエネルギーを放出している。

条件②　誕生時，太陽の質量2.0×10^{30}kgの80％が水素である。

条件③　太陽に含まれる水素の10％が太陽の一生の間のエネルギー源である。

条件④　1年を3.2×10^{7}秒とする。

ウ　文章中の下線部の恒星は，何年で水素を使い切るか，有効数字2桁で求めなさい。

(2)　地震の規模を表すマグニチュードは，地震動の最大振幅をもとに定義され，マグニチュードと地震のエネルギーの大きさには一定の関係がある。近年，地震のエネルギーの大きさを正確に表せる，モーメントマグニチュードが定義され使われるようになってきた。モーメントマグニチュードは，地震を起こした震源断層の面積(S)と断層のずれの量(D)に比例することをもとに定義されている。

関東地震(1923年)では，震源断層の面積が約130km×70km，断層のずれの量が平均約2.1mであった。東北地方太平洋沖地震(2011年)は，震源断層の面積が約400km×100km，断層のずれの量が平均約20mであった。

ア　ある地震のマグニチュードは8であった。この地震によって放出されるエネルギーは，マグニチュード4の地震の何回分に相当するか，答えなさい。

イ　東北地方太平洋沖地震のエネルギーは，関東地震の何倍か，小数第1位まで求めなさい。

ウ　近年，モーメントマグニチュードが地震のエネルギーを表す量として使われるようになった理由を答えなさい。

(3)　パルサーは，数百分の1秒から数秒程度の周期で高速に自転している中性子星と呼ばれる天体である。ある中性子星の質量は太陽の質量(2.0×10^{30}kg)と同じで，密度は10^{17}kg/m^{3}とする。この中性子星の半径は何kmか，有効数字2桁で求めなさい。必要ならば，$\sqrt[3]{5}=1.71$を用いなさい。

(☆☆☆◎◎◎)

解答・解説

中高共通

【共通問題】

【1】(1)　加速度…$1.6 m/s^2$　　時間…25s　　(2)　仕事…2.9×10^4J　　仕事率…9.8×10^2W　　(3)　電流…1.5A　　ジュール熱…75J
(4)　(a)　1.0×10^5Pa　　(b)　1.5×10^5Pa　　(5)　$m=0$　見え方…①
説明…$m=0$は$\theta=0$のときであり，すべてのλについて強めあう条件を満たし，どの波長も強め合うため白色に見える。　$m=1$　見え方…③　　説明…$m=1$のとき，$d\sin\theta=\lambda$となり，波長λと$\sin\theta$は比例の関係になり，波長が大きければθも大きくなるため，スクリーンの中心に近い側から波長が短い順に色づく。

〈解説〉(1)　求める加速度の大きさをa〔m/s^2〕，時間をt〔s〕とする。列車は等加速度運動をしたので，$40-at=0$，$40t-\frac{1}{2}at^2=500$が成り立つ。連立して解いて，$a=1.6$〔m/s^2〕，$t=25$〔s〕となる。　(2)　物体にかかる重力とつり合う力を加えて持ち上げるのだから，仕事は(加えた力)×(動かした距離)＝$500\times9.8\times6.0=29400\fallingdotseq2.9\times10^4$〔J〕となる。仕事率は単位時間あたりの仕事であるから，$29400\div30=980=9.8\times10^2$〔W〕となる。　(3)　電流は単位時間に流れる電気量であるから，$15\div10=1.5$〔A〕となる。また，1.0sあたりに発生するジュール熱とは抵抗の消費電力のことであるから，$(電流)^2\times(抵抗値)=5.0^2\times3.0=75$〔J〕となる。　(4)　ピストンにかかる外向きと内向きの圧力のつり合いで考える。　(a)　横向きに置いた時，外側からかかる圧力は大気圧だけであるので，内側の圧力も大気圧と等しくなる。　(b)　一方縦向きに置いた時は，ピストン自体による圧力が加わる。圧力は，(ピストンにかかる重力)÷(ピストンの面積)＝$25\times9.8\div(4.9\times10^{-3})=5.0\times10^4$〔Pa〕となる。これと大気圧の和が容器内の圧力とつり合うので，$1.0\times10^5+5.0\times10^4=1.5\times10^5$〔Pa〕となる。　(5)　解答参照。

【2】(1) ③，⑤　(2) ①　(3) ア　イオン半径が小さいほどクーロン力が強くなるので，陰イオンの半径が小さいNaFの方がNaClより融点が高く，陽イオンの半径が小さいNaClの方がKClより融点が高くなる。　イ　分子量が大きいH_2Seの方がH_2Sよりファンデルワールス力が強くなるので沸点が高いが，H_2Oは強い水素結合がはたらくため他の2つよりはるかに沸点が高くなる。　(4) ア　15mol/L　イ　器具A…⑤　濃度…14.5mol/L　ウ　温度が高いと気体の溶解度が小さくなるのでアンモニアが揮発してしまい，濃度が変化してしまうから。　(5) ア　発生する気体が有毒なので，水に溶かすことで気体が外へ漏れないようにするため。　イ　加熱により揮発したエタノールを冷却して液化し，再び下の試験管に戻すため。

〈解説〉(1) 同じ元素の単体で，結合している原子の数や配列の違いにより異なる性質を示すものどうしを互いに同素体であるという。①　黄銅は銅と亜鉛の合金。　②　どちらも単体ではない。　③　それぞれO_2，O_3である。　④　黒鉛は炭素の単体。　⑤　黄リンはリンの4原子分子，赤リンはリンの高分子である。　(2) 「銀」白色なので金属光沢のあるものを選ぶと考える。②は黄色，③は白色，④と⑤は黒色である。　(3) 解答参照。　(4) ア　濃アンモニア水が1Lあるとすると，その質量は0.91×1000＝910〔g〕である。NH_3の分子量は17なので，溶液1L中のアンモニアは$\frac{910\times0.28}{17}=14.98\cdots\fallingdotseq15$〔mol〕となる。　イ　液体を精度良く一定量はかりとるにはホールピペットを用いる。塩酸(塩化水素)とアンモニアは一価の酸と塩基なので同じ物質量で反応する。よって，求める濃度をx〔mol/L〕とすると，$x\times\frac{1}{100}\times\frac{10}{1000}=0.124\times\frac{11.7}{1000}$より，$x=14.508\fallingdotseq14.5$〔mol/L〕となる。ウ　解答参照。　(5) ア　銅と濃硝酸の反応式は$Cu+4HNO_3\rightarrow Cu(NO_3)_2+2NO_2+2H_2O$となる。生成する$NO_2$(二酸化窒素)は黄色の有毒な気体である。　イ　系の成分の中でもエタノールは蒸気圧が高いため加熱により揮発しやすい。Cは還流管の役目をしている。

【3】(1)　ア　細菌(バクテリア)，古細菌(アーキア)，真核生物　　イ　c，e　　(2)　ア　a　中間径フィラメント　　b　微小管　　c　アクチンフィラメント　　d　固定　　e　接着　　イ　④　　ウ　①，④，⑦
エ　チャネルは濃度勾配にしたがって物質を輸送するが，ポンプは濃度勾配に逆らって物質を輸送する。(チャネルは濃度勾配に従って物質を輸送する受動輸送であり，ポンプは濃度勾配に逆らって物質を輸送する能動輸送である。)　　(3)　ア　同じ方法，同じ時間，同じ場所で行うこと　　イ　520匹　　(4)　ア　DNAリガーゼ　　イ　244
ウ　ヒトのインスリン遺伝子は，スプライシングが行われていないため，イントロンが残っているから。

〈解説〉(1)　ア　真核生物ドメインはユーカリアとも呼ばれる。
イ　五界説において，原生生物とは単細胞の真核生物を指す。ラン藻類はモネラ界(原核生物)，接合菌類は菌界に属する。　(2)　ア　(特に脊椎動物の)細胞間結合には密着結合，固定結合，ギャップ結合がある。固定結合では，結合装置が細胞骨格に支えられており，アクチンフィラメントを用いる接着結合，中間径フィラメントを用いるデスモソームやヘミデスモソームなどがある。　イ　チューブリンというタンパク質が結合した繊維状のもので，直径が24～25nmである。　ウ　リン脂質を透過できるのは，N_2，O_2，CO_2などの無極性小分子，あるいは脂溶性分子である。ホルモンの中ではステロイドホルモンや甲状腺ホルモン(チロキシン)が透過できる。　エ　チャネルは受動輸送，ポンプは能動輸送である。　(3)　ア　解答参照。　イ　全個体数をx〔匹〕とすると，$x:65=(15+105):15$という関係になるので，$x=65\times\frac{120}{15}$ $=520$〔匹〕　(4)　ア　DNAリガーゼは，遺伝子組換えに使われるだけでなく，生体内ではDNA複製時に岡崎フラグメントを結合する役割を持つ。　イ　2本鎖DNAが2.0×10^6塩基からなるので，塩基対の個数は1.0×10^6個。DNAは4種類の塩基で構成され，制限酵素は6塩基対を認識するので，認識配列は$\frac{1}{4^6}$の確率で存在する。よって，切断できるのは$1.0\times10^6\times\frac{1}{4^6}=244.14\cdots\fallingdotseq244$〔カ所〕　ウ　ヒトの細胞から取り出したインスリン遺伝子にはエクソン部分とイントロン部分が存在する。スプライシングを行うのは真核生物であり，大腸菌は原核生物であるため，転写された情報はイントロンも含めて翻訳されてしまう。

【4】(1) (記号，訂正　の順)　・イ，メタン　・ウ，ラニーニャ現象　・オ，春一番　・カ，放出　(2) ア　15秒　イ　震央付近では，速報が間に合わずに激しいゆれに備えることができない。
ウ　$\dfrac{V_P V_S}{V_P - V_S}T$　エ　大森房吉　オ　異常震域

〈解説〉(1)　イ　天王星の大気には水素，ヘリウムに次いでメタンが多く含まれ，赤い光が吸収される。　ウ　エルニーニョ現象はこの文章とは逆に，貿易風が弱まり海水温が高くなる現象である。　オ　からっ風とは，特に冬の関東平野に山を越えて吹きつける乾燥した風のことである。　カ　水蒸気が液体の水になるときは熱を放出する。
(2)　ア　S波が到着するのは地震発生から70÷3.5=20〔s〕後である。緊急地震速報が地震発生の5秒後に出されたので，20−5=15〔s〕の猶予ができる。　イ　地震波が到達するのに要する時間が非常に短いため，緊急地震速報が主要動に間に合わない。　ウ　震源距離をDとすると，初期微動継続時間は$T=\dfrac{D}{V_S}-\dfrac{D}{V_P}$と書ける。整理すると，$D=\dfrac{V_P V_S}{V_P - V_S}T$となる。　エ　ウの式を距離に関する大森公式という。　オ　震源の深い地震の場合には，プレートの下にあるアセノスフェア中では地震波が減衰を受けやすく，沈み込んだ海のプレートの方が減衰を受けずに伝わるため，震央付近より震度が大きい異常震域が生じることがある。

【選択問題】

【5】(1)　ア　直前のB…$\sqrt{2gL}$　直後のA…$\dfrac{(1+\sqrt{2})\sqrt{gL}}{4}$
イ　$\dfrac{4m}{4m+M}v$　ウ　$\dfrac{Mv^2}{2(4m+M)\mu g}$　(2)　ア　①　y軸負
②　Q　③　x軸正　イ　$envab$　ウ　vB　エ　$\dfrac{IB}{enb}$

〈解説〉(1)　ア　衝突前のBの速さv_0は，力学的エネルギー保存則より$mgL=\frac{1}{2}mv_0^2$となるので，$v_0=\sqrt{2gL}$となる。衝突後のBの速さをv_{B1}とすると，衝突後Bは60°の位置まで戻っていることから，力学的エネルギー保存則より$\frac{1}{2}mv_{B1}^2=mg(L-L\cos 60°)$となるので，$v_{B1}=\sqrt{gL}$となる。衝突後のAの速さを$v_{A1}$とすると，衝突前後での運動量保存より，衝突後のBの速度の向きは反対であることに注意して$mv_0=4mv_{A1}-mv_{B1}$となるので，$v_{A1}=\frac{v_0+v_{B1}}{4}=\frac{(1+\sqrt{2})\sqrt{gL}}{4}$となる。　イ　求める速さを$v'$とすると，運動量保存より$4mv=(4m+M)v'$となるので，$v'=\frac{4m}{4m+M}v$となる。　ウ　Aと台車との間にはたらく摩擦力の大きさは$4\mu mg$である。したがって，Aと台車の加速度を，右向きを正としてそれぞれa_A，aとおくと，$a_A=\frac{-4\mu mg}{4m}=-\mu g$，$a=\frac{4\mu mg}{M}$となる。また，Aが摩擦面に入ってから台車に対して静止するまでの時間をtとすると，$v-\mu gt=\frac{4\mu mg}{M}t$より，$t=\frac{Mv}{(4m+M)\mu g}$となる。したがって，台車に対してAがすべった距離$x$は，$x=vt+\frac{1}{2}(a_A-a)t^2=\frac{Mv^2}{2(4m+M)\mu g}$となる。　(2)　ア　①　電流の向きと電子の流れる向きは反対の関係にある。　②　z軸正に磁場，y軸正に電流であるので，フレミングの左手の法則より，x軸正の向きに力を受ける。したがって面Qに電子が集まる。　③　負の電荷を持つ電子がQに集まることから，x軸正の向きとなる。　イ　電子が1秒あたりに進む距離はvであるので，1秒あたりにxz平面を通過する電子数は$nvab$となる。電流は1秒あたりに断面を通過する電気量であるので，$I=envab$となる。　ウ　ローレンツ力の大きさはevBであり，これと電界による力eEがつり合うので，$evB=eE$より$E=vB$となる。　エ　電位差Vは$V=Ea=vBa$となる。ここでイの結果より$v=\frac{I}{enab}$となるので，$V=vBa=\frac{IB}{enb}$となる。

【6】(1)　ア　化学式…$[Ag(NH_3)_2]^+$　　名称…ジアンミン銀(Ⅰ)イオン　イ　沈殿E…$PbSO_4$　　沈殿F…$PbCrO_4$　　ウ　煮沸せずに硫化水素を含んだままアンモニア水を加えると，沈殿Dとして分離するはずの硫

化亜鉛が沈殿Cに混ざってしまうから。　エ　沈殿Cとして生じる鉄の水酸化物は，水酸化鉄(Ⅲ)の方が水酸化鉄(Ⅱ)より溶解度が小さく，より多くの鉄のイオンを沈殿として分離できるから。　オ　沈殿C…$Fe(OH)_3$　沈殿D…ZnS　(2)　ア　反応式…$CH_3CH(OH)C_2H_5+4I_2+6NaOH \rightarrow CHI_3+C_2H_5COONa+5NaI+5H_2O$　化学式…CHI_3　名称…ヨードホルム

イ　A　$CH_3-\underset{\underset{O}{\|}}{C}-O-\underset{\underset{CH_3}{|}}{CH}-CH_2-CH_3$

B　$H-\underset{\underset{O}{\|}}{C}-O-\underset{\underset{CH_3}{|}}{CH}-\underset{\underset{CH_3}{|}}{CH}-CH_3$

〈解説〉(1)　ア　HClを加えると，沈殿するのは主にAgClであるが，$PbCl_2$も一部は沈殿し一部は溶解した状態となる。これらにアンモニア水を加えると，AgClのみ，$AgCl+2NH_3 \rightarrow [Ag(NH_3)_2]^+ + Cl^-$と溶解する。

イ　ろ液aはHClによって酸性になっているので，H_2Sを吹き込んで沈殿するのはPbSのみである。イの操作はPb^{2+}を溶かしたり沈殿させたりしているだけであり，硝酸鉛$Pb(NO_3)_2$と酢酸鉛$Pb(CH_3COO)_2$は水溶性が高く，硫酸鉛$PbSO_4$とクロム酸鉛$PbCrO_4$は沈殿する。

ウ　ここではFeとZnを分離することが目的であるが，NH_3を加え塩基性になった水溶液中にH_2Sが残っているとZnもZnSとして沈殿してしまうため，H_2Sを追い出す。　エ　解答参照。　オ　赤褐色の沈殿Cは水酸化鉄(Ⅲ)$Fe(OH)_3$，白色の沈殿Dは硫化亜鉛ZnSである。

(2)　エステルをRCOOR′と表す。エステルが不斉炭素原子をもつようなRまたはR′は，$-C^*H(CH_3)C_2H_5$，$-C^*H(CH_3)C_3H_7$，$-C^*H(CH_3)CH(CH_3)_2$，$-CH_2C^*H(CH_3)C_2H_5$の4種類であるから(以下，それぞれ①～④とする。*をつけたのが不斉炭素原子)，RとR′のどちらかは炭素数4以上である。また，「脱水すると～アルケンが生じた」とあるから，CとEがカルボン酸，DとFが炭素数2以上のアルコールである。よって，上記4種のアルキル基はR′の方であり，また，生じるカルボン酸は，R′＝①のとき酢酸，R′＝②，③，④のときギ酸となる。酢酸とギ酸のうち銀鏡反応を示すのはギ酸のみであるから，Eはギ酸，

Cは酢酸となり，Dは①－OHと決まる。次に，アルコールR′－OHの候補4つをそれぞれ脱水してみると，R′＝①，②では幾何異性体を含む3種類，R′＝③では2種類，R′＝④では1種類のアルケンが生じる。また，下線部の反応はヨードホルム反応であり，$CH_3CH(OH)$－の部分が陽性であるから，R′＝①，②，③の場合があてはまる。よって，Fは③－OHと決まる。　ア　ヨードホルム反応において，反応物は第二級アルコールとNaOHとI_2，生成物はCHI_3(ヨードホルム)とカルボン酸ナトリウムとNaIとH_2Oである。　イ　Aは酢酸と①－OHのエステルで$CH_3COOCH(CH_3)C_2H_5$，Bはギ酸と③－OHのエステルで$HCOOCH(CH_3)CH(CH_3)_2$となる。

【7】(1)　ア　F，G　　イ　C　　ウ　B，D，E　　(2)　ア　右心房　イ　房室弁…C　　半月弁…G　　(3)　ア　c　　イ　6時間
(4)　ア　メセルソンとスタール　　イ　「重いDNA」:「中間の重さのDNA」:「軽いDNA」＝0：1：$2^{n-1}-1$　(0：2：2^n-2)　　ウ　b，c

〈解説〉(1)　ア　アオサとボルボックスはどちらも緑藻であり，クロロフィルaを持つ。なお，ネンジュモはシアノバクテリアの仲間で原核生物である。　イ　紅色硫黄細菌や緑色硫黄細菌がこれにあたる。バクテリオクロロフィルによる光合成をしている。　ウ　化学合成細菌のこと。硝酸菌，亜硝酸菌は硝化作用，硫黄細菌は硫化水素の分解によってエネルギーを得る。　(2)　ア　洞房結節は右心房にある。
イ　a～bで心筋が弛緩し，心房に血液が入ってくる。心房内の圧力＜心室内の圧力であるため，房室弁は開かない。b～cで心房の圧力が上回り，房室弁が開いて心室へ血液が入ってくる。c～dで心筋の収縮が起こり，この間では心室の圧力＜動脈の圧力であるため半月弁は開かない。内圧がdに達したとき心室の圧力が上回って半月弁が開き，d～aでは心室から動脈へ血液が移動する。　(3)　ア　鉛直上向き方向が太陽の方向で，8の字ダンスの直線方向が餌場である。よって，太陽を左に見て，太陽から右45度方向に進めば餌場に着けることを表現すればよい。　イ　cから図2までの間に，太陽は西に90°移動している。

観測場所や日付の条件がないが，単純に，$24\times\frac{90}{360}=6$〔時間〕と計算すればよいものと思われる。　(4)　ア　半保存的複製は，メセルソンとスタールによって1958年によって証明された。　イ　最初に「重い」が1組あったとすると，半保存的複製により，1回目の分裂で「中間」が2組でき，「重い」は0組となる。2回目以降の分裂を考えると，DNAの総数は2^n組となるが，そのうち「中間」はつねに2組であり，残りは「軽い」である。よって，比率は$0:2:2^n-2=0:1:2^{n-1}-1$となる。　ウ　DNAの複製は，新たに合成される鎖にとっての5′→3′方向にのみ伸長される。よって，aとdは，複製フォークの進行方向(DNAが開裂していく方向)と同じ方向へ連続的に合成されるリーディング鎖となり，bとcは，短いDNA断片が合成されて後から連結されるラギング鎖となる。

【8】(1)　ア　1　625　　2　5　　3　625　　4　0.008　　5　短い　イ　82億年　　ウ　6600万年　　(2)　ア　100万回分　　イ　41.9倍　ウ　標準的な地震計では，マグニチュード8以上の地震では最大振幅があまり変化しなくなってしまうため。　　(3)　1.7×10km

〈解説〉(1)　ア　質量光度関係より，質量が太陽の5倍なら明るさは$5^4=625$〔倍〕。水素の量は恒星の質量そのものなので5倍。明るさは水素の消費速度に比例すると考えられるので，消費速度も625倍。したがって，水素を使い切る時間，すなわち寿命は$5\div625=0.008$〔倍〕となり，短くなる。　イ　太陽が一生のうちに燃やせる水素の量は条件②と③，水素の消費速度は条件①よりそれぞれ求まり，秒単位を年単位に直すには条件④を用いればよい。すなわち，寿命は
$\frac{2.0\times10^{30}\times0.80\times0.10}{6.1\times10^{11}\times3.2\times10^{7}}=8.196\cdots\times10^{9}$〔年〕≒82〔億年〕となる。
ウ　寿命が太陽の0.008倍なので，$82\times10^{8}\times0.008=6.56\times10^{7}$〔年〕≒6600〔万年〕となる。　(2)　ア　地震のエネルギーは，マグニチュードが1異なると約32倍，2異なると1000倍異なる。ここでは4異なるので，1000^2倍である。　イ　地震のエネルギーが(震源断層の面積)×(断

層のずれの量)に比例する，という関係より，求める比率は

$\frac{400\times100\times20}{130\times70\times2.1}=41.862\cdots\fallingdotseq41.9$〔倍〕となる。　ウ　解答参照。

(3)　10^{17}〔kg/m³〕$=10^{26}$〔kg/km³〕である。よって，求める半径をR〔km〕とすると，$2.0\times10^{30}=10^{26}\times\frac{4}{3}\pi R^3$より，$R=\sqrt[3]{\frac{15000}{\pi}}=10\times\sqrt[3]{5}\times\sqrt[3]{\frac{3}{\pi}}=17.1\times\sqrt[3]{\frac{3}{\pi}}$となる。$\sqrt[3]{\frac{3}{\pi}}$はほぼ1になると考えれば，$R=17.1\fallingdotseq17$〔km〕

2018年度　実施問題

中高共通

注　(1)　共通問題【１】,【２】,【３】,【４】は，全員が解答すること。
注　(2)　選択問題【５】,【６】,【７】,【８】は，この中から2題を選択し解答すること。

【共通問題】

【１】次の各問いに答えなさい。

(1)　初速度の大きさ9.8m/sで物体を鉛直上向きに投げ上げた。重力加速度の大きさを9.8m/s^2とする。

ア　物体を投げ上げた点を基準として，物体が達する最高点の高さを有効数字2桁で求めなさい。

イ　物体が投げ上げた点に戻ってくるのは投げ上げてから何秒後か，有効数字2桁で求めなさい。

(2)　x軸正の向きに進む縦波の正弦波がある。図1はその縦波のある時刻の波形を横波で表したものである。

図1

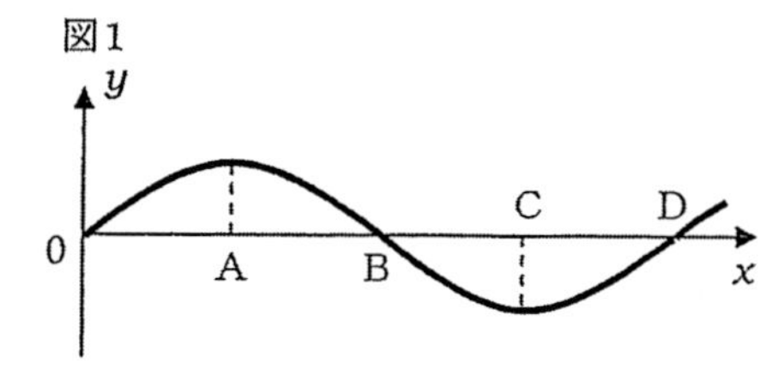

ア　図1のA～Dの中で，媒質の密度が最も大きい点はどこか答えなさい。

イ　図1のA～Dの中で，媒質の速度がx軸負の向きに最大の点はどこか答えなさい。

(3) 南北に伸びる直線上を観測者が北向きに速さv_1で進んでいる。観測者の前方から音源が振動数fの音波を発しながら南向きに速さv_2で進んできた。音速をVとし，$v_1<V$，$v_2<V$とする。

ア　観測者が観測する音波の波長を求めなさい。

イ　観測者が観測する音波の振動数を求めなさい。

(4) 紙面に垂直な裏から表に向かう鉛直方向の一様な磁界(磁束密度B)の中に，図2のように2本の直線状の導体PとQが平行に間隔dで固定されている。P，Qに起電力Eの電池EとスイッチSを接続し，Pに垂直に抵抗値R，質量mの金属棒を置いて静止させた。その他の抵抗，摩擦は無視できる。Sを閉じた瞬間について考える。

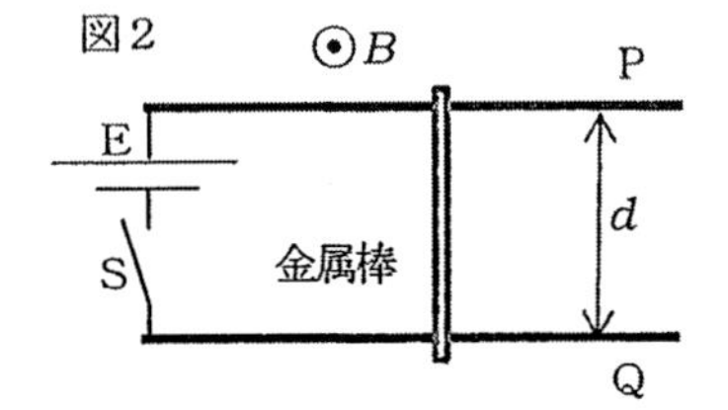

ア　金属棒に流れる電流の大きさを求めなさい。

イ　金属棒の加速度の向きと大きさを求めなさい。ただし，向きについては図の右か左で答えなさい。

(5) 理科の授業中に2人でバットの両端付近を握り，互いに逆に回す演示実験を行った。図3のA，Bのどちらを握った方が有利か答えなさい。また，選択した理由を生徒にどう説明するか簡潔に答えなさい。

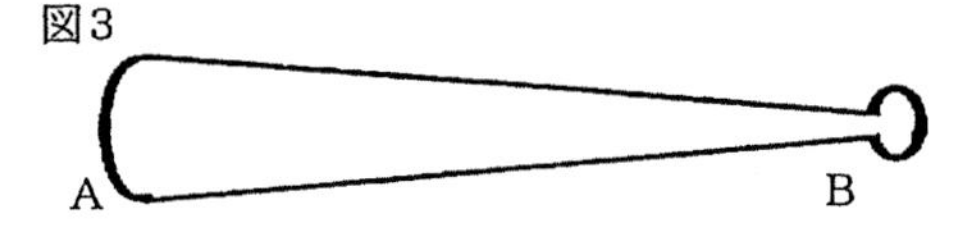

(6) 誘電分極という現象について，生徒から説明を求められた。誘電分極の仕組みについて「帯電体を近づけると,」という言葉に続けて生徒が分かりやすいように説明しなさい。また，誘電分極の具体

的な事例を挙げなさい。

(☆☆☆◎◎◎)

【2】次の各問いに答えなさい。

(1) 硫酸で酸性にした過酸化水素水溶液を過マンガン酸カリウム水溶液で滴定した。それぞれの物質は，酸性の溶液中では次のような反応を行うものとする。

$MnO_4^- + 5e^- + 8H^+ \rightarrow Mn^{2+} + 4H_2O$

$H_2O_2 + 2e^- + 2H^+ \rightarrow 2H_2O$

$H_2O_2 \rightarrow O_2 + 2H^+ + 2e^-$

ア 生徒にこの滴定実験を行わせる際，次の(ア)～(ウ)について，それぞれ理科の教員としてどのように説明するか，簡潔に答えなさい。

(ア) 反応の終点を知る方法

(イ) 過マンガン酸カリウム水溶液を滴下する場合には，褐色ビュレットを用いる理由

(ウ) 実験中コニカルビーカー内の溶液が褐色になった班があった。話を聞くと硫酸を入れ忘れたまま実験を行っていたことが分かった。溶液が褐色になった原因

イ 生徒実験を行う際には，安全の確保に細心の注意を払う必要がある。安全眼鏡や手袋，白衣の着用に加え，万が一の事故の際の正しい応急処置法を知っておく必要がある。仮に生徒の目に過マンガン酸カリウム水溶液が入ってしまった場合，理科の教員としてどのように対処するのが適当か，簡潔に答えなさい。

ウ この実験で，コニカルビーカー内で起きている反応を化学反応式で書きなさい。

エ この反応で，最も酸化数が大きく変化している原子と酸化数の変化の様子を例にならって答えなさい。

(例) Fe，0 → ＋2

(2) 次の①～⑦の物質のうち，分子式で表すものを全て選び，分子式で答えなさい。

① フッ化水素　② ヨウ化カリウム
③ 塩化アンモニウム　④ 水酸化ナトリウム
⑤ 水　⑥ ケイ素
⑦ ヨウ素

(3) オキソニウムイオンの電子式を次の例にならって答えなさい。

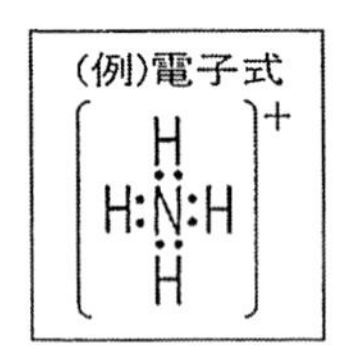

(4) H，Na，Mg，Cs，He，Ne，F，Cl，N，Brの元素のうち，最も電気陰性度の大きい元素と，最もイオン化エネルギー(第一イオン化エネルギー)の小さい元素をそれぞれ一つずつ元素記号で答えなさい。

(5) ナイロン66とポリエチレンテレフタラートを合成したい。それぞれのモノマーとして適当なものを次の①～⑥の中から全て番号で選びなさい。

① テレフタル酸　② ε-カプロラクタム
③ アジピン酸　④ 酢酸ビニル
⑤ 1，2-エタンジオール　⑥ ヘキサメチレンジアミン

(☆☆☆◎◎◎)

【3】次の各問いに答えなさい。

(1) 生徒から「なぜウイルスは生物ではないのですか。」という質問を受けた。理科教員としてどのように説明するか，簡潔に述べなさい。

(2) 大隅良典　東京工業大学栄誉教授が「オートファジーの仕組みの解明」により，2016年のノーベル生理学・医学賞を受賞した。彼の

研究内容を中高生に簡潔に説明したい。次のア，イについて，その概略を簡潔に述べなさい。

ア　オートファジーとは何か　　イ　オートファジーの生理的意味

(3)　生物分野の学習においては，様々な顕微鏡が登場する。

ア　光学顕微鏡の「しぼり」は何のために使用するか，述べなさい。

イ　電子顕微鏡が光学顕微鏡より微細な構造を観察できる理由を説明しなさい。

(4)　微生物Aは微生物Bを捕食する。微生物A・Bを1つの容器内で飼育した場合，この2種類の微生物の飼育日数における個体数変化を表すグラフ(破線は微生物A，実線は微生物B，左縦軸は微生物Aの個体数，右縦軸は微生物Bの個体数を表す)として適当なものを図1の(a)～(d)から1つ選び，記号を書きなさい。

図1

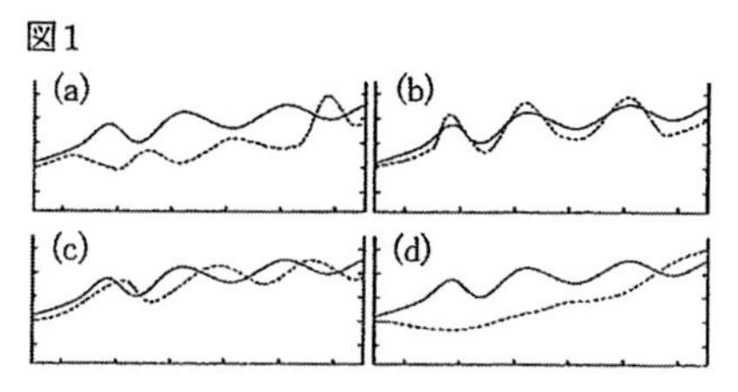

(5)　ある動物から神経筋標本をつくった。図2はその模式図である。軸索末端から2.0cm離れたa点を1回刺激すると，6.0ミリ秒後に筋肉は収縮し始めた。また，軸索末端から10cm離れたb点を1回刺激すると，6.8ミリ秒後に筋肉は収縮し始めた。

図2

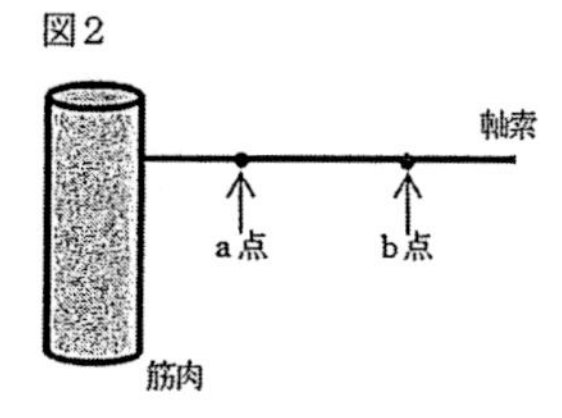

ア　ニューロンが刺激を受けていない時の細胞膜内外での電位差を何というか答えなさい。

イ　アの電位差を生み出す原因となる細胞膜上の構造物を1つ答えなさい。

ウ　上の文中の実験結果から，興奮の伝達に要する時間は何ミリ秒か求めなさい。

エ　a点とb点を同時に1回刺激したとき，筋肉は何回収縮するか答えなさい。

(6)　図3のような装置にオオカナダモを入れて光の強さを変化させ，試験管内の気体発生量を測定した。表は，光の強さと測定した気体発生量／時間を示したものである。なお，オオカナダモを入れた水槽には炭酸水素ナトリウムを加え，水温はオオカナダモが光合成を行う際の最適温度30℃に保った。また，発生する気体は酸素のみであった。

図3

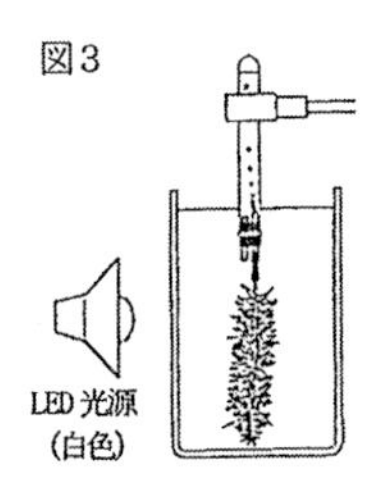

表

光の強さ（キロルクス）	4.0	6.0	8.0	10.0	12.0
気体発生量／時間（相対値）	1.2	2.4	3.6	4.0	4.0

ア　水槽に炭酸水素ナトリウムを加える理由を簡潔に説明しなさい。

イ　弱光下における光の強さと光合成速度は比例関係にあるとして，30℃における補償点および光飽和点を四捨五入により小数点第1位まで求めなさい。

ウ　水温を10℃にして実験を行った場合，30℃で実験した場合と比較して，補償点の値はどのようになると期待されるか述べなさい。

(☆☆☆◎◎◎)

【4】次の各問いに答えなさい。

(1) 次の文ア～カ内の下線部には誤りのあるものが4つある。それらの記号を挙げ，下線部の誤りを訂正しなさい。

ア　ウェゲナーの大陸移動説の証拠の一つは，南米・アフリカ・オーストラリア・南極・インドの各大陸をつなぎ合わせると，過去の気候を示す大陸氷河の痕跡の分布がつながることである。

イ　岩石の残留磁気の測定から磁極の移動曲線が大陸ごとに異なることが明らかになり，大陸移動説は見直された。岩石残留磁気は岩石に含まれる縞状鉄鋼層などの鉄に富む鉱物が，岩石形成時の磁力線の向きに磁化したものである。

ウ　海洋拡大説では，海洋底は海嶺で噴出した流紋岩質マグマによって形成され，海嶺から左右に分かれて拡大し，海溝で地球内部に沈み込むと説明している。

エ　太平洋のほぼ中央にあるハワイ島から北西にミッドウェー島に向かって点々と火山島が列をなして続いている。そして，ハワイ島から離れるにつれて火山島の形成年代は新しくなる。

オ　プレートは地殻と上部マントルの一部からなる。プレートはその下にあるやわらかい層と区別して，リソスフェアという。

カ　日本列島は島弧であり，その上には多くの火山が分布している。火山分布の特徴は海溝側の縁に明瞭な境界線が引かれ，その境界線より海溝側には火山が分布しないことである。その境界線を和達－ベニオフ帯という。

(2) 次の文章を読んで，各問いに答えなさい。

地球には，表面の[　①　]%を占める海洋があり，そこに生命が誕生した。地球表面に液体の水が存在できたのは，太陽と地球の平均距離が適していたためである。大気に含まれる[　②　]や[　③　]は温室効果をもたらし，表面温度を15℃に保った。海洋中で誕生した生物が光合成を行うことにより酸素が増加し，大気中に(A)オゾン層が形成されて生物が陸上で活動できる環境が整えられた。また，(B)地磁気は地球の周りに磁気圏を形成し，太陽からの

(C)荷電粒子の流れが直接地表に達しないようにしている。

ア　文章中の①～③に当てはまる最も適当な語句を答えなさい。

イ　下線部(A)について，現在の大気圏においてオゾン層がある部分の名称を答えなさい。

ウ　下線部(B)について，地磁気の三要素を答えなさい。

エ　下線部(C)のことを何というか，答えなさい。

オ　地球以外の地球型惑星のなかで大気を持つ惑星を2つ挙げ，それらの惑星に共通する大気の主成分を1つ答えなさい。

カ　生命を誕生させ，はぐくんできた海はさまざまな物質を溶かし込み，熱しにくく冷めにくい性質をもつ。地球中を巡る海は，地球の気候の中で，どのような役割を果たしているのか。中学生に分かりやすく説明しなさい。

(☆☆☆◎◎◎)

【選択問題】

【5】次の各問いに答えなさい。

(1)　シリンダー内に単原子分子の理想気体が入っている。この気体の圧力と体積を，図1に示す直線の経路に沿ってA→B→C→Aと1サイクル変化させた。状態Aの圧力はP_0で体積はV_0である。

図1

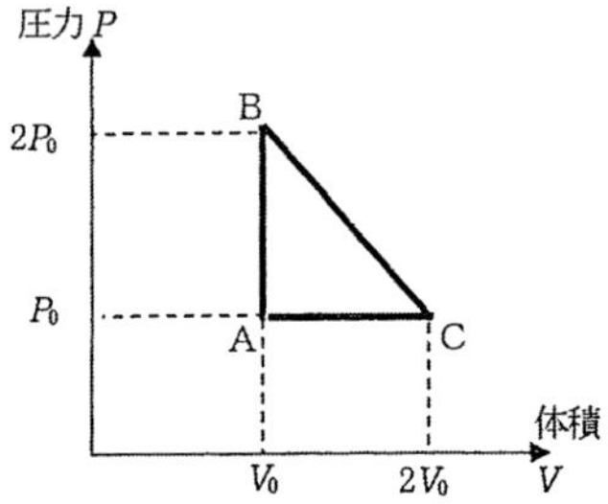

圧力P　$2P_0$　P_0　B　A　C　体積V　V_0　$2V_0$

ア　Bの温度はAの温度の何倍か求めなさい。

イ　A→B間およびC→A間で気体が吸収した熱量を求めなさい。

ウ　1サイクルで気体がした仕事を求めなさい。

エ　状態Aの気体の温度をT_Aとする。1サイクルの間に気体がとる最高温度をT_Aを用いて表しなさい。

(2)　図2のように軸が鉛直で半頂角θの円すいのなめらかな内面に沿って，質量mの小球が円すいの頂点Oより高さhの位置で等速円運動をしている。重力加速度の大きさをgとする。

図2

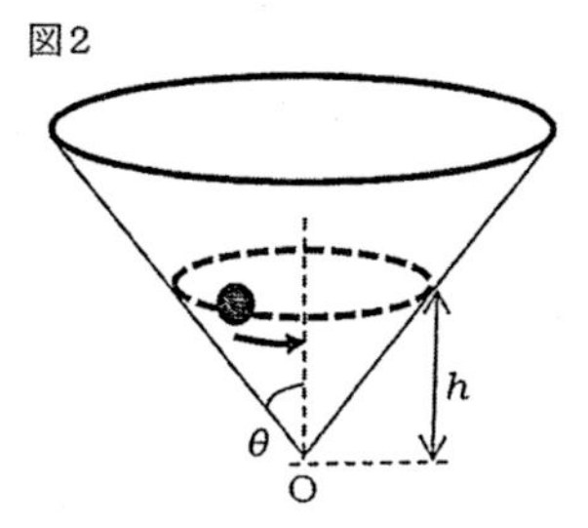

ア　小球が受ける垂直抗力の大きさを求めなさい。

イ　小球の速さを求めなさい。

ウ　円運動の周期を求めなさい。

エ　円すいが一定の大きさの加速度αで上昇しているとき，同じ高さhで等速円運動させるためには，円すい面に対する小球の速さをいくらにすればよいか求めなさい。

(☆☆☆◎◎◎)

【6】次図は，α－グルコースとその鎖状構造を表したものである。下の各問いに答えなさい。

H＝1.0，C＝12，O＝16，Cu＝63.5

図

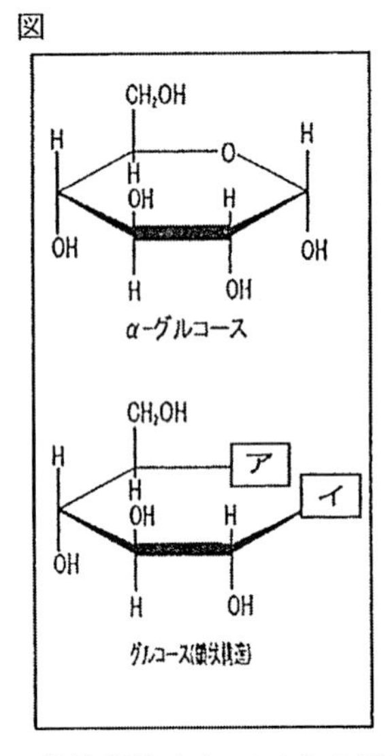

α-グルコース

グルコース(鎖状構造)

(1)　α－グルコース2分子が結合してできる糖の名称を答えなさい。

(2)　(1)の結合部分の名称を答えなさい。

(3)　図のア，イに適する官能基を，価標を用いた構造式でそれぞれ答えなさい。ただし，官能基内に炭素原子がある場合は炭素原子も明記しなさい。

(4)　α－グルコースの立体異性体であるガラクトースの構造式を図にならって書きなさい。

(5)　(1)の糖5.13gを完全に加水分解し，十分量のフェーリング液と反応させたとき生じる赤色沈殿の質量を有効数字2桁で答えなさい。

(6)　分子量8.1×10^4のデンプンは何個のα－グルコースが結合したものか。有効数字2桁で答えなさい。

(7)　β－グルコースの重合体をヒトは消化することができない。その理由を20字程度で答えなさい。

(8)　デンプンに含まれるヒドロキシ基を全てメチル化($-OCH_3$)した。その後，酸で処理して加水分解したところ，3種類の加水分解生成物(環式)が得られた。3種類の加水分解生成物(環式)の構造式を図にならって書きなさい。

(☆☆☆◎◎◎◎)

【7】次の各問いに答えなさい。

(1)　図1は，世界のバイオームと気温や降水量の関係を示したものである。

図1

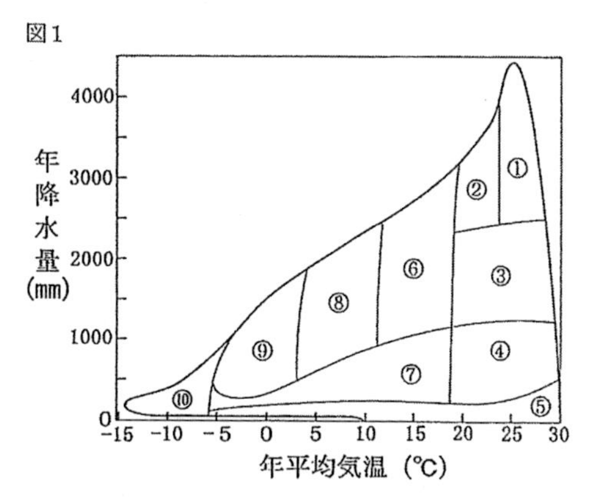

ア　図1の①，⑨，⑩に当てはまるバイオームの名称をそれぞれ答えなさい。

イ　ある地域の森林において，年間純生産量を計算すると，1.15kg/m²であり，その年間呼吸量は総生産量の80％であった。この森林の年間総生産量を求めなさい。

ウ　図1の⑤において一年生植物が多く見られる理由を簡潔に述べなさい。

エ　森林と同じ地域にある草原は，年間総生産量に対する年間純生産量の割合が森林よりも大きい傾向にある。この理由を簡潔に述べなさい。

(2)　カエルの受精卵は卵割をくりかえし，やがて細胞が原口をめがけて移動，内側に陥入する。陥入した細胞は，胚の表面を裏打ちしながら胚内部の奥に向かって進んでいく。この結果，離れていた細胞同士が近接し，(　a　)とよばれる作用の結果，胚を講成する細胞は新しい性質をもつ細胞に変わる。このような(　a　)が胚発生の過程で何度もくりかえされて，多くの種類の細胞からなる体が形成される。

ア　文中の空欄(　a　)に適切な語を入れるとともに，この作用を引き起こす胚の領域を何と呼ぶか答えなさい。

イ　文中の作用の例として，神経誘導を挙げることができる。神経誘導には「BMP」というタンパク質と「BMPと結合するタンパク質」が関係することが知られているが，この2種類のタンパク質がどのように神経誘導に関与するか，簡単に説明しなさい。

ウ　カエルの発生過程で起こる組織間の相互作用を調べるために，胞胚を図2に示したb～eの組織片に分け，それぞれを組み合わせて培養を行った結果，表に示す組織が現れた。この結果から背側中胚葉を生み出した組織片の組み合わせの番号について，表の①～③から適切なものを番号で1つ選び，その根拠を簡潔に述べなさい。

図2

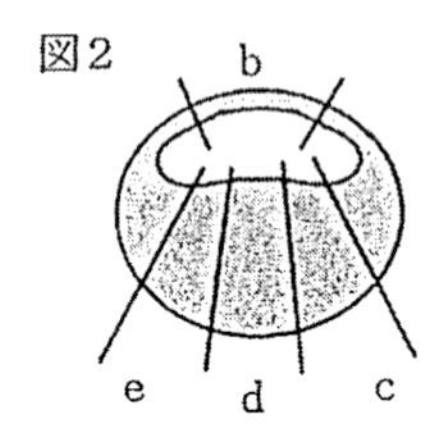

表

番号	組織片の組合せ	現れる組織
①	bとc	表皮　脊索　筋肉　消化管
②	bとd	表皮　血球　消化管　始原生殖細胞
③	bとe	表皮　血球　消化管

(3)　ある雄のマウス個体から得られた，1個の体細胞と10個の精子を用いて以下の手順で実験を行った。

手順1　3つの遺伝子座A，B，Cに着目し，それぞれの遺伝子座に特異的なプライマーを用いて，PCRによって増幅した。

手順2　増幅したDNAを電気泳動し，図3のような染色像を得た。図中の短い黒い直線は各遺伝子座から増幅したDNAを示している。なお同じ遺云子座にあるDNAでも長さが異なる場合があり，X染色体とY染色体の間では交叉は起こらないものとする。

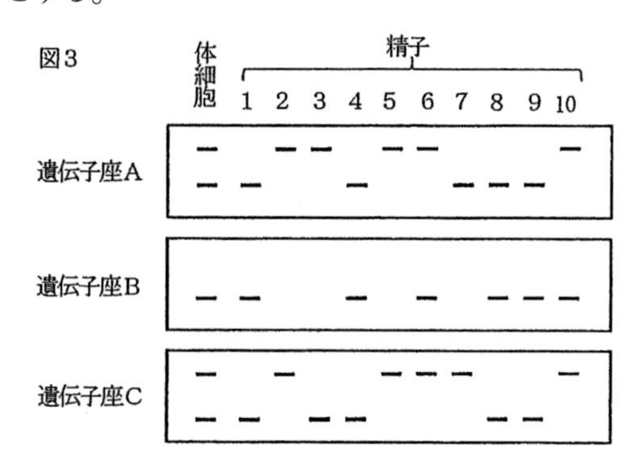

ア　下線部について，なぜ同じ遺伝子座にあるDNAなのに長さが異なる場合があるのか，簡潔に述べなさい。

イ　遺伝子座Bについての泳動結果からわかることを簡潔に述べなさい。

ウ　この実験結果を基にして，同じ染色体にある2つの遺伝子座について両者間の組換え価を求めなさい。

(☆☆☆◎◎◎)

【8】次の各問いに答えなさい。

(1)　地球が完全な球形でないことは，かなり以前から知られていた。1672年，フランスの天文学者リシェーはパリで正しく調整した振り子時計が赤道付近のギアナでは1日に約2.5分遅れることに気が付いた。この現象は赤道に近いほど重力が小さくなることを示すと考えられていた。

ア　振り子時計の周期は次の式で与えられる。$T=2\pi\sqrt{\frac{l}{g}}$　(T：

振り子の周期，l：振り子の糸の長さ，g：重力加速度の大きさ)

両地点の重力の比を考えた時，パリの重力の大きさはギアナの重力の大きさに比べて何%大きいか，小数第3位を四捨五入して答えなさい。ただし，十分に小さい値αについて，$(1\pm\alpha)^2=1\pm2\alpha$が成り立つものとする。なお，一日の長さを24時間とする。

イ　赤道付近の重力が小さい理由を2つ，簡潔に答えなさい。

(2)　太陽の放射エネルギーは大気圏外で太陽放射に直交する1m²の面積が1秒間に受けるエネルギー量で表され，これを[　1　]と呼ぶ。地球に達した太陽の放射エネルギーの約31%は，大気の散乱，雲・地表面からの反射によって直接宇宙空間に戻される。また，地球に達した太陽の放射エネルギーの約20%が大気によって吸収されるので，地表が吸収するエネルギー量は約49%である。その結果，<u>地球全体で平均したとき，地表面1m²当たりの太陽の放射エネルギーの吸収量は170Wとなる</u>。

ア　文章中の空欄[　1　]に当てはまる最も適当な語句を答えなさい。

イ　文章中の下線部をもとに，[　1　]のエネルギー量を有効数字2桁で求めなさい。

(3)　火星は赤みがかかった惑星である。火星の両極付近には明るく白く見える領域があり，これを[　2　]という。また，表面には明暗の模様が見られ，これらは季節によって変化する。火星の自転周期は地球とほぼ同じ長さであり，24.6時間とされる。火星の軌道半径はおよそ1.5天文単位であり，火星が太陽のまわりを1回公転するには687日(1.88年)を要する。

ア　文章中の空欄[　2　]に当てはまる最も適当な語句を答えなさい。

イ　外惑星の公転周期をP年，地球の公転周期をE年として，会合周期S年との関係を表す式を表しなさい。

ウ　火星の会合周期は何年か，有効数字3桁で求めなさい。

(4) 1929年，ハッブルは多くの銀河が我々から遠ざかっており，銀河の後退速度と距離の間には比例関係が成り立つことを発見した。これをハッブルの法則といい，比例定数はハッブル定数と呼ばれる。宇宙の年齢は，ハッブル定数の測定値によって約130億年と見積もられている。最近の観測では，ハッブル定数の値はほぼ50～100(km/s/Mpc)の値が得られている。近年の宇宙の大規模構造の距離の推定には，銀河のスペクトル観測と，ハッブルの法則が利用されている。

ア　距離rにある銀河の後退速度をvとすると，宇宙年齢はハッブルの法則から導くことができる。その理由を簡潔に答えなさい。

イ　宇宙には，銀河がほとんど何もないところや，反対に多く集まっているところがある。こうした銀河分布の構造を何というか，答えなさい。

(5) スカンジナビア半島は，約1万年前から隆起を続けている。これは氷期に半島を覆っていた大陸氷河(氷床)が融解したためと考えられる。スカンジナビア半島は今後も隆起を続け，最終的には氷期に比べて600m隆起してアイソスタシーを回復したとした場合，融解して失われた大陸氷河の厚さを求めなさい。ただし，アイソスタシーは成り立っており，氷の密度を0.9g/cm^3，地殻物質の密度を2.8g/cm^3，マントル物質の密度を3.3g/cm^{3}とする。

(☆☆☆◎◎◎)

解答・解説

【共通問題】

【1】(1)　ア　4.9m　　イ　2.0s　　(2)　ア　B　　イ　D

(3)　ア　$\frac{V-v_2}{f}$　　イ　$\frac{V+v_1}{V-v_2}f$　　(4)　ア　$\frac{E}{R}$　　イ　・向き…左向

き　・大きさ…$\frac{EBd}{mR}$　(5)　・どちらが有利か…A
・説明…偶力のうでの長さが大きく，回転のモーメントが大きくなるため　(6)　・説明…(帯電体を近づけると，)分子(構成粒子)の内部で電子の偏りが生じ，物体の表面に正負の電荷が現れる。
・具体的事例…髪の毛を下敷きでこすると髪の毛が下敷きについてくる。帯電体を近づけると水が引き寄せられる。
〈解説〉(1)　ア　最高点での速さは0なので，$v^2-v_0{}^2=2ax$の式より，
$0^2-9.8^2=2\times(-9.8)\times h$　∴　$h=4.9$〔m〕
イ　変位が0になるから，$y=v_0t-\frac{1}{2}gt^2$より，$0=9.8t-\frac{1}{2}\times9.8\times t^2$
$t\neq0$より，$t=2.0$〔s〕
(2)　ア　媒質の密度が大きい点は，その点からみて負の側が正の向きに変位し，正の側が負の向きに変位している点であるから，B
イ　媒質の速さが最大である点は，変位が0であるBかDのいずれかである。Bは図1の時刻の直後，正に変化するが，Dは図1の時刻の直後，負に変化するので，条件を満たす点はD
(3)　ア　静止している音源が発する音波の波長は$\frac{V}{f}$である。音源が音の進む向きにv_2で進んでいることから，波長は$\frac{V-v_2}{V}$倍になるから，求める波長は$\frac{V}{f}\times\frac{V-v_2}{V}=\frac{V-v_2}{f}$　なお，観測者の動きによって波長が変化するわけではない。　イ　観測者から見た音速は$V+v_1$であるから，求める振動数f'とすると，$V+v_1=f'\times\frac{V-v_2}{f}$　∴　$f'=\frac{V+v_1}{V-v_2}f$
(4)　ア　金属棒の速さは0なので，スイッチを閉じた瞬間，誘導起電力は発生していない。よって，オームの法則より，電流$I=\frac{E}{R}$
イ　電流が磁場から受ける力は$IBd=\frac{EBd}{R}$　運動方程式$ma=F$より，求める加速度は，$\frac{EBd}{mR}$　フレミングの左手の法則より，向きは図の左向き。　(5)　偶力とは，互いに平行で逆向きで，同じ大きさの力が互いに異なる作用線上に生じることであり，そのモーメントは0になることがない。また，偶力によるモーメントは，力×作用線間の距離

で表され，作用線間の距離が大きいほどモーメントが大きい。

(6)　誘電分極は不導体で生じる現象で，導体で生じる静電誘導とは違い，電荷を取り出すことができないことも重要である。

【2】(1)　ア　(ア)　MnO_4^-の赤紫色が消えず，わずかに残るようになったときが終点と判断する。　(イ)　過マンガン酸カリウムが光によって分解されやすいから。　(ウ)　硫酸で酸性にしなかったため，過マンガン酸イオンがMn^{2+}まで還元されず，酸化マンガン(IV)が生成したから。　イ　水で数分間注意深く洗い，医師に連絡する。

ウ　$2KM_nO_4 + 5H_2O_2 + 3H_2SO_4 \rightarrow 2MnSO_4 + 5O_2 + 8H_2O + K_2SO_4$

エ　Mn，$+7 \rightarrow +2$

(2)　HF，H_2O，I_2

(3)

$$\left[\begin{matrix}\mathrm{H:\ddot{O}:H}\\ \ddot{\mathrm{H}}\end{matrix}\right]^+$$

(4)　・電気陰性度…F　・イオン化エネルギー…Cs

(5)　・ナイロン66…③，⑥　・ポリエチレンテレフタラート…①，⑤

〈解説〉(1)　ア　(ア)　MnO_4^-の赤紫色がMn^{2+}の無色に変化する点が終点。　(イ)　過マンガン酸カリウムは光によって分解し，酸化マンガン(Ⅳ)に変化する。　(ウ)　硫酸が残っているとH^+濃度が高いため，Mn^{2+}には変化せず，MnO_2に変化する。　イ　解答参照。　ウ　与式の1番目×2と3番目×5を加えてe^-を消去する。次にSO_4^{2-}を加えて陽イオンを整理し，K^+を加えて陰イオンを整理する。　エ　MnO_4^-のMn原子の酸化数xは，$x+(-2\times4)=-1$より$x=+7$，Mn^{2+}の酸化数は$+2$

(2)　イオン結合の化合物は組成式で表す。SiO_2は共有結合の結晶であり組成式で表す。　(3)　オキソニウムイオンは，水分子の非共有電子対の一つに水素イオンが配位結合したものである。　(4)　電気陰性度は原子核が電子を引き寄せる強さで，周期表の右上が最大(希ガスは除く)。イオン化エネルギーは電子を放出して陽イオンになるのに必要なエネルギーで，周期表の左下が最小。　(5)　ナイロン66は，アジピン酸$HOOC-(CH_2)_4-COOH$とヘキサメチレンジアミン$H_2N-(CH_2)_6-NH_2$のカルボキシル基とアミノ基の間で縮合重合して得られる。ポリエチレンテレフタラートは，テレフタル酸$HOOC-C_6H_4-COOH$と1,2エタンジオール$HO-(CH_2)_2-OH$のカルボキシル基とヒドロキシ基の間で縮合重合して得られる。

【３】(1)　ウイルスは細胞という構造を持たず，自立した自己複製のためのしくみを持たないため。　(2)　ア　細胞が自らの構成物を積極的に分解する現象　イ　構成物の分解産物を栄養源として再利用できる。　(3)　ア　視野に入射する光量を増減させて，観察像のコントラストを調節するため。　イ　光学顕微鏡では可視光を用いて観察するが，電子顕微鏡では可視光より波長の短い電子線を用いるため。　(4)　(c)　(5)　ア　静止電位　イ　カリウムチャネル　ウ　5.8ミリ秒　エ　1回　(6)　ア　オオカナダモに光合成に必要な二酸化炭素を供給するため。　イ　・補償点…2.0キロルクス　・光飽和点…8.7キロルクス　ウ　小さくなる。

〈解説〉(1)　無生物に対し生物がもつ特徴については，いろいろな考え方があるが，ほぼ次のようなことをもつものを生物とすることができる。細胞からできていること，自己複製の機能を持つこと，代謝の機能をもつこと，刺激を受容して応答する機能を持つこと，などである。(2)　生命は動的平衡にあり，ヒトのからだを構成するタンパク質は，1日当たり2～3％は古いものから新しいものへと入れ替わっている。不要なタンパク質を分解する方法として，無差別にタンパク質や細胞小器官などを分解するオートファジー(自食作用)がある。分解によって生じたアミノ酸は別のタンパク質の構成成分として再利用される。(3)　解答参照。　(4)　被食者と捕食者の個体数は次のようなサイクルで増減を繰り返す。被食者が増えると捕食者が増える→捕食者が増えると被食者が減る→被食者が減ると捕食者が減る→捕食者が減ると被食者が増える。増減ともにそのピークは被食者の後に捕食者が続くので，(c)図が相当する。　(5)　ア　静止状態では軸索の細胞膜の外側が正(＋)，内側が負(－)に分極している。　イ　静止状態では，ナトリウムポンプのはたらきにより細胞内ではNa^+濃度が低く，K^+濃度が高くなっているためにK^+はカリウムチャネルを通って外へ出ていく。＋に帯電したK^+が外に出ていくため外側は＋が多く，相対的に内側は－となる。　ウ　筋肉が刺激を受けてから収縮し始めるまでの時間を潜伏期(以降，記号Sで示す)という。a点を刺激してから興奮が筋肉に達するまでの時間を記号t_aで示す。a点に刺激を与えてから筋肉が収縮し始めるまでに要する時間をTとすると，Tの値は次の式で求められる。

$T=S+t_a$

神経興奮速度Vは，

$V=\frac{距離}{時間}=\frac{100-20}{6.8-6.0}=100$〔mm/ミリ秒〕

である。t_aの値は，次の式で求められる。

$t_a=\frac{距離}{速度}=\frac{20}{100}==0.2$〔ミリ秒〕

a点を刺激後0.2〔ミリ秒〕に筋肉に届いた興奮により，筋肉が収縮し始めるのは，刺激後6.0〔ミリ秒〕後だから，潜伏期Sは，(6.0－0.2＝)5.8〔ミリ秒〕である。　エ　1回の刺激による単収縮の場合，筋肉に興奮が到達して後，収縮してから収縮が終わるまでに約130ミリ秒かかる。a点とb点を同時に押すと，a点からの興奮の到達による潜伏期中にb点からの興奮が到達する。よって，収縮は1回である。

(6)　ア　次に示す化学反応式により，水槽内の二酸化炭素量が一定に保たれる。

$2NaHCO_3$(炭酸水素ナトリウム)$\rightleftarrows Na_2CO_3+H_2O+CO_2$

イ　表をもとにグラフを描いたのが次の図である。

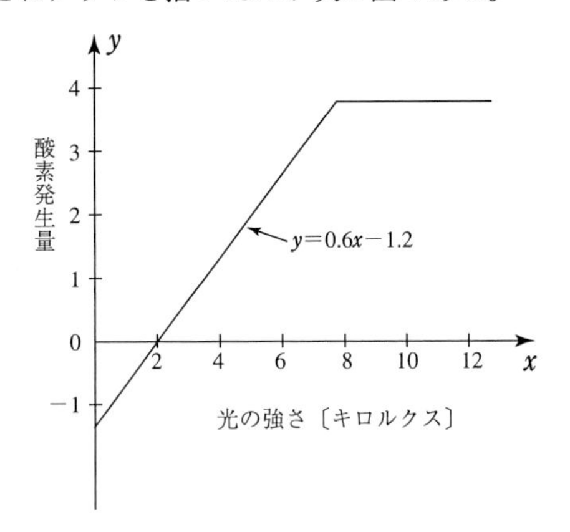

補償点では酸素の呼吸による吸収量と光合成による発生量が等しくなっており，発生量の値は0である時の光の強さである。よって，$y=0$の時のxの値は，2.0〔キロルクス〕となる。一方，光飽和のときのyの値は4.0であるので，$4.0=0.6x-1.2$より，$x \fallingdotseq 8.66$　よって，$x=8.7$〔キロルクス〕

ウ　10℃では30℃の時よりも酵素反応の低下により，光合成速度は低くなるのでグラフは左側に移動する。

【4】(1)　(記号，訂正の順)　・イ，磁鉄鉱　　・ウ，玄武岩質　・エ，古くなる　　・カ，火山フロント　　(2)　ア　①　70　②　二酸化炭素(水蒸気)　　③　水蒸気(二酸化炭素)　　イ　成層圏　ウ　偏角，伏角，全磁力　　エ　太陽風　　オ　・惑星…金星，火星，・共通する気体…二酸化炭素　　カ　季節の変化を緩やかにしている。・二酸化炭素を溶かしたり，気候の変化を抑制している。・高緯度へ熱を輸送している。

〈解説〉(1)　ウェゲナーは大陸移動説を南アメリカとアフリカの大西洋に面した海岸線の形が似ていることから発想したといわれているが，大陸をつなぎ合わせると古生代の氷河の分布や流れた方向，および古生代の陸上植物の分布等が合理的に説明できることも証拠としてあげた。マグマが地表付近で固結するときに晶出する鉄やチタンの酸化鉱物(磁鉄鉱など)が，固結当時の地磁気の方向に磁化する。堆積岩では，磁鉄鉱など磁性をもった鉱物の粒子が堆積するときに，鉱物粒子中の磁気が堆積当時の地磁気の方向に並んで堆積する。以上のことより残留磁気が岩石中に保持される。なおイの縞状鉄鋼層は原生代の約24.5～20億年前に形成された酸化鉄の鉱床。ウの海嶺で噴出するマグマは粘性の低い玄武岩質マグマである。エの太平洋上に列状に分布する火山島や海山は，ホットスポットの活動によってできたと考えられている。このホットスポットはハワイ島の下に位置すると考えられているので，ハワイ島に近いほど新しい火山島である。カに述べられているように，日本列島や環太平洋火山帯などの火山帯では，プレートの沈み込み境界に沿って，海溝から100～300km程度離れたところに分布する。火山分布の海溝側の限界線を，火山前線(火山フロント)という。

(2)　ア　海洋は地球表面積の70％を占めている。恒星の周りを公転する惑星上に，水が液体で存在する温度になる領域をハビタブルゾーンという。太陽系では0.95～1.4天文単位の帯状の領域で，この領域には地球だけが存在する。大気中に含まれる水蒸気や二酸化炭素，メタンなどは地表から放射された赤外線を吸収し大気を暖める。

イ～エ　解答参照。　オ　地球型惑星中，地球以外で大気を保有するのは金星と火星で，その主成分は二酸化炭素である。金星の表面大気圧は90×10^5Paで，二酸化炭素が占める堆積百分率は96％である(地球の表面大気圧は1×10^5Pa)。火星の表面大気圧は0.006×10^5Paで，二酸化炭素は95％を占める。　カ　海流は低緯度から高緯度へ熱を運んでいる。ヨーロッパの気候は同じ緯度の大陸東岸(東アジア)に比べて温暖である。これはメキシコ湾流および北大西洋海流によって，熱が輸送されていることが原因の一つである。

【選択問題】

【５】(1)　ア　2倍　　イ　A→B…$\frac{3}{2}P_0V_0$　　C→A…$-\frac{5}{2}P_0V_0$

ウ　$\frac{1}{2}P_0V_0$　　エ　$\frac{9}{4}T_A$　　(2)　ア　$\frac{mg}{\sin\theta}$　　イ　$\sqrt{gh}$

ウ　$2\pi\sqrt{\frac{h}{g}\tan\theta}$　　エ　$\sqrt{(g+\alpha)h}$

〈解説〉(1)　ア　ボイル・シャルルの法則より，体積一定で圧力が2倍になると，絶対温度も2倍になる。　イ　Aでの絶対温度をT_Aとすると，Aでの状態方程式は$P_0V_0=nRT_A$となる。一方，A→Bは定積変化だから，吸収した熱量は内部エネルギーの変化に等しいので，求める熱量は$\frac{3}{2}nR(2T_A-T_A)=\frac{3}{2}nRT_A=\frac{3}{2}P_0V_0$　AとCを比較すると，シャルルの法則より，Cの絶対温度も$2T_A$である。一方，C→Aは定圧変化なので，求める熱量は，$\frac{5}{2}nR(T_A-2T_A)=-\frac{5}{2}nRT_A=-\frac{5}{2}P_0V_0$

ウ　1サイクルで気体がした仕事は，問題の図1の三角形ABCの面積に等しいから，$\frac{1}{2}P_0V_0$　エ　B→C間は直線であることから，圧力をP，体積をVとすると，$P=-\frac{P_0}{V_0}V+3P_0$と表せる。PVが最大値をとるとき，温度は最高になるから，$PV=-\frac{P_0}{V_0}V^2+3P_0V=-\frac{P_0}{V_0}\left(V-\frac{3}{2}V_0\right)^2+\frac{9}{4}P_0V_0$　よって，$V=\frac{3}{2}V_0$(これは，B→C間にある)のとき，最大値$\frac{9}{4}P_0V_0$をとる。$P_0V_0=nRT_A$より，求める温度は$\frac{9}{4}P_0V_0T_A$

(2)　ア　垂直抗力の鉛直成分が重力とつりあうから，求める垂直抗力をNとすると，$N\sin\theta=mg$　∴　$N=\frac{mg}{\sin\theta}$　イ　小球の速さをvとすると，垂直抗力の水平成分が向心力となるから，半径が$h\tan\theta$であることを用いて，運動方程式より，$m\times\frac{v^2}{h\tan\theta}=N\cos\theta=\frac{mg}{\tan\theta}$

∴　$v=\sqrt{gh}$　ウ　周期$T=2\pi\frac{h\tan\theta}{v}=2\pi\sqrt{\frac{h}{g}\tan\theta}$　エ　重力加速度gを，見かけの重力加速度$(g+\alpha)$で置き換えて，求める速さは$\sqrt{(g+\alpha)h}$

【6】(1)　マルトース　　(2)　グリコシド結合　　(3)　ア　-O-H

イ　$-C\begin{matrix}-H\\ =O\end{matrix}$　　(4)

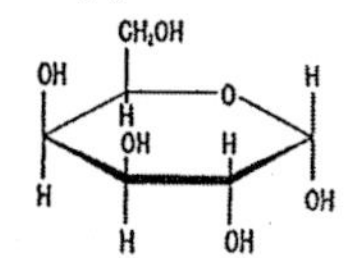

(5)　4.3g

(6)　5.0×10^2個　　(7)　ヒトは，セルラーゼをもたないため。(17字)

(8)

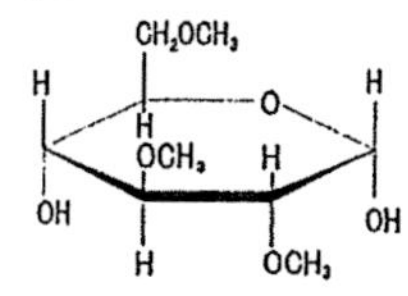

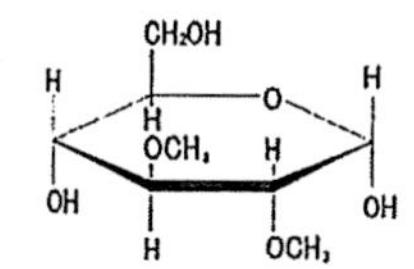

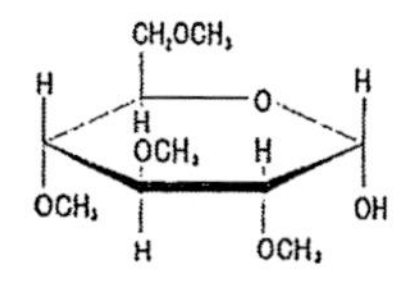

〈解説〉(1)，(2)　単糖類の互いの－OHの間で縮合してできたエーテル結合－O－を特にグリコシド結合という。　(3)　鎖状のグルコースは1位が開き－OHと－CHOに分かれる。　(4)　ガラクトースはα－グルコースの4位の－Hと－OHの位置が逆になった構造をとる。

(5)　マルトースを加水分解すると2量体生じること，単糖類1molからCu_2Oが1mol沈殿することより，グルコースが，$\frac{5.13}{342}\times2=0.03$〔mol〕生成するから，赤色沈殿$Cu_2O$(＝143)は，$143\times0.03=4.29\fallingdotseq4.3$〔g〕

(6)　$nC_6H_{12}O_6\rightarrow(C_6H_{10}O_5)_n+(n-1)H_2O$より，$M=180n-18(n-1)$の関係があるので，$n=\frac{M-18}{162}$　したがって，$n=\frac{8.1\times10^4-18}{162}\fallingdotseq499.88\fallingdotseq5.0\times10^2$〔個〕

(7)　β－グルコースの重合体はセルロースで，その分解酵素がセルラーゼである。　(8)　デンプンは1,4結合と1,6結合を含み，1位の－OH基は，メチル化されても加水分解されてしまうため変化しない。したがって，1位のみが－OHの場合，1，4位が－OHの場合，1，4，6位が－OHの場合の3種類となる。

【7】(1)　ア　①　熱帯多雨林　　⑨　針葉樹林　　⑩　ツンドラ

イ　5.75kg/m²　　ウ　砂漠における乾燥期の厳しい環境下では植物体の維持が難しく，種子で乾燥に耐える一年生植物の方が有利であるため。　エ　総生産量は純生産量と呼吸量の和であり，総生産量に対する純生産量の割合は，植物体の呼吸量に影響をうける。草原では，草本植物が優占し，同化器官である葉の量に対して非同化器官の茎や根の量の割合が比較的小さいため，総生産量に対する呼吸量の割合は小さい。一方，森林では木本植物が優占し，幹や根などの非同化器官が大きく発達するため呼吸量の割合が大きくなる。このため，草原は森林よりも純生産量の割合が大きい。　(2)　ア　語…誘導　領域…形成体　イ　動物極側の細胞は，個々にBMPを分泌し，お互いに受容体で受け取ることにより表皮に分化していくが，形成体はBMPに結合するタンパク質を分泌することにより，BMPが受容体に結合することを妨げる。この結果，自らの受容体にBMPが結合することのなかった細胞は表皮への分化が妨げられ，神経への分化が起こる。

ウ　番号…①　根拠…脊索が現れたから。　(3)　ア　同じ遺伝子座にあるDNAでも含んでいるマイクロサテライトの長さが異なる場合があるから。　イ　遺伝子座BのDNAは，いずれかの性染色体上に存在する。　ウ　20％

〈解説〉(1)　ア　①～⑩の各バイオームは次の通りである。①熱帯多雨林　②亜熱帯多雨林　③雨緑樹林　④サバンナ　⑤砂漠　⑥照葉樹林　⑦ステップ　⑧夏緑樹林　⑨針葉樹林　⑩ツンドラ　イ　総生産量(P_G)は純生産量(P_N)と呼吸量(R)を加えた量である。$R=0.8P_G$の関係があり，$P_N=1.15$〔kg/m^2〕だから，$P_G=P_N+R$の式を，$P_G=1.15+0.8P_G$としてP_Gの値を計算すればよい。$P_G=5.75$〔kg/m^2〕　ウ　砂漠では，乾燥に耐える種子で子孫を残すほうがよい。　エ　樹木の生産構造は，同化部(葉)の量に対して非同化部(枝・幹)の量が大きく，呼吸量の値が大きくなる。　(2)　ア　未分化の細胞を特定の細胞に分化させることを誘導といい，形成体のもつ誘導物質により行われる。　イ　外胚葉の細胞は，もともと神経に分化する運命にある。しかし，BMPが細胞膜に存在する受容体に結合すると，遺伝子発現が変化して表皮に分化するようになる。形成体から分泌されるノギンやコーディンなどのタンパク質は，BMPと結合し，BMPが受容体と結合するのを阻害する。このため，形成体の誘導を受けた細胞は神経に分化する。　ウ　表の中で中胚葉由来の組織は，脊索・筋肉・血球・始原生殖細胞などであるが，そのうち背側中胚葉は脊索だけである。　(3)　ア　ゲノム上に存在する，数個の塩基からなる反復配列の繰り返しをマイクロサテライトという。マイクロサテライトはゲノム中に広く散在し生存上は中立(有利でも不利でもない)なので自然選択を受けることなく次代に伝わることが多く，イントロンの部分に存在し，同じ遺伝子座にあってもイントロンの長さが異なることになる。　イ　遺伝子座BのDNAを持つ精子と持たない精子があることから，遺伝子座Bは常染色体に存在するのではなく性染色体のXまたはY染色体にあることが推測される。
ウ　体細胞の遺伝子座AとCのDNAは2つあるので常染色体にある遺伝子であることが分かる。10個の精子のうちで，DNAでAとCの塩基対数が異なるのは2個である。よって，組換え価は，$\frac{2}{10}\times 100=20$〔%〕である。

【8】(1)　ア　0.35%　　イ　・赤道は半径が最大であること。　・赤道は遠心力が最大であること　(2)　ア　太陽定数　　イ　1.4×10^3
(3)　ア　極冠　　イ　$\frac{1}{S}=\frac{1}{E}-\frac{1}{P}$　　ウ　2.14年　　(4)　ア　宇宙が一点から膨張したとすると，$\frac{r}{v}$は膨張の始まりから現在の時間を表すから。　　イ　泡構造　　(5)　2200m

〈解説〉(1)　ア　パリとギアナの振り子の周期をそれぞれT，T'，両地の重力加速度をg，g'とおき，振り子の長さをlとすると，それぞれの振り子の周期の式は，パリでは，$T=2\pi\sqrt{\frac{l}{g}}$　…①，ギアナでは，$T'=2\pi\sqrt{\frac{l}{g'}}$　…②となる。

①，②式より$\frac{T'}{T}=\frac{2\pi\sqrt{\frac{l}{g'}}}{2\pi\sqrt{\frac{l}{g}}}=\sqrt{\frac{g}{g'}}$を得る。ここで両辺を2乗し，パ

りの振り子の周期T＝24〔h〕＝1440〔m〕，ギアナの周期T'＝1442.5〔m〕を代入すると

$$\frac{g}{g'}=\left(\frac{1442.5}{1440}\right)^2=\left(1+\frac{2.5}{1440}\right)^2\fallingdotseq\left(1+2+\frac{2.5}{1440}\right)=1+\frac{5}{1440}=1+0.00347\cdots$$

となる。よって，$g=1.0035\times g'$より，0.35％大きい。　イ　解答参照。

(2)　ア　解答参照。　イ　太陽放射エネルギーの49％が地表に届くことから，大気圏の最上部での値＝平均の放射エネルギー量は170÷0.49〔W〕で得られる。この値は地球に入射する総日射量を地球の全表面に分配したときの値である。総日射量は地球の断面積に太陽定数をかけた値であるから，地球の半径をRとおくと，

(1秒間あたり地球に入る総日射量)＝(太陽定数)×πR^2

と表せる。この総日射量を地球全表面に配分するのであるから，地球の表面積が$4\pi R^2$より，

(太陽定数)×πR^2＝(平均のエネルギー量)×$4\pi R^2$となるので，

(太陽定数)＝4×(平均のエネルギー量)　となる。よって，

(太陽定数)＝4×170÷0.49＝1387.7…≒1.4×10^3を得る。

(3)　ア　解答参照。

イ　外惑星は$\frac{1}{S}=\frac{1}{E}-\frac{1}{P}$，内惑星は$\frac{1}{S}=\frac{1}{P}-\frac{1}{E}$である。

ウ　火星の公転周期は1.88年，地球の公転周期は1年なので，

$$\frac{1}{S}=\frac{1}{E}-\frac{1}{P}=\frac{1}{1}-\frac{1}{1.88}=\frac{1.88-1}{1.88}=\frac{0.88}{1.88}$$

よって，$S=\frac{1.88}{0.88}=2.136\cdots\fallingdotseq2.14$〔年〕となる。

(4)　ア　解答参照。　イ　解答参照。

(5)　アイソスタシーの計算問題の解法には二通りある。大陸のはたらく重力と浮力との釣り合いから求める方法と，大陸下の等深面にかかる圧力が等しいことから求める方法である。このうち等深面にかかる圧力より求めてみる。後の図はスカンジナビア半島(これ以降半島と記す)に大陸氷河がない状態(A)と，厚さlの大陸氷河に覆われ半島がh沈んだ様子(B)を示している。両方ともマントルに浮いている状態なので，(Bの半島の下面に設定した)等深面にかかる荷重は等しい。このことを

式で表すとAでは

(半島の重さ)+(＊で示されたマントルの重さ)　…①

となり，Bでは

(大陸氷河の重さ)+(半島の重さ)　…②

となる。両式は等しいので，

(大陸氷河の重さ)=(＊で示されたマントルの重さ)　…③

となる。ここで半島の底面積をS，重力加速度をg，氷とマントルの密度をそれぞれρ_0，ρとおくと，③式は

$S\times l\times \rho_0\times g=S\times h\times g$となるので，$l=\frac{\rho}{\rho_0}\times h$を得る。ここで，$\rho_0=0.9$〔g/cm^3〕，$\rho=3.3$〔g/cm^3〕，$h=600$〔m〕$=6\times10^4$〔cm〕を代入すると，$l=22\times10^4$〔cm〕$=2200$〔m〕を得る。

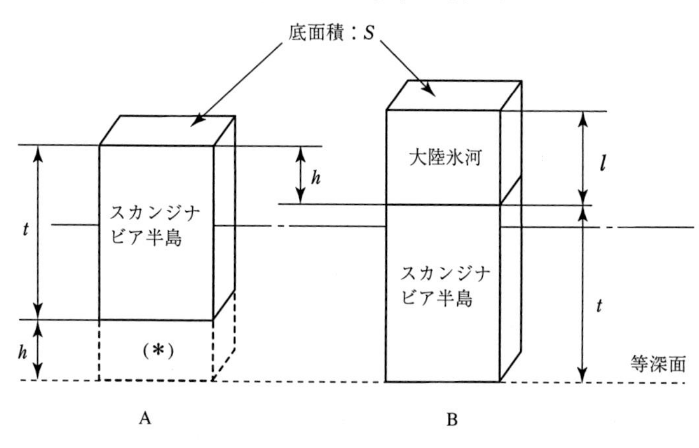

2017年度　実施問題

中高共通

注 (1) 共通問題【1】,【2】,【3】,【4】は，全員が解答すること。

注 (2) 選択問題【5】,【6】,【7】,【8】は，この中から2題を選択し解答すること。

【共通問題】

【1】次の各問いに答えなさい。

(1) 次の図のように質量Mの棒A，Bとパイプを組み合わせ，中に軽いばねを入れた器具がある。この器具を天井と床の間にはさむと，器具全体が垂直になった状態で静止した。このときばねの長さは自然長より短くなり，ばねは棒を押し広げていた。ただし，棒とパイプの間の摩擦は無視できるものとし，重力加速度の大きさをgとする。

図

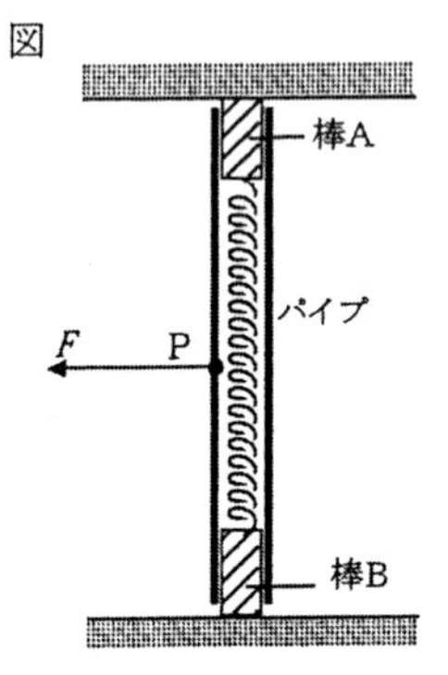

ア　次にパイプの中点Pに水平な向きに大きさFの力を加えても器具は静止していた。天井から棒Aにはたらく摩擦力の大きさをf_A，床から棒Bにはたらく摩擦力の大きさをf_Bとすると，Fとf_A，f_Bの関

係式を答えなさい。

イ　天井から棒Aにはたらく垂直抗力の大きさをN_Aとすると，床から棒Bにはたらく垂直抗力の大きさを答えなさい。

(2)　日常見られる現象について，次の各問いに答えなさい。

ア　空が青く見える理由を「波長」という語句を用いて簡潔に説明しなさい。

イ　虹が発生する方向についてその特徴を簡潔に説明しなさい。

(3)　地上より小球を水平面から斜め45°に打ち出した。小球は放物線を描き1.0s後，同じ高さの水平面に着地した。重力加速度を$10m/s^2$として，小球の水平到達距離を求めなさい。

(4)　次の回路ア，イにある抵抗A，Bに流れる電流の大きさを，それぞれ求めなさい。ただし，回路イにある抵抗の抵抗値はすべて同じとは限らない。

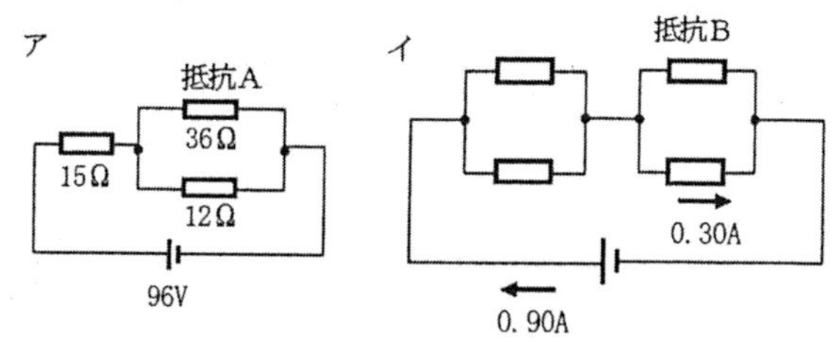

(5)　次の会話は，コンデンサーにはたらく極板間引力について議論している先生Tと3人の生徒A，B，Cの会話である。生徒A，B，Cの説明が正しいときには○を，誤っている場合には×をそれぞれ記入しなさい。また，×を記入した生徒から1人選び，その誤りを簡潔に説明しなさい。

T　真空中で極板間の真空誘電率がε_0，極板間距離d，極板面積Sのコンデンサーに蓄えられている電気量をQとすると，向き合う両側の極板にはそれぞれ$+Q$，$-Q$蓄えられているよね。

A　そうですね。クーロンの法則の比例定数kは$k=\dfrac{1}{4\pi\varepsilon_0}$となるので，クーロンの法則よりコンデンサーにはたらく極板間引力の大きさFは$F=k\frac{Q^2}{d^2}=\frac{Q^2}{4\pi\varepsilon_0 d^2}$となるのかな。

B　いや，私はこう思うよ。薄く十分に広い正極板に蓄えられた電気量$+Q$が極板周辺につくる電場はガウスの法則より$\frac{Q}{2\varepsilon_0 S}$となるよね。よって，負極板がつくる電場と合成して極板間につくられる電場の強さEは$E=\frac{Q}{\varepsilon_0 S}$となるので，極板にはたらく力$F$は$F=QE$から$F=\frac{Q^2}{\varepsilon_0 S}$となるのじゃないかな。

C　でも，こういう考え方もできるのじゃないかな。極板の電気量が保存されている状態で極板に外力Fを加えて仕事したとき，コンデンサーに蓄えられている静電エネルギーの変化ΔUと極板に対して外力がした仕事Wの関係を考察すると，$F=\frac{Q^2}{2\varepsilon_0 S}$となる。これが正しいと思うよ。

(6)　${}^{238}_{92}U$はα崩壊，β崩壊をくりかえして，途中${}^{226}_{88}Ra$になる。${}^{238}_{92}U$から${}^{226}_{88}Ra$になるまでには，β崩壊を何回行うか，答えなさい。

(☆☆☆◎◎◎)

【2】次の各問いに答えなさい。

(1)　次の物質に含まれる化学結合をすべて答えなさい。ただし，分子間力は化学結合に含めないものとする。

ア　塩化水素　　イ　硝酸アンモニウム

(2)　次の方法で発生する気体(水蒸気を除く)を化学式で答えなさい。

ア　石灰石に塩酸を加える。　　イ　さらし粉に塩酸を加える。

(3)　銅板を陰極に，炭素棒を陽極にして塩化銅(Ⅱ)水溶液を分解したところ，陰極に銅が1.27g析出した。次の問いに答えなさい。ただし，ファラデー定数を9.65×10^4C/mol，Cu＝63.5とする。

ア　この電気分解に要した電気量は何Cか，求めなさい。

イ　塩素は水に溶けないものとして，陽極から発生した塩素は0℃，

1.01×10^5Paで何mLか，求めなさい。

(4)　ある一価の酸A0.555gを1.00mol/L水酸化ナトリウム水溶液10.0mLに溶かしたのち，残っている水酸化ナトリウムを中和するのに0.500mol/L塩酸5.00mLが必要であった。この一価の酸Aの分子量を求めなさい。

(5)　次のア，イの実験について，下線部の誤りを正しなさい。

ア　酢酸水溶液の濃度を測定するために，フェノールフタレイン溶液を指示薬として用い，濃度がわかっているアンモニア水を用いて中和滴定を行った。

イ　濃度がわかっている過マンガン酸カリウム水溶液を用いて，過酸化水素水の濃度を測定する酸化還元滴定において，過酸化水素水に塩酸を加えて酸性にして測定を行った。

(6)　生徒からの質問ア，イについて，理科の教員としてどのように説明するか，簡潔に答えなさい。

ア　石灰水に二酸化炭素を吹き込んだら白く濁りました。そのまま二酸化炭素を吹き込み続けたら，透明になったのはなぜですか。

イ　アルミニウムは，濃硝酸に溶けないのはなぜですか。

(☆☆☆◎◎◎)

【3】次の各問いに答えなさい。

(1)　光学顕微鏡の操作について，次の各問いに答えなさい。

ア　(ア)観察したいものを視野に入れるとき，(イ)観察したいものにピントを合わせるとき，生徒に指導すべきことをそれぞれ1つずつ簡潔に答えなさい。

イ　ミクロメーターをセットして，倍率150倍で両方の目盛りが見えるようにしたところ，図1のように接眼ミクロメーターの目盛りと対物ミクロメーターの目盛りが一致して見えた。

次に倍率を600倍にしてある細胞を観察したところ図2のようになった。この細胞の長さ(破線間)は何μmか，求めなさい。なお，対物ミクロメーターには1mmを100等分した目盛りがついている。

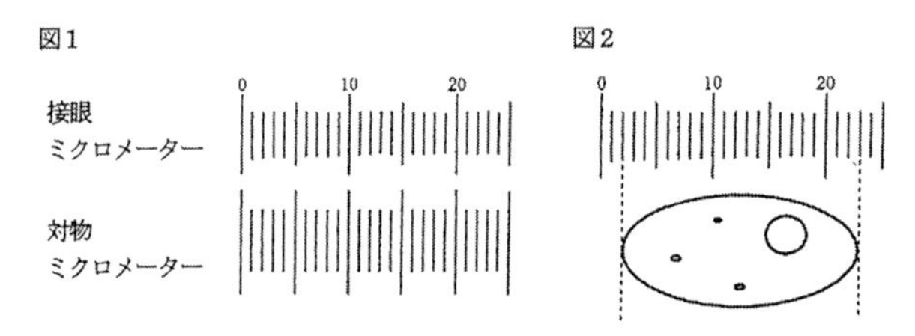

(2)　配偶子が形成される過程で減数分裂が起こる。

ア　乗換えが起こる時期を次にしたがって答えなさい。

第(　　)分裂(　　)期

イ　哺乳類について，精子1個に含まれる核内DNA量を1としたとき，減数分裂直前の一次精母細胞1個に含まれる核内DNA量を求めなさい。

(3)　DNAの抽出実験では，ブロッコリーの花芽が材料として使われることが多い。その理由を「入手のしやすさ」以外で1つ簡潔に説明しなさい。

(4)　ある地域を覆っている植物全体をまとめて植生という。植生は長い年月をかけて一定の方向に変化する。

ア　この現象を何というか。また，この現象の結果，最終的に到達する安定した状態を何というか，それぞれ答えなさい。

イ　この現象について，温帯地域の溶岩流によって覆われた場所でみられる先駆植物の特徴として適当なものを次の(a)～(e)からすべて選び，記号で答えなさい。

(a)　陽生植物である　　(b)　陰生植物である

(c)　種子が大きく重い　　(d)　種子が小さく軽い

(e)　乾燥に強い

(5)　理科授業において先端研究を紹介することは，学習内容への興味関心の喚起を図る上で極めて有効である。昨今，生物分野での技術の進捗は目覚ましいものがあるが，生徒にどのような例示ができるか，次のア，イについてそれぞれ1つずつ簡潔に答えなさい。

ア　GFPの活用方法

イ　iPS細胞の再生医療(組織・臓器再生と移植)分野以外での活用方法

(6)　ある植物の花弁には，形が横長と縦長のものがあり，色が赤色と黄色のものがある。形を横長にする遺伝子Aは縦長の遺伝子aに対して，色を赤色にする遺伝子Bは黄色の遺伝子bに対してそれぞれ優性である。また，形の遺伝子と色の遺伝子は同じ相同染色体上に存在し，組換え価は20%とする。今，花弁が横長で黄色の個体と縦長で赤色の個体を交配したところ，得られた個体の花弁はすべて横長で赤色であった。さらにこの個体を自家受精させて得られた個体について，花弁が縦長で赤色のものは得られる個体全体の何%を占めると期待できるか，整数で答えなさい。ただし，成長途中の枯死や突然変異は考えないものとする。

(☆☆☆◎◎◎)

【4】次の各問いに答えなさい。

(1)　古代の人々は，さまざまな現象を観察し，地球は丸いことに気づいていた。紀元前3世紀，エラトステネスは，ナイル河口のアレキサンドリアで夏至の日の太陽の南中高度を測定して，太陽が天頂より7.2°南に傾いて南中することを知った(次図)。また，アレキサンドリアから5000スタジア南にあるシエネでは，夏至の日に太陽が真上を通り，正午には深い井戸の底まで日がさすことが当時広く知られていた。これらの事実から，彼は地球一周の長さを測定した。以降，現在まで地球に関して様々なことがわかってきている。

図

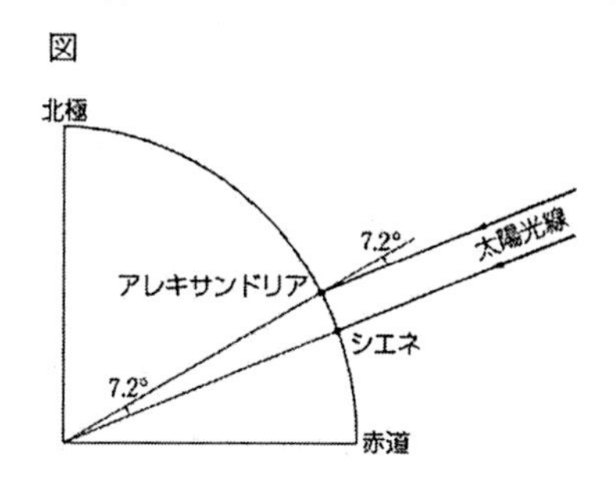

ア　下線部について，生徒から「古代の人たちは，どのようにして地球が丸いことを知ったのですか？」と質問を受けた。理科の教員として，どのように答えるか，2つ例をあげて簡潔に述べなさい。

イ　1スタジアを180mとすると，エラトステネスは地球一周を何kmと計算したのか，求めなさい。

(2)　堆積岩を調べると，ある地域でどういう順序で環境が変化したかがわかる。この調査をより広域にわたって行い，その結果を総合すると，全地球的にどういう順序で何が起こったかが明らかになる。伝統的な方法の1つは，生物が進化したことを利用する方法である。遠隔の地域間でも同じ示準化石が産出すれば，それらを含む地層は同じ時代に堆積したものであると決めることができる。

ア　下線部のことを何というか，答えなさい。

イ　示準化石の特徴を2つ答えなさい。

(3)　(2)より後になって開発された方法に，岩石の①放射年代を用いる方法がある。何年前という具体的な年代を知ることができるため都合が良い。近年では，新生代による②酸素同位体比の変動が詳しくわかってきたため，この結果を時代区分に応用している。また，暖かい時代であったといわれる白亜紀については，炭素同位体比を用いて時代を決めることが世界各地で進められている。

ア　下線部①について，年代が得られる原理について簡潔に説明しなさい。

イ　下線部②について，酸素同位体比から何がわかるか，答えなさい。

(4)　地震波のP波とS波の速度分布の研究から，地球内部は，構成物質が異なる成層構造をなすことが明らかになってきた。震源からの角距離103°～143°には，P波とS波いずれも到達しない領域がある。この領域は，P波がマントルと外核の境界で屈折して中心向きに曲げられることによって生じる。この領域をさらに詳しく観測すると，わずかながらP波が到達している。これは，外核と内核の境界で屈折した波が到達しているためである。内核は，P波の速度が急増していることがわかっているため，固体であると考えられている。

ア　下線部のことを何というか，その名称を答えなさい。

イ　S波が到達しない理由を簡潔に説明しなさい。

(☆☆☆◎◎◎)

【選択問題】

【5】次の各問いに答えなさい。

(1)　質量m，電荷$-e$の電子を静止した状態から電圧Vで加速したところ速さvに達した。図1のように，この電子線を結晶面に入射させ，結晶面からの角度θを0から増加させたところ$\theta=\theta_0$で初めて反射電子線の強度が最大となった。簡単のために，結晶面が原子の間隔dで規則正しく配列している結晶格子と考える。プランク定数をhとする。

図1

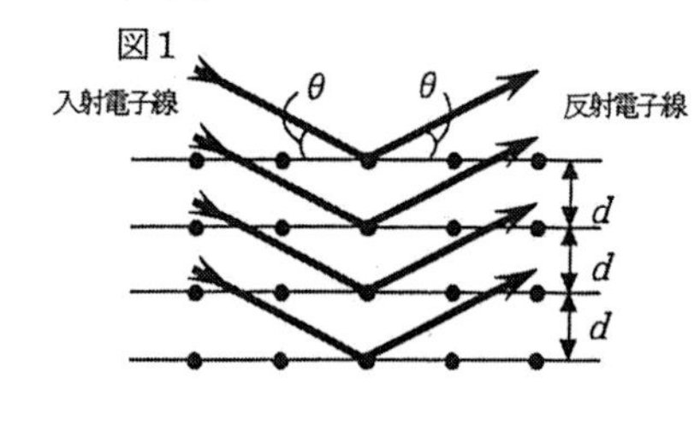

図2

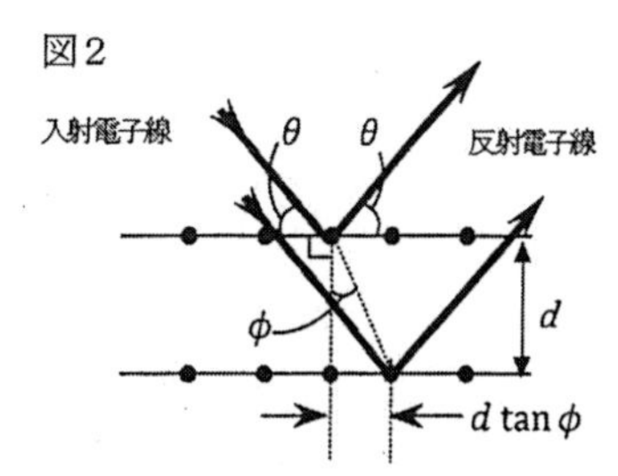

ア　電子の速さvをm，e，Vを用いて表しなさい。

イ　この電子の波動性を考えたとき電子線の波長λを求めなさい。

ウ　原子の間隔dを答えなさい。

エ　図2のように2枚目の格子面の上で反射する位置が$d\tan\phi$で表される長さだけずれたときの行路差を求めなさい。

(2)　電気容量Cのコンデンサーに交流電圧を加えた。コンデンサーに流れる電流Iと加える電圧V(電流の向きを正と定め，その向きに電流を流そうとする電圧を正とする)を$I=I_0\sin\omega t$，$V=V_0\sin(\omega t+\phi)$とおく。このとき，コンデンサーのリアクタンスX_cと位相差ϕを導く。

　コンデンサーにQの電気量がたまっているとき，$Q=CV$の関係となっている。このとき電流Iが流れ込み，時間Δtの間に電気量がΔQ増加したとする。

ア　IをΔt，ΔQを用いて表しなさい。

イ　コンデンサーの電気量がΔQ増加するときの電圧の増加分をΔVとして，ΔQをC，ΔVを用いて表しなさい。

ウ　θが0にきわめて近いとき$\sin\theta \fallingdotseq \theta$，$\cos\theta \fallingdotseq 1$が成立することを用いて$I_0\sin\omega t = \omega CV_0\cos(\omega t + \phi)$を導出しなさい。

エ　コンデンサーのリアクタンスX_c，位相差ϕを解答の過程を含めて答えなさい。

(☆☆☆☆◎◎◎)

【6】次の各問いに答えなさい。原子量は，H＝1.0，C＝12，O＝16とする。

(1)　ベンゼン50.0gに酢酸1.20gを溶かした溶液の凝固点は4.44℃であった。なお，ベンゼンの凝固点は5.50℃とし，ベンゼンのモル凝固点降下は5.12K・kg/molである。

ア　この溶液の凝固点降下度から，酢酸の見かけの分子量を求めなさい。

イ　この溶液において，酢酸の見かけの分子量と真の分子量のずれが生じる理由を簡潔に説明しなさい。

ウ　ナフタレンとパラジクロロベンゼンを同じタンスの中で防虫剤として用いることが好ましくない理由を簡潔に説明しなさい。

(2)　2.0L中に0.20molのCl^-と0.020molのCrO_4^{2-}を含む混合溶液に，Ag^+を少しずつ加えていくものとする。ただし，AgClの溶解度積K_{sp}は2.8×10^{-10}〔mol/L〕^{2}，Ag_2CrO_4のK_{sp}は2.0×10^{-12}〔mol/L〕^{3}，$\sqrt{2}=1.4$とする。

ア　最初に沈殿する物質を物質名で答えなさい。

イ　2番目の沈殿の色は何か，答えなさい。

ウ　2番目の沈殿が生成し始めたとき，最初の沈殿を構成している陰イオンは何%沈殿しているか，小数第2位まで求めなさい。

(3)　184gのテレフタル酸と62gのエチレングリコールの縮合重合反応について，生じた水をすべて取り除き，重合に伴う脱水反応を100%行った。生じた重合体を精製し，分子量のそろった重合体1.0gをとり分析したところ，8.0×10^{-5}molのカルボキシ基が含まれていた。

テレフタル酸　エチレングリコール

ア　この縮合重合反応において生成した高分子の物質名を答えなさい。

イ　この高分子の末端にある官能基は何か，答えなさい。

ウ　この縮合重合反応で生じた水は何gか，求めなさい。

エ　生成した重合体の分子量を求めなさい。

(☆☆☆◎◎◎)

【7】次の各問いに答えなさい。

(1)　①酵素反応では，まず酵素に基質が結合して酵素－基質複合体となった後，生成物がつくられる。細胞内で複数の酵素によって連鎖的に反応が進む代謝経路では，一般に反応経路の最終生成物が経路の初期にはたらく酵素に作用し，経路全体の進行を調節している。②この調節には，最終生成物が活性部位以外に結合することにより活性が変化する酵素が関係することが多い。

ア　下線部①について，図1は酵素反応開始直後の酵素，基質，酵素－基質複合体，生成物の濃度変化を時間経過とともに表したものである。酵素の濃度変化と生成物の濃度変化を示すものを(ア)～(エ)の曲線から1つずつ選び，それぞれ記号で答えなさい。

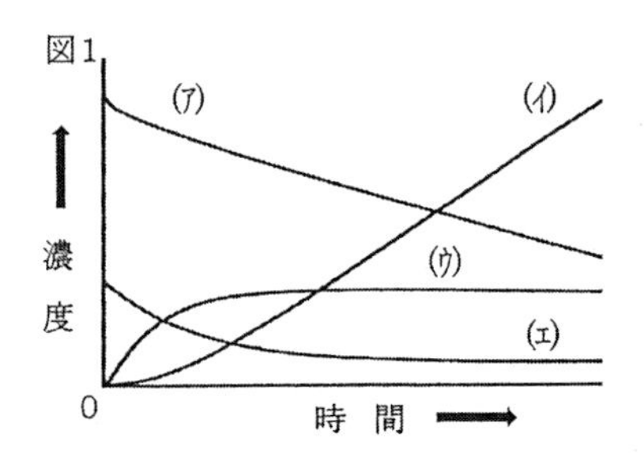

イ　下線部②について，この調節と，調節に関係する酵素はそれぞれ何と呼ばれるか，その名称を答えなさい。

ウ　下線部②の酵素について，温度と酵素濃度を一定にして基質濃度を変化させたときの反応速度を調べた。図2の曲線(オ)はそのときの結果を表したものである。温度と酵素濃度はそのままで，阻害剤AとBを加えたところ，それぞれ曲線(カ)，(キ)で表される結果を得た。阻害剤A，Bは酵素のはたらきをどのように阻害したと考えられるか，それぞれ簡潔に説明しなさい。

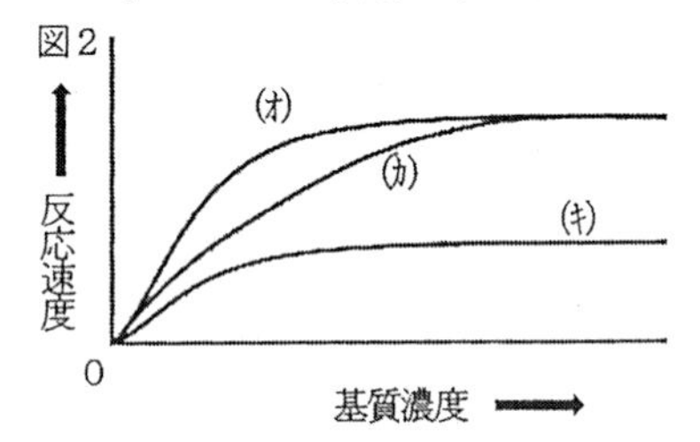

(2)　強い光が降り注ぐ場所では，光合成が盛んに行われた結果，植物体周囲の二酸化炭素濃度が下がることにより，C_3植物では光合成速度が低下する。しかしC_4植物は，強光下でも光合成速度が低下しにくい。これらの植物では，気孔から取り込まれた二酸化炭素は葉肉細胞の細胞質に溶け，酵素反応によってオキサロ酢酸が生じる。さらにオキサロ酢酸はリンゴ酸に還元されてからA細胞に運ばれた後，再び二酸化炭素が取り出されカルビン・ベンソン回路で使われる。

ア　C_3植物のカルビン・ベンソン回路において，二酸化炭素を固定する最も初期の反応を触媒しているのはルビスコとよばれる酵素である。ルビスコが二酸化炭素とともに基質とする物質と，酵素反応後の生成物の名称を答えなさい。

イ　C_4植物について具体的な植物名と，文中のA細胞の名称を答えなさい。

(3)　DNAの塩基配列の変異には「置換」と「挿入・欠失」などが挙げられるが，「挿入・欠失」は「置換」と比べて合成されるタンパク質に重大な影響を及ぼす可能性が高い。この理由を簡潔に説明しなさい。

(4)　PCR法を用いて，鋳型DNA中の特定領域の増幅を行いたい。材料物質などが十分な条件下で，増幅させたい領域のみからなる2本鎖DNAを8本確保するには，実験操作を最低何サイクル行えばよいか，求めなさい。

(☆☆☆☆◎◎◎)

【8】次の各問いに答えなさい。

(1)　図1は，横軸に恒星の表面温度とスペクトル型を，縦軸にその絶対等級を表したHR図である。この図中にa～eの5つの仮想的な恒星を示している。これをもとにして，各問いに答えなさい。

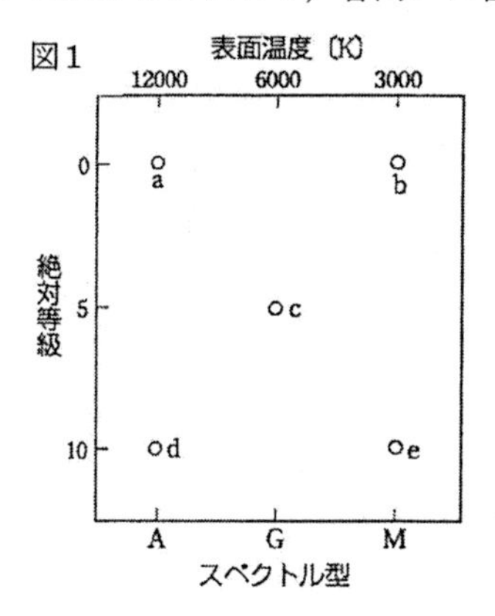

ア　a～eについて，太陽とほぼ同じ半径の恒星はどれか，記号で答えなさい。

イ　bの明るさは，cの明るさの何倍か，求めなさい。

ウ　bとcを比べると，単位面積あたりの放射エネルギーは，どちらのほうが何倍大きいか，シュテファン・ボルツマンの法則を用いて求めなさい。

エ　bの半径はcの半径の何倍か，求めなさい。

オ　a～eを，半径の大きい順に並べなさい。

(2)　1915年にドイツのウェゲナーが発表した大陸移動説は，およそ3～2億年前に超大陸が分裂し，その後移動したことで，現在の大陸分布ができたというものである。1950年以降，海洋調査技術の進歩により，中央海嶺の詳しい地形や地殻構造などが明らかになり，海洋底拡大説が提唱された。図2は北大西洋のレイキャネス海嶺付近の地磁気の縞模様である。この縞模様のなぞも海洋底拡大説と組み合わせて説明できるようになった。

図2

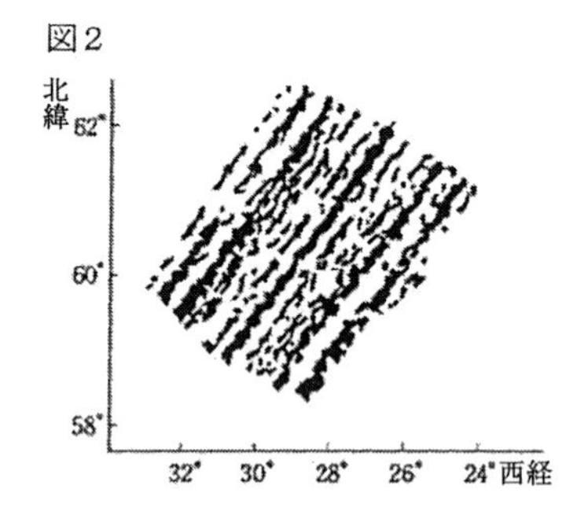

ア　大陸移動説の主張の根拠を1つ答えなさい。

イ　図2の地磁気の縞模様の原因となるものを，海洋底の拡大以外に1つ答えなさい。

ウ　海嶺からわき出した海洋地殻を構成している主な岩石の名称を答えなさい。

エ　海洋底が，海嶺の軸の両側にそれぞれ1年に2cmの速さで拡大を続けていると仮定すると，120km移動するのに何年かかるか，求めなさい。

オ　海洋のプレートは，最古のものでも1億8000万年前のものである。この理由を簡潔に説明しなさい。

(☆☆☆◎◎◎)

解答・解説

中高共通

【共通問題】

【1】(1) ア $F=f_A+f_B$ イ $2Mg+N_A$ (2) ア 青は波長の短い光なので空気分子によって散乱されやすいため。 イ 観測者から太陽を見て観測者の後ろに発生する。 (3) 5.0〔m〕 (4) 抵抗A…1.0〔A〕 抵抗B…0.60〔A〕 (5) A × B × C ○ 生徒A 説明…クーロンの法則は点電荷にはたらく力を考えるもので，極板のような大きさを無視できない帯電体には不適である。もしくは 生徒B 説明…$F=QE$の電場の強さEは極板間電場ではなく，極板の周りの電場である。帯電体そのものが作り出す電場を合成してはいけない。 (6) 2〔回〕

〈解説〉(1) ア 力のつり合いより，$F=f_A+f_B$ イ 棒Aにはたらく力のつり合いは$N_A+Mg=kx$ 棒Bにはたらく力のつり合いは$kx+Mg=N_B$ よって，$N_B=Mg+(N_A+Mg)=2Mg+N_A$ (2) 解答参照。 (3) 初速度をV_0とする。鉛直方向について考えるとき，$0=V_0\sin45^\circ t-\frac{1}{2}gt^2$

$\therefore\ V_0=\dfrac{gt}{2\times\frac{1}{\sqrt{2}}}=\dfrac{\sqrt{2}g}{2}$ よって，水平方向の移動距離xは，

$x=V_0\cos45^\circ t=\dfrac{\sqrt{2}g}{2}\times\dfrac{1}{\sqrt{2}}=\dfrac{10}{2}=5.0$〔m〕 (4) 回路ア：抵抗Aを流れる電流$I_A$，抵抗(12〔Ω〕)を流れる電流を$I_B$とする。並列接続なので，$36I_A=12I_B$…① 15〔Ω〕の抵抗には，$I_A+I_B$〔A〕が流れるので，$15(I_A+I_B)+36I_A=96$…② ①，②式より，$I_A=1.0$〔A〕 $I_B=3.0$〔A〕

回路イ：並列回路では，各抵抗に流れる電流の和が回路全体に流れるので，0.90－0.30＝0.60〔A〕　(5)　解答参照。　(6)　α崩壊…Heの原子核を放出するため，元の原子核の原子番号が2減少し，質量数は4減少する。β崩壊…電子を放出するため，原子番号が1増加し，質量数は変化しない。α崩壊，β崩壊の回数をそれぞれx，yとすると，原子番号は$88-92=-4=-2x+y$　質量数は$226-238=-12=-4x$となって，$x=3$，$y=2$となる。

【2】(1)　ア　共有結合　　イ　共有結合，イオン結合　　(2)　ア　CO_2　イ　Cl_2　　(3)　ア　3.86×10^3〔C〕　　イ　4.48×10^2〔mL〕
(4)　74.0　　(5)　ア　水酸化ナトリウム水溶液などの強塩基
イ　硫酸　　(6)　ア　白く濁ったのは炭酸カルシウム(白色)が沈殿したからです。二酸化炭素を吹き込み続けると，炭酸カルシウムと二酸化炭素が反応して，水に溶ける炭酸水素カルシウムに変化するからです。　　イ　アルミニウムの表面に緻密な酸化被膜が生じ，内部を保護するからです。

〈解説〉(1)　ア　塩化水素の分子は，一見イオン結合でできているように思われる。しかし，イオン結合とは金属原子と非金属原子の結合である。塩化水素分子は，非金属原子同士の結合であり共有結合である。イ　硝酸アンモニウムは，NH^{4+}とNO_3^-のイオン結合であるが，その個別部分は共有結合でできている。例えば，NH^{4+}はN－Hの共有結合4個でできている。NO_3^-は，N－Oが2個，N＝O(二重結合)が1個の共有結合でできている。　(2)　ア　$CaCO_3+2HCl\rightarrow CaCl_2+H_2O+CO_2$　イ　$Ca(ClO)_2\cdot2H_2O+2HCl\rightarrow CaCl_2+2H_2O+Cl_2$　　(3)　ア　陰極の電極反応は$Cu^{2+}+2e^-\rightarrow Cu$　電子1個では，$\left(\frac{1}{2}\right)$Cuが析出する。電気分解に要した電気量をXとすると，$\frac{X}{9.65\times10^4}=\frac{1.27}{\frac{63.5}{2}}$より$X=3.86\times10^3$〔C〕となる。　イ　陰極反応：$Cu^{2+}+2e^-\rightarrow Cu$　陽極反応：$2Cl^-\rightarrow Cl_2+2e^-$
なので，陰極で析出するCuのモル数と，陽極で発生するCl_2のモル数は等しい。よって，$\frac{1.27}{1.5}\times22.4=0.448$〔L〕$=4.48\times10^2$〔mL〕

(4)　ある酸Aの分子量をMとする。(ある酸Aのモル数)＝(水酸化ナトリウムのモル数)－(中和に使った塩酸のモル数)なので，

$\frac{0.555}{M}=\frac{1.00\times10.0}{1000}-\frac{0.500\times5.00}{1000}$　∴　$M=74.0$　(5)　ア　フェノールフタレインは，中和点をかなりすぎてから変色するため，弱酸と弱塩基(pH7付近)，強酸と弱塩基(pH＜7)の中和点を判定することは難しい。弱酸と弱塩基の中和点を判定する指示薬は見当たらないことから，強酸と弱塩基の中和点の判定はメチルオレンジが用いられている。フェノールフタレインは，強酸と強塩基，弱酸と強塩基の中和滴定で用いられている。フェノールフタレインを用いるのなら，アンモニア水ではなく水酸化ナトリウム水溶液のような強塩基にすべきである。イ　塩酸ではなく硫酸を加える理由は以下の通りである。①酸性条件下でなければ，過マンガン酸カリウムは強い酸化力を発揮できない。②塩酸を用いると塩化物イオンが酸化されてしまう。硝酸を用いると過マンガン酸カリウム以外に硝酸も酸化剤としてはたらいてしまう。硫酸は自身が酸化されて酸化剤としてはたらかないため，有効である。しかし，濃硫酸では酸化作用があるため，本実験には適さない。そのため，酸化作用のない希硫酸が適している。　(6)　ア　$Ca(OH)_2+CO_2\rightarrow CaCO_3+H_2O$　$CaCO_3+H_2O+CO_2\rightarrow Ca(HCO_3)_2$　イ　$2Al+6HNO_3\rightarrow Al_2O_3+6NO_2+3H_2O$

【3】(1)　ア　(ア)　低倍率にて試料全体を眺め，観察したい部位が視野の中央にくるように位置を調節すること。　(イ)　対物レンズを試料から遠ざけながらピントを合わせる。　イ　52.5〔μm〕

(2)　ア　第(一)分裂(前)期　イ　4　(3)　ブロッコリーの花芽はサイズの小さい細胞が集中している部位であり，単位重量あたりのDNA含有量が多く，効率よくDNAを抽出できるため。　(4)　ア　現象…遷移　状態…極相　イ　(a)，(d)，(e)　(5)　ア　目的遺伝子と

GFP遺伝子をセットにして生体に導入し，その目的遺伝子の導入の成否を判断するマーカーとしての活用方法　イ　創薬分野において，iPS細胞から人工的に再生した特定の組織・臓器を用いて新薬の治験を行う活用方法　(6)　24〔%〕

〈解説〉(1)　ア　(ア)　高倍率では視野が狭いので，観察したいものを視野に入れるのが難しい。　(イ)　顕微鏡を横からのぞいて試料と対物レンズを近づけておいてから，対物レンズが試料から遠ざかるように動かしながらピントを合わせる。　イ　接眼ミクロメーターの目盛りと対物ミクロメーターの目盛りがすべて一致しているので，150倍での接眼ミクロメーター1目盛りは1〔mm〕の100分の1，つまり10〔μm〕である。倍率を600倍にすると，接眼ミクロメーター1目盛りは$10\times\left(\frac{150}{600}\right)=2.5$〔$\mu$m〕になる。観察した細胞の長さは21目盛りなので，$2.5\times21=52.5$〔μm〕になる。　(2)　ア　第一分裂前期には相同染色体が対合しているので，乗換えが起こる。　イ　核内のDNA量を1としている精子の核相はnである。精原細胞は$2n$であるので，DNA量は2である。減数分裂直前の一次精母細胞は，そこからDNAの複製を行って減数分裂の準備をしているので，DNA量は4になっている。
(3)　ブロッコリーの表面にある小さな粒々はすべて花芽であり，多数存在していて容易に採集できる。　(4)　ア　最初は裸地だったところが草原，低木林，陽樹林，混交林，陰樹林と一定の方向に遷移していく。陰樹林が成立すると，樹種の入れ替わりのほとんどない安定した状態になる。この状態を極相という。　イ　このような先駆植物には，まず地衣類やコケ植物がある。次にススキ，イタドリなどが侵入する。これらは，陽性植物で種子が小さく乾燥に強い。
(5)　ア　GFPは緑色蛍光タンパク質のことである。オワンクラゲのもつタンパク質で，紫外線によって緑色の蛍光を発する。この遺伝子が分離され多くの分野で活用されている。GFPは下村脩が発見し，その功績で2008年にノーベル化学賞を受賞している。　イ　iPS細胞は人工多能性幹細胞で，2006年に山中伸弥らの研究グループが，マウスの皮膚から採取した体細胞を使って，ES細胞と同様の多分化能と分裂能を備えた細胞として作り出されたものである。パーキンソン病や糖尿病のしくみを探る道具としても注目されている。 (6) 横長で黄色の個体はAAbb，縦長で赤色の個体はaaBBである。交配して生じた横長で赤色の個体はAaBbである。この個体が自家受精をするときに作る配偶子の遺伝子型の割合はAB：Ab：aB：ab＝1：4：4：1であるので，次表のような交配になる。

	1AB	4Ab	4aB	1ab
1AB	1AABB	4AABb	4AaBB	1AaBb
4Ab	4AABb	16AAbb	16AaBb	4Aabb
4aB	4AaBB	16AaBb	16aaBB	4aaBb
1ab	1AaBb	4Aabb	4aaBb	1aabb

全体が100のうち，縦長で赤色の花弁をもつものは16aaBB＋4aaBb＋4aaBb＝24〔％〕である。

【4】(1) ア ・陸に近づく船から見ると，陸は上から見えてくる。・高いところに登れば登るほど，遠くが見える。 イ 45000〔km〕 (2) ア 地層の対比 (2) イ ・広い範囲に分布していること。・種としての生存期間が短いこと。 (3) ア 放射性同位体は周囲の温度や圧力に関係なく，一定の割合で崩壊する。このことを利用して年代を求める。 イ 気温の変動 (4) ア シャドーゾーン イ 地球内部に液体があり，横波のS波が伝わらないから。

〈解説〉(1) ア 月食の際に月に映った地球の影が円形であること，南北に移動すると同じ星でも見える高度が異なることでもよい。
イ 中心角7.2〔°〕に対応する地表面での距離が5000×180〔m〕＝900〔km〕なので，地球一周は，$900\times\frac{360}{7.2}$＝45000〔km〕
(2) ア 離れた地域に露出する地層を比較して，同じ時代の地層であることを決定することを地層の対比という。 イ 特定の地質時代にのみ発見されるため，地層の年代特定に用いられる化石を示準化石という。示準化石の特徴として，(a)種の生存期間が短い，(b)地理的分布が広い，(c)化石の産出数が多い，などが挙げられる。 (3) ア 放射性崩壊によって，原子核の総数が最初の半分になるまでの時間を半減期という。半減期は放射性同位体ごとに決まっていて，温度や圧力で変化しない。　イ　海水から蒸発する水蒸気には軽い^{16}Oが多く含まれる。氷期のように気温が低く氷床が発達するときには，この^{16}Oを含む水が氷となって陸上にとどまるので，海水に含まれる^{16}Oが減って^{18}Oが増える。寒冷な気候では，南極大陸上の氷床コアの酸素同位体比は低く，海洋に生息する浮遊性有孔虫の酸素同位体比は高くなる。

(4)　ア，イ　震央距離103〔°〕以遠にはS波が伝わらず，震央距離103〔°〕～143〔°〕にはP波が直接伝わらない部分ができる。P波の影(S波の影でもある)をシャドーゾーンということがある。深さ約2900〔km〕の境界より内側が液体になっていて，S波は液体中を伝わらないため，S波の影ができる。

【選択問題】

【5】(1)　ア　$v=\sqrt{\frac{2eV}{m}}$　イ　$\lambda=\frac{h}{\sqrt{2meV}}$　または　$\frac{h}{mv}$　または　$2d\sin\theta_0$　ウ　$\frac{h}{2\sin\theta_0\sqrt{2meV}}$　または　$\frac{h}{2mv\sin\theta_0}$　エ　$2d\sin\theta$

(2)　ア　$I=\frac{\Delta Q}{\Delta t}$　イ　$\Delta Q=C\Delta V$

ウ　$\Delta Q=CV_0\sin\{\omega(t+\Delta t)+\phi\}-CV_0\sin(\omega t+\phi)=CV_0\sin(\omega t+\phi)\cos\omega\Delta t+CV_0\cos(\omega t+\phi)\sin\omega\Delta t-CV_0\sin(\omega t+\phi)$　$\cos\omega\Delta t\fallingdotseq 1$　$\sin\omega\Delta t\fallingdotseq\omega\Delta t$

$\Delta Q\fallingdotseq CV_0\omega\Delta t\cos(\omega t+\phi)$　$I=\frac{\Delta Q}{\Delta t}=CV_0\cos(\omega t+\phi)$

$I_0\sin\omega t=\omega CV_0\cos(\omega t+\phi)$　エ　X_C…$I_0X_0=V_0$　ウの両辺の係数を比較して　$X_C=\frac{1}{\omega C}$　ϕ…$\sin\omega t=\cos(\omega t+\phi)$　$\phi=-\frac{\pi}{2}$

〈解説〉(1)　ア　エネルギー保存則より，$eV=\frac{1}{2}mV^2$　よって$V>0$より，$V=\sqrt{\frac{2eV}{m}}$　イ　運動量をpとしたとき，電子線の波長はド・ブロイの公式より，$\lambda=\frac{h}{p}$と表される。また$p=mv$より，$\lambda=\frac{h}{mv}$

ウ　回折光の強度が強め合う条件は，光路差$2d\sin\theta$が波長の整数倍になるときであるから，$2d\sin\theta_0=\lambda$，$d=\frac{\lambda}{2\sin\theta_0}=\frac{h}{2mv\sin\theta_0}$

エ　図のように，ずれる前の光路差をAO＋OB，ずれた後の光路差をCO′＋O′Dと表す。このとき，AO//CO′，OB//O′D，CO′とBOの交点をE，EからAO，DO′に下した垂線の足をF，Gとすると，AO＋OB＝AF＋FO＋OE＋EB，CO′＋O′D＝CE＋EO′＋O′G＋GD　ここで，AF＝CE，EB＝GD　また，ΔFOE≡ΔGOEより，FO＝GO′，OE＝O′E　よって，AO＋OB＝CO′＋O′D＝$2d\sin\theta$

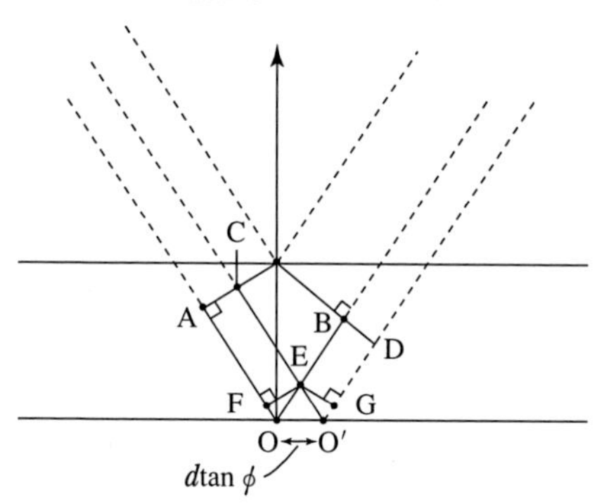

(2)　ア　電流の大きさは単位時間あたりに通過する電荷量の大きさ。イ　コンデンサーに電圧Vを加えると，電荷量Qが蓄えられ，このときの比例定数を電気容量Cという。　ウ　解答参照。　エ　リアクタンスとは交流回路における電流の流れにくさを表すもので，抵抗と同じ次元をもつ。

【6】(1)　ア　116　　イ　酢酸は分子中に極性の大きいカルボキシル基があり，水素結合により分子同士が会合しているから。　　ウ　混合によって凝固点が下がり液体になり，衣類についてシミとなることがあるから。　　(2)　ア　塩化銀　　イ　赤褐色　　ウ　99.98〔%〕　(3)　ア　ポリエチレンテレフタラート　　イ　カルボキシ基　ウ　36〔g〕　　エ　2.5×10^4

〈解説〉(1)　ア　凝固点降下度Δtは，溶質の種類とは無関係で，溶液の質量モル濃度だけに比例する。酢酸の見かけの分子量をMとすると，

$1.06=5.15\times\dfrac{\left(\dfrac{1.20}{M}\right)}{\left(\dfrac{50.0}{1000}\right)}$　$M=115.9\cong116$　イ　解答参照。　ウ　解答参照。

(2)　ア　塩化銀のK_{sp}＝［Ag^+］［Cl^-］＝2.8×10^{-10}〔$(mol/L)^2$〕…①，クロム酸銀(Ⅰ)のK_{sp}＝［Ag^+］^{2}［CrO_4^{2-}］＝2.0×10^{-12}〔$(mol/L)^2$〕…②，①式に［Cl^-］＝0.10を代入すると，［Ag^+］＝2.8×10^{-11}〔mol/L〕となる。②式に［CrO_4^{2-}］＝0.010を代入すると，［Ag^+］^{2}＝2×10^{-14}　よって［Ag^+］＝1.4×10^{-7}〔mol/L〕　比較すると$2.8\times10^{-11}<1.4\times10^{-7}$なので，最初に沈殿するのは，AgClである。　イ　2番目に沈殿するのは，Ag_2CrO_4である。　ウ　2番目の沈殿が生じるとき［Ag^+］＝1.4×10^{-7}〔mol/L〕，①式の［Ag^+］［Cl^-］＝2.8×10^{-10}より1.4×10^{-7}×［Cl^-］＝2.8×10^{-10}　［Cl^-］＝2.0×10^{-3}〔mol/L〕となる。　最初は0.10〔mol/L〕だったので，$\dfrac{2.0\times10^{-3}}{0.10}\times100=0.02$〔%〕残っている。よって，沈殿したのは100－0.02＝99.98〔%〕となる。

(3)　ア，イ　解答参照。　ウ　テレフタル酸$C_6H_4(COOH)_2$の分子量166，エチレングリコール$HOOC_8(CH_2)_2COOH$の分子量62，使用したテレフタル酸は$\dfrac{184}{166}=1.108$〔mol〕，同様にエチレングリコールは$\dfrac{62}{62}=1.0$〔mol〕　よって，生成する水は，ポリエチレンテレフタラート分子の両側から1.0〔mol〕の水が生成するため，計2.0〔mol〕。生じた水は18×2.0＝36〔g〕となる。　エ　生成した重合体の分子量をMとすると，ポリエチレンテレフタラート1分子中にCOO結合が2カ所あるため，$\dfrac{1}{M}=8\times10^{-5}\times\dfrac{1}{2}$　$M=2.5\times10^4$となる。

【7】(1)　ア　酵素…(エ)　生成物…(イ)　イ　調節…フィードバック調節　酵素…アロステリック酵素　ウ　阻害剤A…本来の基質と活性部位への結合を競うことで，酵素反応を阻害した。　阻害剤B…活性部位とは異なる部位に結合し，活性部位の構造に影響を与えることで酵素－基質複合体の形成を抑制し，酵素反応を阻害した。

(2)　ア　基質…リブロース二リン酸　生成物…ホスホグリセリン酸　イ　植物名…トウモロコシ　A細胞…維管束鞘細胞　(3)　置換の

場合，本来の塩基をもつヌクレオチドが別の塩基をもつヌクレオチドと入れ替わるだけなので，アミノ酸配列の一部が本来のものと変化するだけにとどまる可能性があるが，挿入・欠失の場合は，それが起こった部分以降にフレームシフトが発生し，本来のものと構造全体が全く異なるタンパク質が合成される可能性があるため。　(4)　4サイクル

〈解説〉(1)　ア　(ア)は反応直後から減少しているので基質である。(イ)は反応直後の0から増加しているので生成物である。(ウ)は0から増加するが，複合体として合体した後に生成物と酵素に分離するので一定以上増加しない酵素－基質複合体である。(エ)が反応直後から減少して，その後一定であるのは，(エ)が基質と複合体を作っているためであるので，(エ)は酵素である。　イ　フィードバックによって生成量が調整されている。最終生成物が活性部位以外のところと結合する酵素をアロステリック酵素という。最終生成物がアロステリック部位に結合すると活性部位が変化し，基質が結合できなくなるので活性が変化する。　ウ　阻害剤Aで起こる阻害は，競争的阻害である。競争的阻害では，阻害物質の濃度が一定のとき，基質濃度が低いと阻害物質が酵素と結合する機会が多くなるため阻害効果は高い。しかし，基質濃度が高くなると阻害物質が酵素と結合する機会が少なくなるため，阻害効果は低くなる。阻害剤Bで起こる阻害は，非競争的阻害である。アロステリック部位に阻害物質が結合すると活性部位が変形してはたらかなくなるので，基質を多くしても反応速度は回復しない。

(2)　ア　カルビン・ベンソン回路では，二酸化炭素が取り込まれ，リブロース二リン酸と結合し，それが2つに分解されて，ホスホグリセリン酸になる。　イ　ススキやアカザなど，真夏の強い日差しでよく生育するものにC_4植物は多い。維管束鞘細胞は，維管束の周りを鞘のように取り巻いている細胞である。　(3)　1つのアミノ酸はDNAの3つ組の塩基配列で決まる。フレームシフトとは，挿入や欠失によって塩基配列の読み取りが，1つもしくは2つずつずれることである。遺伝情報の読み取りでは塩基配列が隙間なく順々に3つずつ読まれてアミノ

酸を指定しているが，フレームシフトが起こると挿入や欠失が起こったところから塩基配列が1つもしくは2つずつずれてしまう。そのため，それ以後は塩基配列の3つの組がすべて元のものとは異なってしまう。よって挿入や欠失が起こったところからすべて異なるアミノ酸配列になってしまう。　(4)　1サイクル目の操作では，一本鎖になった元のDNA鎖にプライマーが結合して，片方のみ目的の領域から始まる(プライマー側のDNA鎖では5′末端から伸長した)新生鎖ができる。一本鎖のDNA鎖は2本できているので，同じように結合してできた二本鎖DNAが2本できる。2サイクル目の操作では，片方が目的の領域から始まっている新生鎖に，領域の反対側の端に付く別のプライマーが結合し，3′末端から5′末端へ伸長することで(プライマー側のDNA鎖では5′末端から3′末端へ)，増幅させたい領域のみからなるDNA鎖を片側にもつ2本鎖のDNAができる。このときも，もう1本のDNA鎖も同じ反応をしているので，同じDNA鎖が2本できる。3サイクル目の操作では，増幅させたい領域のみからなるDNA鎖を片側にもつ2本鎖のDNAが2本できているので，それから，目的の2本鎖DNAが4本できる。4サイクル目の操作で4本が2倍の8本になる。

【8】(1)　ア　c　　イ　100〔倍〕　　ウ　cの方が16倍大きい
エ　40〔倍〕　　オ　b→a→c→e→d　　(2)　ア　大西洋をはさむ海岸線がよく似ていたこと。　　イ　地磁気が逆転していること。
ウ　玄武岩　　エ　600万〔年〕　　オ　海洋プレートは，海溝で沈み込むから。

〈解説〉(1)　ア　表面温度T〔K〕の物体が，単位時間・単位面積あたりに放射する光のエネルギーE〔J/(m^2・s)〕は，$E=\sigma T^4$(…①)となる。この関係式をシュテファン・ボルツマンの法則という。恒星の光度(単位時間あたりに宇宙空間に放射するエネルギーの総量)をL，恒星の半径をRとすると，$L=4\pi R^2\cdot E$(…②)となる。
①，②より$L=4\pi\sigma R^2T^4$(…③)が成り立つ。太陽の可視光での絶対等級は4.83等，表面温度は約5800〔K〕である。絶対等級が5等異なると

明るさが100〔倍〕異なること，$2^4=16$であることを考慮すると，太陽とほぼ同じ半径の恒星はcのみである。　イ　等級は5等級の差が光の明るさでちょうど100〔倍〕になるように定義されている。
ウ　表面温度はcがbの2〔倍〕なので，①式よりEについてcはbの16〔倍〕である。　エ　$L_c=4\pi\sigma R_c^2T_c^4$　$L_b=4\pi\sigma R_b^2T_b^4$より，
$\left(\frac{L_b}{L_c}\right)=\left(\frac{R_b}{R_c}\right)^2\left(\frac{T_b}{T_c}\right)^4$　$\frac{L_b}{L_c}=100$　$\frac{T_b}{T_c}=\frac{1}{2}$より，$\frac{R_b}{R_c}=40$〔倍〕となる。
オ　エと同様な考察を恒星a，d，eについても行う。 (2) ア　解答のほかには，大洋で隔てられた両方の大陸に類似した陸生生物の化石が存在すること，大陸における氷河の流れた向きが説明できること，などがある。　イ　海嶺での海洋底の拡大と生産，および地磁気の逆転が起こると，海嶺軸の両側にできる軸に対称的な磁気異常の縞模様の形成がうまく説明できる。　ウ　海洋地殻は玄武岩質岩石で構成されている。　エ　$\frac{2〔cm〕}{1〔年〕}=2\times10^{-2}$〔m/年〕，120〔km〕$=1.20\times10^5$〔m〕なので，求める時間は$\frac{1.20\times10^5}{2\times10^{-2}}=6\times10^6$〔年〕　オ　海洋プレートの密度は大陸プレートの密度よりも大きく，海洋プレートは海溝で沈み込んでしまうため，大陸地殻は40億年前まで遡ることができるのに対し，海洋地殻の最古のものは1億8000万年前となっている。

2016年度　実施問題

中　学　理　科

【１】次の各問いに答えなさい。

(1)　高さ80mの所から物体Aを静かにはなすと同時に，その真下の地面から物体Bを40m/sの初速度で真上へ投げ上げたところ，地面からある高さの所で出会った。下の問いに答えなさい。なお，重力加速度は$9.8m/s^2$とし，物体の体積や空気抵抗は考えないものとする。

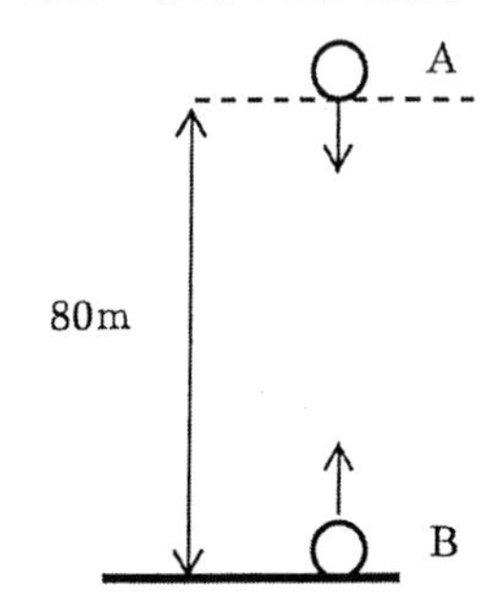

ア　物体Aと物体Bが出会うまでに要する時間は何秒間ですか。

イ　物体Aと物体Bは地面から何mの高さで出会いますか。

ウ　物体Aと物体Bが出会ったときの速さはそれぞれ何m/sですか。向き(上向き，下向き)と合わせて答えなさい。

(2)　100V用，400Wの電熱器がある。次の問いに答えなさい。

ア　この電熱器の抵抗は何Ωですか。

イ　この電熱器を100Vの電源につなぎ，30秒間使ったときの発熱量は何Jですか。

ウ　この電熱器のニクロム線の長さを20％短くした。これを100Vの電源につなぐとき，電力はもとの何倍になりますか。ただし，抵抗は温度によらず一定であるとする。

(3) 電気容量が6.0×10^{-8}Fのコンデンサーがある。厚さが極板間の距離の$\frac{1}{2}$で，面積が極板面積の$\frac{1}{2}$の金属板を図のように極板に平行に入れた。金属板を入れたときのコンデンサーの電気容量は何Fになりますか。

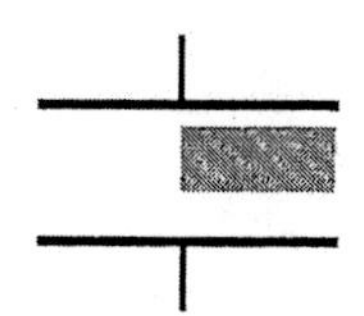

(4) ほぼ使い切ったスプレー缶に穴を開けると，残ったガスが勢いよく出てくる。このとき缶を手で触ると冷たくなっていた。次の問いに答えなさい。

ア 次の語句を使って，熱力学第一法則を表す式を書きなさい。

内部エネルギーの増加(ΔU)，気体が吸収した熱(ΔQ)，気体が外部にした仕事(ΔW)

イ 缶が冷たくなる現象を，熱力学第一法則を用いて説明しなさい。

(☆☆☆◎◎◎)

【2】次の各問いに答えなさい。ただし，原子量は，H＝1.0，O＝16，C＝12，N＝14，S＝32，Cu＝64とする。

(1) 次のア～カに当てはまるものを，それぞれの解答群の①～⑤のうちから1つ選び番号で答えなさい。

ア 互いに同位体である原子どうしで異なるもの

① 元素記号　② 原子番号　③ 電子の数
④ 陽子の数　⑤ 質量数

イ イオン結合を含まないもの

① HCl　② NaCl　③ NH_4Cl　④ CaCl(ClO)
⑤ $KClO_4$

ウ 標準状態において同質量で比べたとき，最も体積が小さい気体

① アンモニア　② アセチレン　③ ジメチルエーテル
④ 水素　⑤ 硫化水素

エ　水素，炭素(黒鉛)およびプロパンの燃焼熱をそれぞれQ_1〔kJ/mol〕，Q_2〔kJ/mol〕，Q_3〔kJ/mol〕としたときの，プロパンの生成熱

①　$Q_1+Q_2-Q_3$　②　$3Q_1+4Q_2+Q_3$　③　$4Q_1+3Q_2+Q_3$

④　$3Q_1+4Q_2-Q_3$　⑤　$4Q_1+3Q_2-Q_3$

オ　ソルベー法によって製造される物質

①　アンモニア　②　炭酸ナトリウム　③　尿素

④　硫酸　⑤　硝酸

カ　不斉炭素原子をもつ物質

①　酢酸　②　乳酸　③　シュウ酸　④　マレイン酸

⑤　アジピン酸

(2)　0.0050mol/Lの水酸化バリウム水溶液100mLに，標準状態の空気10Lを通じ二酸化炭素を完全に吸収させ，反応後の上澄み液10mLを過不足なく中和するのに，0.010mol/Lの塩酸7.2mLを要した。

ア　下線部の塩酸のpHを答えなさい。

イ　もとの空気10L中に含まれる二酸化炭素の体積は何mLか，有効数字2桁で答えなさい。

(3)　黄銅製の釘(0.25g)を濃硝酸に完全に溶解させ，純水で希釈し青色水溶液を得た。白金電極を用いて，この溶液を0.50Aの電流で電気分解した。陰極には銅のみが析出し気体の発生はなかった。16分5秒後，溶液の色が無色になり溶液中に銅イオンがなくなったと判断した。

ア　黄銅中の銅が濃硝酸と反応するときの化学反応式を書きなさい。

イ　実験に用いた黄銅の銅の含有率(質量比)は何％か，答えなさい。ただし，ファラデー定数を9.65×10^4C/molとする。

(4)　C，H，Oからなる原子量58の化合物Xを29.0mg取り，酸素気流中で完全に燃焼させ元素分析をしたところH_2O27.0mgと$CO_2$66.0mgが生成した。化合物Xはフェーリング液と反応し，赤色沈殿を生じた。

ア　下線部で生じた赤色の物質は何か。化学式で答えなさい。

イ　化合物Xを示性式で表しなさい。

(☆☆☆◎◎◎)

【3】次の各問いに答えなさい。

(1)　表はいろいろな生物の細胞を試料として，それぞれの細胞がもつ構造体の有無を比較したものである。表中の「＋」はその構造体をもつことを示し，「－」はもたないことを示している。

生物／細胞がもつ構造体	生物A	生物B	生物C
細胞膜	＋	②	＋
細胞壁	①	＋	－
核（核膜）	－	＋	＋
ミトコンドリア	－	＋	＋
葉緑体	－	＋	－
リボソーム	＋	＋	＋

ア　表中①と②について，構造体の有無を「＋」，「－」で答えなさい。

イ　次の(ア)～(オ)のうち，生物Aに該当するものはどれか。1つ選び記号で答えなさい。

(ア)　乳酸菌　　(イ)　酵母

(ウ)　オオカナダモ　　(エ)　インフルエンザウイルス

(オ)　ミジンコ

ウ　構造体「ミトコンドリア」のはたらきを「エネルギー」という語句を用いて簡潔に説明しなさい。

エ　上の表中の構造体のうち「ミトコンドリア」と「葉緑体」は，現在は細胞の構造体だが，もとは独立した生物であったと考えられている。このように考えられる根拠を述べなさい。

オ　ある動物の体細胞分裂が盛んな組織から細胞500個を取り出し観察したところ，細胞周期の各時期にある細胞数が，それぞれ間期450個，前期32個，中期7個，後期6個，終期5個であった。この動物の細胞周期が20時間とすると，分裂期に要する時間は何時間と考えられるか。整数で答えなさい。

(2) DNAについて，各問いに答えなさい。

ア　DNAの二重らせん構造を発見し，ノーベル賞を受賞した研究者を2人挙げ，名前を答えなさい。

イ　DNAに含まれる塩基は4種類ある。この4つはそれぞれA，T，C，Gのアルファベット1文字で表される。ある大腸菌のDNAを調べたところ，一方の鎖に含まれる塩基におけるCとGの割合がそれぞれ10％と20％であった。この大腸菌のDNA全体において，含まれる塩基のうちAの割合は何％となるか。整数で答えなさい。

(3) 動物の体のつくりについて，各問いに答えなさい。

ア　動物の体を構成する組織は大きく4つに分類することができる。それぞれの組織名を答えなさい。

イ　上記の組織のうち，血液が属する組織名を答えなさい。

ウ　図Aは葉の模式図である。図中の①～④について，名称を答えなさい。ただし，④は構造をさしている。

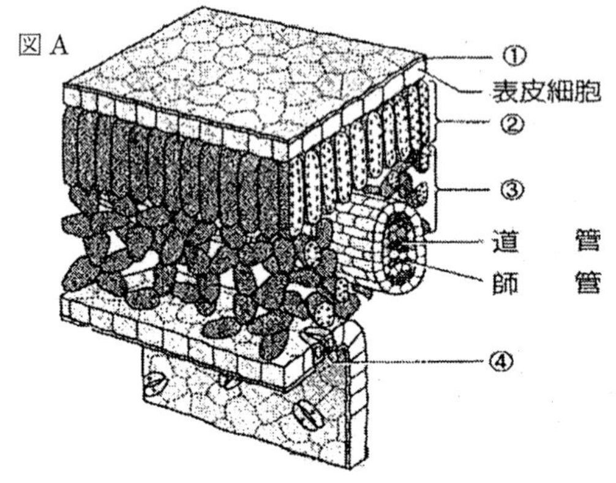

(4) 動物の血液の循環について，各問いに答えなさい。

ア　動物の血管系において，血液が血管の中だけを流れる血管系を何と呼ぶか答えなさい。

イ　哺乳類などの肺呼吸を行う動物の血液循環は，ガス交換を行う経路と全身を循環する経路とに分けられる。それぞれを何と呼ぶか答えなさい。

ウ　図Bは正面からヒトの心臓を見たときの模式図である。図中の血管①～⑤のうち，動脈血が流れているのはどれか。あてはまる血管を番号ですべて答えなさい。

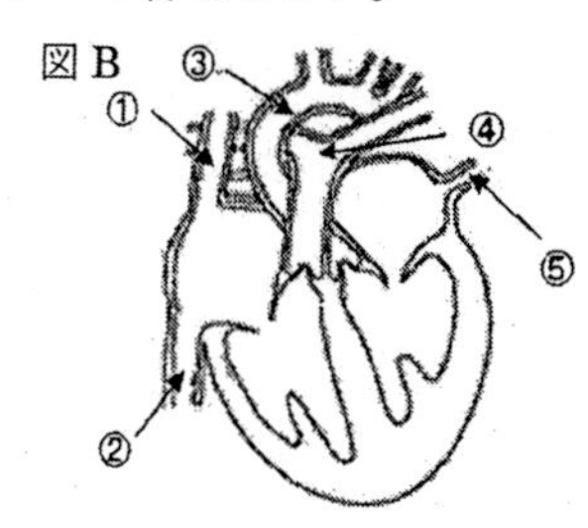

(☆☆☆◎◎◎)

【4】次の各問いに答えなさい。

(1)　地球について，次の各問いに答えなさい。

ア　平均海水面(海抜0mの面)を陸地まで延長した面を何というか。名称を答えなさい。

イ　地球内部で地震波の速度が変化する境界面のことを何というか。名称を答えなさい。

ウ　アイソスタシーが成り立っていると考えた場合，大陸の上から厚さ3.0kmの氷床がなくなったとすると，その下の地殻は何km上昇するか，有効数字2桁で答えなさい。ただし，地殻の密度を2.7g/cm^3，マントルの密度を3.3g/cm^3，氷の密度を0.90g/cm^{3}とする。

エ　重力は，引力と遠心力の合力である。遠心力を無視しても，重力は赤道より極のほうが大きい。それはなぜか。その理由を簡単に述べなさい。

(2)　地震について，次の各問いに答えなさい。

ア　ある観測地点で，P波による地面の最初の動き(初動)を調べたところ，南東への押し波であることがわかった。このことから，観測地点から見て震央はどの方向にあると考えられるか。8方位で答えなさい。

イ　アの観測地点での初期微動継続時間が8秒であった。地表付近を伝わるP波の速度が7km/s，S波の速度が4km/sであるとき，震源から観測地点までの距離は何kmか。有効数字2桁で答えなさい。

ウ　初期微動継続時間が距離に比例することを公式として表した福井県出身の地震学者は誰か。名前を答えなさい。

(3)　海洋について，次の各問いに答えなさい。

ア　海水に溶け込んでいるイオンのうち，一番多いイオンは何か。イオンの記号を答えなさい。

イ　海洋の鉛直構造は，温度変化の違いから3つの層に分けられている。そのうち，深さとともに急激に温度が低下する層を何というか。名称を答えなさい。

ウ　高緯度の海では，海水の密度が大きくなり，海洋の深部へ海水が沈み込んでいく。なぜ，高緯度の海では，海水の密度が大きくなるのか。その理由を簡単に答えなさい。

(4)　宇宙に関して次の各問いに答えなさい。

ア　次の空欄の(　①　)には人名を，(　②　)には整数を書き入れなさい。

衛星の質量が惑星の質量に比べて十分に小さく無視できるとき，衛星の軌道半径をa，その公転周期をPとすると，(　①　)の第三法則より，aの3乗と，Pの2乗との比は一定である。静止衛星は，赤道面上を地球の自転方向に周期1日で公転している。したがって，地球から月までの距離は，地球から静止衛星までの距離の約(　②　)倍である。

イ　見かけの等級と絶対等級が同じ星がある場合，この星までの距離はどれだけか。単位をつけて答えなさい。

(☆☆☆◎◎◎)

【5】次の文は現行の中学校学習指導要領解説理科編の中で，理科の改善の基本方針として記載されているものである。(①)～(⑧)にあてはまる語句を答えなさい。

(i) 改善の基本方針

(ア) 理科については，その課題を踏まえ，小・中・高等学校を通じ，発達の段階に応じて，子どもたちが(①)や探究心をもって，自然に親しみ，(②)をもった観察・実験を行うことにより，科学的に調べる能力や態度を育てるとともに，科学的な認識の定着を図り，科学的な見方や考え方を養うことができるよう改善を図る。

(イ) 理科の学習において基礎的・基本的な知識・技能は，(③)における活用や論理的な思考力の基盤として重要な意味をもっている。また，科学技術の進展などの中で，理数教育の国際的な通用性が一層問われている。このため，科学的な概念の理解など基礎的・基本的な知識・技能の確実な定着を図る観点から，「(④)」，「粒子」，「生命」，「(⑤)」などの科学の基本的な見方や概念を柱として，子どもたちの発達の段階を踏まえ，小・中・高等学校を通じた理科の内容の構造化を図る方向で改善する。

(ウ) 科学的な思考力・表現力の育成を図る観点から，学年や発達の段階，指導内容に応じて，例えば，観察・実験の結果を整理し(⑥)する学習活動，科学的な概念を使用して考えたり説明したりする学習活動，探究的な学習活動を充実する方向で改善する。

(エ) 科学的な知識や概念の定着を図り，科学的な見方や考え方を育成するため，観察・実験や自然体験，科学的な体験を一層充実する方向で改善する。

(オ) 理科を学ぶことの意義や(⑦)を実感する機会をもたせ，科学への関心を高める観点から，実社会・(③)との関連を重視する内容を充実する方向で改善を図る。また，持続可能な社会の構築が求められている状況に鑑み，理科についても，(⑧)の充実を図る方向で改善する。

(☆☆◎◎◎)

【6】理科の学習において「防災教育」の必要性が指摘されている。その必要性をより身近なものとして生徒にとらえさせるには，どのような工夫をしたらよいか。具体的な事例をあげながら説明しなさい。

(☆☆◎◎◎)

【7】次の文は現行の中学校学習指導要領解説理科編の「理科の目標及び内容」中で，記載されているものである。

(イ)　運動の速さと向きについて

ここでは，物体の運動の様子を詳しく観察し，物体の運動には速さと向きの要素があることを理解させることがねらいである。

例えば，①日常生活の中で見られる物体の多様な運動の観察を通して，物体の運動には速さと向きの要素があることを理解させる。

その際，物体に働く力と物体が運動することに関連して，力は物体同士の相互作用であることに気付かせ，②物体に力を加えると力が働き返されることを日常生活や社会の経験と関連付けて理解させる。

(1)　下線部①について，どのような例を提示すると生徒の理解を助けることになるか，具体的な例を示しなさい。

また，効果的に生徒の理解を促すため，例示の際に工夫すべき点を指摘しなさい。

(2)　下線部②について，どのような例を提示すると生徒の理解を助けることになるか，具体的な例を示しなさい。

(☆☆◎◎◎)

【8】観察・実験の指導について，次の問いに答えなさい。

(1)　凸レンズの一部を覆うと，覆う前と比べて，像の明るさだけが変化した。像の明るさが変化することを生徒に理解させるには，次の図を用いてどのように板書するか。図中に作図例を示し，ポイントを短い言葉でまとめなさい。

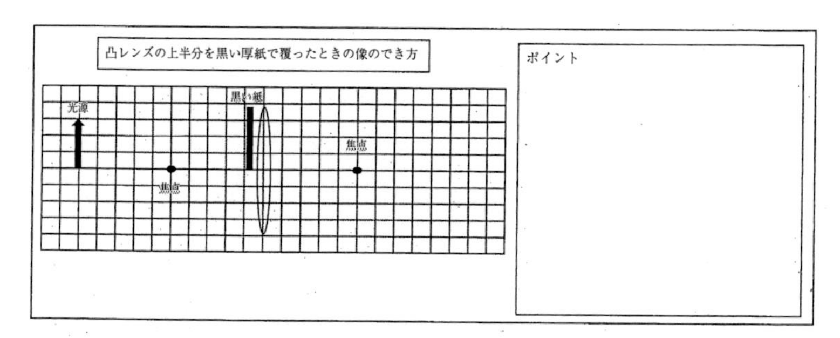

(2)　中学校理科の実験では，加熱器具としてガスバーナーを用いることがある。

ア　ある生徒が，教科書の写真のガスバーナーには青いホースが，理科室のガスバーナーにはオレンジ色のホースが用いられていることに気がついた。ホースの色の違いについて，中学生に対して説明するように述べなさい。

イ　バックファイアーと呼ばれる現象(筒の内部での混合気体の燃焼)が起こると，ガスバーナーが高温になり，やけどの原因になるなど大変危険である。バックファイアーが起こらないようにするための，操作上の注意点を述べなさい。

ウ　生徒一人一人がガスバーナーの使い方を習得するために，どのような指導を行うか述べなさい。

(3)　図は，気象観測に使用する簡易気圧計である。

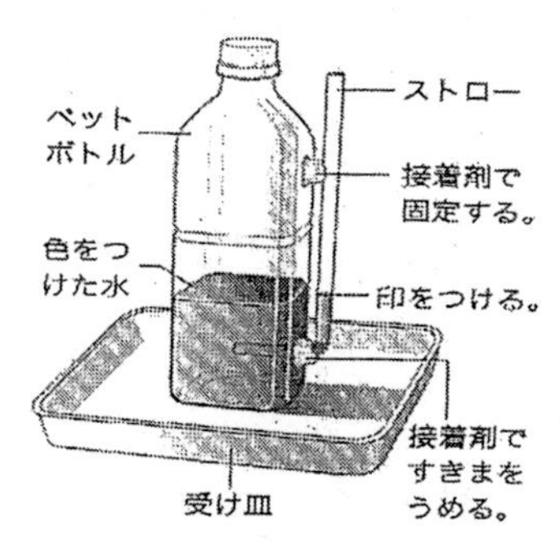

ア　この装置で気圧の変化が求められるしくみについて，中学生に

対してわかるように説明しなさい。

イ　実際に測定してみると，気圧以外の影響も受けることが分かった。このことから，この装置を使って生徒に気象観測をさせる場合，気をつけなければならないことをあげなさい。

(4)　地層の観察に生徒を引率する場合，観察の視点と安全面の視点で生徒にどのように指示をするか。具体的にあげなさい。

(☆☆◎◎◎)

【9】ある生徒が「味噌汁が入ったお椀のふたを，しばらくそのままにしたところ，ふたがなかなかとれなかったのはなぜですか」という質問をしてきた。理科の教員として，この生徒にどのように説明するか。中学生に対して説明するように述べなさい。

(☆☆◎◎◎)

【10】生物分野の観察・実験について，次の各問いに答えなさい。

(1)　花粉管の観察を行うときに，インパチェンスなどがよく使われるが，インパチェンスが観察に適している理由を2つあげなさい。

(2)　生きている生物を教材とする場合には，どのような点に配慮する必要があるか。ポイントを2つあげなさい。

(3)　光合成が行われるとき二酸化炭素が使われていることを中学生に理解させるために，どのような実験をさせるか。具体的に示しなさい。なお，必要であれば図を用いても構いません。

(☆☆☆◎◎◎)

高校理科

【共通問題】

【1】次の各問いに答えなさい。ただし，重力加速度の大きさをgとする。

(1) あらい水平面上に質量mの小物体をおき，初速度vで滑らせた。小物体と水平面との間の動摩擦係数をμとするとき，小物体が停止するまでの距離はいくらか，求めなさい。

(2) 長さ$4L$，質量mの一様な棒の両端をA，Bとする。この棒のA端から長さ$3L$の位置を点Cとし，A端と点Cの2点でこの棒を支えて，棒を水平に静止させる。このとき，点Cが受ける垂直抗力の大きさはいくらか，求めなさい。

(3) 次の図のように，なめらかに動くピストン(質量m，断面積S)が付いた容器に気体を閉じ込める。次にこのピストン上に質量mのおもりをのせると，気体は圧縮されて，体積が小さくなった。気体の温度が変化しないとき，おもりをのせた後の気体の体積は，おもりをのせる前の体積の何倍になるか，求めなさい。ただし，大気圧の大きさをp_0とし，この気体は理想気体とする。

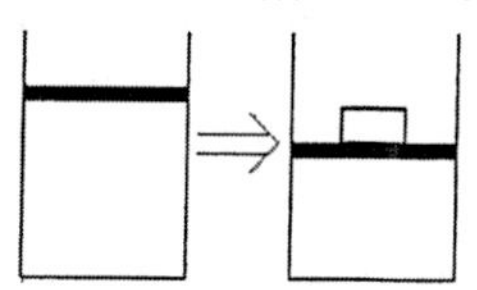

(4) 凸レンズの光軸上で，レンズの前方20cmの位置に物体をおくと，レンズの後方30cmの位置に倒立実像ができた。このレンズを使って，レンズの前方8.0cmの位置に物体をおくと，見える像の倍率は何倍になるか，求めなさい。

(5) 100Vの直流電源に接続している電球が96Wの電力を消費している。この回路の導線の断面を10分間に通過する電子の数はいくらか，求めなさい。ただし，電気素量を1.6×10^{-19}Cとする。

(6) つりあう2力と作用・反作用の2力はよく似ているため，区別できない生徒がいる。生徒が区別できるように，つりあう2力と作用・

反作用の2力の共通点と相違点を簡潔に説明しなさい。

(7)　変圧器(トランス)を利用して，電圧の大きさを変換する実験をした。このとき，交流電源では電圧を変換できるが，電池のような直流電源では変圧できないことがわかった。その理由を簡潔に説明しなさい。

(☆☆☆◎◎◎)

【2】次の各問いに答えなさい。ただし，原子量は，H＝1.0，C＝12，O＝16，Na＝23，S＝32とする。

(1)　水に溶けて酸性を示す物質を，次の(a)～(e)の中からすべて選び，記号で答えなさい。

(a)　二酸化ケイ素　　(b)　硫酸アンモニウム　　(c)　二酸化炭素
(d)　酸化銅(Ⅱ)　　(e)　ベンゼン

(2)　酸化還元反応を次の(a)～(d)の中からすべて選び，記号で答えなさい。

(a)　$2H_2+O_2 \rightarrow 2H_2O$

(b)　$CH_3COOK+HCl \rightarrow CH_3COOH+KCl$

(c)　$N_2+3H_2 \rightarrow 2NH_3$

(d)　$AgNO_3+NaCl \rightarrow AgCl+NaNO_3$

(3)　x〔g〕のシュウ酸二水和物$(COOH)_2 \cdot 2H_2O$の結晶を水に溶かして，y〔L〕のシュウ酸水溶液にしたときの質量パーセント濃度はいくらか，求めなさい。ただし，シュウ酸水溶液の密度をz〔g/cm^3〕とする。

(4)　次の①～③の反応を利用すると，硫黄から硫酸をつくることができる。次の各問いに答えなさい。

$S+O_2 \rightarrow SO_2$　　…①

$2SO_2+O_2 \rightarrow 2SO_3$　　…②(固体触媒を用いる)

$SO_3+H_2O \rightarrow H_2SO_4$　　…③

ア　固体触媒を用いた硫酸の工業的製法を何というか，その名称を書きなさい。

イ　②の段階で用いられる触媒は何か，酸化鉄(Ⅱ)，酸化バナジウム(V)，酸化マンガン(IV)の中から1つ選び，化学式で書きなさい。

ウ　理論上，純粋な硫黄80kgから98％硫酸は何kg得られるか，有効数字2桁で求めなさい。

エ　③の段階で，三酸化硫黄は直接水には吸収させず，98～99％の濃硫酸に吸収させている。その理由を簡潔に説明しなさい。

(5)　1種類の元素からなる金属の結晶に関して，次の各問いに答えなさい。

ア　鉄は，常温で体心立方格子の構造をとる。単位格子の一辺の長さをa〔cm〕，鉄のモル質量をm〔g/mol〕，アボガドロ定数をN_A〔/mol〕としたとき，常温の鉄の密度〔g/cm^3〕はいくらか，求めなさい。

イ　鉄は，900℃～1400℃の温度では面心立方格子の構造をとる。一定質量の鉄が体心立方格子から面心立方格子に変化するとき，鉄の体積はもとの体積の何倍になるか，$\sqrt{6}=2.45$として，有効数字2桁で求めなさい。ただし，原子半径は温度によって変化しないものとする。

ウ　スズ製の食器や燭台(しょくだい)の温度を下げると灰色に変色し壊れてしまうことがある。この現象はなぜ起きたのか，その理由を簡潔に説明しなさい。

(☆☆☆◎◎◎)

【3】次の各問いに答えなさい。

(1)　次の表は，地質時代の区分を示したものである。

表

地質時代
先カンブリア時代
①カンブリア紀
②オルドビス紀
③シルル紀
④デボン紀
⑤
⑥ペルム紀
⑦三畳紀
⑧ジュラ紀
⑨白亜紀
⑩古第三紀
⑪新第三紀
⑫第四紀

ア　表中の⑤に当てはまる地質時代を何というか，その名称を書きなさい。

イ　表中の①の時代に栄えたハルキゲニアやアノマロカリスを含む動物群を何というか，その名称を書きなさい。

ウ　次のことが起こったのはどの時代か，表中の①～⑫の中から最も適当なものを1つ選び，番号で答えなさい。

(ア)　恐竜の絶滅　　(イ)　脊椎動物の上陸

エ　5種の無脊椎動物(ユスリカ，イトミミズ，トンボ，アメリカザリガニ，ヒトデ)の系統関係は次の図のように表すことができる。ヒトデ以外の4種の中から，Cに当てはまる生物名を選び，書きなさい。

図

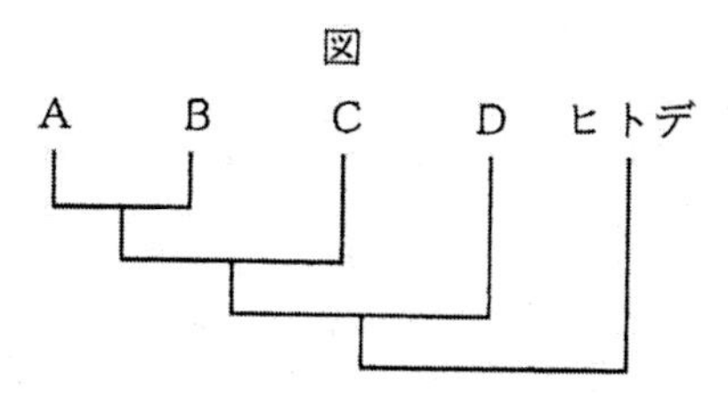

オ　ヒトの瞬膜や虫垂のように，現在でははたらきを失った器官を何というか，その名称を書きなさい。

(2)　ウニの卵のように卵黄が少なく，全体に均一に分布している卵の種類を何というか，その名称を書きなさい。また，卵割はふつうの体細胞分裂とどのような点が異なるか，簡潔に説明しなさい。

(3)　ヒトの鎌状赤血球貧血症は，ヘモグロビン遺伝子の1つの塩基の置換により，アミノ酸配列がグルタミン酸からバリンに変わったために起こる遺伝病である。図1の塩基配列は，正常なヘモグロビン遺伝子のmRNAに転写される側のDNA塩基配列の一部であり，ヘモグロビンを構成する最初の6つのアミノ酸配列を指定する部分を示したものである。また，図2はmRNAのコドンとそれに対応するアミノ酸を示したものである。

図1　　　　図2

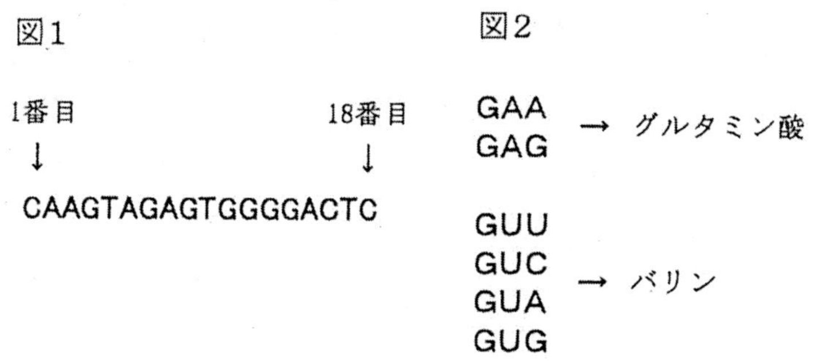

ア　図1の1番目から6番目までの塩基から転写されるmRNAの塩基配列を書きなさい。

イ　この遺伝病は，図1の何番目の塩基が何の塩基に変わったことによって引き起こされるのか，書きなさい。

(4)　ニューロンにおける興奮の伝導を例に「全か無かの法則」を簡潔に説明しなさい。

(5)　生徒から「膝頭の下をたたくと足が勝手に前に跳ね上がるのはなぜですか。」という質問が出た。生徒にわかるように簡潔に説明しなさい。

(6)　高等学校学習指導要領(平成21年3月告示)「理科」では探究的な学習・継続的な研究を重視し，新たに「理科課題研究」が設けられた。

ア　「理科課題研究」の「目標」について，(　　)の中に当てはまる語句を，下の(a)～(e)の中から1つ選び，記号で答えなさい。

　科学に関する課題を設定し，観察，実験などを通して研究を行い，科学的に探究する能力と態度を育てるとともに，(　　)の基礎を培う。

(a)　課題研究　　(b)　思考力　　(c)　判断力　　(d)　表現力
(e)　創造性

イ　「理科課題研究」の「目標」「内容」「内容の取扱い」に関する文章のうち，次の(a)～(e)の中から正しいものを1つ選び，記号で答えなさい。

(a)「理科課題研究」については，2つ以上の基礎を付した科目を履修した後に履修させること。

(b)　生徒の興味・関心，進路希望等に応じて，内容の「特定の自然の事物・現象に関する研究」「先端科学や学際的領域に関する研究」「自然環境の調査に基づく研究」「科学を発展させた実験に関する研究」の中から，個人またはグループで適切な課題を設定させること。なお，課題は内容の4つの項目において，2つの項目以上にまたがる課題を設定することのないよう十分留意すること。

(c)　内容の「特定の自然の事物・現象に関する研究」については，中学校理科の内容と関連した自然の事物・現象に関するものを扱うこと。

(d)　指導に際して効果が期待される場合には，大学や研究機関，博物館などに指導を全面的に任せること。

(e)　課題の特性や学校の実態に応じて，授業を特定の期間に実施することができる。

(☆☆☆☆◎◎◎)

【4】次の各問いに答えなさい。

(1)　文中の(　ア　)～(　ウ　)に当てはまる語句の組合せを，下の(a)～(d)の中から1つ選び，記号で答えなさい。

地上の風は季節によって大きく変化する。これは大陸と海洋の熱的性質が異なるためである。そのため冬は(　ア　)に，夏は(　イ　)に高気圧が発達し，高気圧から低気圧に向かって風が吹く。また，晴れた日の海岸付近では1日周期で風向きが変化することが多い。日中は(　ウ　)に向かう風が吹く。

	(ア)	(イ)	(ウ)		(ア)	(イ)	(ウ)
(a)	海洋	大陸	海から陸	(c)	大陸	海洋	海から陸
(b)	海洋	大陸	陸から海	(d)	大陸	海洋	陸から海

(2)　鉱物に関する次の文章を読んで，下の各問いに答えなさい。

岩石は，主にケイ酸塩鉱物で構成されている。ケイ酸塩鉱物の結晶構造は，図1に示すSiO_4四面体を基本としている。SiO_4四面体のつながり方によって，ケイ素原子(Si)と酸素原子(O)の数の比が変化する。

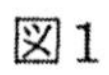
図1

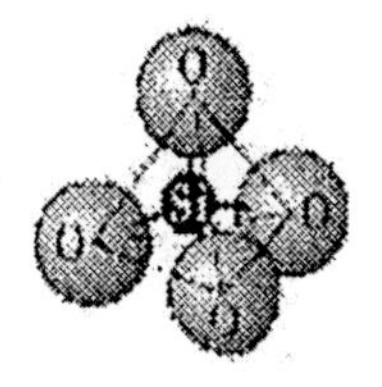

ア　ケイ酸塩鉱物に属さないものを，次の(a)～(d)の中から1つ選び，記号で答えなさい。

(a)　角閃石　　(b)　らん晶石　　(c)　カリ長石　　(d)　方解石

イ　図1に示したSiO_4四面体について，輝石におけるつながり方を図2に示した。図中の破線は，構造がくり返される最小単位の境界を示している。

輝石におけるケイ素原子の数と酸素原子の数の比(Si：O)として最も適当なものを，下の(a)～(d)の中から1つ選び，記号で答えなさい。

図2

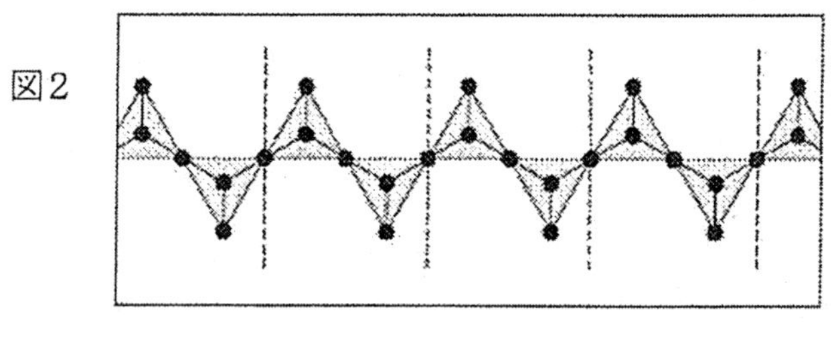

(a)　2：5　　(b)　1：3　　(c)　2：7　　(d)　1：4

(3)　火成岩をつくる主な鉱物の中で，無色鉱物にはほとんど含まれないが有色鉱物には含まれる成分元素を，次の(a)～(f)の中から2つ選び，記号で答えなさい。

(a)　Ca　　(b)　Fe　　(c)　K　　(d)　Na　　(e)　Al　　(f)　Mg

(4)　元素の同位体比を用いることで，気候などの過去の環境変動をより高い精度で明らかにできるようになってきている。酸素はほとんどが質量数16の^{16}Oだが，その他に安定な同位体の質量数18の^{18}Oがある。この^{16}Oと^{18}Oの比率を利用して過去の気候を推定している。深海底に土砂とともに堆積する有孔虫は，炭酸カルシウム($CaCO_3$)の殻をもっている。有孔虫が殻を形成するとき海水から取り込む酸素は，寒冷な時期ほど重い^{18}Oの割合が高くなることが知られている。どうして^{18}Oの割合が高くなるのか，簡潔に説明しなさい。

(5)　大気中の水蒸気は，大気中に浮遊している微粒子を核にして水滴や氷晶になる。これが雲粒である。

ア　雲粒の大きさ(直径)を10μmとすると，1.0mmの大きさ(直径)の雨粒は雲粒何個分に相当するか，有効数字2桁で求めなさい。

イ　生徒から「どうして雲は落ちてこないのですか。」という質問が出た。生徒にわかるように簡潔に説明しなさい。

(6)　主系列星の中心部(中心核)では，水素の核融合反応によって大量のエネルギーが発生している。水素が消費されるとヘリウムが生成され，ヘリウムの中心核が作られる。水素の消費量が水素の質量のある割合を超えると，ヘリウム中心核は収縮し，外層は膨張して巨星となる。

ア　ある巨星の見かけの明るさは－1等級であった。この巨星は，見かけの明るさが3等級の恒星よりもおよそ何倍明るく見えるか，整数で求めなさい。ただし，$\sqrt[5]{100}=2.5$とする。

イ　水素の質量が2×10^{30}kgの主系列星の中心部で，1年当たり2×10^{19}kgの水素が核融合反応している。この主系列星が巨星になるまでに初めの水素の10%が消費されるとすると，主系列星として過ごす期間は何億年か，整数で求めなさい。

(7)　ハッブルは，「すべての銀河は私たちから遠ざかっていて，遠くにある銀河ほど遠ざかる速さが大きい。」ということを発見した。このことは，どのような観測事実から判明したか，簡潔に説明しなさい。

(☆☆☆◎◎◎)

【物理】

【1】次の各問いに答えなさい。

(1)　図1のように，なめらかな水平面上にx軸とy軸をとる。この水平面上には$y=L$を通り，x軸と平行に設置されたなめらかな壁がある。質点Aの質量は$5m$，質点Bの質量は$3m$である。Aは第2象限をx軸に対して30°の角度の方向から速さ$\sqrt{3}v$で，Bは第3象限をx軸に対して60°の角度の方向から速さ$2v$で進んできて，原点で衝突した。

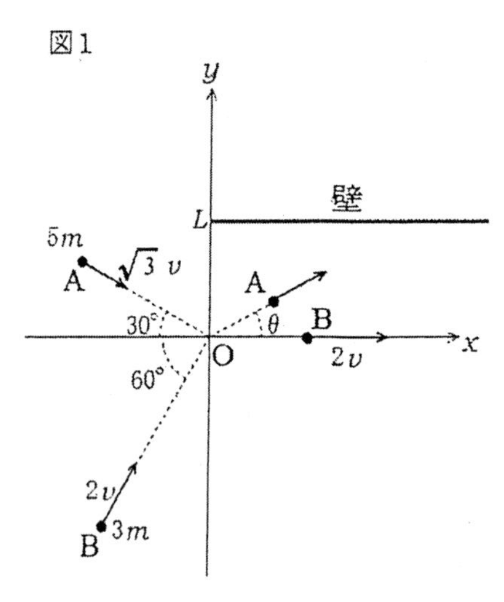

ア　AとBの衝突後，Bはx軸と平行に$2v$の速さで進み，Aは第1象限を進んでいった。この衝突によって，AがBから受けた力積の大きさはいくらか，求めなさい。また，その力積の向きを，図2の①～⑫の中から1つ選び，番号で答えなさい。

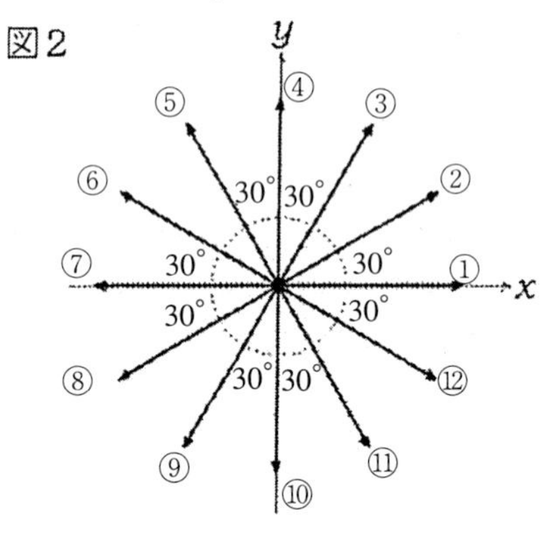

イ　AとBの衝突後のAの速度の大きさはいくらか，求めなさい。また，衝突後のAの速度の向きがx軸の正の向きとなす角をθとすると，$\tan\theta$の値はいくらか，求めなさい。

ウ　Aはその後，壁に衝突してはね返った。Aと壁の反発係数がeのとき，Aが壁に衝突した後，x軸を通過するときのx座標の値はいくらか，求めなさい。

(2)　図3のように，抵抗値がともにRの抵抗R_1とR_2，電気容量がともにCのコンデンサーC_1とC_2，自己インダクタンスがLのコイルL，電圧がEの直流電源E，角周波数がωの交流電源$V\omega$，および4つのスイッチS_1～S_4からなる回路がある。はじめ，S_1～S_4はすべて開いており，コンデンサーは充電されていない状態で，まず，次のような操作をした。

【操作】　S_1を閉じ，十分に時間が経過した後，S_1を開く。次にS_2を閉じ，十分に時間が経過した後，S_2を開く。この操作を繰り返す。

図3

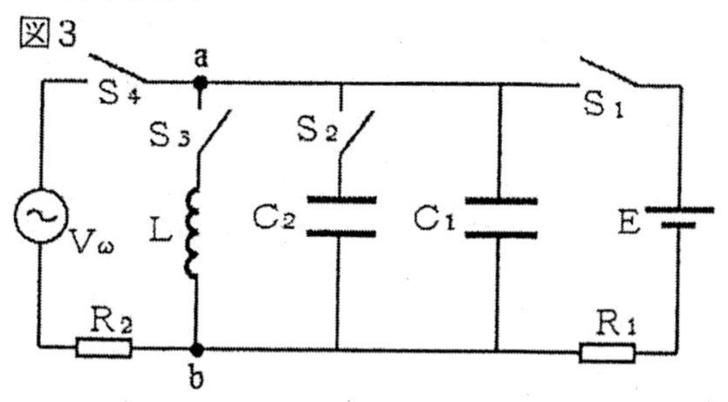

ア　1回目の操作のS_1を閉じて十分に時間が経過するまでに，R_1で発生したジュール熱はいくらか，求めなさい。

イ　上記の操作をn回繰り返したとき，C_2にたくわえられる電気量はいくらか，n，C，Eを用いて答えなさい。

ウ　次にS_1を閉じ，十分に時間が経過した後，S_1を開きS_3を閉じると振動する電流が流れた。この固有周波数はいくらか，L，C，πを用いて答えなさい。

エ　次にS_3とS_4を閉じた。ab間の電圧が$V_0\sin\omega t$で表されるとき，R_2の両端の電圧はいくらか。V_0，R，C，L，ω，tを用いて答えなさい。

(☆☆☆☆◎◎◎)

【化学】

【１】次の各問いに答えなさい。原子量は，H＝1.0，C＝12，O＝16とし，水の状態は考慮しなくてよい。

(1)　燃料電池は，水素などの燃料に外部から酸素を供給し，その燃焼熱を得る代わりに，効率よく電気エネルギーを取り出す装置である。リン酸型の水素─酸素燃料電池においては，負極にH_2を吹き付けるとH_2はイオン化して溶液中に溶け込み，極板に電子が与えられる。正極では，極板からO_2が電子を受け取りO^{2-}となるが，ただちに溶液中のH^+が結合して最終的にH_2Oとなる。水素およびメタンの燃焼熱をそれぞれ286kJ，978kJとする。

ア　この燃料電池の負極の反応は次のようになるが，正極の反応はどう表されるか，電子(e^-)を含むイオン反応式で答えなさい。

(負極)　$H_2 \rightarrow 2H^+ + 2e^-$

イ　水素100gを用いて燃料電池で電気エネルギーに変換すると，何kJのエネルギーが得られるか，水素の燃焼熱の50％を電気エネルギーに変換できたとして有効数字2桁で求めなさい。

ウ　発電に用いる水素は，次の反応で得ることができる。

$CH_4 + 2H_2O = 4H_2 + CO_2 - 165kJ$

燃料電池の燃料となる水素をこの反応によって製造し，エネルギー変換効率50％で発電したと仮定すれば，800gのメタンから何kJの電気エネルギーが得られるか，有効数字2桁で求めなさい。ただし，水素を製造する反応は吸熱反応であり，必要な熱は800gのメタンの一部を燃焼させて供給するものとする。

(2)　グリシンは，水溶液中で次の3種類のイオンとして存在し，平衡状態にある。

$H_3N^+-CH_2-COOH \rightleftarrows H_3N^+-CH_2-COO^- + H^+$　…①

A^+　　　　　　B^{+-}

$H_3N^+-CH_2-COO^- \rightleftarrows H_2N-CH_2-COO^- + H^+$　…②

B^{+-}　　　　　　C^-

ここで，①，②の電離定数は，それぞれ$K_1 = 10^{-2.4}$mol/L，K_2＝

$10^{-9.6}$mol/Lとする。

ア　B^{+-}のように，分子中に正と負の電荷をもつイオンを何というか，その名称を書きなさい。

イ　A^{+}の濃度はいくらか，B^{+-}の濃度$[B^{+-}]$と水素イオン濃度$[H^{+}]$，K_1を用いて答えなさい。

ウ　このグリシンの等電点の値はいくらか，有効数字2桁で求めなさい。

(☆☆☆◎◎◎)

【生物】

【1】次の各問いに答えなさい。

(1)　細胞周期のS期の細胞に水素の同位体を含むチミジンを与えると，同位体チミジンは複製中のDNAに取り込まれ，DNAを標識することができる。盛んに分裂増殖し，細胞周期の様々な時期を進行中の多数の細胞を含む培養液に同位体チミジンを加えてDNAを短時間標識した。その後，細胞を洗浄して細胞外の同位体チミジンを完全に取り除き，同位体チミジンを含まない培養液に戻して，細胞周期を進行させた。5時間後から，標識されたM期の細胞が観察され始め，6時間後にはM期の細胞の50%が標識されるに至った。その後，M期の細胞は100%標識されたものになり，やがてその割合は減り始め，12時間後にはその割合は再び50%になった。引き続き培養を続けたところ，標識されたM期の細胞は全く見られなくなったが，22時間後から再び観察されるようになった。ただし，細胞を標識した時点で多数の細胞が細胞周期の各時期に一様に分布し，すべての細胞は細胞周期を同じスピードでまわり続けているとする。また，細胞の標識に要した時間は0時間とし，S期の細胞はすべて標識されたものとする。

ア　下線部について，この細胞が細胞周期のG_2期およびM期を通過するのに要する時間はいくらか，それぞれ求めなさい。

イ　この細胞が細胞周期のG_1期を通過するのに要する時間はいくら

か，求めなさい。

(2)　体重60kgの成人は体内に約10kgのタンパク質を蓄えている。1日に摂取する食物中には平均してタンパク質が約70g含まれている。また，アミノ酸は1日当たり約70gが分解され，窒素老廃物として体外に排出されている。排出される窒素量は摂取される食物中の窒素量に応じて変化し，極端に不足しなければほぼ等量排出され，これを窒素平衡と呼ぶ。タンパク質が分解されるとアミノ酸を経てアンモニアを生じる。アンモニアは尿素の合成に使われる以外に，非必須アミノ酸の合成に使われたり，タンパク質以外の有機窒素化合物の合成に使われたりする。排出物としての尿素$CO(NH_2)_2$は(　①　)において(　②　)と呼ばれる代謝経路を経て生成される。この反応にはアンモニアの他に(　③　)が基質として必要である。この反応産物はカルバミルリン酸で，この反応にはカルバミルリン酸合成酵素が関与している。

この酵素は活性因子としてアセチルグルタミン酸が不可欠であり，アセチルグルタミン酸の(　①　)内での濃度は食物中のタンパク質含量によって異なっている。また，アセチルグルタミン酸はグルタミン酸とアセチルCoA(活性酢酸)から合成され，アセチルグルタミン酸合成酵素はアミノ酸のアルギニンによっても活性化される。

ア　文中の(　①　)～(　③　)に当てはまる最も適当な語句は何か，書きなさい。

イ　1日70gのタンパク質を摂取しているヒトの尿に含まれる窒素のすべてが尿素であり，窒素平衡が成り立っている場合，排出する尿中の尿素量は1日何gと考えられるか，整数で求めなさい。ただし，原子量は，H＝1.0，C＝12，N＝14，O＝16とし，タンパク質は16%の窒素を含んでいるものとする。

ウ　動物体内のタンパク質以外の高分子有機窒素化合物は何か，その名称を1つ書きなさい。

エ　タンパク質分解酵素のペプシンは，なぜ，自分自身の胃の上皮組織を消化しないのか，その理由を2つ簡潔に書きなさい。

オ　次の表はヒトに高タンパク質食と低タンパク質食を与え，尿中に排出される窒素化合物を分析したものである。クレアチニンの排出量は食事の影響を受けず一定で体内の筋肉量を反映するといわれている。表から，摂取したタンパク質量に最も影響される尿中の窒素化合物は何かを考え，過剰なタンパク質を摂取しても窒素平衡が保たれるしくみについて説明しなさい。ただし，答えには「カルバミルリン酸合成酵素」「アセチルグルタミン酸」「アルギニン」の語句を使うこと。

表

尿中窒素化合物	低タンパク質食 (g/日)	高タンパク質食 (g/日)
全窒素	3.6	17.0
アンモニア中のN	0.4	0.5
クレアチニン中のN	0.6	0.6
尿素中のN	2.2	14.8
尿酸中のN	0.1	0.2
その他の窒素化合物中のN	0.3	0.9

(☆☆☆☆◎◎◎)

【地学】

【1】次の各問いに答えなさい。必要ならば，$\sqrt{2}=1.4$，$\sqrt{3}=1.7$を用いること。

(1)　地球の表層を水平移動する10数枚のプレートの動きをもとに，表層での地学的現象や変動を説明する考えをプレートテクトニクスという。①プレートのすぐ下の部分は流動的な状態となっており，プレートが大規模な水平移動を行っている。この原動力については，沈み込んだプレートが自重で落ちる際の引っ張る力などが考えられている。なお，②海嶺で生まれた海洋プレートは，徐々に移動しながら年数の経過とともにその厚さを増す。

ア　下線部①について，

(ア)　この部分を何というか，その名称を書きなさい。

(イ)　この部分を通過する地震波の観測結果にはどのような特徴が見られるか，簡潔に書きなさい。

イ　下線部②について，

(ア)　海底の年齢が1億年の場所におけるプレートの厚さは，海底の年齢が5000万年の場所におけるプレートの厚さの何倍になるか，小数第1位まで求めなさい。ただし，海洋プレートの厚さ(D〔km〕)と海底の年齢($t\times10^5$年)との間には，$D=7.5\sqrt{t}$の関係があるとする。

(イ)　アイソスタシーが海洋底全体で成立しているので，海底の深さは深くなっていくと考えられる。海底の年齢が1億年の海底の深さは，5000万年の海底の深さに比べて何km深くなるか，求めなさい。ただし，海底の年齢が5000万年の場所のプレートの厚さをD_1〔km〕，1億年の場所のプレートの厚さをD_2〔km〕とし，プレートの密度をρ_1〔g/cm^3〕，プレートのすぐ下の部分の密度をρ_2〔g/cm^3〕，海水の密度をρ_w〔g/cm^3〕とする。

(2)　地球はほぼ球体であるので，プレートの移動は図1のように，球面上の動き(ある軸のまわりの回転運動)としてとらえられている。この回転運動の軸と球面との交点をオイラー極といい，北緯70°の位置にあるとする。また，オイラー極からの角度をθとすると，プレートの回転運動の速さは$\sin\theta$に比例する。

図1

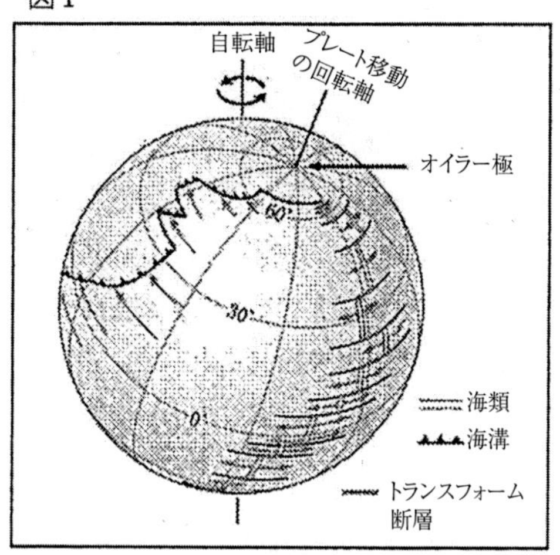

ア　現在，図2のように，日本付近の北米プレートは北極を経て大西洋中央海嶺の境界面とつながっている。また，ユーラシアプレートや北米プレートは，矢印の方向にそれぞれ回転運動をしている。日本列島の北緯40°付近の北米プレートの回転運動の速さと，大西洋側の北米プレートの回転運動の速さとが同じになるのは，大西洋側の北米プレートとユーラシアプレートの境目では北緯何°になるか，整数で求めなさい。

図2

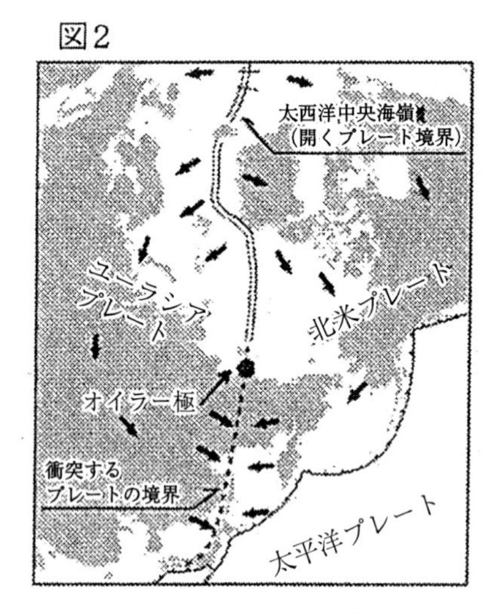

イ　図2で，大西洋中央海嶺上の北緯65°のアイスランドでは，プレートが相対的に30mm/年の速さで遠ざかっているとすると，太平洋側の北緯40° 付近の日本列島ではユーラシアプレートと北米プレートとが近づいている速さは何mm/年になるか，整数で求めなさい。

(3)　海水中のイオンの存在量比率はどこの海でもほぼ一定である。これは海水が長い間によく混合された結果である。海水1kgに溶けている塩類の質量(g)を塩分といい，‰(パーミル)で表す。

ア　海水中のイオン存在量は次の表のとおりである。海水に溶け込んでいる塩類の総量は何kgになるか，有効数字2桁で求めなさい。ただし，地球の表面積を$5.0\times10^{14}m^2$，海洋は地球の表面積の70%を占め，海洋の平均深度を4.0×10^3m，海水の密度を$1.0\times10^3kg/m^3$とする。

表

成分イオン（主なもの）	濃度［g/kg］
塩化物	19.4
ナトリウム	10.8
硫酸	2.7
マグネシウム	1.3
カルシウム	0.4
カリウム	0.4
炭酸水素	0.1

図3は，図4のA～Cの3地点における，ある年の2月に観測した水温と塩分濃度の鉛直分布を示している。なお，B地点付近を流れる海流は親潮，C地点付近を流れる海流は黒潮である。

図3

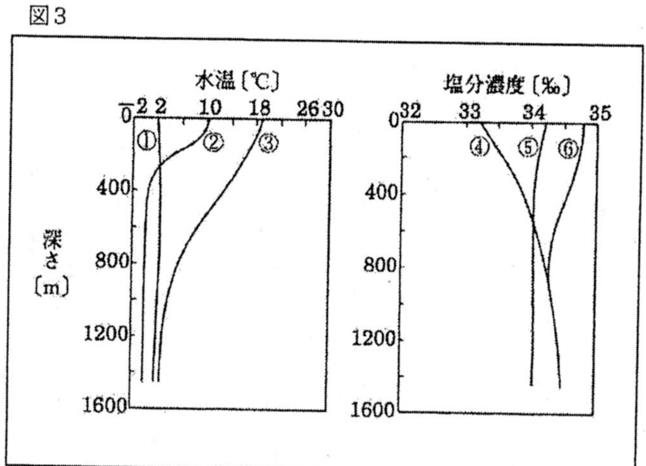

イ　A地点での水温と塩分濃度を表す曲線はそれぞれどれか。最も適当なものを，図3の①～⑥の中からそれぞれ1つずつ選び，番号で答えなさい。

ウ　図4のように日本の南岸に，暖水塊と冷水塊が位置するとき，沖縄諸島から日本近海を流れる黒潮の流路はどのようになるか，親潮の流路にならってかきなさい。

図4

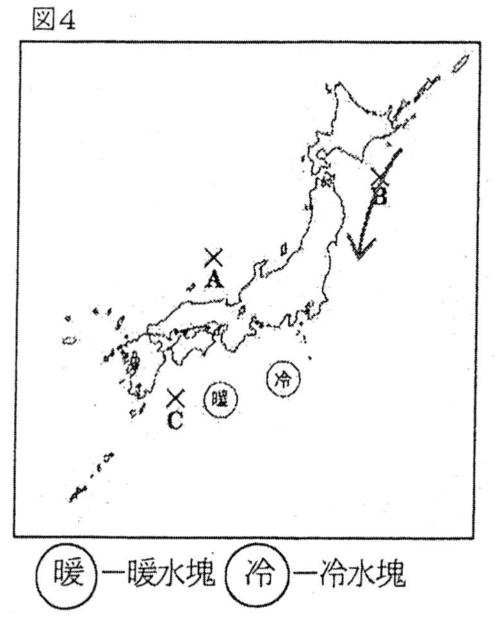

エ　黒潮の塩分濃度と大気の循環との関係について，簡潔に説明しなさい。

(☆☆☆☆◎◎◎)

解答・解説

中　学　理　科

【1】(1)　ア　2.0秒間　　イ　60m　　ウ　物体A　向き…下向き　速さ…20m/s　　物体B　向き…上向き　　速さ…20m/s

(2)　ア　25Ω　　イ　1.2×10^4J　　ウ　1.25倍　　(3)　9.0×10^{-8}F
(4)　ア　$\Delta Q=\Delta U+\Delta W$　　イ　気体の断熱膨張により，熱の出入りはない。よって熱力学第一法則より内部エネルギーはマイナスになり気体の温度は下降する。

〈解説〉(1)　AとBが出会う高さをh〔m〕，重力加速度$g=9.8$〔m/s²〕，t秒後において，Aが落下する距離をy_A，その地点での速度をv_A，Bが上昇する距離をy_B，その地点での速度をv_Bとする。　ア　初期速度$v_{B0}=40$〔m/s〕より，$y_A=\frac{1}{2}gt^2=80-h$　…①，$v_A=gt$，$y_B=\frac{1}{2}(v_B+v_{B0})t=(40+40-gt)\times\frac{t}{2}=\frac{(80-gt)t}{2}=h$　…②，$v_B=v_{B0}-gt$である。hを消去し①②を解くと，$t=2.0$〔s〕である。　イ　アの①式より，$h=80-\frac{1}{2}gt^2=80-\left(9.8\times\frac{1}{2}\times2.0^2\right)\fallingdotseq60$〔m〕となる。　ウ　$v_A=gt=9.8\times2.0\fallingdotseq20$〔m/s〕(下向き)，$v_B=v_{B0}-gt=40-(9.8\times2.0)\fallingdotseq20$〔m/s〕(上向き)となる。　(2)　ア　電圧を$V$，電力を$P$，抵抗を$R$，電流を$I$とすると，$P=IV$より$400=I\times100$　よって$I=4$〔A〕となる。また，$V=IR$より，$P=I^2R=4^2R=400$　よって，$R=25$〔Ω〕となる。　イ　t秒間に発生する発熱量Q〔J〕$=Pt=IVt=4\times100\times30=1.2\times10^4$〔J〕となる。　ウ　ニクロム線を20%短くすると，抵抗も20%減となる。$V=IR$より，$I=100\div(25\times0.8)=5.0$〔A〕　　$P=I^2R=5.0^2\times20=500$〔W〕より，$\frac{500}{400}=1.25$〔倍〕になる。　(3)　コンデンサーの条件の異なる部分を別々のコンデンサーとして計算する。金属板(導電体)が入っていない部分は，面積が$\frac{1}{2}$になったことから，$6.0\times10^{-8}\times\frac{1}{2}=3.0\times10^{-8}$〔F〕となる。厚さが極板の距離の$\frac{1}{2}$の金属を入れたところは，残りの$\frac{1}{2}$の面積のコンデンサーの極板の距離を$\frac{1}{2}$にしたことと同じであり，コンデンサーの容量$C=\varepsilon$(誘電率)$\times S$(極板面積)$\times\frac{1}{d(\text{極板距離})}$より，$\frac{1}{2}$(面積)$\div\frac{1}{2}$(距離)$=1$から，元の大きさのコンデンサーと同じ$6.0\times10^{-8}$〔F〕となり，合わせた容量は，$(3.0\times10^{-8})+(6.0\times10^{-8})=9.0\times10^{-8}$〔F〕となる。　(4)　ア　熱力学第一法則は，内部エネルギーの変化量$\Delta U=\Delta Q$(気体が吸収した熱)$-\Delta W$(気体が外部にした仕事)　マイヤ

一のエネルギー保存則が熱力学第一法則と呼ばれるようになった。イ　スプレー缶に穴を開けて中身のガスが噴き出すとき，断熱的にそのガスが膨張していると考えられる。すなわち，$\Delta Q=0$で，気体が膨張することで外部に仕事をしているから$\Delta W>0$，$\Delta U<0$となる。単原子分子の理想気体では，$\Delta U=\frac{3}{2}\times nR\Delta T$であり，$\Delta T<0$となって温度が下がる。(単原子分子の気体でなくとも$\frac{3}{2}$の係数が変わるだけでΔUとΔTの関係は変わらない)

【2】(1)　ア　⑤　　イ　①　　ウ　③　　エ　⑤　　オ　②
カ　②　　(2)　ア　2　　イ　3.1mL　　(3)　ア　$Cu+4HNO_3\rightarrow Cu(NO_3)_2+2NO_2+2H_2O$　　イ　64%　　(4)　ア　Cu_2O
イ　C_2H_5CHO

〈解説〉(1)　ア　同位体とは，“原子番号が同じで質量数が異なる，すなわち中性子の数が異なる原子どうしを互いに同位体である”という(化学的性質はよく似ている)。　イ　陽イオンと陰イオンが静電気力で引き合う結合をイオン結合といい，2個の原子間でそれぞれの価電子を共有してできる結合を共有結合という。配位結合は，分子の非共有電子対が他の陽イオンに共有されて(配位して)新しい共有結合ができる結合である。基本的に水素原子は，イオン結合はせず，HClは共有結合である。塩化アンモニウムは水素原子を含むが，これは窒素の非共有電子対をイオン化した水素に与えて配位結合してできたアンモニウムイオンNH_4^+とClの結合である。　ウ　標準状態，同質量で最も体積が小さい気体とは，分子量が最も大きい気体である。分子量はそれぞれ，①アンモニア(NH_3)＝17，②アセチレン(C_2H_2)＝26，③ジメチルエーテル(CH_3OCH_3)＝46，④水素(H_2)＝2，⑤硫化水素(H_2S)＝34であり，③のジメチルエーテルが該当する。　エ　各物質の燃焼の反応式は，水素：$H_2+\frac{1}{2}O_2\rightarrow H_2O+Q_1$　…③　　炭素(黒鉛)：$C+O_2\rightarrow CO_2+Q_2$　…②
プロパン：$C_3H_8+5O_2\rightarrow 3CO_2+4H_2O+Q_3$　…①　であり，プロパンの生成は，$3C+4H_2\rightarrow C_3H_8+X$(生成熱)と書ける。③－(3×②)－(4×①)より，$X=4Q_1+3Q_2-Q_3$　　オ　ソルベー法は，塩化ナトリウムの飽和

水溶液にアンモニアを吸収させ二酸化炭素を通じることで炭酸水素ナトリウムが沈殿する。$NaCl + NH_3 + CO_2 + H_2O \rightarrow NaHCO_3 \downarrow + NH_4Cl$ この$NaHCO_3$を焼いて炭酸ナトリウムNa_2CO_3(ソーダ灰)が得られる。$2NaHCO_3 \rightarrow Na_2CO_3 + H_2O + CO_2 \uparrow$ これらの方法をアンモニアソーダ法，あるいはソルベー法という。②が該当する。　カ　不斉炭素原子とは，その4つの手に結合する原子又は分子が全て異なるものをいい，②の乳酸の中心の炭素が不斉炭素である。

①酢酸　$CH_3-C(=O)-OH$

②乳酸　$CH_3-C(COOH)(CH_3)-OH$

③シュウ酸　$(COOH)_2$

④マレイン酸(シス型)　H, H / C=C / HOOC, COOH　(トランス型)　HOOC, H / C=C / H, COOH

⑤アジピン酸　$HOOC-(CH_2)_4-COOH$

(2)　ア　0.010mol/Lの塩酸の水素イオン$[H^+]$の濃度が0.010mol/Lということであるから，$pH = -\log_{10}[H^+] = -\log_{10}(0.010) = 2.0$となる。
イ　水酸化バリウムと二酸化炭素の反応は，$Ba(OH)_2 + CO_2 \rightarrow BaCO_3 + H_2O$　　水酸化バリウムと塩酸の反応は，$Ba(OH)_2 + 2HCl \rightarrow BaCl_2 + H_2O$ 中和に要した塩酸は，$0.010 \times \frac{7.2}{1000} = 7.2 \times 10^{-5}$〔mol〕である。よって，滴定した溶液中に残った水酸化バリウムはこの半分の3.6×10^{-5}mol(10mL中)であり，100mLに換算すると3.6×10^{-4}molとなる。初期の水酸化バリウムの100mL中の量は$0.0050 \times \frac{100}{1000} = 5.0 \times 10^{-4}$〔mol〕である。よって，二酸化炭素との反応に使われた量は$(5.0 \times 10^{-4}) - (3.6 \times 10^{-4}) = 1.4 \times 10^{-4}$〔mol〕となる。上記より，反応した二酸化炭素も同量である。この標準状態での体積は，$1.4 \times 10^{-4} \times 22.4 \fallingdotseq 3.1 \times 10^{-3} = 3.1$〔mL〕である。　(3)　ア　黄銅は真鍮であり，銅Cuと亜鉛Znの合金である。銅は濃硝酸と次のように反応する。$Cu + 4HNO_3 \rightarrow Cu(NO_3)_2 + 2H_2O + 2NO_2$　　イ　流れた電気量は　$0.50 \times (16 \times 60 + 5) = 0.50 \times 965$〔C〕である。電子mol数は$\frac{0.50 \times 965}{9.65 \times 10^4} = 5.0 \times 10^{-3}$〔mol〕となる。銅イオンは$Cu^{2+} + 2e^- \rightarrow Cu$の反応で銅として析出する。すなわち$5.0 \times 10^{-3}$molの電子量に対し，$2.5 \times 10^{-3}$molの銅が析出することになる。それは$2.5 \times 10^{-3} \times 64$〔g〕であり，0.25gの釘の中の銅の含有量は$\frac{(2.5 \times 10^{-3} \times 64)}{0.25} \times 100 = 64$〔%〕となる。　(4)　化合物Xを$C_lH_mO_n$と表すことにする。

$(C_lH_mO_n)=58$　ア　フェーリング液と反応することから，化合物Xはアルデヒドであると考えられる。その反応は，アルデヒドをRCHOとして，$RCHO+2Cu^{2+}+5OH^- \rightarrow RCOO^- + Cu_2O + 3H_2O$から，酸化銅(I)：$Cu_2O$が赤色沈殿する。　イ　生成した$H_2O$(18)が27.0mgより，27.0÷18＝1.5〔mmol〕，CO_2(44)が66.0mgより，66.0÷44＝1.5〔mmol〕である。すなわちHは3mmol，Cは1.5mmolよりC：H＝1：2である。組成式は，$C_lH_{2l}O_n$となる。CH_2(14)であるから，この原子量は，$(14\times l)+(16\times n)=58$ということになる。アルデヒドは上記のようにRCHOであるから，$n=1$であると考えられ，$(14\times l)+(16\times 1)=58$　より$l=3$　よってC_3H_6O(58)であると考えられ，示性式では，C_2H_5CHOである。

【3】(1)　ア　①　＋　　②　＋　　イ　(ア)　　ウ　呼吸によって生命活動に必要なエネルギーを取り出すはたらき　　エ　それぞれの構造体が独自のDNAをもつ，2重膜をもつ，自律的に増殖する，など　オ　2時間　　(2)　ア　ワトソン，クリック，ウイルキンスから2名　イ　35％　　(3)　ア　結合組織，上皮組織，筋組織，神経組織　イ　結合組織　　ウ　①　クチクラ(層)　　②　さく状組織　③　海綿状組織　　④　気孔　　(4)　ア　閉鎖血管系　イ　ガス交換を行う経路…肺循環　　全身を循環する経路…体循環　ウ　③，⑤

〈解説〉(1)　ア　核膜をもたないことから生物Aは原核細胞生物，細胞壁をもつことから生物Bは植物，生物Cは動物と考えられ，①②は“＋”である。　イ　(ア)乳酸菌：原核細胞をもつ細菌類，(イ)酵母：子嚢菌類，(ウ)オオカナダモ：植物／藻類，(エ)インフルエンザウイルス：細胞をもたず核酸がタンパク質に包まれた簡単な構造からなる，(オ)ミジンコ：動物より，生物Aに該当するのは(ア)である。　ウ　ミトコンドリアは全ての真核生物にあり，呼吸を行うことで生命活動に必要なエネルギー源であるATPを生産している。　エ　共生説は，1967年にアメリカのマーグリスらによって提唱された。それぞれが元は独立した生物であったと考えられる根拠としては，・それぞれが独自のDNAをもつ　・そのDNAは，原核生物と同じように環状構造をしている　・リボソームRNAの遺伝子の塩基配列は細菌のものに近い　・2重膜をもつ　などがある。　オ　それぞれの細胞が体細胞分裂を繰り返し，それらが細胞周期の各時期に時間に応じて一様に分布していると考える。分裂期は，間期以外の前期から終期までの合計であるから，$20\times\frac{50}{500}=2$〔時間〕となる。　(2)　ア　DNAの二重らせん構造は，アメリカのジェームズ・ワトソンとイギリスのフランシス・クリックにより1953年に提唱され，考えの元となったDNAのX線回折データを得たイギリスのモーリス・ウィルキンスと共にノーベル賞を受賞した。　イ　1つの鎖に含まれる塩基のそれぞれの比率を，C：10%，G：20%，A：X%，T：Y%とする。すると他方の鎖のそれらは，C：20%，G：10%，A：Y%，T：X%となる。全体でのAの比率は，$\frac{(X+Y)}{200}=\frac{100-(10+20)}{200}=35$〔%〕となる。　(3)　ア　動物の体を構成する基本組織は，①上皮組織：体の外表面，消化管・血管・気管などの内表面を覆い，仕切りの役目を果たす。　②結合組織：組織どうしを結合し，支持する。細胞と細胞の間をうめる細胞外基質が多い。　③筋組織：筋肉や内臓をつくるもの。　④神経組織：神経細胞(ニューロン)の4つである。　イ　血液，骨，軟骨は，結合組織に分類される。ただし，固有結合組織といわれる他のものと異なることから，特殊結合組織に分類されている。　ウ　植物の葉の最も表にあるのは，①はクチクラと呼ばれるもので表皮細胞と④の気孔とともに表皮系を構成する。②はさく状組織，③は海綿状組織と呼ばれ，これらは基本組織系で葉緑体を含んでいる。　(4)　ア　リンパ液なども含めて体液の流れを循環系といい，血液でいうと，心臓から血管の中だけを通って心臓に戻る閉鎖血管系と心臓から出てから，一度血管外に出て組織を流れて心臓に戻ってくる解放血管系がある。　イ　哺乳類の血液循環は，肺で二酸化炭素を放出し，酸素を取り込むガス交換を行なう“肺循環”と，全身を循環しながら組織に酸素を供給し二酸化炭素を取り込んで戻ってくる“体循環”がある。　ウ　人の血液循環は，肺循環：心臓の右心室→肺動脈④→肺→肺静脈⑤→心臓の左心房　と，体循環：心臓の左心室→大動脈・けい動脈③→全身→上大静脈①・下大静脈②→心臓の右心房からなり，酸素を多く含む鮮紅色の血液を動脈血，その反対を静脈血という。体循環では，動脈に動脈血が流れ，肺循環では，静脈に動脈血が流れることから③と⑤が該当する。

【4】(1)　ア　ジオイド　　イ　モホロビチッチ不連続面(モホ面)
ウ　0.82km　　エ　(引力は，地球重心までの距離の2乗に反比例し)極半径の方が，赤道半径よりも小さいから。　(2)　ア　北西
イ　75km　　ウ　大森房吉　　(3)　ア　Cl^-　　イ　主水温躍層(水温躍層)　　ウ　(海水が冷やされるとともに)氷(海氷)を生ずる際に，塩分を除く水だけが凍結するので，塩分を多く含むようになるから。
(4)　ア　①　ケプラー　　②　9　　イ　10パーセク(約32.6光年)

〈解説〉(1)　ア　平均海水面(海抜0m)を陸地まで延長した面を“ジオイド”という。地球の密度分布が不均一なためジオイドは完全な回転だ円体ではなく起伏がある。　イ　モホロビチッチは，地下約50kmのところに地震波の速度が急激に変化するところがあるのを発見し，モホロビチッチ不連続面(モホ不連続面)と呼ばれる。これより浅い部分が地殻であり，深い部分がマントルである。　ウ　それぞれの深さ／高さを図のようにする。

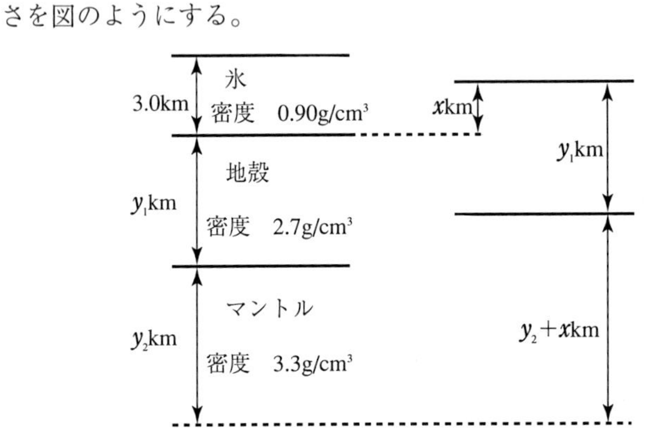

図の関係から，マントルのある面(下部点線)では両者の荷重が等しく

なることから，$(3.0\times0.90)+(y_1\times2.7)+(y_2\times3.3)=(y_1\times2.7)+\{(y_2+x)\times3.3\}$と書くことができる。これから$x$を求めると，$x=0.8181\cdots\fallingdotseq8.2\times10^{-1}$〔km〕となる。　エ　地球の質量$M$，ある物体の質量$m$，地球の中心から地球表面の物体までの距離$R$，万有引力定数$G$，緯度$\Phi$，地球の回転角速度$\omega$とすると，引力$F_A=\dfrac{GMm}{R^2}$，遠心力$F_C=mR\cos\Phi\times\omega^2$と表される。地球はだ円体で，赤道での半径が大きく，極では小さい。すなわち，(極でのR)<(赤道でのR)。また，緯度が上がることで遠心力は極において最小(～0)となる。したがって，赤道と極では，極において引力はより大きく，遠心力はより小さくなる。極での重力(F_A-F_C)は赤道より大きくなる。　(2)　ア　初動において南東への押し波ということは，震央から押された方向が南東(波が南東に向かって動いている)と考えられる。この場合，南東の逆方向の北西に震央があると考えられる。　イ　震源から観測点までの距離をL〔km〕とし，P波の到達時間をt_P秒，S波の到達時間をt_S秒とすると，$\dfrac{L}{7}=t_P$，$\dfrac{L}{4}=t_S$，また，$t_S-t_P=8$より$L\fallingdotseq75$〔km〕となる。　ウ　大森房吉(1868～1923)は，福井県福井市の出身で，帝国大学理科大学物理学科で，地震学と気象学を専攻した。彼の業績には，「水平振り子地震計の考案」「初期微動と震源の距離の関係を表す大森公式」「余震頻度の式」「潮位，津波の研究」「建築物の振動測定」などがある。　(3)　ア　海水の塩分組成は，NaCl：78％，MgCl：9.6％，$MgSO_4$：6.1％などであり，最も多いイオンは塩素イオン：Cl^-である。　イ　海洋の鉛直構造は，一般に，海面付近は「表面混合層」：水温が深さによらずほぼ一定で，季節や状況によって変わるがおよそ150m程度の深さ。その下に，鉛直方向に水温変化が大きい「主水温躍層(水温躍層)」がある。さらにその下に，冷水である「深層」がありおよそ1000mより深いところとなる。

ウ　塩分濃度は中緯度あたりが，水分の蒸発量が多いことから最も高くなる。しかし，高緯度では，水温が低下することで塩分を除く水のみが凍結することで塩分濃度が高くなり，海水密度が高くなるためと考えられる。　(4)　ア　万有引力$F_A=\dfrac{GMm}{r^2}$とケプラーの第2法則(面積速度一定の法則)　$V=\dfrac{2\pi r}{T}$より，遠心力$F_C=\dfrac{mV^2}{r}=\dfrac{4\pi mr}{T^2}$で$F_A=F_C$より，$\dfrac{r^3}{T^2}=\dfrac{GM}{4\pi^2}$となる。$r\to a$，$M\to(M+m)$として，$\dfrac{a^3}{T^2}=\dfrac{G(M+m)}{4\pi^2}=K$とケプラーの第3法則(調和の法則)が導かれる。地球から月までの距離をa_M，衛星までの距離をa_Sとすると，月の公転周期はおよそ1ヵ月：27日で，衛星の公転周期が1日とのことであるから，$\dfrac{a_M{}^3}{27^2}=\dfrac{a_S{}^3}{1^2}$と書ける。$\dfrac{a_M{}^3}{a_S{}^3}=\dfrac{27^2}{1^2}=9^3$　　よって，$\dfrac{a_M}{a_S}=9$より，9倍となる。

イ　絶対等級＝本来の明るさ＝地球からの距離10パーセク(＝32.6光年，年周視差0.1″)におき直したときの明るさであり，絶対等級Mと見かけの等級mとの間には，距離をdパーセクとして，$M-m=5-5\log_{10}d$の関係がある。$M=m$であれば，$\log_{10}d=1$　→　$d=10$〔パーセク〕となる。

【5】①　知的好奇心　　②　目的意識　　③　実生活　　④　エネルギー　　⑤　地球　　⑥　考察　　⑦　有用性　　⑧　環境教育

〈解説〉『中学校学習指導要領解説　理科編』「第1章　総説」「2　理科改訂の趣旨」「(1)　理科の改善の基本方針」「(i)　改善の基本方針」からの出題で，平成20年1月の中央教育審議会の答申の中で示された理科の改善の基本方針の記述である。『中学校学習指導要領解説　理科編』「第1章　総説」に示された，改訂の経緯，理科改訂の趣旨，理科改訂の要点を，この機会に確認しておくとよい。

【6】・各家庭に配布されている「ハザードマップ」を持ち寄らせて，その見方について学習させる。　　・天気の学習で福井豪雨を取り上げたり，地震の学習で福井地震を取り上げたりして，その都度，身近な災害として指導する。

〈解説〉第2分野の内容の「(7)　自然と人間」の「イ　自然の恵みと災害」

および「ウ　自然環境の保全と科学技術の利用」から，身近な防災教育の素材となるのはハザードマップである。福井県の地元の災害としては，福井豪雨(2004年)と福井地震(1948年)がある。なお，『学校防災のための参考資料「生きる力」を育む防災教育の展開』(平成25年3月文部科学省)，および，文部科学省による「防災教育支援に関する懇談会」の議事録の中間とりまとめ(案)の「防災教育支援の基本的考え方」が参考になる。文部科学省のホームページで確認しておくとよい。

【7】(1)　具体例…振り子や放物運動をする物体，車の動きなどの運動　工夫…録画したビデオ映像をコマ送り再生をして提示したり，ストロボ写真で撮影したりするなど，視聴覚機器の映像などを活用することによってより効果的に生徒の理解を促す工夫をする。　(2)　ローラースケートをはいた人同士で，一人がもう一人に力を働かせると二人とも動き出すことなどの体験と関連させ，互いに力が働き合うことに気付かせる。

〈解説〉設問に記された内容は，『中学校学習指導要領解説　理科編』「第2章　理科の目標及び内容」「第2節　各分野の目標及び内容」「[第1分野]　2　第1分野の内容」「(5)　運動とエネルギー」「(イ)　運動の速さと向きについて」に示されたものである。(1)はベクトル，(2)は作用反作用の身近な例をあげればよい。

【8】(1)

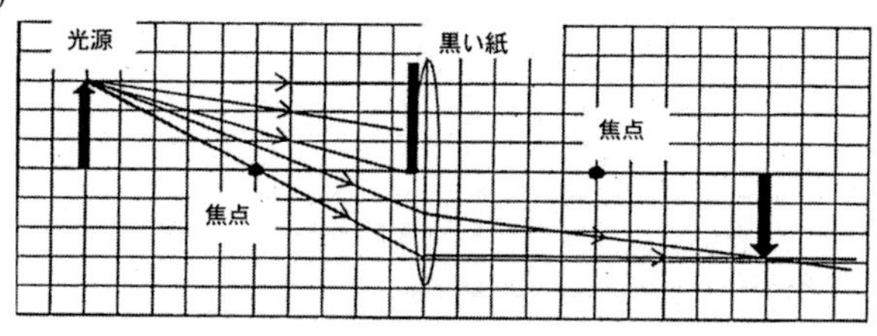

ポイント…凸レンズを通る光の量が減る→像はできるが，明るさは暗くなる　(2)　ア　青は都市ガス用，オレンジはプロパンガス用で区別している。　イ　空気調節ねじを開きすぎないようにする。消火

するときに，ガス調節ねじより先に元栓を閉じない。　ウ　・一人一人に点火，消火，炎の調節などの操作を必ず行わせ，パフォーマンステストを実施し確実に操作を身につけさせる。　・班ごとの実験でガスバーナーを使う際には，担当を輪番にするなどして，一人一人にガスバーナーを操作する機会を保障する。　(3)　ア　周りの大気圧によって，水が押されて水位が変化する。　イ　気温の変化によっても水位が変化するので，気圧を調べる時刻をきめておく

(4)　観察の視点…全体的な特徴を観察してから，細かいポイントの観察をする　　安全面の視点…長袖，長ズボン，帽子の着用

〈解説〉(1)

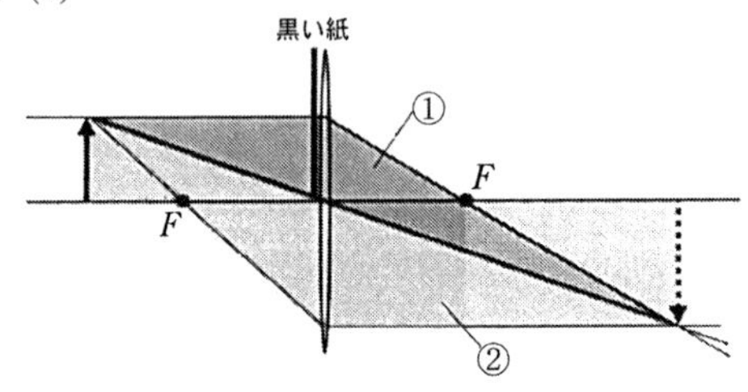

光源は，レンズが黒い紙で覆われていないときは，濃色で示した光のグループ①と薄色で示した光のグループ②の両者がレンズを通り反対側に像を結ぶ。黒い紙でレンズの上半分を覆ったとき，図の①部分は遮られ反対側に届くことができない。しかし，②部分は反対側に届く。光源の下から上までの全体が，②で示した光のグループだけで反対側に送られる。よって，光源の全体像を反対側で見ることができる。ただし，①で示したグループの光の分光量は減るので，その分像は暗くなる。　(2)　ア　一般に燃料として用いられるガスは，プロパンガス(LPガス：液化石油ガス：プロパン・ブタンが主成分)と，都市ガス(メタンが主成分：液化天然ガス(LNG)が主成分)があり，適切なガスを使用する必要があり，間違えると危険であるため，混同が起きないよう，ゴム管の色を変えて区別できるようにしている。プロパンガス用のゴム管はオレンジ色，都市ガスは以前はブルーだったが，今はパステルベージュ色になっている。　イ　ガスバーナーでは，燃焼を安全に，

また効率よく行えるように調整機能がついており，手順を守って操作する必要がある。燃焼していた状態から先に元栓を閉めたりすると，バーナー内の流れが無くなり，バーナー内に残った混合気が逆流し，バーナー内で爆発的に燃焼する。これがバックファイヤーといわれる現象である。空気調節ネジとガス調節ネジの操作手順を間違えても起こり得る。これを避けるための注意点は，ガスと空気の混合気が正常な燃焼条件以外の状態ではできないようにすることである。例えば，バーナーを止めるとき先ず空気調節ネジを締め，バーナー内の混合気をなくし，その後ガス調節ネジを締めるようにする。ガスの元栓は，その後火が確実に消えてから締めるなどである。　ウ　ガスの燃焼のしくみ，ガスバーナーのしくみをきちんと説明することに加え，自分自身で実践するようにして身につけさせる。バックファイヤーやその他，危険な状態としてどんなことが考えられるか列挙してもらい，何故そうした危険が発生するか考えてみる。全員が参加して議論し，考え，理解するようにする。　(3)　ア　ある一定の安定した条件で簡易気圧計を作成する。そのときペットボトルの中の圧力は外の圧力と同じでつりあっているから，ボトルの中の水面とストローの中の水面の高さは同じになっている。そこで，圧力の違うところにその気圧計を移動すると，ボトルの中は前の圧力のまま，外側の圧力が変わってその分ボトルの中の水面とストローの中の水面の高さに違いが出るという仕組みである。　イ　理想気体の状態方程式は，$P=\frac{nRT}{V}$と表されるように，気体の温度と体積が変わることで圧力も変化する。ペットボトル内の圧力は気圧計を作成したときの外部の温度，圧力とつりあっていた。測定するとき，その温度が変わるとその分ボトル内の圧力が変わるので測定に影響を与える。また，ペットボトルはやわらかいので変形しやすい。変形すると中の体積も変わってその圧力が変わってしまう。こうしたことに注意して測定を行なう必要がある。
(4)　観察の視点　・地層を形成しているものは何か(泥，砂，礫，火山灰，…)など。　・地層の形状，変化の状態―傾斜，褶曲，断層，硬さ，重なり，…など。　・地層の模様，色，凹凸など。　・化石の有無，その他地層に含まれているもの。　・近景と遠景両方を観察。安全面の視点　・現地との交通。　・地層の露出場所は土砂崩れや落石などがあり得る。　・地層の上は崩れやすい。　・立ち入りが禁止されているかどうかを確認。　・地層があるところは他の関係者が調査，工事をしていることもある。事前に確認し，連絡をとり，安全に注意する。　・野外での解放感から気の緩みに気をつける。

【9】お椀の中の水蒸気が冷やされて水滴になると，お椀の中の圧力がお椀の外の圧力よりも小さくなるため。

〈解説〉味噌汁が熱いときにふたをすると，そのときは中に水蒸気と熱せられた空気があって外の大気の圧力とつりあっているが，冷えると中の水蒸気が凝縮し，空気も冷やされて，お椀の中の圧力が下がり，外側の大気の圧力で押し付けられ，ふたが取りにくくなる。

【10】(1)　・安価で大量に出荷されるなど手に入りやすい。　・花を咲かせる時期が長く，花粉を採取しやすい。　・10分くらいで花粉管を伸ばすので授業時間内に観察を終えることができる。　などから2つ

(2)　・野外で動物や植物を採集する場合には，必要最小限にとどめる。・動物を飼育する場合には，その動物に適した生活環境を整え，健康状態の変化などに十分留意する。　・動物を解剖する場合には，事前にその意義を十分に説明し，こうした機会を大切にしながら真摯に多くのことを学習しようとする態度を育てる。　・麻酔を施すなどして動物に苦痛を与えない方法をとり，生徒の心情にも配慮し，事後には決して粗末に扱うことがないようにする。などから2つ

(3)　青色(アルカリ性)のBTB溶液を用意し，呼気などで二酸化炭素を吹き込み緑色(中性)にする。その溶液を2本の試験管に入れ，片方に水草を入れる。そして，両方の試験管にじゅうぶんに光を当てる。水草を入れた試験管はBTB溶液が青色に変化することから，水草が光合成を行い二酸化炭素を使うことを確かめことができる。

〈解説〉(1)　インパチェンス(アフリカホウセンカ)の特徴は，・花粉管の

成長が速く，培地にまいて数分で発芽を始める。そのため，授業時間内で実験・観察ができる。　・温室内であれば，一年中開花する。　・安価で入手しやすい。　・寒天培地でなくても砂糖水で容易に発芽する。などである。　(2)　生きている生物を教材とするときは以下のことを理解する。・生物が人間の日常生活と密接につながっている。　・それぞれが生態系で重要な役割を担っている。　・微生物なども身近な生命体である。　生きている生物を管理する上で以下のことを念頭におく。　・持ち帰った生物は責任ある管理のもとに扱う。むやみに森林や河川に放さない。　・細菌の感染や皮膚から毒性物質を出すものもいること。保護具の着用，手洗いなどの励行。　・生物の生態や特徴を関係者と共に理解する。　・生物採取は必要最小限にとどめる。　・解剖などでは，命の大切さを認識し，その機会を最大限に活用する　など。　(3)　解答例の他に，ガス透過性のないフレキシブルな袋を使ってあらかじめ植物を入れたものと入れない空気量が同容量の袋に，同量の二酸化炭素を注入し時間がたったあと，中のガスを採取して，アルカリ(KOH，NaOH溶液など)で二酸化炭素を吸収し，滴定によってその濃度を調べる方法などもある。

高　校　理　科

【共通問題】

【1】(1)　$\frac{v^2}{2\mu g}$　(2)　$\frac{2}{3}mg$　(3)　$\frac{p_0S+mg}{p_0S+2mg}$　(4)　3.0倍　(5)　3.6×10^{21}個　(6)　共通点…どちらも2力の大きさが同じで，向きが反対で，同一作用線上にはたらいている。　相違点…つり合う2力は同じ物体にはたらいているが，作用・反作用の2力は2つの物体の間で互いに及ぼしあっている。　(7)　電池では電流の大きさが変化しないため，相互誘導が起こらないから。

〈解説〉(1)　加速度をaとすると，運動方程式はかかる力$F=ma=-\mu mg$より，$a=-\mu g$である。物体が静止するまで移動する距離をL，かかる時間をt秒とすると，$L=vt+\frac{1}{2}at^2=vt-\frac{1}{2}\mu gt^2$となる。また，物体の速度$V=v+at=v-\mu gt$であり，静止したとき，$V=0$であるから，$v-\mu gt=0$より，$t=\frac{v}{\mu g}$である。これを$L$の式に代入すると，$L=\left(v\times\frac{v}{\mu g}\right)-\frac{1}{2}\mu g\left(\frac{v}{\mu g}\right)^2=\frac{v^2}{2\mu g}$となる。　(2)　A点にかかる力を$X$，C点にかかる力を$Y$とすると，$X+Y=mg$　…①である。棒は質量が一様なので，質量の中心はAとBの中間の位置にある。質量の中心からAは$2L$，CはLで，$Y:X=2:1$の関係にあるので，$2X=Y$　…②　①②より，$Y=\frac{2}{3}mg$となる。　(3)　おもりを乗せていないときの気体の体積をV_1，圧力をp_1，乗せたときのそれらをV_2，p_2とすると，それぞれの圧力は，$p_1=p_0+\frac{mg}{S}$，$p_2=p_0+\frac{2mg}{S}$である。また，理想気体の状態方程式から，$p_1V_1=nRT$，$p_2V_2=nRT$　温度Tが変わらないことから，

$p_1V_1=p_2V_2$　よって，$\frac{V_2}{V_1}=\frac{p_1}{p_2}=\frac{p_0+\frac{mg}{S}}{p_0+\frac{2mg}{S}}=\frac{p_0S+mg}{p_0S+2mg}$となる。

(4)　図を示す。

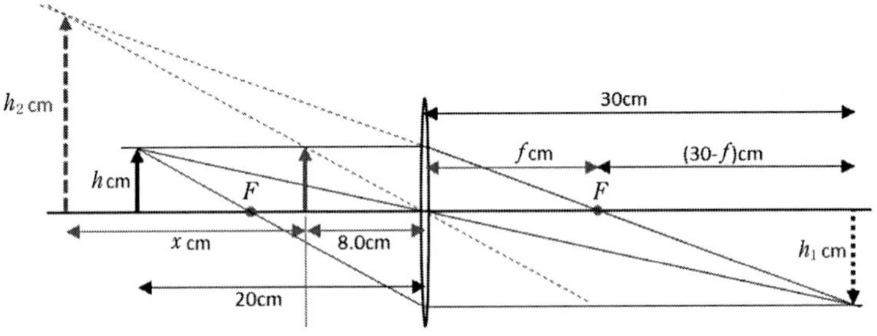

焦点距離fは，はじめの光源と倒立像の関係において，図形の相似性より，$h:20=h_1:30$，$h:f=h_1:(30-f)$　よってh，h_1を消去すると$30f=600-20f$，$f=12$〔cm〕となる。8.0cmに光源をおくと，焦点距離よりレンズに近い位置なので，できる像は正立虚像となる。8.0cmにおいた光源に対してそこからできた虚像までの距離をX〔cm〕とし，虚像の大きさをh_2とすると相似性から，$h_2:(X+8.0+12)=h:12$，$h_2:(X+8.0)=h:8.0$となる。これらから$\frac{X+20}{X+8.0}=\frac{12}{8.0}$となり，$X=16$〔cm〕

となる。よって，h_2：24＝h：8.0　$\frac{h_2}{h}$＝3.0〔倍〕

(5)　電力P＝電流I×電圧Vであるから，この場合のI＝96÷100＝0.96〔A＝C/s〕である。10分間に流れる電気量は，0.96×(10×60)〔C〕である。電気素量が1.6×10^{-19}C/電子であるから，このときに流れる電子数は，$0.96\times(10\times60)\div(1.6\times10^{-19})=3.6\times10^{21}$〔個〕となる。

(6)　つりあう2つの力は「1つの物体」に同じ大きさで，反対向きに，同一作用線上にはたらく。作用・反作用の2つの力は，同様に同じ大きさ，反対向き，同一作用線上にはたらくが「2つの物体間」ではたらく。片方が壁に固定されたロープを引くとき，壁がロープから引かれ，ロープは壁から引かれる。このとき，壁とロープ間にはたらく2つの力がつりあっている。一方，ロープをひいている人とロープの関係は2つの物体に力がはたらいているので，作用・反作用である。

(7)　変圧器は，相互誘導を利用して電圧を変える装置である。したがって相互誘導が起こらないとはたらかず，相互誘導は電流が変化しないと発生しない。交流では，常に電流の向きと大きさが変化しているので相互誘導が生じるが，直流では電流が変化しないので相互誘導が起こらない。

【2】(1)　(b)，(c)　(2)　(a)，(c)　(3)　$\frac{x}{14yz}$%　(4)　ア　接触法　イ　V_2O_5　ウ　2.5×10^2kg　エ　・発熱を抑え，効率よく濃硫酸中へ三酸化硫黄を吸収させるため。　・三酸化硫黄を直接水に吸収させると，多量の発熱により水蒸気が発生し，霧状の硫酸が空気中に飛散してしまうため。　(5)　ア　$\frac{2m}{a^3N_A}$g/cm^3　イ　0.92倍　ウ　温度が低下すると灰色スズに変化し，密度の減少に伴い体積が膨張するから。

〈解説〉(1)　二酸化ケイ素：ナトリウムシリケートを生成するように塩基と反応するので酸性酸化物ではあるが，水には溶けずそのままで酸性は示さない。　硫酸アンモニウム：強酸の硫酸と弱塩基のアンモニアからできた中和塩では水に溶けると酸性を示す。また，弱酸と強塩基からなる塩の水溶液は塩基性を示す。　二酸化炭素：CO_2＋H_2O→

H_2CO_3と炭酸となって弱酸として酸性を示す。酸化銅：酸性は示さない。ベンゼン：有機物であり，酸性は示さない。よって，(b)と(c)が該当する。　(2)　酸化還元反応とは，i)　酸素と化合して酸化物になるのが酸化，酸化物が酸素を失うのが還元，ii)　水素を失うのが酸化，水素と化合するのが還元，iii)　物質が電子を失うのが酸化，電子を受け取るのが還元，あるいは，iv)　酸化数が増加するのが酸化，減少するのが還元，と定義される。これらから，(a)　$H \rightarrow H^+$，$O \rightarrow O^{2-}$　電子の授受で，Hは酸化され，Oは還元されている。(c)　$N \rightarrow N^{3-}$，$H \rightarrow H^+$　電子の授受で，Nは還元され，Hは酸化されている。(b)(d)はi)～iv)のいずれの変化も起こっていない。よって，(a)と(c)が該当する。
(3)　シュウ酸：$(COOH)_2$の分子量は(90)，シュウ酸2水物：$(COOH)_2 \cdot 2H_2O$は(126)である。シュウ酸2水物x〔g〕中のシュウ酸は，$x \times \frac{90}{126}$〔g〕，水溶液y〔L〕の質量は，$y \times 1000 \times z$〔g〕より，シュウ酸の質量%は，$\left(x \times \frac{90}{126}\right) \div (y \times 1000 \times z) \times 100 = \frac{9x}{126yz} = \frac{x}{14yz}$〔%〕となる。
(4)　ア・イ　固体触媒を用いた硫酸の製造方法は，①～③の工程のうち，②の，SO_2と空気を熱した触媒；酸化バナジウム(V)：V_2O_5を通す反応から，接触式硫酸製造法あるいは接触法という。　ウ　硫黄Sの原子量(32)，硫酸の式量(98)より，$\left(\frac{80}{32} \times 98\right) \div 0.98 = \frac{5}{2} \times 100 = 2.5 \times 10^2$〔kg〕となる。　エ　SO_3を直接水に吸収させると，その単位水量当りの発熱量が非常に大きく，液温が上がりすぎてしまうため，硫酸に吸収させ，発熱量を小さくしている。　(5)　ア　体心立方格子は，立方体の中心に1原子，立方体の8つの角に$\frac{1}{8}$の大きさの原子が配位している構造であり，1立方体中に$1 + \left(\frac{1}{8} \times 8\right) = 2$〔個〕の原子がある。よって1立方体中の質量をその体積で割ったものが密度となるので，$\frac{m}{N_A \times 2} \div a^3 = \frac{2m}{N_A a^3}$〔$g/cm^3$〕となる。　イ　面心立方格子は，立方体の6つの面の中心に原子の中心をもつ$\frac{1}{2}$の大きさの原子が6個，立方体の8つの角に$\frac{1}{8}$の大きさの原子が配位している構造であるから，1面心立方格子中に，$\left(\frac{1}{2}\times6\right)+\left(\frac{1}{8}\times8\right)=4$〔個〕の原子があり，立方体の1辺の長さを$b$〔cm〕として，アと同様に計算するとその密度は$\frac{4m}{N_Ab^3}$〔g/cm³〕となる。ここで，鉄原子球の半径を$r$〔cm〕とすると，体心立方格子の場合は，立方体の相対する角を結ぶ対角線の長さが$4r$，立方体の対角線が$\sqrt{3}\,a$であるから$\sqrt{3}\,a=4r$より，$a=\frac{4r}{\sqrt{3}}$となる。面心立方格子では，立方体の一面の対角線が$\sqrt{2}\,b$より，$\sqrt{2}\,b=4r$，すなわち$b=\frac{4r}{\sqrt{2}}$である。体心立方格子での鉄1molあたりの体積をV_1，面心立方格子をV_2とすると，$V_1=\frac{m}{\frac{2m}{N_Aa^3}}=\frac{N_Aa^3}{2}$，$V_2=\frac{m}{\frac{4m}{N_Ab^3}}=\frac{N_Ab^3}{4}$となる。

a，bを代入すると，$V_1=\frac{N_A\times\left(\frac{4r}{\sqrt{3}}\right)^3}{2}$，$V_2=\frac{N_A\times\left(\frac{4r}{\sqrt{2}}\right)^3}{4}$となり，$\frac{V_2}{V_1}$≒0.92〔倍〕となる。

ウ　スズは，αスズ(灰色錫)，βスズ(白色錫)の2変態があり，通常温度ではβ型が安定であり，低温になるとα型が安定になる。β型とα型の転移点は18℃付近にある。α型に転移すると，スズ製品は展性が失われ体積が膨らんでボロボロになってしまう。これを同素変態という。

【3】(1)　ア　⑤　石炭紀　　イ　バージェス動物群　　ウ　(ア)　⑨　(イ)　④　　エ　アメリカザリガニ　　オ　痕跡器官

(2)　卵の種類…等黄卵　　相違点…卵割は分裂速度が速く，分裂後に成長しないため，割球の大きさはしだいに小さくなる。

(3)　ア　GUUCAU　　イ　17番目の塩基がAに変わったことによって引き起こされる。　　(4)　ニューロンに一定以上の強さの刺激(限界値)を与えないと興奮は起こらない。また，限界値以上の刺激を与えても興奮の大きさは一定で変わらない。　　(5)　手足を動かしたり，考えたりする中枢は大脳である。膝頭の下をたたくと筋肉が伸び，筋紡錘の張力受容器からの興奮が感覚神経を通って脊髄に伝えられる。脊髄から運動神経を通って筋肉に興奮が伝わり，足が前に跳ね上がる。このように膝蓋腱反射は，大脳が判断しているわけではないので，勝手に体が動くように感じるのである。　(6)　ア　(e)　イ　(e)

〈解説〉(1)　ア　①～⑥は古生代で，そのうち⑤は石炭紀である。　イ　カンブリア紀に出現した，ハルキゲニア，アノマロカリスなどの他，ピカイア，オパビニアなどは，産出したカナダの地名からバージェス動物群とよばれる。　ウ　(ア)　恐竜の出現は中生代の初期で，絶滅したのは6550万年前である。白亜紀末の大絶滅といわれており，巨大隕石の衝突が一因である。　(イ)　オゾン層ができ，地表に到達する紫外線が弱まって，生物が陸上へと進出するようになったのは，古生代中期である。植物がシルル紀，脊椎動物は両生類がデボン紀である。　エ　ユスリカとトンボは，ともに節足動物の昆虫類で，近縁であり，AとBにあてはまる。アメリカザリガニは，同じ節足動物の甲殻類だからCに入る。イトミミズは環形動物でDに入れると，ヒトデの棘皮動物を含んだ系統図となる。　オ　退化して本来の用をなさなくなり，わずかに形だけが残っている器官を痕跡器官という。ヒトの盲腸は小さな本体と短い突起の虫垂からなる。これは馬では1mほどの大きさであるという。ヒトの尾骶骨もその1つ。　(2)　ウニや哺乳類の卵は，等黄卵とよばれ，卵黄量が少なく均等に分布している。そのため，ほぼ同じ大きさの割球を生じる等割になる。卵には他に，両生類のような弱端黄卵，鳥類や魚類のような強端黄卵，昆虫類，クモ類，甲殻類のような心黄卵がある。卵割は，体細胞分裂と比較して，周期が短く，分裂が速い。また，すべての細胞が同時に分裂する。体細胞分裂では，分裂した個々の細胞は成長して母細胞と同じ大きさになるが，卵割では細胞は成長せず，分裂ごとに小さくなって，数を増やすのみである。　(3)　ア　相補的な塩基配列をもつRNAができるとき，塩基Aに対応するのがUになる。つまり，DNAの相補的な関係がA⇔T，G⇔Cに対して，A→U，G→Cとなる。本問の場合，GUUCAUとなる。　イ　図1の配列では相補的配列でできるDNAは3番目と6番目のアミノ酸がグルタミン酸になるが，mRNAにおいて，グルタミン酸を指定するコドンGAGになるべき6番目のコドンがバリンを指定するGUGに書き違えられることによって起こる。　(4)　1つのニューロンに発生する活動電位の大きさは一定であって，そのニューロンに対しては刺激が大きくなっても活動電位は変わらない。また，閾値以下の場合には活動電位は発生しない。これを「全か無かの法則」という。　(5)　反射のうち最も簡単なものは，感覚神経と運動神経からの2個だけのニューロンが関与するものである。刺激を受けた感覚点から信号が感覚神経を経て脊髄に行き，そこから運動神経を経て反応する。刺激が脳に伝わる前に反応が起こるわけである。膝蓋腱反射はこの反射の種類の1つで，熱いものに触れて手を引く反射もこれと同じ反射弓による。(6)　ア　各科目の目標は，選択方式でなくても解答できるよう，学習指導要領解説を含めて熟読しておくこと。　イ　(a)は1つ以上，(b)は2つの項目以上にまたがるものでもよい，(c)は高等学校理科の内容，(d)は積極的な連携・協力を図る，であり(e)は正しい。

【4】(1)　(c)　　(2)　ア　(d)　　イ　(b)　　(3)　(b)，(f)
(4)　海水から蒸発する水蒸気には軽い^{16}Oが多く含まれる。氷期のように気温が低く氷床が発達するときには，この^{16}Oを多く含む水が氷となって陸上にとどまるので，海水に含まれる^{16}Oが減り，結果として^{16}Oに対する^{18}Oの割合が大きくなる。　(5)　ア　1.0×10^{6}個
イ　雲粒は上昇気流で支えられているので落下速度が小さいことや，落下する雲粒は水蒸気が飽和していない大気に入ると，蒸発して消えてしまうので落ちてこないように見える。　(6)　ア　40(39も可)倍
イ　100億年　　(7)　ほとんど全ての銀河のスペクトルに赤方偏移が見られ，遠い銀河ほど偏移が大きい。

〈解説〉(1)　海は比熱および熱容量が大きく，温度変化が小さい。陸は日射を受けて夏は温度が上がりやすく，冬は下がりやすい。よって，夏は陸に低気圧が，海上に高気圧ができやすく，冬はその逆になる。1日の中でも，昼には海から陸へ，夜はその逆の風が吹く。

(2)　ア　(a)と(c)は火成岩の主要造岩鉱物，(b)は変成岩によく見られるAl_2SiO_5の組成で，いずれもケイ酸塩鉱物である。(d)は$CaCO_3$の組成で，炭酸塩鉱物である。　イ　破線で区切られた1ユニットを見ると，Siが2個，Oが6個となっている。その繰り返しであるから，個数比はSi：O＝1：3となり，(b)が該当する。　(3)　有色鉱物は，苦鉄質鉱物ともいい，鉄やマグネシウムを含む鉱物である。かんらん石，輝石，角閃石，黒雲母などがある。　(4)　質量数が小さい^{16}Oを含む水の方が軽く，蒸発しやすい。寒冷な時期には，海から蒸発した水が，雪や氷となって陸にとどまる割合が大きくなる。そのため，海水中の水は質量数の大きい^{18}Oを含む比率が高くなる。よって寒冷な時期に有孔虫が海水から取り込む酸素は^{18}Oの割合が高くなる。　(5)　ア　雨粒の直径1.0mmは，雲粒の直径10μm＝0.010mmに比べ，10^2倍である。体積比は長さの比の3乗だから，$(10^2)^3=10^6$倍である。　イ　雲の粒は小さく，落下速度は遅いため，上昇気流に支えられて落ちにくい。また，落ちたとしても，雲の下は水蒸気で飽和していないため，雲粒は蒸発して水蒸気となり，見えなくなる。　(6)　ア　星の等級は，100倍の明るさが5等級差になるように決められている。2.5倍の明るさが1等級差である。本問の場合，4等級差だから，$2.5^4=39$倍である。あるいは，5等級差の100倍よりも1等級小さいから2.5で割って40倍となる。

イ　水素の量2×10^{30}kgの10％を，2×10^{19}kg/年の速度で消費するので，その時間は，$(2\times10^{30}\times0.1)\div(2\times10^{19})=10^{10}$で，100億年である。

(7)　銀河が遠ざかる速度は，スペクトル線の赤方偏移(スペクトル線が長波長側にずれていること)を観測することで分かる。ハッブルは，赤方偏移の観測から銀河の距離とその後退速度が比例関係にあることを見出した。

【物理】

【1】(1)　ア　大きさ…$6mv$　　向き…⑤　　イ　大きさ…$\frac{\sqrt{21}}{5}v$

$\tan\theta=\frac{\sqrt{3}}{9}$　　ウ　$x=\frac{3\sqrt{3}(e+1)}{e}L$　　(2)　ア　$\frac{1}{2}CE^2$

イ　$\frac{2^n-1}{2^n}CE$　　ウ　$\frac{1}{2\pi\sqrt{LC}}$　　エ　$RV_0\left(\omega C-\frac{1}{\omega L}\right)\cos\omega t$

〈解説〉(1)　ベクトル(矢印)の長さを力積で表す。

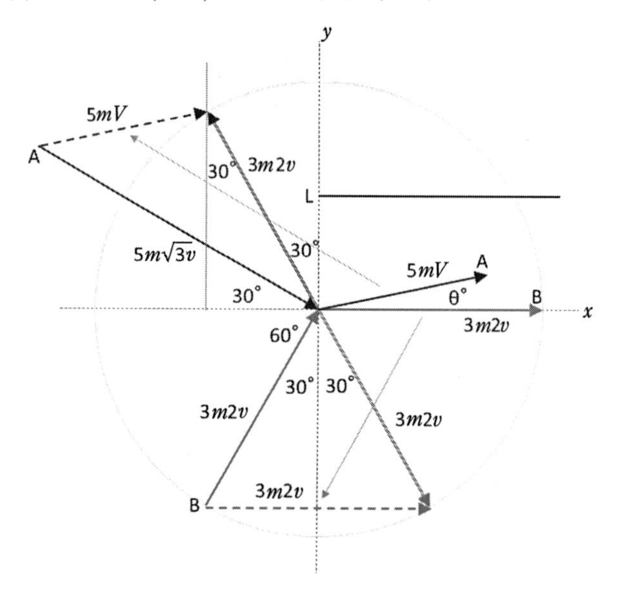

ア　Bに着目すると，Aとの衝突後，x軸に沿って$2v$の速度で進むことから，運動の変化は，図において前後の運動量と力積は正三角形をなすようになる。すなわち，衝突前と後では$3m\times2v$の運動量の変化があったことになる。Bが得た運動量の変化は，Aが得た運動量の変化の大きさに等しく，方向が逆になるから，AがBから受けた力積の大きさは$3m\times2v=6mv$で，その向きは図2の⑤の方向となる。

イ　x，y方向に分けて，力積の関係を考える。y軸方向で，Aの衝突後の速度Vとすると，Aの運動量変化は，$5m(V\sin\theta-(-\sqrt{3}\,v\sin 30^\circ))$であり，Bとの関係から求めた力積は，$3m\times 2v\sin 60^\circ$　これらが等しいことから，$5V\sin\theta=\frac{\sqrt{3}\,v}{2}$　…①　x軸方向では，$5m(V\cos\theta-(-\sqrt{3}\,v\cos 30^\circ))=-3m\times 2v\sin 30^\circ$より，$5V\cos\theta=\frac{9}{2}v$　…②となる。①÷②により，$\frac{\sin\theta}{\cos\theta}=\tan\theta=\frac{\sqrt{3}}{2}v\div\frac{9}{2}v=\frac{\sqrt{3}}{9}$となる。この結果から，$\sin\theta=\frac{\sqrt{3}}{\sqrt{84}}$を①に代入すると，$V=\frac{\sqrt{21}}{5}v$となる。　ウ　Vをx，y方向に分けると，$V_y=\frac{\sqrt{21}}{5}v\times\frac{\sqrt{3}}{\sqrt{84}}=\frac{\sqrt{3}}{10}v$，$V_x=\frac{\sqrt{21}}{5}v\times\frac{9}{\sqrt{84}}=\frac{9}{10}v$となる。壁から跳ね返ったとき，$V_x$は変わらず，跳ね返ったときの　y方向速度$V_y'=(-e)\times\frac{\sqrt{3}}{10}v$となる。点Oから壁にぶつかって跳ね返り$x$軸に到達するまでの時間$t$は，$t=\frac{10L}{\sqrt{3}\,v}+\frac{10L}{\sqrt{3}\,ev}=\frac{10L(1+e)}{\sqrt{3}\,ev}$となる。この時間内に移動する$x$軸方向の距離をもとめればよいので，$\frac{9}{10}v\times\frac{10L(e+1)}{\sqrt{3}\,ev}=\frac{3\sqrt{3}\,(e+1)}{e}L$となる。　(2)　ア　ある時間の抵抗$R_1$両端の電位を$V_r$，流れる電流を$I_r$とし，その瞬時の時間を$dt$とし，コンデンサーが充電されるまで$t_f$かかったとすると，抵抗$R_1$で発生するジュール熱を$J$とすると，$J=\int_0^{t_f}V_rI_r\,dt$である。$V_r$はコンデンサーが充電されるにしたがい$t=0$で$V_r=E$から$t=t_f$で0まで減少していく。また，電流$I_r$も$V_r=E$で$I_r=I_{rf}$(最大電流)から$V_r=0$で$I_r=0$まで減少していく。したがって，$t=0$から$t_f$までの$J$の積分値はそれぞれの平均値$\frac{E}{2}$と$\frac{I_{rf}}{2}$と$t_f$との積になり，$J=\frac{E}{2}\times\frac{I_{rf}}{2}\times t_f$である。流れる電荷の総量$Q$は$Q=\int_0^{t_f}I_r\,dt$であり，これも同様にして$Q=\frac{I_{rf}}{2}\times t_f$となる。すなわち，$J=\frac{E}{2}$

$\times\frac{I_{rf}}{2}\times t_f=\frac{E}{2}\times Q$　　ここで$Q=CE$であるから，$J=\frac{1}{2}CE^2$となる。

イ　順次C_2に蓄えられる電気量Q_n(n回目の量)を見る。C_1はその都度$Q=CE$の電気量がたまる。1回目；$Q_1=\frac{1}{2}Q$，2回目；$\frac{\frac{1}{2}Q+Q}{2}=\frac{3}{4}Q$，3回目；$\frac{\frac{1}{4}Q+\frac{1}{2}Q+Q}{2}=\frac{7}{8}Q$，…　　すなわち$\frac{2^n-1}{2^n}Q=\frac{2^n-1}{2^n}CE$となる。　ウ　この場合，コンデンサーとコイルの両端の電圧は常に等しいので，$\omega L=\frac{1}{\omega C}$となるので，$\omega^2=\frac{1}{LC}$より，$\omega=\frac{1}{\sqrt{LC}}$となる。固有振動数$f=\frac{\omega}{2\pi}$より，$f=\frac{1}{2\pi}\times\frac{1}{\sqrt{LC}}=\frac{1}{2\pi\sqrt{LC}}$

エ　コイルでの電圧V_Lは電流I_Lより$\frac{\pi}{2}$先へ進み，コンデンサーの電圧V_Cは電流I_Cより$\frac{\pi}{2}$遅れる。抵抗Rを流れる電流$I_R=I_L+I_C$，抵抗Rにかかる電圧$V_R=V\times I_R$である。コイルにおいては，$V_L=\omega L\times I_L$　　すなわち$I_L=\frac{V_L}{\omega L}$，コンデンサーにおいては，$V_C=\frac{1}{\omega C}\times I_C$　　すなわち$I_C=\omega CV_C$である。位相のずれから，$V_L=V_0\sin\left(\omega t-\frac{\pi}{2}\right)$，$V_C=V_0\sin\left(\omega t+\frac{\pi}{2}\right)$それぞれ代入すると，$I_L=\frac{V_0\sin\left(\omega t-\frac{\pi}{2}\right)}{\omega L}=\frac{V_0}{\omega L}\times(-\cos\omega t)$，$I_C=\omega C\times V_0\sin\left(\omega t+\frac{\pi}{2}\right)=V_0\ \omega C\times\cos\omega t$となる。よって，$V_R=R\times I_R=R\times(I_L+I_C)=RV_0\left(\omega C-\frac{1}{\omega L}\right)\cos\omega t$となる。

【化学】

【1】(1)　ア　$O_2+4H^++4e^-\rightarrow 2H_2O$　　イ　7.2×10^3kJ　　ウ　2.4×10^4kJ　　(2)　ア　双性イオン(両性イオン)　　イ　$\frac{[B^{+-}][H^+]}{K_1}$
ウ　6.0

〈解説〉(1)　ア　リン酸型の水素－酸素燃料電池の両極における反応は，負極；$2H_2\rightarrow 4H^++4e^-$　正極；$O_2+4H^++4e^-\rightarrow 2H_2O$である。

イ　水素の燃焼反応は$2H_2 + O_2 \rightarrow 2H_2O + 286 \times 2$〔kJ〕となる。水素の分子量は2より，発生熱量は，$\frac{100}{2} \times 286$〔kJ〕その50％が電気エネルギーに変わるとすると，$\frac{100}{2} \times 286 \times 0.50 \fallingdotseq 7.2 \times 10^3$〔kJ〕となる。
ウ　水素の生成反応は，$CH_4 + 2H_2O \rightarrow 4H_2 + CO_2 - 165$〔kJ〕であり，このときメタンのmol数を$n_H$とすると，生成する水素のmol数は$4n_H$である。また，メタンの燃焼$CH_4 + 2O_2 \rightarrow CO_2 + 2H_2O + 978$〔kJ〕において，メタンのmol数を$n_C$とする。メタン800gは，$\frac{800}{16} = n_T$〔mol〕であり，$n_H + n_C = n_T = \frac{800}{16}$〔mol〕である。必要な熱は，メタンの燃焼で得ることから，$n_H \times 165 = n_C \times 978$である。これらの関係から，$n_H = \frac{978}{165} \times n_C$より，$\frac{978}{165} n_C + n_C = \frac{800}{16}$　　よって，$n_C = \frac{800}{16} \times \frac{165}{165 + 978}$〔mol〕，よって，$n_H = \frac{800}{16} \times \frac{165}{165 + 978} \times \frac{978}{165}$〔mol〕発生する電気エネルギーは，$4n_H \times 286 \times 0.50 \fallingdotseq 2.4 \times 10^4$〔kJ〕となる。　(2)　ア　正と負のイオン電荷をもつものを“双性イオン”という。アミノ酸は，酸と塩基といずれとも反応するので両性電解質である。　イ　平衡状態のときは，$K_1 = \frac{[B^{+-}][H^+]}{[A^+]}$となる。よって，$[A^+] = \frac{[B^{+-}][H^+]}{K_1}$
ウ　アミノ酸では，水溶液中で，陽イオン，陰イオン，双性イオンが共存しているが，＋と－の電荷の絶対値がちょうど等しくなるpHが等電点である。上記イの関係に加えてもう1つの平衡関係から，
$K_2 = \frac{[C^-][H^+]}{[B^{+-}]}$である。両者の関係から，$K_1 \times K_2 = \frac{[B^{+-}][H^+]}{[A^+]} \times \frac{[C^-][H^+]}{[B^{+-}]} = \frac{[C^-]}{[A^+]} \times [H^+]^2$となる。等電点の定義より，正味の電荷が0となるとき，$[C^-] = [A^+]$より，$K_1 \times K_2 = [H^+]^2$となり，$[H^+] = (K_1 \times K_2)^{\frac{1}{2}} = (10^{-2.4} \times 10^{-9.6})^{\frac{1}{2}} = 10^{-6}$　よって，pHは，$-\log_{10}[H^+] = 6.0$となる。

【生物】

【1】(1)　ア　G_2期…5時間　　M期…2時間　　イ　4時間

(2)　ア　①　肝臓　　②　オルニチン回路　　③　二酸化炭素

イ　24g　　ウ　アデノシン三リン酸　など　　エ　・胃の上皮組織は粘液によって覆われており，ペプシンが胃の壁にはたらくことはないから。　　・胃の中で，ペプシノーゲンが塩酸のはたらきによりペプシンに変わり，タンパク質を分解できるようになるから。

オ　過剰なタンパク質が摂取されると，アミノ酸のアルギニンが増え，肝臓におけるアセチルグルタミン酸合成酵素が活性化され，アセチルグルタミン酸が合成される。アセチルグルタミン酸により，カルバミルリン酸合成酵素が活性化され，オルニチン回路がはたらいて尿素生成量が増し，排出される窒素量が増え，体内の窒素平衡が保たれる。

〈解説〉(1)　ア　S期の細胞は全て瞬間的に標識されており，標識後5時間でM期の細胞が出現しはじめたのだから，G_2期に要する時間は5時間である。6時間後にM期の細胞の半分が標識されたものになったのだから，7時間後にはM期の細胞のすべてが標識されたものになる。つまり，7時間後には，最初にM期に入った標識細胞が，ちょうどM期を終えることとなる。よってM期に要する時間は2時間である。　イ　6時間後と12時間後にM期の細胞の半分が標識されたものになった。このことから，最初の標識細胞がM期に入って，最後の標識細胞がM期に入るまで6時間かかったことが分かる。これは，標識したS期の時間が6時間だったことを示している。また，5時間後と22時間後に同じ現象がみられることから，この細胞の周期は17時間である。S期の6時間，G_2期の5時間，M期の2時間を引けば，G_1期の時間は，$17-(6+5+2)=4$時間である。　(2)　ア　タンパク質が分解され，アミノ酸を経てアンモニアになるが，アンモニアは有害であるので，それを尿素に変換する。その変換は肝臓で，オルニチン回路というプロセスで行われる。オルニチン回路では，アンモニアの他に二酸化炭素が必要である。

イ　タンパク質70gが16％の窒素を含んでいるのであるから，窒素は，70×0.16〔g〕である。窒素2原子から，尿素$CO(NH_2)_2$が1分子できる。

これらのことと，窒素の原子量14，尿素の分子量が60であることより，尿素の量は，次の通り。$70\times\frac{16}{100}\times\frac{60}{2\times14}=24$〔g〕　ウ　動物の生命活動に重要な役割を果たしている物質として，アデノシン三リン酸；ATPや，ニコチンアミドアデニンジヌクレオチド；NADHなどがある。ATPは$C_{10}H_{16}N_5O_{13}P_3$，NADHは$C_{21}H_{27}N_7O_{14}P_2$の分子式で表される窒素化合物である。　エ　胃の粘膜の表面は表層粘液細胞，頸部粘液細胞に覆われ，それらは粘液を分泌し，塩酸やペプシンから保護している。また，ペプシンは，分泌されるときには不活性なペプシノゲンとして分泌され，塩酸と混じって活性なペプシンに変わりタンパク質を分解する。ペプシノゲンは，ペプシンによっても活性化される。こうした仕組みで胃は保護されている。　オ　高タンパクの食事をすると，その分解速度が上がり，したがってアミノ酸の分解速度も上がる。それによってグルタミン酸の合成速度も上がり，それがシグナルとなってアセチルグルタミン酸の合成速度が上がる。アセチルグルタミン酸はカルバミルリン酸合成酵素(CPS－1)を活性化する。それによってカルバミルリン酸が合成され，オルニチン回路へと入っていく。オルニチン回路により，窒素が尿素として排出される。このように摂取するタンパク質量に応じてサイクルの速度が変化し窒素平衡が維持される。

【地学】

【1】(1)　ア　(ア)　アセノスフェア　　(イ)　地震波速度が遅くなる。
イ　(ア)　1.4倍　　(イ)　$\frac{(\rho_1-\rho_2)(D_2-D_1)}{\rho_2-\rho_w}$　　(2)　ア　北緯80°
イ　21mm/年　　(3)　ア　4.9×10^{19}kg　　イ　水温…②
塩分濃度…⑤

ウ

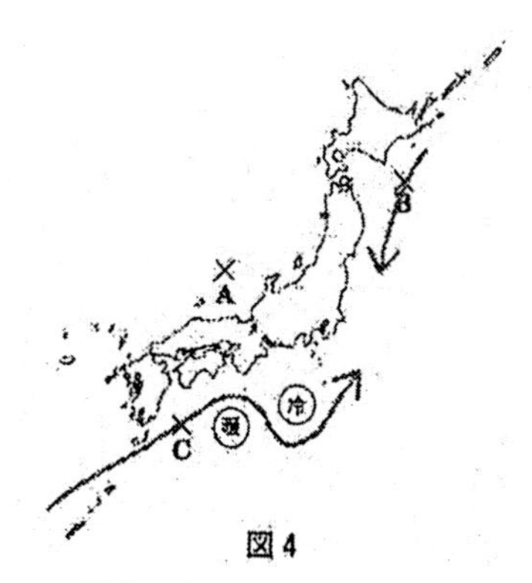

図4

エ　黒潮の源は，亜熱帯高圧帯にある。亜熱帯高圧帯では，蒸発量が降水量を上回るので，塩分濃度が高い海水が生じる。

〈解説〉(1)　ア　(ア)　地殻とその直下のマントルの硬い部分を合わせてリソスフェアといい，プレートの実体である。その下は上部マントル低速度層であり，物質が部分溶融していて流動性がある。これ以深をアセノスフェアとよぶ。　(イ)　硬いリソスフェアの部分から下の流動性のあるアセノスフェアに至ると，地震波速度は遅くなる。

イ　(ア)　文中の式によると，海洋プレートの厚さは年代の平方根に比例する。1億年のプレートの厚さは，5000万年のプレートの厚さの$\sqrt{2}$倍＝1.4倍である。　(イ)　1億年の海底が，5000万年の海底よりもd〔km〕深いとする。アイソスタシーが成り立っているので次の両者がつり合っている。5000万年の海底…D_1〔km〕のプレート，$(d+D_2-D_1)$〔km〕のマントル　　1億年の海底…d〔km〕の海水，D_2〔km〕のプレート　　よって，アイソスタシーを示す式は，

$\rho_1 D_1+\rho_2(d+D_2-D_1)=\rho_w d+\rho_1 D_2$

この式を計算してdを求めると，$d=\dfrac{(\rho_1-\rho_2)(D_2-D_1)}{\rho_2-\rho_w}$

(2)　ア　回転の中心を示すのがオイラー極である。日本列島の北緯40°地点と，その真北の北緯70°地点にあるオイラー極は，30°の緯度差がある。オイラー極のさらに北側へあと30°の地点とは，オイラー極か

らの距離が等しいので，プレートの回転速度が等しい。その地点とは，$70+30=$ 北緯100°だが，北緯90°は北極だから，その反対側の北緯80°となる。　イ　日本列島とオイラー極との緯度差は30°である。アイスランドからオイラー極までの間に北極があることに注意すると，その緯度差は $(90-65)+(90-70)=45°$ である。プレートの移動速度は，オイラー極との角度差の正弦に比例することから，$\dfrac{\sin 30°}{\sin 45°}=\dfrac{v}{30\text{mm/年}}$
$v=15\sqrt{2}=21$〔mm/年〕

(3)　ア　海洋の表面積は，$5.0\times10^{14}\times0.7$〔m^2〕だから，海水の総量は，$5.0\times10^{14}$〔m^2〕$\times0.7\times4.0\times10^{3}$〔m〕$\times1.0\times10^{3}$〔kg/m^3〕$=14\times10^{20}$〔kg〕である。一方，表の成分の量を合計すると，35.1g/kgである。以上より，海水中の塩類の総量は，14×10^{20}〔kg〕$\times0.0351=4.9\times10^{19}$〔kg〕となる。　イ　Bを流れる親潮は，温度，塩分とも低い(①④)。Cを流れる黒潮は，気温が高く水の蒸発量の多い地域から来ているため，温度，塩分とも高い(③⑥)。Aはその中間にあると考えられ，②と⑤が該当する。　ウ　黒潮には，四国から関東の南岸を直進するルートのほかに，蛇行ルートがある。蛇行ルートでは，流路に沿って両側に，右回りの暖水塊と，左回りの冷水塊をつくる。暖水塊は海水面が高く，気象でいう高気圧と同様の渦である。冷水塊は海水面が低く，低気圧と同様の渦である。　エ　黒潮は亜熱帯高圧帯(緯度20～30°)の海域から流れてくる。亜熱帯高圧帯では，降水量が少なく蒸発量が非常に多いため，塩分が高い。

2015年度　実施問題

中学理科

【1】次の各問いに答えなさい。

(1)　次の図は，x軸を正の向きに1m/sで進行する連続波のある瞬間の波形を表したものである。波の先端は$x=4$mの位置にあり，この瞬間を$t=0$sとする。$x=10$mの位置にこの波を自由端反射させる壁をおいた。

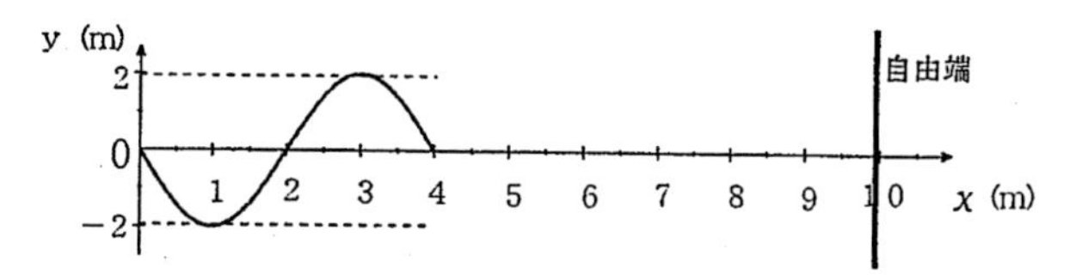

ア　$x=0$mでの，変位yの時刻tに対する変化を表すグラフを，$0 \leqq t \leqq 5$の範囲でかきなさい。

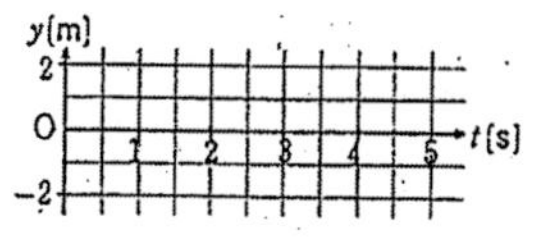

イ　$t=9$sのときの，$x=2$mおよび$x=8$mでの変位は何mか，答えなさい。

ウ　時間が十分に経過したとき，進行しないように見える波が発生する。このような波を何というか，名称を答えなさい。また，これは波のどのような性質によって生じるか，次の①～⑥の中から1つ選び，番号で答えなさい。

①　反射　　②　屈折　　③　回折

④　干渉　　⑤　共振　　⑥　ドップラー効果

エ　時間が十分に経過した状態で，全く振動しない点のx座標を，$0 \leqq x \leqq 10$の範囲ですべて答えなさい。

(2) 次の図のように，水平面ACと角度θをなしている長さLの斜面ABがある。点Aに質量mの小物体をおき，斜面に沿ってひもで物体を点Bまでゆっくり引き上げた。重力加速度の大きさをg，小物体と斜面との間の静止摩擦係数をμ，動摩擦係数をμ'とする。

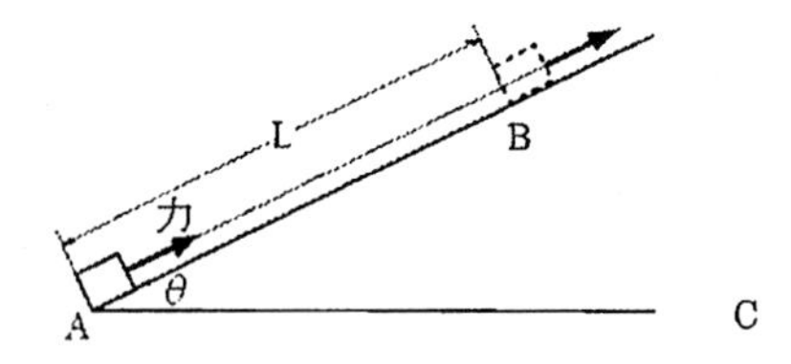

ア　物体を斜面に沿ってLだけ引き上げたとき，ひもが物体に及ぼす力がする仕事Wを答えなさい。

イ　ACを基準水平面とすると，小物体が点Bにあるときの小物体の重力による位置エネルギーUを答えなさい。

ウ　摩擦力がした仕事をW'とすると，W，U，W'の間に成り立つ関係式を書きなさい。

エ　点Bで小物体が静止しているとき，つながっているひもを切断する。このとき，小物体が斜面を滑り出す条件式を書きなさい。

(☆☆☆☆◎◎◎)

【2】次の各問いに答えなさい。ただし，原子量は，H＝1.0，O＝16，Mg＝24，S＝32，Pb＝207とする。

(1) 次の表は，水，アンモニア，ジエチルエーテル，メタン，二酸化ケイ素，塩化ナトリウムの融点，沸点をまとめたものであり，下のア～ウの文中のA～Fはこれら6種類の物質のいずれかである。

融点(℃)	−183	−116	−78	0	801	2572
沸点(℃)	−161	35	−33	100	1413	2850

ア　AとBは常温で液体であり，Aの融点はBより低い。Aの物質名を答えなさい。

イ　CとDは常温で気体であり，Cの沸点はDより低い。水分子のつくる網目構造の中の隙間にCの分子が入り込み，氷状の結晶になった物質が永久凍土層や海底で見つかっている。この氷状の結晶になった物質を何というか，答えなさい。

ウ　EとFは常温で固体であり，Fの融点はEより高い。Fの結晶の種類を答えなさい。

(2)　次のアおよびイの気体を得るために必要な①薬品(2つ)および，②乾燥剤(1つ)は何か。薬品はa～eから，乾燥剤はf～gから選び，記号で答えなさい。

ア　塩素　　イ　アンモニア

①　薬品………a　塩化アンモニウム　　b　酢酸
c　水酸化カルシウム　　d　さらし粉
e　塩酸

②　乾燥剤……f　ソーダ石灰　　g　硝酸　　h　濃硫酸

(3)　1.0mol/Lの希塩酸20mLに0.96gのマグネシウムを加えたところ，水素が発生して塩化マグネシウムが生成したが，マグネシウムの一部は反応せずに残った。

ア　この希塩酸20mLに含まれる塩化水素は何molか，有効数字2桁で答えなさい。

イ　反応せずに残ったマグネシウムは何gか，有効数字2桁で答えなさい。

(4)　鉛極と酸化鉛(Ⅳ)極を希硫酸に浸した構造の電池をつくった。

ア　両極を導線で結んだときの反応を一つにまとめ，化学反応式で表しなさい。

イ　外部回路を0.10molの電子が流れたとき，負極の質量はどのように変化するか，増減も含めて答えなさい。

(5)　分子式がC_8H_{10}で表される芳香族炭化水素には，いくつかの異性体が存在する。その一つである化合物Aを過マンガン酸カリウムで酸化したのち，酸性にしたところ，二価のカルボン酸Bが得られた。Bを加熱すると，分子量が18減少した化合物Cが生成した。

ア　下線部の異性体の数はいくつか，答えなさい。

イ　Cの構造式を次の(構造式の例)にならってかきなさい。

(構造式の例)

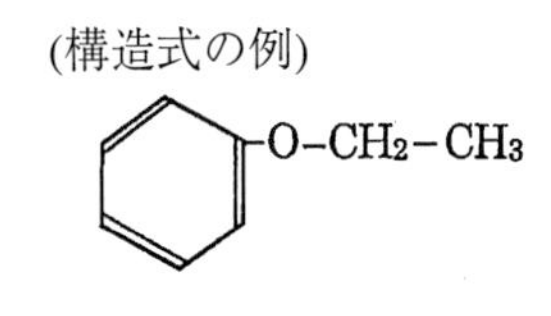

(☆☆☆◎◎◎)

【3】次の各問いに答えなさい。

(1)　次の図は静脈にグルコースを注射して血糖量を増加させ，腎臓内の各組織でのグルコースの輸送量を測定したグラフである。グラフの①～③はろ過，再吸収，排出された量のいずれかを表している。

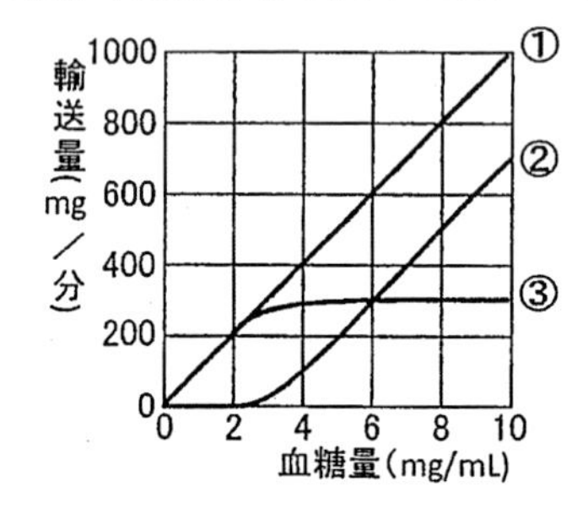

ア　再吸収された量を表しているグラフを①～③の中から1つ選び，番号で答えなさい。

イ　ろ過が行われる組織名を書きなさい。ただし，→は物質の移動の方向を示している。

(組織a)→(組織b)

ウ　血糖量が6mg/mLのとき，1時間に300mLの尿がつくられた。この尿中のグルコース濃度は何mg/mLか，整数で求めなさい。

(2)　検定交雑とは何か。検定交雑を行う目的とその手法について，簡潔に説明しなさい。

(3)　ある植物を実験室内で培養し，明期・暗期の日長条件を与えると，花芽形成について，次の図に示したような結果が得られた。

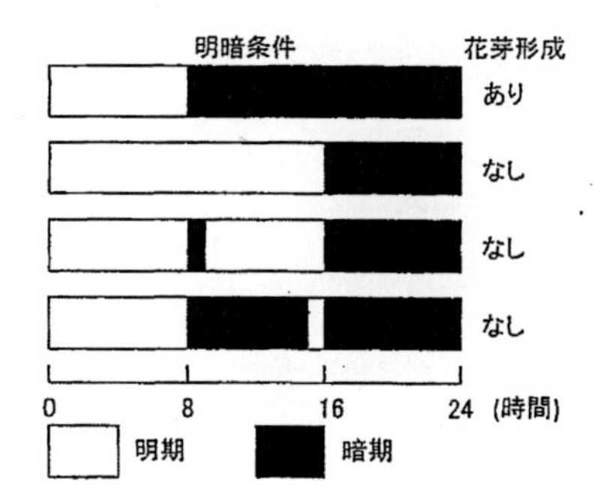

ア　このような生物の日長に対する反応は何と呼ばれているか，答えなさい。

イ　日長反応から，この植物は何植物であるといえるか，答えなさい。

ウ　次の①〜⑧の植物のうち，日長反応からこの植物と同じグループに入るものを3つ選び，番号で答えなさい。

① オナモミ　② エンドウ　③ アサガオ
④ ホウレンソウ　⑤ ダイコン　⑥ アブラナ
⑦ コスモス　⑧ トマト

エ　次の①〜⑥の現象のうち，この植物の花芽形成のように，直接的あるいは間接的に日長の影響を受けるものを2つ選び，番号で答えなさい。

① チューリップの花の開閉　② タンポポの花の開閉
③ ジャガイモの塊茎の形成　④ オジギソウの葉の就眠運動
⑤ ポプラの落葉　⑥ レタスの種子の発芽

(4)　次の文章を読んで，各問いに答えなさい。

鳥の体表はほとんど羽毛でおおわれているが，足の一部はうろこでおおわれている。胚発生の過程で，羽毛とうろこは表皮と真皮から分化することがわかっている。羽毛やうろこの生じるしくみを調べるため，ニワトリの胚を用いて実験を行った。なお，背中の表皮と背中の真皮，足の表皮と足の真皮の組合せでは，胚の日数によらず，それぞれ常に羽毛とうろこが分化した。

[実験1]　正常の発生では羽毛を生じる背中の皮膚の一部(羽毛原基)の表皮と真皮を薬品で分離し，また両者をもとのように重ね合わせて培養したところ，正常な羽毛が分化した。うろこの原基についても同様の実験を行ったところ，正常なうろこが分化した。

[実験2]　13日胚(受精卵を温め始めてから13日目の胚)うろこ原基の真皮と6日胚の羽毛原基の表皮を実験1と同じ方法で組み合わせて培養したところ，うろこが分化した。

[実験3]　6日胚羽毛原基の真皮と13日胚うろこ原基の表皮を組み合わせて培養したところ，羽毛が分化した。

[実験4]　13日胚うろこ原基の真皮と9日胚羽毛原基の表皮を組み合わせて培養したところ，羽毛が分化した。

ア　実験2～実験4を考える際，実験1が必要な理由を簡潔に説明しなさい。

イ　実験2と実験4から羽毛原基の表皮では，6日胚と9日胚の間にどのような変化が起こったと考えられるか，簡潔に説明しなさい。

ウ　原口背唇部による誘導現象を，次の用語を用いて簡潔に説明しなさい。〔外胚葉，神経管，表皮，脊索，陥入〕

(☆☆☆☆☆◎◎◎)

【4】次の各問いに答えなさい。

(1)　固体地球について，次の各問いに答えなさい。

ア　地球は，赤道方向にふくらんだ回転楕円体をしている。実際の地球に最も近い回転楕円体の名称を答えなさい。

イ　地球の赤道半径を6378km，極半径を6356kmとすると，地球の扁平率は何%となるか，有効数字2桁で答えなさい。

ウ　マントル上部の地震波速度がわずかに遅くなる層を含む，プレートの下の部分を何というか，答えなさい。

エ　アメリカ西海岸にあるサンアンドレアス断層に代表される，プレートがすれ違う境界にできる断層の名称を答えなさい。

オ　日本付近の地下100km以深で発生する地震の震源は，海溝から大陸側へ向かって徐々に深くなるような領域に分布する。この領域の名称を答えなさい。

(2)　地球上で最古の岩石はカナダに露出する約40億年前の変成岩である。年代測定は放射性同位体の崩壊を利用して求められている。K－Ar法による測定は，半減期が13億年の^{40}Kを利用する。40億年前に形成された岩石には，もともと含まれていた^{40}Kのうち，現在どの程度の量が残っているか。最も適当なものを，次の①～⑥の中から1つ選び，番号で答えなさい。

①　$\frac{1}{2}$　②　$\frac{1}{3}$　③　$\frac{1}{4}$　④　$\frac{1}{8}$　⑤　$\frac{1}{12}$　⑥　$\frac{1}{16}$

(3)　温室効果に関連する文として最も適当なものを，次の①～④の中から1つ選び，記号で答えなさい。

①　大気中の温室効果ガスは，地球表面が放射した可視光線を吸収し，短波長の紫外線を放射する。

②　大気中の温室効果ガスは，地球表面が放射した可視光線を吸収し，可視光線を放射する。

③　大気中の温室効果ガスは，地球表面が放射した赤外線を吸収し，短波長の可視光線を放射する。

④　大気中の温室効果ガスは，地球表面が放射した赤外線を吸収し，赤外線を放射する。

(4)　太平洋側のA地点(高度0m)から，26℃の空気塊が脊梁山脈を上昇し，高度500mのB地点で雲を生じ，雨を降らせながら高度1500mのC地点(山頂)をこえ，日本海側のD地点(高度0m)に達した。凝結した水分はB地点からC地点までの間で，すべて降水となった。ただし，乾燥断熱減率と湿潤断熱減率はそれぞれ100mにつき1.0℃，0.50℃で，高度によって変化しないものとする。あとの問いに答えなさい。

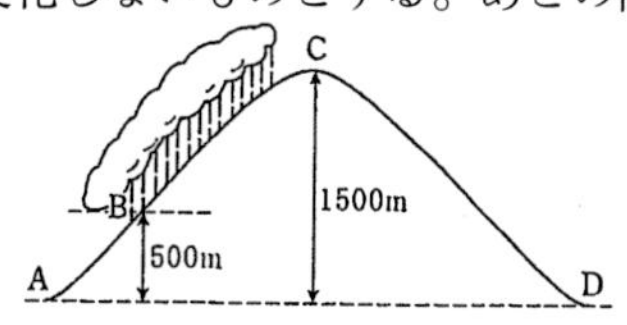

ア　乾燥断熱減率より湿潤断熱減率の値が小さくなる。その理由を簡潔に説明しなさい。

イ　D地点の空気塊の気温は何℃になるか，有効数字2桁で答えなさい。

(5)　恒星についての次の文章の空欄に当てはまる最も適当な語句を答えなさい。

恒星は，水素を主とする星間ガスが集まってできる。ガスが収縮して温度が上がりはじめ，中心部の温度が1000万Kになり核融合がはじまった星を(　ア　)という。また，同じ明るさの恒星では，表面温度が(　イ　)ものほど半径が大きい。

(6)　次の写真は，おうし座のかに星雲と呼ばれるものである。

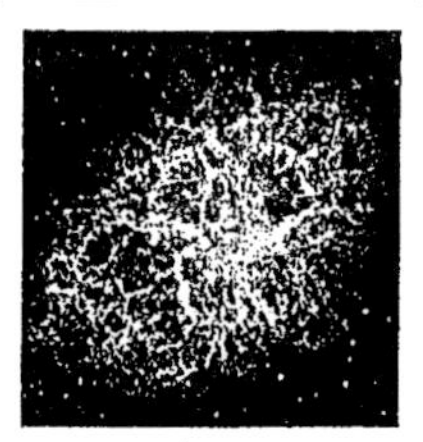

ア　かに星雲はどのようにしてできたか，簡潔に説明しなさい。

イ　かに星雲の中心部には，その密度が約10^{15}g/cm^{3}にもなる高密度の星が存在するといわれている。その星の名称を答えなさい。

(☆☆☆☆◎◎◎)

【5】中学校学習指導要領(平成20年3月)には，第1分野「化学変化と原子・分子」について記述されている。次の問いに答えなさい。

(1)　次の文は，「原子」についての内容の取扱いを示したものである。文中の空欄ア，イに当てはまる語句をそれぞれ答えなさい。

「原子」については，(　ア　)を用いて多くの種類が存在することにも触れること。また，「記号」については，(　イ　)なものを扱うこと。

(2) この「化学変化と原子・分子」では，物質の酸化について学習する。その際，金属を加熱し質量の変化を調べる実験を行う。生徒に，銅粉を用いて実験を行わせたとき，加熱後の質量が理論値より小さい値になることがある。その理由として，操作中に銅粉をこぼしてしまうこと，加熱時間が短かったことが考えられるが，それら以外にどのようなことが考えられるか。実験の準備や操作に関して具体的に2点書きなさい。

(3) この「化学変化と原子・分子」では，物質の燃焼の例としてマグネシウムを用いることがある。マグネシウムは空気中で激しく熱や光を出し燃焼する。このとき消火するために水をかけてはいけない。その理由を説明しなさい。

(☆☆☆◎◎◎)

【6】中学校学習指導要領解説理科編(平成20年9月)には，第1分野「化学変化とイオン」の解説がなされている。次の問いに答えなさい。

(1) ここでは，電解質水溶液と2種類の金属などを用いる電池について学習するとともに，日常生活や社会では，様々な電池が使われていることに触れる。電池とその性質について述べたア～エの文のうち，正しいものをすべて選び記号で答えなさい。

ア　アルカリ乾電池：取り出せる電流は小さいが，連続して使用しなければ長持ちさせることができる。

イ　マンガン乾電池：取り出せる電流が大きく，連続して使用するのに適している。

ウ　酸化銀乾電池　：安定した電圧を持続することができ，大きな電流を取り出しても電圧の低下が少ない。電子ゲームや腕時計などに用いられる。

エ　燃料電池　　　：電流を長時間取り出すことができ，有害な物質を発生することがないため，環境負荷が少ない。

(2)　酸は水素イオンと陰イオンに電離することを学んだ上で，酸の水溶液の特性が水素イオンによることを確かめる実験をさせたい。どのような実験を行えばよいか，簡潔に説明しなさい。なお，必要があれば図を用いても構いません。

(3)　この単元では，中和反応の実験を行い，酸とアルカリを混ぜると水と塩が生成することを学習する。生成する塩の例として，硫酸バリウムがあげられている。硫酸バリウムが生成される中和反応の化学反応式を書きなさい。また，硫酸バリウムはどのような塩の例として取り上げられているのか答えなさい。

(☆☆☆◎◎◎)

【7】平成24年度全国学力・学習状況調査中学校理科(平成24年4月)についての「調査結果のポイント(国立教育政策研究所ホームページより)」には，調査により明らかになった課題と指導改善のポイントが書かれている。次の問いに答えなさい。

(1)　物理領域の課題の1つとして，「抵抗の直列つなぎ，並列つなぎなどに関する知識を活用して，他者の実験方法を検討し改善して，正しい実験方法を説明すること」があげられている。生徒に，回路を組み立てさせ電流・電圧を測定する実験を行わせるとき，安全面から指導すべきことを述べなさい。

(2)　物理領域の指導改善のポイントとして，「探究的な観察・実験を通して，電流と電圧の関係及び電流のはたらきについて理解を深める指導の充実」が大切であると書かれている。

ア　具体的な指導例として，「電流と電圧を水の流れと川の落差に置き換えて考える」いわゆる『水流モデル』が紹介されている。水流モデルを使って電流と電圧を説明する際のメリットとデメリットを1つずつ述べなさい。

イ　具体的な指導例として，「電流の働きなどを日常生活や社会と関連付けて指導する」ことが紹介されている。「家庭用のコンセントに，＋極，－極の区別がないのはなぜか。」という疑問をもった中学生がいた。この疑問に対して，中学生に分かるように説明をしなさい。

(☆☆☆◎◎◎)

【8】第62次福井県学力調査中学校理科で以下のような問題が出題された。次の問いに答えなさい。

水中の潜水調査船がさらに深くもぐっていくとき，潜水調査船にかかる水圧，浮力の大きさはそれぞれどうなりますか。正しい組み合わせを，次の1～6の中から1つ選び，番号で答えなさい。ただし，潜水調査船の壁は，水圧によって変形しないものとします。

	水圧	浮力
1	小さくなっていく	小さくなっていく
2	小さくなっていく	大きくなっていく
3	小さくなっていく	変わらない
4	大きくなっていく	小さくなっていく
5	大きくなっていく	大きくなっていく
6	大きくなっていく	変わらない

選択肢ごとの出現率

1　1.1%

2　5.1%

3　2.3%

4　22.3%

5　30.5%

6　38.2%　(正答)

無回答　0.5%

(1)　調査結果から，水深と水圧の関係，水深と浮力の関係の理解の程度の差について，わかることを簡潔に述べなさい。

(2)　「深海に生息している魚などの生物は，なぜ大きな水圧に耐えられるのか。」という疑問をもった中学生がいた。この疑問に対して，中学生に分かるように説明をしなさい。

(3)　調査結果を踏まえて，課題を改善するためにはどのような実験を行えばよいですか。実験の具体的な方法を示しなさい。なお，必要があれば図を用いても構いません。

(☆☆◎◎◎)

【9】次の文は中学校学習指導要領(平成20年3月)の第2章第4節において示されている理科の目標である。下の問いに答えなさい。

自然の事物・現象に進んでかかわり，目的意識をもって観察，実験などを行い，科学的に探究する能力の基礎と態度を育てるとともに自然の事物・現象についての理解を深め，科学的な見方や考え方を養う。

(1)　下線部に「進んでかかわり」とあるが，これに関して学習指導要領解説(平成20年9月)に書かれた内容が下にある。この文中の空欄(　ア　)～(　ウ　)にあてはまる語句を答えなさい。

理科は，自然の事物・現象を学習の対象とする教科である。「自然の事物・現象に進んでかかわること」は，生徒が(　ア　)に疑問を見つけるために不可欠であり，学習意欲を喚起する点からも大切なことである。学習の進展につれて，自然の美しさ，精妙さ，偉大さが改めて感得される。そして，自然についての理解が深まるにつれて，その先にある新たな疑問を見出していくというように，自然の事物・現象に対して進んでかかわることは理科の学習の出発点であるとともに，学習を推し進める力にもなると考えられる。生徒の(　イ　)を育て，体験の大切さや日常生活や社会における科学の(　ウ　)を実感させる意味からも，「自然の事物・現象に進んでかかわり」を目標の冒頭に掲げ，従前の「関心を高め」に比べ，自ら学ぶ意欲を重視した表現としている。

(2)　下線部「観察，実験など」の「など」には，観察実験のほかにどのような活動が含まれているか。3つ答えなさい。

(3)　学習指導要領解説理科編(平成20年9月)の第2分野の目標の中で，以下のような文章がある。

第2分野の特徴として，再現したり，実験したりすることが困難な事物・現象を扱うことがある。例えば，長大な時間の経過に伴う生物の変遷及び日常の経験を超えた時間と空間の中で生じる地質や天体の現象は，授業の限られた条件の中で再現することは難しい。

このような自然の事物・現象の学習では，どのような指導が効果的であるか。2つの方法を答えなさい。

(4) 国内外の様々な調査から，生徒が科学を学ぶ意義や有用性を実感していないことなどが課題となっている。このことから，どのような授業改善が必要か答えなさい。

(5) 「無脊椎動物の仲間について」の学習において，『イカの解剖』が行われている。この観察を行うときに，指導者としてどのようなポイントを持って指導にあたる必要があるか。安全指導以外で，考えられるポイントを2つ答えなさい。

(☆☆☆◎◎◎)

【10】第62次福井県学力調査中学校理科の観察の技能を問う問題で，顕微鏡の正しい使い方について出題したところ，正答率は43.4%であった。福井県教育研究所の報告書には以下のような記述がある。

・誤答5と6を選んだ生徒は，プレパラートをのせてから視野の明るさを調節すると考えていました。

・これを含め正答できなかった56.6%の生徒は，顕微鏡の正しい使い方を指摘することができませんでした。

(1) 視野は一様に明るく見えるのに，全体的に暗い状態で観察している生徒がいる。顕微鏡のどの部分を回して調節させますか。

(2) 顕微鏡の正しい使い方を身につけさせるために，どのような指導が考えられますか。具体的に答えなさい。

(☆☆◎◎◎)

高校理科

【共通問題】

【１】次の各問いに答えなさい。

(1)　停止していた自動車が等加速度で加速していき，スタート地点から直線で400m離れたA地点を20秒後に通過した。A地点でのこの自動車の速さは何m/sか，答えなさい。

(2)　氷5.0kgを完全に水の中に沈めるためには，上から鉛直下向きに最低何Nの力が必要か，答えなさい。ただし，質量が同じ場合，氷の体積は水の1.1倍とし，重力加速度の大きさを9.8m/s^{2}とする。

(3)　700Wの電気ポット(100V用)の中に10℃の水が500g入っている。この電気ポットを100Vの電源に接続し，スイッチを入れて5.0分間加熱するとポット内の水は何℃になるか，答えなさい。ただし，発生する熱の80％が水に一様に吸収され，水の蒸発は無視できるものとし，水の比熱を4.2J/(g・K)とする。

(4)　内部抵抗r〔Ω〕の電流計がある。この電流計は500mAまでしか測定できないが，5Aまで測定できるようにしたい。この電流計に対して何Ωの抵抗をどのように接続すればよいか，rを用いた式で答えなさい。

(5)　ガラスから空気中へ光が入射するときの臨界角をθ_0とするとき，$\sin\theta_0$の値はいくらか，答えなさい。ただし，空気の屈折率を1，ガラスの屈折率をnとする。

(6)　次図のように，長いガラス管にピストンを取り付け，長さの変わる閉管をつくった。空気中の音速を測定するため，開口端付近で音さを鳴らす気柱共鳴の実験を行った。音さを鳴らしながら，ピストンの位置を管口から徐々に遠ざけていくと，何回か共鳴が起こる。実際の実験では1回目と2回目に共鳴した位置を測定し，正確な音速を求める。1回目に共鳴した位置を測定しただけでは，正確な音速を求めることができない理由を簡潔に説明しなさい。

(7) ある生徒が，「AMラジオは山の陰でも受信できるのに，FMラジオはあまり受信できません。なぜですか。」と質問してきた。送信出力や変調方式の違いは影響がないものとして，電磁波の性質からその理由を簡潔に説明しなさい。

(☆☆☆☆◎◎◎)

【2】次の各問いに答えなさい。ただし原子量は，H＝1.0，C＝12，N＝14，O＝16，Na＝23とする。

(1) 次の物質を下の例に従って構造式で表しなさい。

ア アンモニア　　イ 酢酸

例　H－O－H

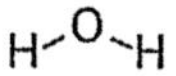

(2) ある金属Xの酸化物XO a〔g〕を水素H_2で還元すると，金属Xがb〔g〕得られた。次の各問いに答えなさい。

ア この反応で，金属Xの酸化数はどのように変化したか，例にならって答えなさい。

例(＋4→＋2)

イ 金属Xの原子量をa，bを用いた式で答えなさい。

(3) 学校で扱う代表的な塩基として，アンモニアと水酸化ナトリウムがあげられる。これらについて，次の各問いに答えなさい。

ア 市販の濃アンモニア水は，質量パーセント濃度28％(密度0.90g/cm^3)である。この濃アンモニア水のモル濃度は何mol/Lか，有効数字2桁で答えなさい。

イ 濃アンモニア水はどのような環境下に保管するのが適切か，簡潔に答えなさい。

ウ 6.0mol/Lの水酸化ナトリウム水溶液を50mLつくりたい。固体の水酸化ナトリウムは何g必要か，有効数字2桁で答えなさい。ただし，水酸化ナトリウムは純度100％とする。

エ　ウの溶液を長期間保管するとき，水酸化ナトリウムの性質上，注意しなくてはならないことは何か，簡潔に答えなさい。

(4) アニリン $\xrightarrow[\text{反応A}]{}$ 塩化ベンゼンジアゾニウム $\xrightarrow[\text{反応B}]{}$ アゾ化合物

と変化させる2つの反応について，次の各問いに答えなさい。

ア　反応Aの名称を答えなさい。

イ　反応A，Bともに，水冷下で行う。その理由を簡潔に答えなさい。

(5) 次の熱化学方程式について，次の各問いに答えなさい。

H_2(気)$+\frac{1}{2}O_2$(気)$=H_2O$(液)$+286$kJ　…①

C_2H_4(気)$+3O_2$(気)$=2CO_2$(気)$+2H_2O$(液)$+1411$kJ　…②

C_2H_2(気)$+H_2$(気)$=C_2H_4$(気)$+176$kJ　…③

ア　アセチレン(気)13.0gに水素が完全に付加したときに出入りする熱量は何kJか，発熱吸熱を含めて整数で答えなさい。

イ　アセチレン(気)の燃焼熱は何kJか，整数で答えなさい。

(☆☆☆◎◎◎)

【3】次の各問いに答えなさい。

(1) 2種類の樹木A，Bの葉(面積100cm^2)それぞれに，異なる強さの光を1時間照射したときに吸収される二酸化炭素量を計測したところ，次の表に示す結果を得た。ただし，実験中の温度，二酸化炭素濃度は一定で，光合成速度は直線的に増加して光飽和点に達するものとする。

光の強さ(ルクス)	0	2,000	4,000	6,000	8,000	10,000	12,000	14,000	16,000	18,000
樹木AのCO_2吸収量(mg)	−4.0	−1.5	1.0	3.5	6.0	8.5	11.0	13.5	15.0	15.0
樹木BのCO_2吸収量(mg)	−2.0	2.0	6.0	7.0	7.0	7.0	7.0	7.0	7.0	7.0

ア　(ア)樹木Aの補償点と(イ)樹木Bの光飽和点について，単位をつけて答えなさい。

イ　樹木Aと樹木Bの見かけの光合成速度が等しくなる光の強さは何ルクスか，答えなさい。

(2)　アユの釣り方で，おとりアユを使った「友釣り」があるが，これはアユのどんな習性を利用したものか，簡潔に説明しなさい。また，アユは高密度のとき，群れ生活をする個体が多くなるが，その理由を簡潔に説明しなさい。

(3)　制限酵素は，特定の塩基配列パターンを認識してDNAを切断することができ，遺伝子工学等で用いられる。ある環状プラスミドを3種類の制限酵素(*Pst* I，*Eco*R I，*Hae* II)で切断したところ，次の表のような断片長(kb＝1000塩基対)の直鎖状の核酸が得られた。

1つの制限酵素を使用	断片長(kb)	2つの制限酵素を同時に使用	断片長(kb)
Pst I	5.0	*Pst* I ＋*Hae* II	0.9，2.0，2.1
*Eco*R I	2.4，2.6	*Hae* II ＋*Eco*R I	0.7，1.1，1.3，1.9
Hae II	2.0，3.0	*Eco*R I ＋*Pst* I	1.0，1.6，2.4

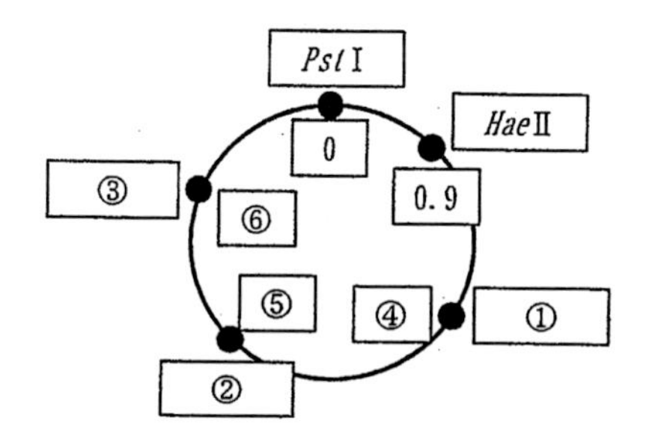

ア　この環状プラスミドが制限酵素で切断される場所を示した図を作成したい。図の①～③には制限酵素名が，④～⑥には*Pst* I 切断部から時計回りに各制限酵素切断部までのkbを単位とした長さが入る。①に制限酵素名を，④にkbを単位とした長さを答えなさい。ただし，図中の切断位置●は必ずしも正確には記入されていない。

イ　制限酵素はDNAを切る「はさみ」である。DNAをつなぐ「のり」の役割をする酵素は何か，その名称を答えなさい。

(4)　生物の進化に関する次の各問いに答えなさい。

ア　オーストラリアの有袋類のように，共通の祖先が多様な生活環境に応じて種分化することを何というか，適当な語句を漢字4字で答えなさい。

イ　発生の起源が同じである器官の組合せを次の(a)～(d)からすべて選び，その記号で答えなさい。

(a)　ヒトの腕とクジラの胸びれ

(b)　鳥類の翼とチョウの翅

(c)　ヒトの目とイカの目

(d)　イヌの前肢とコウモリの翼

(5)　光学顕微鏡でミクロメーターを用いて細胞の大きさを測定したい。タマネギの表皮を対物ミクロメーターの上に直接のせて大きさを測定しようとする生徒がいた場合，この方法では細胞の大きさを測定できない理由を簡潔に説明しなさい。

(6)　高等学校学習指導要領(平成21年3月告示)「理科」には，「観察，実験，野外観察，調査などの指導に当たっては，関連する法規等に従い，事故防止について十分留意するとともに，使用薬品などの管理及び廃棄についても適切な措置を講ずること。」とある。

ア　薬品を保管する際に気をつけなければならないこと3点を簡潔に答えなさい。

イ　次の物質のうち，毒物及び劇物取締法の対象となっている物質を次の(a)～(h)から3つ選び，その記号で答えなさい。

(a)　クエン酸　　(b)　シュウ酸　　(c)　酢酸

(d)　硝酸　　(e)　水酸化カルシウム　　(f)　水酸化鉄(Ⅲ)

(g)　アンモニア　　(h)　水銀

(☆☆☆☆◎◎◎)

【4】次の各問いに答えなさい。

(1)　地殻を構成する元素のうち，重量比の大きいものを左から順に4つ元素記号で答えなさい。

(2)　ある生徒が「建築用の石材に使われる大理石は，地面の中でどのようにしてできるのですか。」と質問してきた。大理石の形成過程を簡潔に説明しなさい。

(3)　風化作用の中で化学的風化作用は，水だけでなく大気中に含まれるガス成分も重要な役割を果たしている。花こう岩の構成鉱物のカリ長石の化学的風化作用は，次のような反応式で表すことができる。(ア)，(イ)に当てはまる最も適当な化学式・イオン式を答えなさい。

$2KAlSi_3O_8 + 11H_2O + 2$(ア)$\rightarrow Al_2Si_2O_5(OH)_4 + 2K^+ + 4H_4SiO_4 + 2$(イ)

(4)　生命の進化の過程で，約6億年前の先カンブリア時代末には硬い組織を持たない多細胞の無脊椎生物群が現れた。南オーストラリアで最初に発見されたこの生物群の名称を答えなさい。

(5)　次の(　ア　)，(　イ　)に当てはまる最も適当な語句を漢字で答えなさい。

福井県では，恐竜化石の発掘調査が行われ，これまでにアロサウルス上科に属すると考えられる肉食恐竜フクイラプトルや，新種の恐竜として命名されたフクイサウルス・テトリエンシスなどが発見されている。これらが発掘されたのは，福井県勝山市北谷に分布する(　ア　)代の(　イ　)層群とよばれる地層からである。

(6)　図1は南半球の上空の風にはたらく力A，Bと風の向き(⇒)の関係を表したものである。

図1

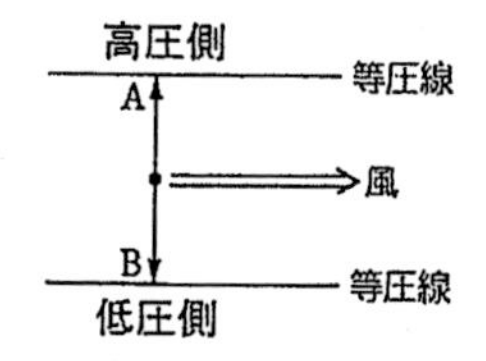

ア　力Aの名称を答えなさい。

イ　力Aと力Bがつり合って等圧線と平行に吹く風の名称を答えなさい。

(7)　図2は，平成26年2月15日午前3時の天気図である。日本の南岸を沿うように低気圧が発達しながら東北東に進んだ。この低気圧の影響で，関東甲信地方は2月14日～15日にかけて大雪となった。その理由を簡潔に説明しなさい。

図2

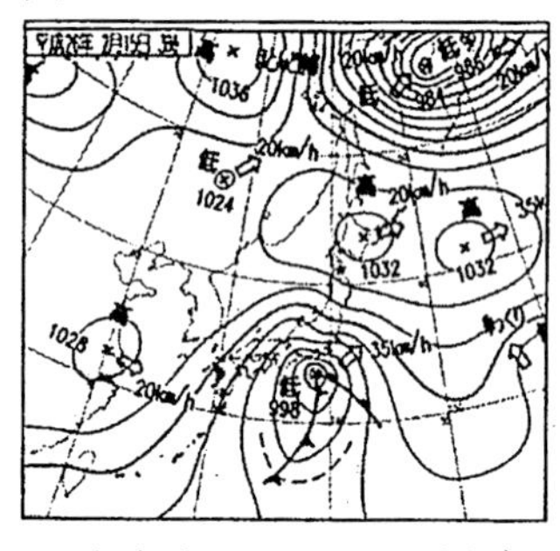

(気象庁ホームページより)

(8)　大気圏は下部から対流圏，成層圏，中間圏，熱圏の4層に分けられる。成層圏で高度とともに温度が上昇する原因となっている大気成分を化学式で答えなさい。

(9)　太陽の活動が活発になると，太陽の光球面でフレアとよばれる爆発が起こる。この爆発で吹き出した太陽風は地球にどのような影響を与えるか，簡潔に説明しなさい。

(10)　次の(　ア　)，(　イ　)に当てはまる最も適当な語句・式を答えなさい。

恒星までの距離は，年周視差の測定によって求めることができる。年周視差が1"になる距離を(　ア　)という。また，年周視差がp''のとき，その天体までの距離D[光年]は，D=(　イ　)で求められる。

(☆☆☆◎◎◎)

【物理】

【1】次の各問いに答えなさい。

(1) 図1のように，ばね定数kのばねをエレベーターの天井からつるし，その下端に質量mのおもりを取り付ける。エレベータ内の人が観測し，重力加速度の大きさはg，円周率をπとする。

図1

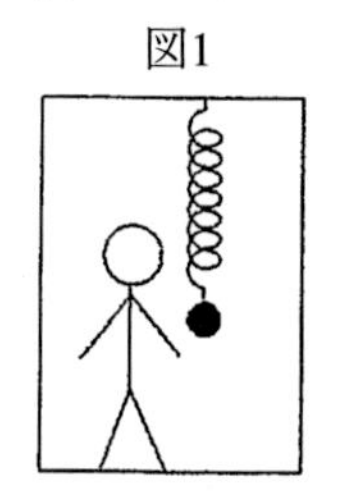

ア エレベータが一定の速さuで上昇している。エレベータ内の人から見て，ばねに取り付けたおもりが静止しているとき，ばねの伸びはいくらか，答えなさい。

イ アの状態から，エレベータが上向きにaの等加速度で上昇すると，ばねに取り付けられたおもりは上下方向に単振動をした。この単振動の振幅と周期をそれぞれ答えなさい。

(2) 真空中の空間に，図2のようにxyz軸をとる。この空間にはx軸の正の向きに磁束密度Bの一様な磁場がある。この空間の原点に，質量m，電荷$+q$の荷電粒子をz軸の正の向きに速さvで入射させる。円周率をπとする。

図2

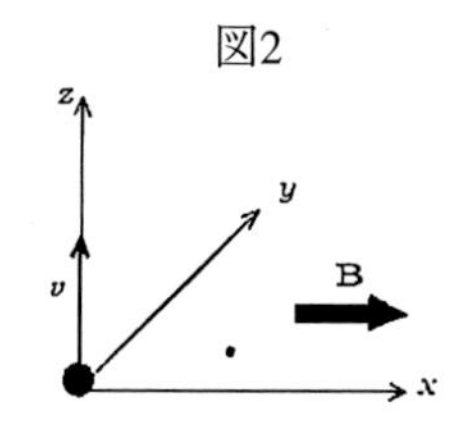

ア この荷電粒子は等速円運動をする。この円運動の周期を答えなさい。

イ 荷電粒子が原点を通過後，等速直線運動させるためには，この空間にどのような電場をかければよいか。電場の向きと強さを答えなさい。

ウ　イの状態から電場を取り除き，磁場だけの空間に戻す。荷電粒子の入射方向を図3のようにx-z平面で，z軸正の向きからx軸正の向きにθの角度で入射させた。この粒子が原点を通過して次にx軸を通過する点の原点からの距離はいくらか，答えなさい。

図3

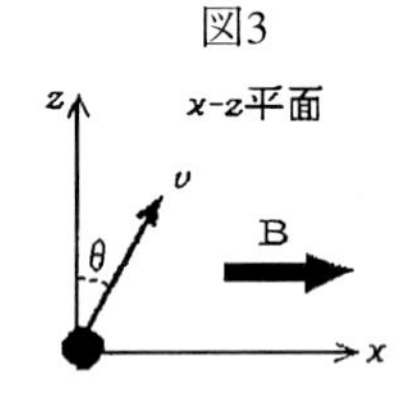

(☆☆☆☆◎◎◎)

【化学】

【1】次の各問いに答えなさい。ただし原子量は，H＝1.0，C＝12，O＝16，Na＝23とする。

(1)　水酸化ナトリウムと炭酸ナトリウムの混合物がある。この混合物中の炭酸ナトリウムの質量を求めるため，以下の実験操作を行った。

操作1　混合物を水に溶かし，メスフラスコを用い，水を加えて正確に100mLにした。

操作2　操作1の水溶液を正確に10.0mLホールピペットではかりとり，コニカルビーカーに入れた。

操作3　操作2のコニカルビーカーにフェノールフタレイン溶液を数滴加え，0.100mol/L塩酸をビュレットを用いて滴定したところ，14.4mL滴下したところで溶液の色が変わった。

操作4　操作3の後にさらにメチルオレンジを数滴加え，0.100mol/L塩酸で滴定したところ，5.0mL滴下したところで溶液の色が変わった。

ア　滴定で用いるビュレット，コニカルビーカー，ホールピペット，メスフラスコのうち，純水でぬれたまま使用しても正確な結果が得られるものはどれか，すべて選び，器具名で答えなさい。

イ　操作3において，溶液の色はどう変化したか，「○色→△色」のように答えなさい。

ウ　操作4において，溶液の色が変わるまでの間に進んだ反応を，化学反応式で答えなさい。

エ　水酸化ナトリウムと反応した0.100mo/L塩酸は何mLか，有効数字2桁で答えなさい。

オ　水で希釈する前の混合物に含まれる炭酸ナトリウムの質量は何gか，有効数字2桁で答えなさい。

(2)　メタン2.0×10^{-3}molと酸素1.0×10^{-2}molを容積0.83Lの容器に入れて27℃に保った。気体はすべて理想気体としてふるまい，気体定数は8.3×10^{3}L・Pa/(K・mol)，27℃における水の飽和蒸気圧は3.6×10^{3}Pa，凝縮した水の体積は無視できるものとする。

ア　この混合気体の全圧は何Paか，有効数字2桁で答えなさい。

イ　この混合気体に点火して完全に反応させた後27℃に保った。メタンと酸素のうち，どちらが何mol残ったか，有効数字2桁で答えなさい。

ウ　イのとき容器内の圧力は何Paか。また，生成した水のうち液体として存在している水は何％か，それぞれ有効数字2桁で答えなさい。

(☆☆☆◎◎◎)

【生物】

【1】次の各問いに答えなさい。

(1)　ヒトの集団の遺伝子構成を調べる場合，集団遺伝学が有効である。この際，基礎となる理論がハーディ・ワインベルグの法則である。ある国でABO式血液型の遺伝子頻度を調べたところ，A遺伝子が0.30，B遺伝子が0.20，O遺伝子が0.50であった。また，この国ではフェニルケトン尿症は劣性遺伝子pにより人口1万人に1人の割合で発症する。この国の集団は遺伝子平衡にあると考え，次の各問いに答えなさい。

ア　ハーディ・ワインベルグの法則は，以下の条件のもとで成立する。次の(　ア　)～(　ウ　)に最も適当な語句を書きなさい。

・集団内の個体数が十分に多い。

・着目する遺伝子に(　ア　)が起こらない。

・集団内で，雌雄間の交配は(　イ　)に行われる。

・他の集団との間で移出や移入(遺伝子流動)がない。

・遺伝子型によって生存率や繁殖力の差がなく，(　ウ　)がはたらかない。

イ　この国におけるA型の人は何％いると推定できるか，遺伝子頻度から答えなさい。

ウ　この国における遺伝子pの遺伝子頻度を答えなさい。

エ　この国において遺伝子pを持たない人は何％いると推定できるか，百分率の小数第1位を四捨五入して答えなさい。

(2)　学習はホ乳類のような高等動物に限らず，ナメクジにも見られる。ナメクジを4つのグループに分け，次のような実験を行った。

グループ1：ナメクジに好物のニンジンジュースを2分間与えた直後にナメクジの嫌いな化学物質A水溶液を1分間与えた。

グループ2：ニンジンジュースを2分間与えた後，30分経過した後に化学物質A水溶液を1分間与えた。

グループ3：グループ1と同様の実験を行った直後にナメクジを1℃で5分間冷却した。

グループ4：グループ1と同様の実験を行ってから，15分経過した後にナメクジを1℃で5分間冷却した。

それぞれの実験を行ったナメクジにニンジンジュースを選ばせる実験を行った結果，グループ1と4のナメクジはニンジンジュースを嫌って逃げたのに対し，グループ2と3では好んでニンジンジュースの方向へ移動した。ただし，<u>5分間の冷却操作そのものは，ナメクジが嫌がりも好みもしない刺激である</u>ことは確認している。

ア　ナメクジにニンジンジュースを選ばせる実験を次のように行っ

た。ニンジンジュースに対する嗜好性を定量的に評価するために下図に示す装置を作成した。実験は，中央線上にナメクジを置いてから，一定時間内にナメクジの頭が中央線上よりもニンジンジュース側にいた時間を記録する。実験中は，室温や湿度を一定に保った。ナメクジは夜行性なので照明を薄暗く保ち，活発に活動する夜間に実験を行った。この実験に関する次の記述(ア)(イ)について問題点と正しい実験方法を簡潔に説明しなさい。

(ア)　装置中のhには化学物質A水溶液を置いた。

(イ)　ナメクジの数はあまり多いとデータの整理が大変なので，各グループ1匹ずつを選んで実験した。

【真上から見た図】

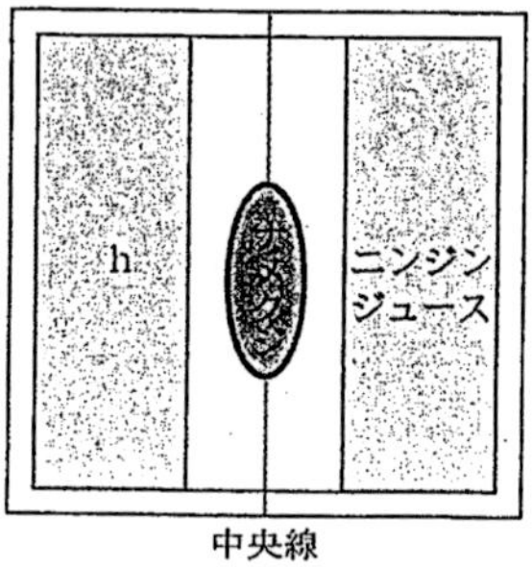

h

ナメクジ

ニンジンジュース

中央線

【横から見た断面図】金網

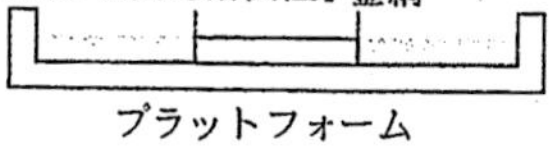

プラットフォーム

イ　下線部を確かめるにはどのような実験をすればよいか，グループ1～4の実験を参考に実験手順を簡潔に説明しなさい。

ウ　これらの実験結果から何がわかるか，簡潔に説明しなさい。

(☆☆☆◎◎◎)

【地学】

【１】次の各問いに答えなさい。

(1)　次の図は，大気中，陸地および海洋の3つの領域に分けて，地球の表層における水の循環を表したものである。ただし，陸地の水の存在量は示されていない。

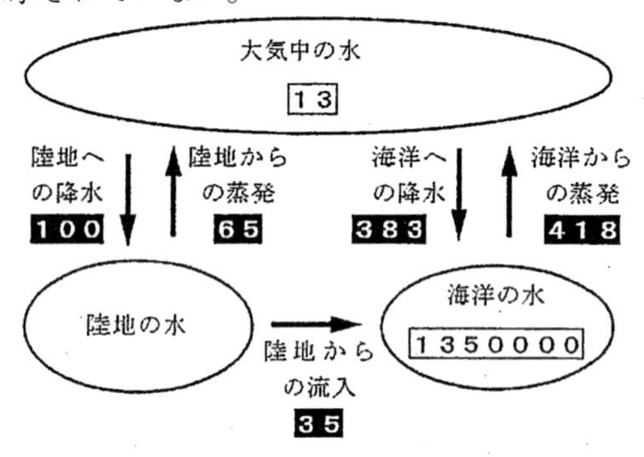

ア　図のような地球の表層における水の循環を引き起こすエネルギー源は何か，最も適当な名称を答えなさい。

イ　陸地と海洋から大気中へ水の蒸発によって移動する熱エネルギーは，太陽から地球に入射するエネルギー(5.8×10^{24}J/年)の何％か。最も近い数値を，次の(a)～(d)の中から1つ選び，記号で答えなさい。ただし，水の蒸発熱は2.5×10^{6}J/kgとする。

(a)　15％　　(b)　21％　　(c)　30％　　(d)　42％

ウ　陸地と海洋への降水量は，地球全体で平均すると1年あたり何cmになるか，有効数字2桁で答えなさい。ただし，水の密度は1.0×10^{3}kg/m^{3}とし，地球の表面積は5.1×10^{14}m^{2}とする。

エ　水が大気中，陸地および海洋のそれぞれの位置にとどまる時間を平均滞留時間という。大気中の水の平均滞留時間は何日となるか，有効数字2桁で答えなさい。ただし，1年を365日とする。

オ　図中の矢印(→)で示した，陸地から海洋へ流入する水には，多量の塩類が含まれている。それにもかかわらず，海水全体の化学組成や塩分は，数億年前から変化していないといわれている。その理由について述べた文として誤っているものを，次の(a)～(d)の中から1つ選び，記号で答えなさい。

(a)　海水中の塩類粒子は，雨滴が生成される際の凝結核となり，降雨によって陸地へ戻されるから。

(b)　海水中の塩類粒子は，海水が凍結する際に海氷中に取り込まれて除去されるから。

(c)　海水中の塩類粒子は，海面のしぶきや泡の破裂などによって塩類の微粒子となり，風によって陸地に戻されるから。

(d)　海水中の塩類粒子は，海洋に生息する生物のはたらきや化学的作用によって，堆積物となり固定化されるから。

(2)　16世紀後半，チコ・ブラーエは，天球上における火星の見かけの位置を，望遠鏡を使わずに精密に観測した。ケプラーはこの観測結果に基づき，惑星の軌道運動に関する次の3つの法則を発見した。

第1法則　「楕円軌道の法則」……惑星は太陽を焦点の1つとする楕円軌道を描く。

第2法則　「(　①　)の法則」…太陽と惑星を結ぶ線分(動径)は，等しい時間に等しい面積を描く。

第3法則　「調和の法則」………惑星と太陽の平均距離aの3乗は，惑星の公転周期Tの2乗に比例する。

第3法則は，その後ニュートンの万有引力の法則の発見によって理論的に解明され，太陽の質量M，地球の質量m，万有引力定数Gとして，次のような式で表される。

$$\frac{a^3}{T^2}=\frac{G}{4\pi^2}(M+m)$$

この式は，太陽のまわりを回るすべての天体や，互いに共通重心のまわりを公転している連星について成り立つ。

ここで，mがMに比べて十分小さいときは，

$\frac{a^3}{T^2}=\frac{GM}{4\pi^2}$　と近似できる。

ア　第1法則と第3法則の内容について，太陽の位置と惑星の軌道の関係を示した図として最も適切なものを，次の(a)～(f)から1つ選び，記号で答えなさい。

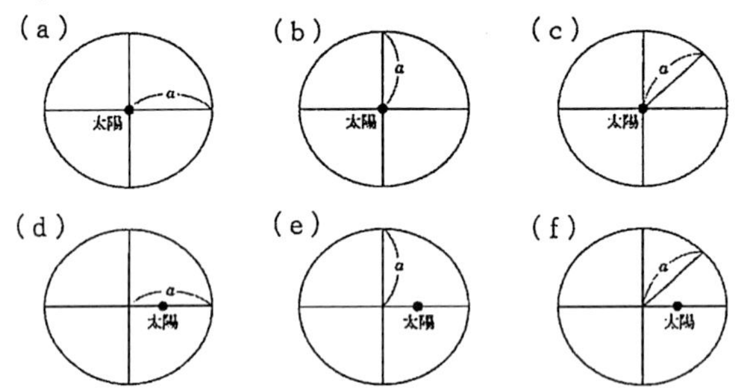

イ　(　①　)にあてはまる最も適切な語句を答えなさい。

ウ　太陽と地球の場合，平均距離aの単位を〔天文単位〕，公転周期Tの単位を〔年〕とすると，$\frac{GM}{4\pi^2}$の値を有効数字2桁で答えなさい。

エ　次図のように，恒星Aと恒星Bが連星を作っており，公転周期を60年，AとBの平均距離を30天文単位，AとBから共通重心までの距離の比を1：4とする。

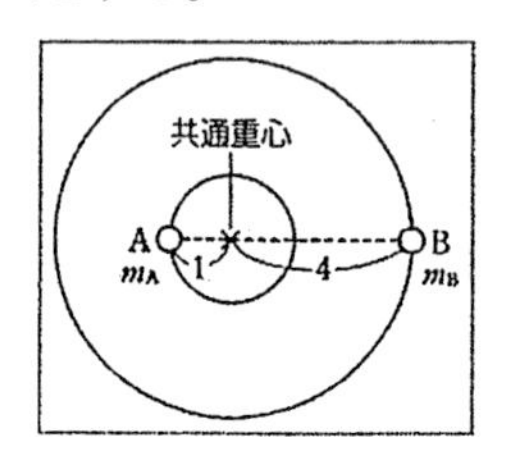

(ア)　恒星A，Bの質量をm_A，m_Bとすると，$\frac{m_A}{m_B}$の値を有効数字2桁で答えなさい。

(イ)　恒星Aの質量は太陽の何倍になるか，有効数字2桁で答えなさい。

(☆☆☆☆◎◎◎)

解答・解説

中学理科

【1】(1) ア

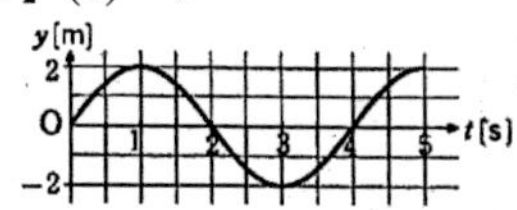

イ $x=2$…−2m　$x=8$…4m　ウ 名称…定常波　性質…④

エ 1，3，5，7，9　(2) ア $mgL(\sin\theta+\mu'\cos\theta)$　イ $mgL\sin\theta$

ウ $W+W'=U$　エ $\mu<\tan\theta$

〈解説〉(1) ア $x=0$mでの時間t〔s〕における変位y〔m〕は，波の速さが1m/sであることと設問の図より，0s，0mで，1sに波$\frac{1}{4}$個分の波形変化を示すことから，その波形を$0\leqq t\leqq 5$で示すと解答の図のようになる。イ ここでは，反射波があることから，反射波が到達していれば入射波との干渉で振幅も変わるので，その反射波が$x=2$m，8mそれぞれの位置に到達しているかどうかを考慮する必要がある。正弦波の式は，振幅をAとしたとき，y_x，$t=A\sin\frac{2\pi}{T}\times\left(t-\frac{x}{v}\right)$と書ける。ここで，周期$T$は条件より4sである。まず，$x=2$m，$t=9$sでは，反射波はそこまで到達していないので，$A=2$mで，変位$=2\times\sin\frac{2\pi}{4}\times\left(9-\frac{2}{1}\right)$ $=2\times\sin\frac{14\pi}{4}=2\times\sin\frac{3\pi}{2}=-2$〔m〕となる。$x=8$mの位置では反射波が到達しており，干渉が起こっている。そこで，最大振幅は2m×2＝4mとなっている。よって，そこでの変位$=2\times2\times\sin\left(\frac{2\pi}{4}\right)\times\left(9-\frac{8}{1}\right)$ $=2\times2\times\sin\frac{\pi}{2}=4$〔m〕となる。　ウ 入射波と反射波の干渉で生じるもので，定常波と呼ばれる。　エ こうした定常波は，自由端では，そこが常に腹になり，そこから$\frac{1}{4}$波長(1m)戻ったところが節になり，それぞれの点から半波長(2m)ごとに腹，節となる。干渉によって，腹は，最大振幅を示すところであり，節は，振動しない点である。設問の振動しない点，すなわち節は，$0 \leqq x \leqq 10$では，9m，7m，5m，3m，1mとなる。　(2)　アイウ　物体が得たエネルギーは，位置エネルギーの差であり，高さの変化$h = L\sin\theta$で，そのエネルギー$U = mgL\sin\theta$である。ここで，このケースでは，斜面に摩擦があり，その仕事をW'とすると，$U = W + W'$と書くことができる。ここで，摩擦によって斜面に垂直な方向にかかる力は，$mg\mu'\cos\theta$と書けて，その仕事量は$W' = -mgL\mu'\cos\theta$となる。よって，$U = W + W'$から，$mgL\sin\theta = W - mgL\mu'\cos\theta$より，

$W = mgL\sin\theta + mgL\mu'\cos\theta = mgL(\sin\theta + \mu'\cos\theta)$となる。

エ　物体が滑り始めるのは，静止摩擦力$f\mu$＜重力により引っ張る力f_gとなるときである。$f\mu = mg\mu\cos\theta$で，$f_g = mg\sin\theta$であるから，$mg\mu\cos\theta < mg\sin\theta$　これを整理すると，$\mu < \dfrac{\sin\theta}{\cos\theta} = \tan\theta$となる。

【２】(1)　ア　ジエチルエーテル　　イ　メタンハイドレート　ウ　共有結合の結晶　(2)　ア　①　d，e　②　h　イ　①　a，c　②　f　(3)　ア　0.020mol　イ　0.72g　(4)　ア　$Pb + PbO_2 + 2H_2SO_4 \rightarrow 2PbSO_4 + 2H_2O$　イ　4.8g増加する　(5)　ア　4つ

イ

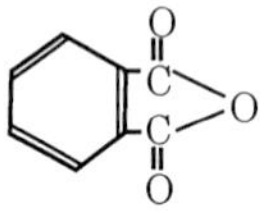

〈解説〉(1)　どれがどの物質のデータかを推測する問題であるが，その内容を示す。

		①	②	③	④	⑤	⑥
		水	アンモニア	ジエチルエーテル	メタン	二酸化ケイ素	塩化ナトリウム
融点	℃	0	−77.73	−116.3	−182	1600	801
沸点	℃	100	−33.34	34.6	−161.5	2230	1413

ア　常温で液体であるものが水とジエチルエーテルである。そのうちジエチルエーテルの方が融点は低い。　イ　常温で気体であるものがメタンとアンモニアである。また，メタンの方が沸点は低い。最近，

新たなエネルギー資源として，設問で説明されているメタンハイドレート$CH_4 \cdot 5.75H_2O$が取り上げられている。　ウ　常温で固体であるものが二酸化ケイ素と塩化ナトリウムである。融点は二酸化ケイ素の方が高い。その結晶の種類は共有結合の結晶である。ちなみに，結晶の種類としては，イオン結晶，分子結晶，共有結合の結晶，金属結晶がある。　(2)　ア　塩素を発生させる反応はいくつかある。

i　$4HCl + MnO_2 \rightarrow MnCl_2 + 2H_2O + Cl_2$

ii　$2NaCl + 3H_2SO_4 + MnO_2 \rightarrow 2NaHSO_4 + MnSO_4 + 2H_2O + Cl_2$

iii　$CaCl(ClO) \cdot H_2O + 2HCl \rightarrow CaCl_2 + 2H_2O + Cl_2$

ここでは，選択肢からiiを選択することになり，必要な薬品①は，dさらし粉とe塩酸になり，乾燥剤②はh濃硫酸が適している。(生成塩素には，材料のHClが含まれているためいったん水を通して洗浄してから乾燥剤を通す。)

イ　アンモニアの生成は，

i　$2NH_4Cl + Ca(OH)_2 \rightarrow CaCl_2 + 2H_2O + 2NH_3$

ii　$NH_4Cl + NaOH \rightarrow NH_3 + H_2O + NaCl$

があるが，ここでは，iを選択することになり，必要な薬品①は，a塩化アンモニウムとc水酸化カルシウムになり，乾燥剤②はfソーダ石灰が適している。

(3)　起こる反応は，$2HCl + Mg \rightarrow MgCl_2 + H_2$である。　ア　1.0mol/Lの希塩酸20mLには，$1.0 \times \frac{20}{1000} = 2.0 \times 10^{-2}$〔mol〕の塩化水素が含まれている。　イ　Mg　0.96gは，$\frac{0.96}{24}$〔g/mol〕$= 4.0 \times 10^{-2}$〔mol〕である。反応式より，Mg　1molに対し塩化水素　2mol必要となる，すなわち添加された塩化水素のモル数の半分のモル数のMgが反応することから，$4.0 \times 10^{-2} - \frac{2.0 \times 10^{-2}}{2} = 3.0 \times 10^{-2}$〔mol〕のMgが残ることとなり，よって，$0.96 \times \frac{3}{4} = 7.2 \times 10^{-1}$〔g〕となる。　(4)　鉛蓄電池を図に示す。

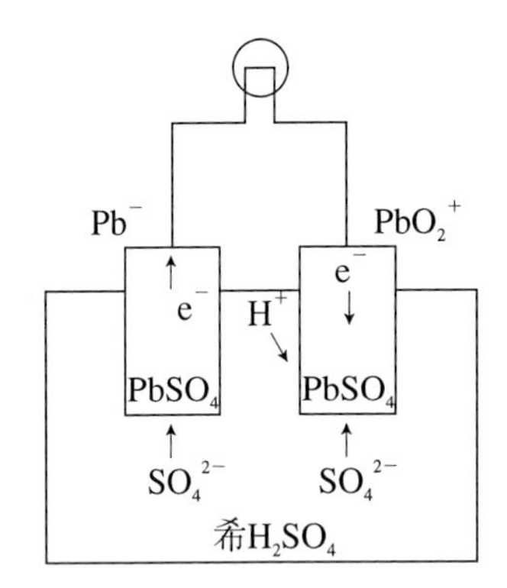

ア　反応は，負極では，$Pb \rightarrow Pb_2^{+} + 2e^{-}$，　$Pb^{2+} + SO_4^{2-} \rightarrow PbSO_4$，
正極では，$PbO_2 + 4H^{+} + SO_4^{2-} + 2e^{-} \rightarrow PbSO_4 + 2H_2O$の反応がおこり，1つにまとめると，$Pb + PbO_2 + 2H_2SO_4 \rightarrow PbSO_4 + PbSO_4 + 2H_2O$となる。

イ　アで示した負極での反応から，0.10molの電子が流れたとき，その半分の0.050molのPbがイオン化し，その後，硫酸イオンと反応し，0.050molの$PbSO_4$が生成する。物質量は，それぞれPb〔207〕，$PbSO_4$〔303〕であるから，両者から$-0.050 \times 207 + 0.050 \times 303 = 4.8$〔g〕増える。ただし〔　〕は分子量を表す。

(5)　設問の内容を再度まとめてみると，

i　C_8H_{10}　芳香族化合物

ii　C_8H_{10}(化合物A)＋$KMnO_4$→(酸性下) 2価のカルボン酸(B)

ii　B→(加熱) C(Bより分子量が18減少)

ア　iiから，Aはベンゼン環に2つの基がついたものと考えられる。炭素，水素の数より，キシレンと推察され，メチル基は酸化されカルボン酸になることから，合致する。キシレンは，o－，m－，p－の3つの異性体をもつ。ここで，C_8H_{10}からなる分子構造は，もう1つ，エチルベンゼンも考えられ，設問に対する解答としては，4つと考えられる。

イ　iiiの反応は，脱水反応と推察される。iiで3つの異性体のうち，脱水反応でH_2Oが外れる構造は，2つのカルボン酸が隣どうしになっているo－構造と思われる。よって反応は下図のように変化し，Cの構造式は下図右端のものと考えられる。

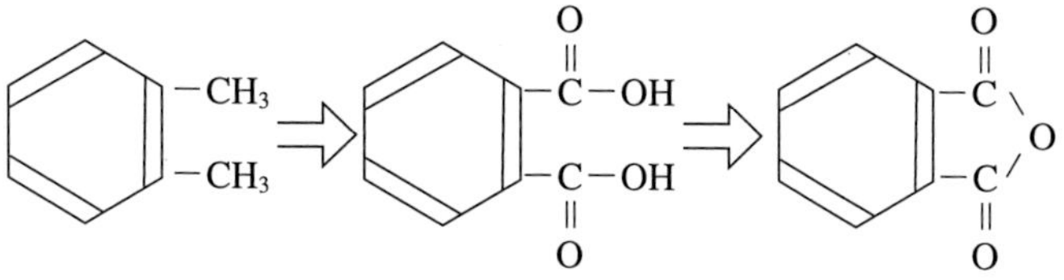

$-CH_3$ $-CH_3$ ⇒ $-\overset{O}{\overset{\|}{C}}-OH$ $-\underset{O}{\underset{\|}{C}}-OH$ ⇒ $-\overset{O}{\overset{\|}{C}}\diagdown$ O $-\underset{O}{\underset{\|}{C}}\diagup$

【3】(1) ア ③ イ 組織a…糸球体 組織b…ボーマンのう ウ 60mg/mL (2) 目的…ある個体の遺伝子型やその個体が作る配偶子の遺伝子型と分離比などを知るために行う。 手法…劣性のホモ接合体との間で交雑を行い，それによってできる子の表現型と分離比を調べる。 (3) ア 光周性 イ 短日植物 ウ ①，③，⑦ エ ③，⑤ (4) ア 薬による組織の分離や組織の重ね合わせが，実験結果に影響しないことを確認するため。 イ 羽毛原基の表皮において，羽毛への分化の決定が起こった。 ウ 原口背唇部は，原口陥入にともない，外胚葉を裏打ちするようになる。原口背唇部に裏打ちされた外胚葉は，誘導されて神経管に分化する。裏打ちされなかった外胚葉は表皮に分化する。その後，原口背唇部は脊索に分化する。

〈解説〉(1) ア ろ過は①と考えられ，上限をもつ③が再吸収で，再吸収の能力を超えて尿に排出されるのが②と考えられる。 イ ろ過は，糸球体から行われ，ボーマンのうへと移っていく。 ウ 血糖値が6mg/mLの時の輸送量は尿への排出量はグラフより300mg/分である。尿量は時間300mLであるから，排出量も時間当たりにして，尿中の濃度を計算すると，300〔mg/分〕×60〔分/hr〕÷300〔mL/hr〕＝60〔mg/mL〕となる。 (2) 優性形質を表す個体には遺伝子型がホモ結合のものとヘテロ結合のものとがあって，外見では区別できない。そこでその判定を行なうために劣性ホモ結合の個体と行なう交雑を検定交雑という。次に例を示す。

例　　優性遺伝子;　T
　　　劣性遺伝子;　t

Tt(検体) x tt の交雑を行なう。

	T	t
t	Tt	tt
t	Tt	tt

1 : 1

得られるものが
全て優性形質であれば
元の個体の遺伝子は TT

優性形質と劣性形質が
1:1であれば、Tt とわかる。

(3)　植物の花芽形成は，明・暗期の条件によって影響を受ける。それらは，長日植物，短日植物，中日植物に区分される。　ア　花芽形成などが日長によって影響を受ける現象を光周性という。　イウ　示された明暗条件で花芽形成有無をなすものは，短日植物と考えられる。短日植物とは反対に暗期の長さがある一定時間より長くなるような光周期の条件下で花芽形成が起こり，それが促進されるものをいう。明期が暗期の時間より短いだけでは効果はなく，一定時間以上の継続した暗期が必要である。　エ　③　ジャガイモの塊茎の形成…いくつかの研究があるが，この塊茎の形成は短日条件や気温によって誘導されるとされている。日長は葉で検知されて塊茎形成が起こると言われている。　⑤　ポプラの落葉…実験結果によると，遮光区では，落葉は遮光の強い地区ほど遅く，日長区では，落葉は日長が長いところで遅くなることが報告されている。よって，③のジャガイモの塊茎の形成と，⑤のポプラの落葉が該当する。　(4)　ア　解答参照。　イ　実験2と実験4より，6日と9日の間で羽毛原基が表皮として分化する方向が決定されていると考えられる。6日ではまだ決定されておらず，9日ではすでに決定されている。　ウ　イモリの原口背唇部の移植実験の報告内容をみてみると，初期原腸胚から原口背唇部を切り取って他の胚の胞胚腔内に移植すると，移植片自身は主に脊索に分化しながら，移植片に接する外胚葉からは神経管が分化し，本来の胚に加えて移植片を中心にしたもう1つの胚(二次胚)が形成される，とあるから，原口背唇部に接する外胚葉に働きかけさまざまな器官へと分化させる能力があることがわかる。原口背唇部には，オーガナイザー(形成体)の働きがあると言える。胚の中で，原口背唇部は，胞胚内部に原口陥入し，外胚葉の裏側に伸びていき(裏打ちされる)，そこが誘導されて神経管に分化する。裏打ちされなかった外胚葉は表皮に分化する。その後，原口背唇部は主に脊索に分化する。

【4】(1)　ア　地球楕円体　　イ　0.34％　　ウ　アセノスフェア
エ　トランスフォーム断層　　オ　和達・ベニオフ帯(深発地震面)
(2)　④　　(3)　④　　(4)　ア　水蒸気の凝結により，潜熱が放出されるため　　イ　31℃　　(5)　ア　主系列星　　イ　低い
(6)　ア　大質量の恒星が，その一生を終えるときに起こす超新星爆発の残骸。　　イ　中性子星(パルサー)

〈解説〉(1)　ア　解答参照。　イ　地球の扁平率は，(赤道半径－極半径)÷赤道半径で得られ，よって，$(6378-6356)\div 6378 \fallingdotseq 3.4\times 10^{-3}$　つまり3.4×10^{-1}〔％〕である。　ウ　地球の内部は，リソスフェア(プレート)　0km～100km，アセノスフェア　100km～300km，マントル　厚さ2900km，外殻　厚さ2200km，内核　厚さ(深さ)1270kmとなっている。設問はアセノスフェアのことを言っている。　エ　プレートには境界があり，海嶺のように広がる境界と，海溝のように沈み込む境界，ずれる境界がある。このプレートの境界でおこる断層のうち横ずれによってできるものの一種がトランスフォーム断層である。オ　解答参照。　(2)　半減期＝13億年で，40億年経過したわけであるから，当初の^{40}Kの量に対して，$\left(\frac{1}{2}\right)^{\frac{40}{13}}=0.1185 \fallingdotseq \frac{1}{8}$となって，④が該当する。　(3)　地表からの赤外放射のほとんどは大気中の水蒸気や，二酸化炭素などによって一度吸収され，再び赤外放射される。
(4)　ア　湿潤断熱減率は，水分を含んだ空気が上昇し冷やされる際水分が凝結することで潜熱を発するため温度の低下率が小さい。乾燥断熱減率は水分が少ないためその潜熱による影響が少なく，高度が上がるときその分温度減少が湿潤の場合に比べて大きくなる。　イ　与え

られた条件から，まず，AからB経由でCまで上昇するとき，A－Bは，乾燥断熱減率であり，B－Cは湿潤断熱減率であるから，$26-\left(\frac{500}{100}\times1.0\right)-\left(\frac{1000}{100}\times0.5\right)=16$〔℃〕となり，CからDに下降するとき，C－Dは乾燥断熱減率であるから，$16+\left(\frac{1500}{100}\times1.0\right)=31$〔℃〕となる。

(5)　シュテファン・ボルツマンの法則より$E=\sigma T^4$，$L=4\pi R^2\times E$　ただし，表面温度T〔K〕，表面から毎秒放射する光のエネルギーE〔J/m^2s〕，恒星の発する光のエネルギーの総量L，恒星の半径Rとする。Lが同じである恒星の半径をR_1，R_2($R_1>R_2$とする)表面から毎秒放射する光のエネルギーをE_1，E_2とするとき，上記から$R_1^2E_1=R_2^2E_2$　よって$E_1<E_2$　このことから$T_1^4<T_2^4$より表面温度が低いほど半径は大きい。

(6)　ア　解答参照。　イ　超新星爆発の時に激しく押しつぶされた星の中心部は$1cm^3$あたり約$10^{15}g/cm^3$という超高密度な中性子星(パルサー)となる。

【5】(1)　ア　周期表　　イ　基礎的　　(2)　・加熱中，銅粉をよく混ぜ合わせなかった。　　・用いた銅粉の粒が粗かった。　　・銅粉を購入してから時間がたち，表面が酸化されていた。　などから2つ。

(3)　燃焼中のマグネシウムに適度の水が触れると水を分解し，水素と酸素が発生し爆発を起こしたりマグネシウムの燃焼を加速させるから。

〈解説〉(1)　設問の内容は，中学校学習指導要領理科の「第2　各分野の目標及び内容」〔第1分野〕「(3)　内容の取扱い」(5)アである。

(2)　解答参照。　(3)　マグネシウムの燃焼は，$2Mg+O_2\rightarrow2MgO$であるが，マグネシウムを高温の水と接触させると$Mg+H_2O\rightarrow MgO+H_2$の反応を起こす。水の温度，量などによって，この反応も激しく，また発生する水素が爆発する可能性もあり得るため危険である。

【6】(1)　ウ，エ　(2)　酸の水溶液を中央部分に染み込ませたろ紙などに電圧をかけ，指示薬の色の変化を観察することにより，酸の性質とイオンの関係を見いださせる。　(3)　化学反応式…H_2SO_4＋$Ba(OH)_2$→$BaSO_4$＋$2H_2O$　どのような…水に溶けない塩

〈解説〉(1)　ア　アルカリ乾電池…パワーがあり長持ちする。大きな電流を必要とするものに向き，マンガン電池の2倍以上長く使うことができる。　イ　マンガン乾電池…間隔をあけながら使うと電圧が回復する。小さな電力で長い時間使うものか，大きな電力で短い時間，ときどき使うものに向く。安価である。　ウ　酸化銀乾電池…電圧が非常に安定している。寿命に至る直前までほぼ最初の電圧を保つ。時計，露出計など，精密機器に向く。　エ　燃料電池…水素と酸素の反応を直接電気エネルギーに変換する。実験の段階で，自動車や家庭用の発電，小型のものはパソコンにも利用が考えられる。　(2)(3)　『中学校学習指導要領解説　理科編』第2章第2節〔第1分野〕2の「(6)　化学変化とイオン」イの「(ア)　酸・アルカリについて」，および「(イ)　中和と塩について」に記述されているので，確認しておくこと。

【7】(1)　短絡回路になっていないかを，スイッチを入れる前に，電流の流れる道筋を指で確認する。　(2)　ア　メリット…見えない電流や電圧をイメージしやすくなる。　デメリット…水の流れの速さが変化することが実際の電流の流れとはちがうイメージをもつ可能性がある。　イ　家庭用のコンセントから供給される電流は，たえず流れる向きが変わる交流だから。

〈解説〉(1)　国立教育政策研究所による平成24年度全国学力・学習状況調査【中学校】報告書の中の4．教科に関する調査の各問題の分析結果と課題における(3) 理科　中学校理科2第1分野(物理的領域)の「2設問(2)」に該当の問題とその他の記述がある。ここでの設問は，生徒に実験をさせる際の安全面から注意すべきことが問われている。考えられる点は，・感電しないように注意すること　・ショート(短絡)しないようにすること　・用いる機器・器具の仕様と実験の条件(電圧な

ど)に注意することなどがあげられる。 (2) 解答参照。

【8】(1) 水深と水圧の関係が理解できている生徒の割合は9割以上と多いが，水深と浮力の関係が理解できている生徒の割合は4割ほどと少なくなっている。 (2) やわらかくて内部に空間がなく，水分を多くふくむものは，物体の内側と外側で水が行き来できる。そのため水圧が高くなっても，外側の水圧と内側の水圧が同じ大きさになって，つぶれることはない。 (3) ニュートンはかりにおもりをつるした状態で，水を入れたメスシリンダーの中におもりを入れ，深いところや浅いところに移動させても，ニュートンはかりの示す値が変わらないことから，どの深さでも同じ大きさの浮力が働いていることを考察することができる。

〈解説〉(1) 設問に示されたデータから，深くもぐるにしたがって水圧が大きくなる(4，5，6の解答者)ということは90％以上の生徒に理解されており，感覚的にもつかめていると思われる。浮力については，小さくなる(1，4の解答者)，大きくなる(2，5の解答者)，変わらない(3，6の解答者)が水圧ほどには理解されているとはいえない。水圧，浮力ともに理解しているのは約4割であり，多くの生徒がうまく理解できていない。 (2)(3) 解答参照。

【9】(1) ア 主体的 イ 知的好奇心 ウ 有用性 (2) 飼育，栽培，ものづくり (3) ・視聴覚教材を活用して，再現できない事物・現象を指導する。 ・モデルなどを活用して，天体の現象などを指導する。 (4) 科学技術が日常生活や社会を豊かにしていることや安全性の向上に役立っていること，理科で学習することが様々な職業と関係していることなど，日常生活や社会との関連を重視して改善を図る。持続可能な社会の構築が求められている状況も踏まえ，環境教育の充実を図る。 (5) ・無脊椎動物の体のつくりの特徴を脊椎動物と比較し，共通点や相違点について考察させる。 ・自然界には様々な動物が生存していることに気付かせる。 ・生命を尊重す

る態度を育てる。　などから2つ。

〈解説〉(1)　教科の目標は，全文を正しく書けるように覚える必要があるが，学習指導要領の理解に当たっては，同解説を合わせて熟読することも大切である。日頃からこうした学習をしておけば本問には容易に答えられるであろう。　(2)　ものづくりは比較的容易に答えられるであろう。「飼育」「栽培」は実験と観察をともなうが，動物の飼育・植物の栽培は，生命を尊重する態度に結びつく大切な活動である。
(3)　本問の文章に続けて，「このような自然の事物・現象の学習では，視聴覚教材やモデルの活用なども考えられる。」と記述されている。これを踏まえて具体例を考えればよい。　(4)　解答例は『中学校学習指導要領解説　理科編』第1章の「3　理科改訂の要点」(1)③からの記述である。　(5)　『中学校学習指導要領解説　理科編』第2章第2節［第2分野］2(3)のウ「(イ)無脊椎動物の仲間について」の記述内容をまとめるとよい。

【10】(1)　しぼり　　(2)　一度学習しただけで正しい使い方を定着させるのは難しいので，使用するたびに活用するなど繰り返し指導できるよう，顕微鏡の名称や使い方のワークシート，基礎操作のチェック表を常時準備しておく。

〈解説〉(1)　視野が一様に明るく見えるとすると，反射鏡の調整は行われていると思われる。さらに光量を増やすには，光源としてもっと明るいところに顕微鏡を移動するか，あるいは，しぼりが絞られていればこれを調節する。　(2)　顕微鏡の名称や使い方のワークシート，基礎操作のチェック表は指導する際の補助ツールとして有効である。さらに，全てに共通して言えることであるが，操作方法や使用方法の手順にはそれぞれ理由がある。なぜそうした順序で行わなければならないか，なぜそういった操作でなければならないか，を理解してもらうことが大切である。

高　校　理　科

【共通問題】

【1】(1)　40m/s　　(2)　4.9N　　(3)　90℃　　(4)　抵抗の大きさ…$\frac{r}{9}$Ω　接続のしかた…並列接続　　(5)　$\frac{1}{n}$　　(6)　定常波の腹の位置が開口端よりも外側にあるから。　　(7)　AMラジオの電波の方がFMラジオの電波よりも波長が長いので，回折が起こりやすく，山の陰まで回り込むことができるため。

〈解説〉(1)　等加速度運動の加速度をa〔m/s²〕とし，速度をv〔m/s〕，距離をy〔m〕，時間をt〔s〕とすると，$v=at$，$y=\frac{1}{2}\times at^2$である。条件より，$y=400=\frac{1}{2}\times a\times 20^2$となり，$a=2$〔m/s²〕となる。よって，$v=at=2\times 20=40$〔m/s〕となる。　(2)　氷の密度を$\rho_i$，水の密度を$\rho_w$，氷の体積$V_i$，水の体積$V_w$，重力加速度を$g$として，完全に水の中に沈んだ状態での力の釣り合いは，氷を水の中に沈めるのに必要な力をFとして，$F+5g=\rho_i V_i g=1.1\rho_w V_i g$となる。ここで，水の密度×体積＝水の質量が成立するので，$\rho_w V_i$は水の質量5kgに等しい。よって，$F=(5.5-5)\times 9.8=4.9$〔N〕である。　(3)　電気ポットによる発熱量のうち，水に伝わる分は，700〔W＝J/s〕×5.0〔分〕×60〔秒/分〕×0.8＝168000〔J〕となる。よって質量500g，比熱4.2J/gKの水の温度上昇＝168000÷500÷4.2＝80となって，到達する温度は，10＋80＝90〔℃〕となる。　(4)　この内部抵抗r〔Ω〕の電流計はあくまで500mAまでしか測れない。そこで，全体で5Aまで測ることができるようにするためには，抵抗を追加して差分の4.5Aを流すものを並列におけばよい。そのもう1つの抵抗をr'とし，全体の抵抗値をRとすると，オームの法則$V=IR$から，$V=5R$，$V=0.5r$，すなわち$5R=0.5r$となり，$R=\frac{r}{10}$となる。また，r'を並列でおくことから，全体の抵抗との間に

$\frac{1}{R}=\frac{1}{r}+\frac{1}{r'}$が成り立つ。これらから式を代入すると，$\frac{10}{r}=\frac{1}{r}+\frac{1}{r'}$，$r'=\frac{r}{9}$〔Ω〕となる。　(5)　ここで，ガラス側での入射角θ_0に対し，空気側での屈折角をθとすると，$\frac{\sin\theta_0}{\sin\theta}=\frac{1}{n}$となり，ここで，臨界角は，$\theta=90$〔°〕，すなわち$\sin\theta=1$となるときであるから，$\sin\theta_0=\frac{1}{n}$となる。　(6)　解答参照。　(7)　波長の長い中波はよく回折し，山の陰の部分にも回り込むことができるが，波長の短い超短波などは回折しにくい。そのため中波のラジオの電波は山の陰にも届く。回折した電波は互いに重なり合って干渉するため，ラジオの受信ではよく聞こえるところと聞こえにくいところができる。

【2】(1)

ア

```
H−N−H
  |
  H
```

イ

```
   H      O
   |    //
H−C−C
   |    \
   H      O−H
```

(2)　ア　＋2→0　　イ　$\frac{16b}{a-b}$　　(3)　ア　15mol/L　　イ　冷暗所　ウ　12g　　エ　ガラス瓶の栓はゴム栓を用いる。ポリエチレンの容器に保存する。　　(4)　ア　ジアゾ化　　イ　塩化ベンゼンジアゾニウムは熱に不安定で，氷冷下でないと熱で分解してしまうから。
(5)　ア　88kJの発熱　　イ　1301kJ

〈解説〉(1)　アンモニアはNH_3，酢酸はCH_3COOHである。　(2)　Xを用いて，反応式を示してみると，$XO+H_2\rightarrow X+H_2O$である。　ア　Xの酸化数は，酸素の酸化数が−2であることから，＋2であり，単体の酸化数は0であるため，＋2 → 0となる。　イ　Xの原子量をMとして，過不足なく反応したとする。モル数について着目すると，$\frac{a}{M+16}=\frac{b}{M}$が成立する。よって，$M=\frac{16b}{a-b}$となる。
(3)　ア　濃アンモニア水のモル濃度をx，水の質量をyとして，1Lあたりの質量について$17x+y=1000\times0.9$，質量％について$\frac{17x}{17x+y}=0.28$が成立する。この式を解くと$x\fallingdotseq15$〔mol/L〕となる。　イ　アンモニアの蒸気圧は常温でかなり高く，温度に敏感である。反応を促進しないために冷暗所でに保管するのがよい。　ウ　NaOHの物質量は40g/molである。よって，$6.0\times40\times\frac{50}{1000}=12$〔g〕必要である。
エ　ガラスはSiO_2から成る。水酸化ナトリウムは，次の反応でSiO_2と反応する。　$SiO_2+NaOH\rightarrow Na_2SiO_3$(ケイ酸ナトリウム)$+H_2O$　ケイ酸ナトリウムとしてSiO_2が溶けだし，ガラスが減肉する問題もあり，溶出したケイ酸ナトリウムが栓の隙間に入り固着してしまうなどの問題が起こり得る。溶出スピードはさほど速くはないためガラス減肉の問題は比較的長い時間かかるが，溶出したケイ酸ナトリウムによる栓の固着は比較的早く起こり得る。本体にガラス瓶を使用する場合は，ガラス摺り栓の使用をさけ，ゴム栓などの方がよく，長期に保管する場合は，ガラス材を避けプラスチック(ポリエチレンなど)を選んだ方がよい。　(4)　反応は，$C_6H_5NH_2+HCl\rightarrow C_6H_5NH_3Cl$，$C_6H_5NH_3Cl+NaNO_2+HCl\rightarrow[C_6H_5N\equiv N]^+Cl^-$(塩化ベンゼンジアゾニウム)$+2H_2O+NaCl$となる。これらを1つにまとめると，$C_6H_5NH_2+NaNO_2+2HCl\rightarrow[C_6H_5N\equiv N]^+Cl^-$(塩化ベンゼンジアゾニウム)$+2H_2O+NaCl$となる。
ア　反応Aのようなジアゾニウム化合物を生成する反応を「ジアゾ化」という。　イ　この塩化ベンゼンジアゾニウムは非常に不安定で，常温では$[C_6H_5N\equiv N]^+Cl^-+H_2O\rightarrow C_6H_5OH+HCl+N_2$の反応で分解してしまう。　(5)　ア　設問の反応は，③の反応であり，アセチレンの分子量は26である。アセチレン13.0gは，$\frac{13.0}{26}=0.5$molであることから，$176\times0.5=88$〔kJ〕の発熱反応である。　イ　アセチレンの燃焼は，C_2H_2(気)$+\frac{5}{2}O_2$(気)$\rightarrow2CO_2$(気)$+H_2O$(液)で表される。これは，設問に与えられた式の，③＋②－①で計算され，C_2H_2(気)$+\frac{5}{2}O_2$(気)$\rightarrow2CO_2$(気)$+H_2O$(液)$+(176$〔kJ〕$+1411$〔kJ〕-286〔kJ〕$)$で，$176+1411-286=1301$〔kJ〕となる。

【3】(1)　ア　(ア)　3200ルクス　　(イ)　4500ルクス　　イ　8800ルクス　　(2)　アユの習性…なわばり内に侵入した他の個体を攻撃して追いはらう習性　　理由…個体群密度が高くなると，なわばりを維持する労力が増えて，なわばりから得る利益を上回るため。

(3)　ア　①　*Eco*RⅠ　　④　1.6kb　　イ　DNAリガーゼ

(4)　ア　適応放散　　イ　(a)，(d)　　(5)　高倍率時の顕微鏡の焦点深度は狭く，細胞と対物ミクロメーターの目盛りを同時に見ることができないため。　　(6)　ア　・保管庫は地震などにより転倒しないように固定する。　　・毒物・劇物などを保管する場合は，必ず施錠する。　　・薬品は強酸，強塩基等に大別して保管する。　　・酸・塩基と金属単体は別の場所に保管する。　　・薬品在庫簿を備え，在庫量を常に記録しておく。　　・常に整備点検する。　から3つ。

イ　(d)，(g)，(h)

〈解説〉(1)　表のデータをグラフに示し，代表的な点を示した。

見かけの光合成速度

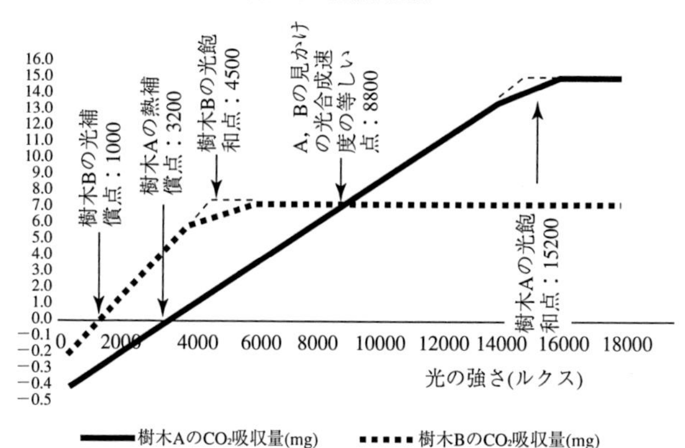

ア　(ア)　樹木Aの補償点は3200ルクスである。　(イ)　樹木Bの光飽和点は4500ルクスである。　イ　樹木Aと樹木Bの見かけの光合成速度が等しくなる光の強さは，8800ルクスである。　(2)　アユの習性として，なわばりに他の個体が入ってくると追いはらう習性がある。その習性を利用したもの。その理由は，高密度になると，なわばりへの侵

入者が増えて，追いはらうのに時間をとられ充分にエサをとれなくなり，なわばりをもつ意味がなくなる。　(3)　環状プラスミドが制限酵素によって切断されたとき，それぞれ表に示された断片長が得られる関係になるときの図は以下のようになる。

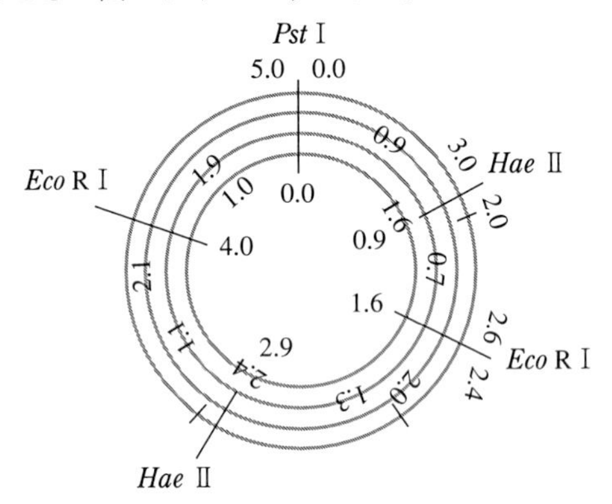

ア　この結果より，①の制限酵素は*Eco* R I であり，時計廻りに示した軸での④の値は1.6となる。　イ　のりの役割をするのはリガーゼ(DNAリガーゼ)である。　(4)　ア　適応放散とは，ある生物からさまざまな環境への適応によって多様な生物があらわれてくることである。　イ　はたらきや外形が違っていてもその根本的な構造が解剖学的にも発生学的にも一致しているものを相同器官という。相同器官をもつ生物どうしは共通の祖先から進化したものと考えられる。それと対照して，はたらきや外形が似ていても根本的な構造や起源の異なるものを相似器官という。さらに，近縁の仲間では機能をもっているが，ある動物においては痕跡的になっていてその働きが充分でない器官を痕跡器官という。　(a) (d)ヒトの腕，ネコの前肢，クジラの胸びれ，コウモリの翼，ハトの翼などは相同器官である。　(b)　昆虫の翅は，脊椎動物の翼のような前肢の変形ではなく，背中の外骨格が伸びてできたものと言われている。したがってこれらは相似器官である。

(c)　脊椎動物の目の起源は脳であり，タコやイカ(頭足類)のそれは皮膚であるとされている。したがってこれらは相似器官である。

(5) 解答参照。 (6) ア 高等学校学習指導要領 第2章「第5節 理科」「第3款 各科目にわたる指導計画の作成と内容の取扱い」「2 内容の取扱いに当たっては，次の事項に配慮するものとする」の(3)についての出題である。これに関して，『高等学校学習指導要領解説 理科編』第1部「第3章 各科目にわたる指導計画の作成と内容の取扱い」「第2節 内容の取扱いに当って配慮すべき事項」の「3 事故防止，薬品などの管理及び廃棄物の処理」で述べられている内容から，3点を答えればよい。 イ 毒物及び劇物取締法では，毒物を別表第一に，劇物を別表第二に挙げ，医薬品及び医薬部外品以外のものを対象とする，としている。設問にかかげられた選択肢の中では，別表第一には水銀，別表第二にはアンモニアと硝酸があげられている。

【4】(1) O，Si，Al，Fe (2) 石灰岩が接触変成作用を受け，方解石が再結晶してできる。 (3) (ア) CO_2 (イ) HCO_3^- (4) エディアカラ生物群 (5) ア 中生 イ 手取 (6) ア 転向力 イ 地衡風 (7) 南からの湿った空気と北からの寒気により，大雪となった。 (8) O_3 (9) 地球の地磁気を乱し，磁気嵐が発生したり，オーロラがよく現れたりするようになる。 (10) ア 1パーセク イ $\frac{3.26}{p}$

〈解説〉(1) 元素の構成比から多いものを並べると，O，Si，Al，Feとなる。また，その比率は，O；46～47%，Si；27～28%，Al；8.1～8.2%，Fe；5.0～6.3%である。 (2) 大理石の主成分は炭酸カルシウムである。変成岩の一種で，石灰岩がマグマの熱を受けて接触変性作用で再結晶したもの。 (3) 二酸化炭素の溶け込んだ水と反応して風化する。示された反応式は，$2KAlSi_3O_8 + 11H_2O + 2CO_2 \rightarrow Al_2Si_2O_5(OH)_4 + 2K^+ + 4H_4SiO_4 + 2HCO_3^-$となる。 (4) 1946年オーストラリアの地質学者レッグ・スプリッグにより，オーストラリア，アデレードの北方にあるエディアカラの丘陵で大量に発見された生物の化石をエディアカラ生物群と呼ぶ。約6億年～5億5千万年前の先カンブリア時代の生物の化石と推察されている。殻や骨格がなく柔組織だけで出来ており，多種多様な軟体性の生物がみられ，地球最古の多細胞生物ではないかと推察されている。　(5)　場所は，福井県勝山市北谷に分布する中生代の手取(層群赤岩亜)層群と呼ばれる地層である。　(6)　北半球上空では東向きに吹く偏西風に南向きのコリオリの力(転向力)がはたらく。一方偏西風を挟んでは，北側より南側の方が気圧は高く，この南北の気圧差による北向きの力が南向きのコリオリの力とほぼつりあっている。上空の大規模な大気の流れにおいては，高圧側から低圧側へと気圧差によって生じる気圧傾度力と流れに直角にはたらくコリオリの力とがつりあっている。こうした大気の流れを地衡風と呼ぶ。　(7)　解答参照。　(8)　成層圏ではO_3が紫外線の強いエネルギーを吸収して対流圏／地上に届くのを防いでいる。　(9)　フレアの発生によってコロナ質量放出と呼ばれるプラズマの塊の放出がある。これが地球の磁気圏を揺さぶる。この太陽風による荷電粒子が高緯度の熱圏に流入し，酸素原子や窒素分子に衝突することでオーロラがみられる。また，フレアからX線や紫外線が放射され，それが地球の電離層に到達し，デリンジャー現象と呼ばれる通信障害が起こる。　(10)　恒星までの距離D〔光年〕，その恒星の年周視差p〔″〕は，$D=\frac{3.26}{p}$〔光年〕$=\frac{1}{p}$〔パーセクpc〕の関係がある。

【物理】

【１】(1)　ア　$\frac{mg}{k}$　　イ　振幅…$\frac{ma}{k}$　　周期…$2\pi\sqrt{\frac{m}{k}}$

(2)　ア　$\frac{2\pi m}{qB}$　　イ　向き…y軸負の向き　　強さ…vB

ウ　$\frac{2\pi mv\sin\theta}{qB}$

〈解説〉(1)　ア　等速度運動であり，エレベーター内にいる人にとって，物体は静止しており，ばねは，物体の重量に見合った分だけ伸びていると考えられる。ばねの弾性力$F=kx$ (kはばね定数，xは伸び(縮み)の長さ)であり，物体の重量$mg=F=kx$より，$x=\frac{mg}{k}$となる。

イ　等加速度運動となって，加速度をaとすると，アの状態よりさらにmaの力が働き，$\frac{ma}{k}$分さらに伸びることになる。単振動の関係式は，角速度をω〔rad/s〕とすると，単振動の復元力$F=ma=-m\omega^2x=-kx$となって，$\omega=\sqrt{\frac{k}{m}}$となる。単振動の周期$T=\frac{2\pi}{\omega}=2\pi\times\sqrt{\frac{m}{k}}$となる。

(2)　ア　電気量$+q$を持つ粒子が磁場Bにおいて速度vで運動するときにかかるローレンツ力は$f=qvB$である。また，円運動の半径をrとするとこの粒子の運動方程式は，$f=m\times\frac{v^2}{r}$となる。

よって，$m\times\frac{v^2}{r}=qvB$で，$r=\frac{mv}{qB}$となる。

円運動の周期$T=\frac{2\pi}{\omega}=\frac{2\pi r}{v}$

であるから，$T=\frac{2\pi\left(\frac{mv}{qB}\right)}{v}=\frac{2\pi m}{qB}$となる。

イ　アの磁場から受けているローレンツ力と逆向きに同じ力がかかるようにすれば，粒子は等速直線運動をするはずである。ローレンツ力$f=qvB$が，フレミングの左手の法則よりy軸のプラス側にかかっていることから，電場の強さをEとして，y軸のマイナスの方向に$F=qE=f=qvB$の力を与えればよい。これから，電場の強さ$E=vB$となる。

ウ　入射角θとなったことで，x軸方向の速度成分v_xが生まれる。$v_x=v\sin\theta$と表すことができ，原点から次にx軸を通過するのは，周期Tたった後であるから，その原点からの距離は$v_x\times T=v\sin\theta\times\frac{2\pi m}{qB}=\frac{2\pi m v\sin\theta}{qB}$となる。

【化学】

【1】(1)　ア　コニカルビーカー，メスフラスコ　　イ　赤色→無色

ウ　$NaHCO_3+HCl\rightarrow NaCl+CO_2+H_2O$　　エ　9.4mL　　オ　0.53g

(2)　ア　3.6×10^4Pa　　イ　酸素が6.0×10^{-3}mol残る

ウ　圧力…2.8×10^4Pa　　液体の水…70%

〈解説〉(1)　ア　ビュレットは，滴定液の濃度に影響するので乾燥している必要がある。コニカルビーカーは滴定対象物の量は影響を受けな

いので濡れていても問題ない。ホールピペットは量り取る対象液の量に影響するので，乾燥している必要がある。メスフラスコは100mLの水溶液にする際添加水の一部となるので濡れていても問題ない。
イ　フェノールフタレインの反応であるから，アルカリで赤→ 終点で無色　　ウ　操作3では$NaOH + HCl \rightarrow NaCl + H_2O$の反応と，$Na_2CO_3 + HCl \rightarrow NaHCO_3 + NaCl$の反応が起こり，操作4では，$NaHCO_3 + HCl \rightarrow NaCl + H_2O + CO_2$の反応が起こる。　エオ　混合物におけるNaOHの量をxg，Na_2CO_3の量をygとすると，調整した100mL中NaOHは$\frac{x}{40}$mol，Na_2CO_3は$\frac{y}{106}$mol，そのうち10mL中には，それぞれ$\frac{x}{400}$mol，$\frac{y}{1060}$molとなる。操作3で消費したHClは$14.4 \times \frac{0.100}{1000} = 1.44 \times 10^{-3}$〔mol〕である。操作4で消費したHClは，$5.0 \times \frac{0.100}{1000} = 5.0 \times 10^{-4}$〔mol〕で，反応した$NaHCO_3$も$5.0 \times 10^{-4}$〔mol〕でありこれは$Na_2CO_3$と同量である。
滴定対象の10mL中のNa_2CO_3は，$106 \times 5.0 \times 10^{-4}$〔mol〕$= 5.3 \times 10^{-2}$〔g〕で，10倍希釈していたので，$Na_2CO_3$の量を$y$gは，$y = 5.3 \times 10^{-2}$〔g〕$\times 10 = 0.53$〔g〕となる。NaOHの中和に費やされたHClは，1.44×10^{-3}〔mol〕$- 5.0 \times 10^{-4}$〔mol〕$= 9.4 \times 10^{-4}$〔mol〕であり，0.100mol/Lの塩酸の量は，9.4×10^{-4}〔mol〕$\div \frac{0.100}{1000} = 9.4$〔mL〕となる。　(2)　アメタン＋酸素$= 1.2 \times 10^{-2}$〔mol〕で，温度$27 + 273 = 300$〔K〕，容積＝0.83Lであるから，理想気体の状態方程式$pV = nRT$より，$p = (8.3 \times 10^3 \times 1.2 \times 10^{-2} \times 300) \div 0.83 = 3.6 \times 10^4$〔Pa〕となる。
イ　設問の状況を表にす。表より，燃焼後，酸素が6.0×10^{-3}〔mol〕残ったことがわかる。

	CH_4	$+ \ 2O_2$	$\rightarrow \ CO_2$	$+ \ 2H_2O$
分子量	16	32	44	18
初期モル〔$x10^{-3}$〕	2	4	2	4
残存モル〔$x10^{-3}$〕	0	6	2	4

ウ　酸素O_2の分圧$P_{O_2} = (8.3 \times 10^3 \times 6.0 \times 10^{-3} \times 300) \div 0.83 = 1.8 \times 10^4$〔Pa〕
二酸化炭素CO_2の分圧$P_{CO_2} = (8.3 \times 10^3 \times 2.0 \times 10^{-3} \times 300) \div 0.83 = 0.60 \times 10^4$〔Pa〕，水の27℃での飽和蒸気圧＝ここでの水の分圧$P_{H_2O} = 3.60 \times 10^3$

〔Pa〕であるから，全圧$P=P_{O_2}+P_{CO_2}+P_{H_2O}=2.76\times10^4$〔Pa〕$\fallingdotseq 2.8\times10^4$〔Pa〕となる。水の気体となっているモル数$n=(3.6\times10^3\times0.83)\div(8.3\times10^3\times300)=1.2\times10^{-3}$〔mol〕であり，液体となっているのは，$4.0\times10^{-3}-1.2\times10^{-3}=2.8\times10^{-3}$〔mol〕で，その比率は，$\frac{2.8\times10^{-3}}{4.0\times10^{-3}}=$ 0.70　つまり70％となる。

【生物】

【1】(1)　ア　(ア)　突然変異　　(イ)　自由(任意，ランダム)
(ウ)　自然選択　　イ　39％　　ウ　0.01　　エ　98％
(2)　ア　(ア)　問題点…ニンジンジュースを好んでいるのか，化学物質A水溶液を嫌っているのか区別がつかない。　正しい方法…hに水を入れてニンジンジュースを選ばせる。　(イ)　問題点…1個体では個体差もあり，特異な個体を調べて誤った結論を出してしまうことがある。　正しい方法…無作為に選んで，多数の個体について実験を行う。　イ　ニンジンジュースを与えた直後に5分間の冷却操作を行うグループと，ニンジンジュースを与え冷却操作を行わないグループでニンジンジュースを選ばせる実験を行い，両グループで差がないことを確かめる。　ウ　ナメクジはニンジンジュースを好み，化学物質A水溶液を嫌うが，ニンジンジュースの直後に化学物質A水溶液を与えると学習が成立し，ニンジンジュースを好む行動はなくなる。30分後に化学物質A水溶液を与えてもニンジンジュースを好む行動はなくならない。冷却操作によって左右される反応(酵素反応)がある。

〈解説〉(1)　ア　ハーディ・ワインベルグの法則の成立の条件は，①ある程度集団の個体数が大きい，②ほかの集団との間で個体の移入や移出がない，③問題とする遺伝子に突然変異が起こらない，④自然選択(自然環境が生物に無目的に起こる変異(突然変異)を選別し，進化に方向性を与えること)が行われない，⑤交配が自由に行われる(メンデル集団である)，である。　イ　遺伝子頻度／次代の比率は表のように考えられ，

卵		p_AA	p_BB	p_OO	
精子	p_AA	$p_A{}^2$AA	p_Ap_BAB	p_Ap_OAO	A：$p_A=0.30$
	p_BB	p_Ap_BAB	$p_B{}^2$BB	p_Bp_BO	B：$p_B=0.20$
	p_OO	p_Ap_OAO	p_Bp_OBO	$p_O{}^2$OO	C：$p_O=0.50$

それぞれの頻度から，AAタイプは，$p_A{}^2=(0.30)^2=0.09$，AA，AO合計は，$p_A{}^2+p_Ap_0\times2=0.09+(0.30\times0.50)\times2=0.39$　39%と推定される。

ウ　遺伝子pの遺伝子頻度は以下のようになり，p_+は劣性遺伝子であるから，$p_+{}^2$だけが優性となり，$p_+{}^2=\frac{1}{10000}$で，$p_+=\frac{1}{100}=0.01$となる。

p_+：陽性　　p_-：陰性　として，

	p_+	p_-
p_+	$p_+{}^2$	p_+p_-
p_-	p_+p_-	$p_-{}^2$

エ　上記遺伝子頻度の合計；$p_+{}^2+p_+p_-\times2+p_-{}^2=1$となる。これはすなわち$(p_++p_-)^2=1$で，$p_++p_-=1$である。よって，$p^-=1-0.01=0.99$
遺伝子pを持たないのは，p^{-2}だけであるから$p^{-2}\fallingdotseq0.98$　つまり98%となる。　(2)　解答参照。

【地学】

【1】(1)　ア　太陽放射エネルギー　　イ　(b)　　ウ　95cm
エ　9.8日　　オ　(b)　　(2)　ア　(d)　　イ　面積速度一定の法則
ウ　1.0　　エ　(ア)　$\frac{m_A}{m_B}=4.0$　　(イ)　6.0倍

〈解説〉(1)　ア　解答参照。　イ　陸地と海洋から大気中へ水の蒸発によって移動するエネルギーは，$(418+65)\times10^{15}\times2.5\times10^6$〔J/年〕であるから，$\frac{(418+65)\times10^{15}\times2.5\times10^6}{5.8\times10^{24}}\times100\fallingdotseq20.8$%となり，(b)が該当する。　ウ　降水量は両者で，$(383+100)\times10^{15}$〔kg/年〕であるから，水の密度と地球の表面積から，$((383+100)\times10^{15}$〔kg/年〕$)\div(1.0\times10^3$〔kg/m^3〕$)\div(5.1\times10^{14}$〔m^2〕$)\fallingdotseq0.947$〔m/年〕　つまり1年あたり95cmとなる。　エ　大気との移動量総量は，483×10^{15}kg/年であり，大気中の

滞留量が13×10^{15}kgであることから，$\frac{13\times10^{15}〔kg〕}{483\times10^{15}〔kg/年〕}\times365$〔日/年〕≒9.8〔日〕となる。　オ　(b)　水は氷結する際含んでいた塩分は氷にはほとんど取り込まない。またもし海氷が取り込むとして海氷の量がそれほど増加し続けることはない。　(2)　ア　太陽と惑星の関係を示すと図のようになる。よって(d)が該当する。

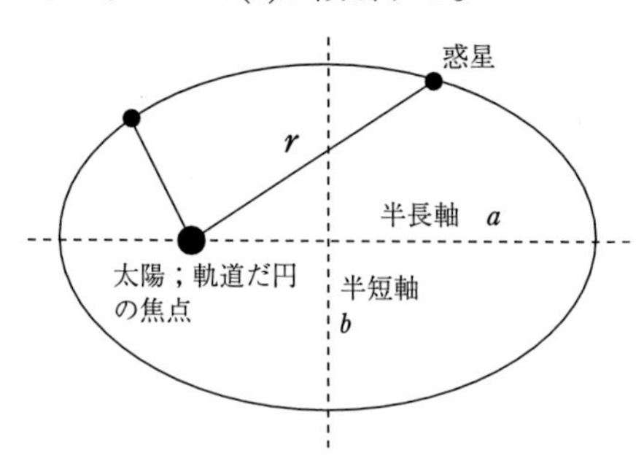

イ　解答参照。　ウ　$\frac{a^3}{T^2}=\frac{GM}{4\pi^2}$であるから，太陽と地球の間の平均距離$a=1.0$〔au〕，公転周期$T=1.0$〔年〕を入れて，$\frac{(1.0)^3}{(1.0)^2}=1.0$となる。

エ　(ア)　連星においては，共通重心と主星の距離をr_a，伴星との距離をr_bとすると，$m_A=r_b\frac{m_A+m_B}{r_a+r_b}$，$m_B=\frac{r_a(m_A+m_B)}{r_a+r_b}$となる。よって，ここでは$r_a:r_b=1:4$であることから$\frac{m_A}{m_B}=\frac{r_b}{r_a}=4.0$となる。

(イ)　ケプラーの第3法則から，$\frac{a^3}{T^2}=\frac{G(m_A+m_B)}{4\pi^2}$であり，与えられた条件より$\frac{a^3}{T^2}=\frac{30^3}{60^2}=\frac{G(m_A+m_B)}{4\pi^2}$となって，$(m_A+m_B)=\frac{30^3}{60^2}\times\frac{4\pi^2}{G}$，さらに$m_A=4m_B$であり，太陽の質量を$M$として，$\frac{a^3}{T^2}=\frac{GM}{4\pi^2}=1.0$であったので，これらを整理すると$\frac{m_A}{M}=6.0$〔倍〕となる。

●書籍内容の訂正等について

弊社では教員採用試験対策シリーズ（参考書，過去問，全国まるごと過去問題集），公務員試験対策シリーズ，公立幼稚園・保育士試験対策シリーズ，会社別就職試験対策シリーズについて，正誤表をホームページ（https://www.kyodo-s.jp）に掲載いたします。内容に訂正等，疑問点がございましたら，まずホームページをご確認ください。もし，正誤表に掲載されていない訂正等，疑問点がございましたら，下記項目をご記入の上，以下の送付先までお送りいただくようお願いいたします。

> ①　**書籍名，都道府県（学校）名，年度**
> （例：教員採用試験過去問シリーズ　小学校教諭 過去問　2025 年度版）
> ②　**ページ数**（書籍に記載されているページ数をご記入ください。）
> ③　**訂正等，疑問点**（内容は具体的にご記入ください。）
> （例：問題文では“ア～オの中から選べ”とあるが，選択肢はエまでしかない）

〔ご注意〕

○ 電話での質問や相談等につきましては，受付けておりません。ご注意ください。

○ 正誤表の更新は適宜行います。

○ いただいた疑問点につきましては，当社編集制作部で検討の上，正誤表への反映を決定させていただきます（個別回答は，原則行いませんのであしからずご了承ください）。

●情報提供のお願い

協同教育研究会では，これから教員採用試験を受験される方々に，より正確な問題を，より多くご提供できるよう情報の収集を行っております。つきましては，教員採用試験に関する次の項目の情報を，以下の送付先までお送りいただけますと幸いでございます。お送りいただきました方には謝礼を差し上げます。

（情報量があまりに少ない場合は，謝礼をご用意できかねる場合があります）。

◆あなたの受験された面接試験，論作文試験の実施方法や質問内容

◆教員採用試験の受験体験記

送付先		
	○電子メール：edit@kyodo-s.jp ○FAX：03-3233-1233（協同出版株式会社　編集制作部 行） ○郵送：〒101-0054　東京都千代田区神田錦町2-5 協同出版株式会社　編集制作部 行 ○HP：https://kyodo-s.jp/provision（右記のQRコードからもアクセスできます）	

※謝礼をお送りする関係から，いずれの方法でお送りいただく際にも，「お名前」「ご住所」は，必ず明記いただきますよう，よろしくお願い申し上げます。

教員採用試験「過去問」シリーズ

福井県の
理科 過去問

編　集	© 協同教育研究会
発　行	令和6年3月10日
発行者	小貫　輝雄
発行所	協同出版株式会社
	〒101-0054　東京都千代田区神田錦町2 - 5
	電話　03－3295－1341
	振替　東京00190－4－94061
印刷所	協同出版・POD工場

落丁・乱丁はお取り替えいたします。